作者近照

比较文字学初探

A Coparative Study of Writing Systems

周有光 著

语文出版社

·北京·

图书在版编目(CIP)数据

比较文字学初探/周有光著. —北京：语文出版社，1998. 11(2012. 1 重印)
ISBN 978 - 7 - 80126 - 357 - 5

Ⅰ. 比…　Ⅱ. 周…　Ⅲ. 比较学：文字学-研究
Ⅳ. H02

中国版本图书馆 CIP 数据核字（98）第 04231 号

BIJIAO WENZIXUE CHUTAN
比 较 文 字 学 初 探
周有光　著
*
语 文 出 版 社 出 版
100010　北京朝阳门南小街 51 号
E-mail:ywcbsywp@163. com
新华书店经销　河北新华第一印刷有限责任公司印刷
*
890 毫米×1240 毫米　32 开本　14. 25 印张　2 插页　356 千字
1998 年 11 月第 1 版　2012 年 1 月第 2 次印刷
印数：3,001—6,000　定价：40. 00 元

目　录

再版前言 001

前　言 001

卷一　总　论

一　什么是比较文字学 003

二　文字学的轮廓画 007

三　文字类型学新说 024

卷二　形意文字

一　形意文字的特点比较 041

二　沙巴文 045

三　东巴文 050

卷三　意音文字(上)

一　意音文字的特点比较 065

二　丁头字 071

三　圣书字 094

四　汉字 111

五　马亚字 119

六　彝文 156

七　六书有普遍适用性 166

卷四　意音文字(下)

一　汉字型文字综述　189
二　孳乳仿造的汉字型文字　214
(一)壮字(214),(二)喃字(221),(三)苗字(226),(四)瑶字(231),(五)布依字(234),(六)侗字(236),(七)白文(240),(八)哈尼字(243),(九)仡佬字(247),(十)阿细彝字(248)
三　变异仿造的汉字型文字　249
(一)契丹大字(249),(二)女真字(254),(三)西夏字(259)

卷五　表音文字(上)

一　表音文字的特点比较　267
二　字母学纲要　271
三　音节文字综述　290
四　汉字型音节文字　308
(一)字符音节文字:1. 江永女书(308),2. 傈僳音节字(313),3. 哥巴文(318),4. 玛丽玛萨文(321),5. 契丹小字(323)
(二)字母音节文字:1. 日本假名(328),2. 朝鲜谚文(333),3. 汉语注音字母(339),4. 四川规范彝文(342)

卷六　表音文字(下)

一　辅音字母文字　349

(一) 辅音字母的产生和发展:1. 音节字母和辅音字母(349),2. 阿拉马字母(352),3. 印度字母(354)
(二)辅音字母在中国:1. 藏文(356),2. 傣文(361),3. 维吾尔文(370),4. 蒙古文(373),5. 锡伯文(377)

二 音素字母文字 379

(一) 音素字母的产生和发展:1. 希腊字母(379),2. 斯拉夫字母(385),3. 拉丁字母(388)
(二)战后新独立国家的拉丁字母文字:1. 东南亚(394),2. 非洲(397),3. 拉丁美洲和大洋洲(400)
(三)中国少数民族的拉丁字母文字:1. 壮文(408),2. 布依文(410),3. 侗文(411),4. 黎文(413),5. 苗文(414),6. 景颇文(418),7. 载瓦文(420),8. 白文(422),9. 哈尼文(423),10. 傈僳文(426),11. 纳西文(427),12. 拉祜文(428),13. 佤文(430),14. 土文(431)
(四)拉丁字母的应用技术(432)

后 记 441

再版前言

1956年开始，我研究一个文字学课题："汉字在人类文字中的历史地位"。

除"文化大革命"期间停止工作外，我一直在进行这个课题。1988年，我离休回家，工作告一段落。我把已经整理过的资料，编写出版两本书：

一、《世界文字发展史》(上海教育出版社1997年第1版，"世纪文库"2003年修订第2版，1911年新出第3版)；

二、《比较文字学初探》(语文出版社1998年第1版，现在筹备出版这本2011年第2版)。

这两本书是姊妹篇，前者偏重叙述史实，后者偏重解说规律，相互补充。

书中，我提出一些基础论点，例如：

人类文字史如何分期？我提出"三时期"分期法。(1. 原始文字时期，2. 古典文字时期，3. 字母文字时期。)

世界古今文字如何分类？我提出"三相分类法"。(1. 符形相，图符、字符、字母；2. 语段相，语词、音节、音素；3. 表达相，表形、表意、表音。)

诸如此类的论点，虽然是经过比较中外多家著述的综合归纳，可是，在研究工作和教学工作中能否确然成立，还得请读者们和同行们根据实用经验，给我批评和指正。

周有光
2011-04-25
时年 106 岁

前言

比较文字学是文字学的一个构成部分，也可以说是文字学的一种研究方法。比较语言学在19世纪做出了重大的贡献，使语言学进入科学的领域。比较文字学也是在19世纪开始的，可是还停留在初步阶段。

比较引起分类，分类形成系统，比较、分类、系统化是知识进入科学领域的重要门径。只知道一种语言是不可能产生语言学的。两种或更多语言相接触，就会进行比较，发现规律，逐步向科学的道路前进。语言学是从比较开始而发展的，文字学也只有从比较开始而发展。

语言分谱系，文字也分谱系，但是语言的谱系跟文字的谱系是完全不同的两回事。语言的谱系主要决定于血统的继承，文字的谱系主要决定于文化的传播。

语言有类型，类型不是根据谱系划分的。文字也有类型，类型也不是根据谱系划分的。语言的分类法已经基本上有了公认的标准。文字的分类法还是各人各说。要使文字学进入科学的领域，文字类型学的研究是一项关键工作。本书尝试提出一种文字分类的新方法，叫做“三相”分类法，希望各不相同的分类法能够根据公认的客观条件达到分类的一致。

许慎在《说文解字》中，比较汉字的异同，按部首加以分类，使一盘散沙的汉字整理成为一个有序系统。许慎提出“理群类、解谬误”，“分别部居、不相杂厕”，这可以看作是比较文字学和文字分类法的滥觞。

19世纪，西欧学者发现“六书说”不仅可以解释汉字的来历，也可以解释类型相同或相近的其它古文字。这一发现，打开了比较文字学的一个新门路。本书对“六书有普遍适用性”这一原理作了进一步的阐说。西方的“三书说”也证明有普遍适用性。

研究文字，侧重事实是文字史，侧重规律是文字学。作者以前写了一本《世界文字发展史》，现在又写这本《比较文字学初探》。这两本书是姊妹篇，好比同一棵树的两个分枝。二者的根基是共同的古今中外文字资料。在“初探”里，对需要引用的文字资料进行了订正和补充，特别是补充了新资料和新理解。

50年代以来，中国对少数民族的语言和文字进行大规模的调查研究，发现多种前所未见的少数民族的传统古文字。中国少数民族地区是一个原始文字和古典文字的文化宝库，这里的资料弥补了西方已经毁灭无遗的古文字的例证，丰富了比较文字学的研究。

比较文字学好比大海，这本“初探”只看到大海边缘的一个角落。古人“抛砖引玉”的比喻用在这里是最确切不过的了。

作者要向许多位专家、教授表示深深的感谢，他们在各个专业方面提供了重要的资料和宝贵的意见！特别要向王均教授表示感谢，他的帮助和指点尤其珍贵！

周有光

1998 年 9 月 12 日

北京

卷一

总　论

一　什么是比较文字学

“科学学”有一条规律：“比较增进知识，分类形成系统”。这条规律说明了多种学科的发展历程，尤其是初期的发展历程。生物学、语言学等等，都是从比较起步，逐渐深入，然后发展成熟的。比较语言学起步早，已经成为一门老学问了。比较文字学起步晚，还停留在初期阶段。

1900年前，许慎著《说文解字》，开创了汉字学。他用六书解说汉字。六书是用比较方法研究汉字，经过分析和归纳，然后得到六种造字和用字方法，也就是汉字的六个类别。如果不作比较，就无法进行分析和归纳，也就无法得到六书的原理。“依类象形，故谓之文；形声相益，即谓之字”。这种分析汉字部件的方法，也必须首先进行比较。汉字学一开始就具有比较文字学的性质。

后来，商周的鼎彝和碑碣等不断出土，其中的铭文经过比较和考证，形成金石学，补充和发展了汉字学。清末以来，发现大量甲骨文，这是许慎所没有见过的最早的汉字，经过比较和考证，形成甲骨学，更进一步补充和发展了汉字学。

秦并六国之前，战国七雄，言语异声，文字异形，都有各自的文字。许慎书中收录的古文，大致就是邹鲁文字的残余。六国文字可能出于一源而早已各自分化，它们的全貌今天无法见到。晚近各地出土零散的六国古文，经过比较研究，也补充了汉字学的内容。

50年代以来，调查少数民族的历史和语言，发现民间有多种汉字型的民族文字，分为孳乳仿造和变异仿造两类。有的民族文字，例如彝文、东巴文等，跟汉字异源而同型。经过比较研究，知道这些文字的造字和用字方法，跟汉族的汉字相同，都能用六书来解说。由此产生了广义汉字学，扩大了汉字学的视野。从异源而同型的民族文字，还可以看到在甲骨文中已经看不到的早期文字的演变过程。扩大视野，扩大比较，使我们对汉字的性质得到更深的了解。

西亚两河流域的丁头字和北非尼罗河流域的圣书字，在5500年前就发展成熟。这两种代表人类早期文化的文字，在公历纪元前后都消亡并遗忘了。在漫长的1500年间，无人认识。直到19世纪，英法等国学者才重新发现，经过艰难的比较和考证，居然释读成功。这不仅使人类早期文化重放光明，并且在比较研究中发现，丁头字和圣书字同样可以用中国的六书和西洋的三书来解说。六书有普遍适用性。三书也有普遍适用性。这些古典文字，外表形体迥然不同，而内在结构如出一辙。由此，诞生了比较文字学。

中美洲尤卡坦半岛（现在墨西哥）的马亚文，是美洲原住民的自创文字，形成于公历纪元前后，到16世纪被入侵的西班牙人毁灭，300年来，无人认识。20世纪50年代，学者考证释读，获得成功。成功的诀窍之一是，首先假定它是跟汉字属于同一类型，也就是“意音文字”类型，利用这一类型的共同特点，进行比较和释读的探索，居然水到渠成。这一成功，使比较文字学在国际学术上的地位大为提高。

历史学如果只研究一个国家的历史，或者只研究一个朝代的历史，而没有世界通史的宏观研究，那么，历史学是不完备的。文字学也一样，如果只研究一个国家的文字，或者只研究一种文字，而没有人类文字的宏观研究，那么，文字学是不完备的。

比较文字学主要比较各种文字的形体和结构，传播和发展，应用功能，历史背景，从而得到人类文字的发展规律。比较的目的不仅是阐明相互之间的差异性，更重要的是阐明相互之间的共同性。

形体和结构的比较。

关于形体。例如，通过比较研究，知道文字有三类书体：图形体、笔画体和流线体。丁头字有图形体（古体）和笔画体（丁头体），缺少流线体。圣书字有图形体（碑铭体）和流线体（僧侣体、人民体），缺少笔画体。汉字有图形体（大篆、小篆）、笔画体（隶书、楷书）和流线体（草书、行书），汉字的书体最齐全。阿拉伯字母只有流线体。拉丁字母有笔画体（印刷体）和流线体（手写体）。

关于结构。例如，通过比较研究，知道文字能否无遗漏地按照语词次序书写语言是文字是否成熟的分界线。分界线以下是原始文字，分界线以上是古典文字和字母文字。原始文字主要表形和表意，称为“形意文字”。古典文字主要表意和表音，称为“意音文字”。字母文字主要表音，称为“表音文字”。

通过比较研究，又知道文字有三个侧面，叫做“三相”：符形相（包括图符、字符、字母），语段相（包括语词、音节、音素）和表达相（包括表形、表意、表音）。利用“三相”可以进行文字的科学分类。

传播和发展的比较。

关于传播。例如，通过比较研究，知道文字都是从文化较高的地方流向文化较低的地方。文字的体制不决定于语言的特点，而决定于文字的传播。朝鲜和日本的语言跟中国的汉语不是同一系属，由于传播相同而同样采用汉字。汉语和藏语同属汉藏语系，由于传播不同而文字体制不同，汉文用汉字而藏文用字母。

关于发展。例如，通过比较研究，知道文字在传播中不断发生变化，语词文字变为语词和音节文字，又变为音节文字。丁头字从苏美尔传播到亚述，形声组合逐步增加；传播到埃兰，成为半音节文字；传播到波斯，成为音节文字。汉字从中国传播到日本，产生音节字母假名；传播到朝鲜，产生音素字母谚文（合成音节单位）。古典文字的传播，一般都可以分为学习、借用、仿造和创造等四个阶段。

应用功能的比较。

例如，通过比较研究，知道“意音文字”都是符号众多，而且一符多形，一音多符，表音方法复杂而纷乱，因此学习困难，使用不便。又知道，辅音字母文字的元音表示法不完备，不如音素字母文字简单明了，学用方便。

历史背景的比较。

例如，经过历史背景的比较，知道汉字不是最古的文字，丁头字和圣书字的成熟比甲骨文还早 2000 年。又知道，字母的创始不是晚于汉字，而是跟甲骨文几乎同时，但是在丁头字和圣书字成熟之后 2000 年。字母不是忽然从地平线上蹦出来的，而是在古典文字的母胎中长期孕育然后诞生的。

历史悠久的字母文字往往拼写法不规则，但是文献丰富、应用范围广阔。新设计的字母文字都有整齐的拼写法，但是往往文献稀少，应用范围狭隘。文字的技术功能和承载功能属于不同的范畴，前者是技术问题，后者是历史问题。技术功能的高低和承载功能的大小，并非同步发展的。文字的历史背景能够说明这两种范畴发生差别的经过和原因。

正像科学的天文学是从玄学的星相术经过“非神秘化”而形成，科学的文字学也要从文字神奇论经过“非神秘化”而形成。

"非神秘化"是一切科学的起步。

正像科学的生物学通过比较和分类而形成使人信服的进化论，科学的文字学也只有在比较和分类的基础上才能得到符合实际的发展规律。

进化论已经说明，地球上的生物不是一盘散沙，而是有共同的演变规律的，所有的生物都属于同一个总的系统。比较文字学正在探索，人类的各种文字是否也不是一盘散沙，而是有共同的演变规律的，所有的文字是否都属于同一个总的系统。

二 文字学的轮廓画

文字学是中国首先创立的一门学问。许慎在公元100年（东汉和帝永元十二年）写成《说文解字》，阐述造字和用字的六书原理。但是1900年来，一直局限于研究书写汉语的汉字，没有扩大视野研究书写非汉语的各种汉字型文字，没有研究汉字传播到邻国和国内少数民族中间去以后的演变和发展。研究汉字的学问，起初称"小学"，清末改称"文字学"，50年代又改称"汉字学"，名称的改变标志着认识在前进。现在应当把汉族的和汉族以外的汉字型文字作为一个整体，进行宏观的综合研究，探索汉字在汉字文化圈中的发展事实和发展规律，这是"广义汉字学"。

汉字型文字是人类创造的许多种文字系统中间的一种。只从汉字来观察汉字，难免"不识庐山真面目，只缘身在此山中"。还应当把视野再扩大一步，把人类的所有文字作为一个整体，进行微观的和宏观的研究、历时的和共时的比较，这是“人类文字学”。这样，才能完整地理解人类文字的历史事实、功能性质和发展规律，以及汉字在人类文字发展史中所处的地位。

文字学的正规含义应当就是人类文字学。人类文字学是完整的文字学，汉字学只是局部的文字学。

文字学基本上是一门历史性的学科，它主要研究人类文字的起源、传播和演变。同时，它研究如何为无文字的民族创造文字，如何改进古老文字的实用功能，如何使文字在信息化时代发挥最佳的作用。它已经跟认知心理学、统计学、工程学、文化学、信息科学等结合成为有实用价值的多边缘科学。

文字学的内容包含：文字起源论、文字类型学、形意文字学、意音文字学、字母文字学、比较文字学（形体和结构的演变、传播和发展的规律）、应用文字学等。下面尝试为文字学勾画出一幅最简单的轮廓画。

（一）文字起源论

文字是如何产生的？文字起源论是文字学的第一个研究课题。

文字起源于图画的说法比较可信。原始图画逐步发展，分化成为图画艺术和文字技术。这是所谓“象形起源说”。世界各地发现的原始文字都证明了这个说法。汉字的甲骨文中有许多动植物的名称，都是动植物的素描。古代埃及圣书字的碑铭体有明显的图画性质。古代两河流域的早期丁头字也是图形文字，后来才变成丁头笔画。“象形”无疑是文字起源的主要途径。

此外还有一条次要的但是不可忽视的造字途径：指事符号。这里所谓指事符号是广义的，包括一切有表意作用的原始刻画符号。例如：画一弯代表一只小船，船上画几条短线表示其中有几个人，这是指事符号。一条短线代表“一”，两条短线代表“二”，三条短线代表“三”，这也是指事符号。

西安半坡陶片上的刻画符号有指事符号的性质；从文字起源论来看，它是文字的前奏，可是由于都是单个符号，无法联起来阅读和理解，不能证明它是汉字的祖先。八卦是一种刻画符号，也有指事符号的性质；它把刻画符号分为长短两类，加以组合和排列，跟二进制的电信符号有相似之处。把八卦说成文字的前奏是言之成理的猜想；把八卦说成汉字的祖先还缺乏证据。

成为文字的刻画符号有古代欧洲的“奥格姆”（ogham）字母，它用一至五条直线和斜线，写在分隔线的上下和中间，代表一个字母表，可以记录各种语言，近似现代商品的“线条编码”(条码)。奥格姆字母是有了字母以后才产生的。

《说文》：“指事者，视而可识，察而可见，上下是也。”《说文》把“指事”放在六书之首，可能有暗示文字起源的意思。

许多民族都有文字神造的传说，认为上帝创造文字，一次造成，一成不变。科学思想发展以后，知道文字是人类创造的、不是上帝创造的，是不断变化的、不是一成不变的。这又分为两种不同的理解：1. 认为文字是按照民族语言的特点而各自形成和演变的，这种理解被称为“文字自变论”。2. 认为人类文字在不自觉中有一种共同的进化规律，正像生物在不自觉中有一种共同的进化规律一样，这种理解被称为“文字进化论”。

（二）文字类型学

详见《文字类型学新说》。(本书 24 页)

（三）形意文字学

文字学的本体内容是：形意文字学、意音文字学和字母文字学，三者分别研究人类文字史的三个发展阶段。

世界各地有许多民族创造过原始文字，但是只有极少几种发展到“能够按照语词次序无遗漏地书写语言”的成熟水平。凡是没有达到成熟水平的文字，统称为“原始文字”。由于它们的表达方法都是以表形和表意为主，不能表音或者偶然表音，所以在文字分类学上简称“形意文字”。

原始文字可以分为四个层次：刻符、岩画、文字画和图画字。刻符和岩画都是分散的单个符号，没有上下文可以连读成词，很难知道原来的意义和作用，因此一般不被认为是文字，但是它们可能有文字胚芽的作用。具有文字性质的图画（文字画）和具有图画形式的文字（图画字），都能分析出大体上定形的符号单位，但是不能完备地按照语词次序书写语言，需要用口头传授来补充说明。

刻符。

50年代西安半坡遗址发掘出5000年前的彩陶，上面有分散的几十个刻画符号。70年代又在临潼姜寨遗址发掘出6000年前的彩陶，上面有分散的刻画符号102个。有人认为半坡刻符就是甲骨文的祖先，这还缺乏有力的证据。（参看楼宇栋《六千年前的原始村落》，载中国文化杂志1990年创刊号。）

外国的刻符例如：葡萄牙发现一组刻画符号，很像半坡符号。克里特岛发现一组刻画符号，比半坡符号复杂。法国南部发现一组卵石上的刻画符号，由各种曲线构成。巴勒斯坦发现一组刻画符号，类似几何图形等。

岩画。

文字与岩画同出一源，这里可以看到图画和文字即将分化的初始状况。中国各地发现了不少岩画，近年又在金沙江岸发现崖画。例如，以圆圈代表太阳，以月芽代表月亮；“弓”像弓，“田”像田；动物有全身、半身、直立、蹲坐、侧面；四足兽只画两足、马有长脸和长鬃、虎有大嘴和利齿：这些都跟甲骨文相像。岩画以象形为主，指事为副，有符号复合化的初步迹象。

外国的岩画例如：北非的岩画；美国加州和雅州的岩画；巴哈马的岩画；巴西的岩画；澳大利亚的岩画等。岩画一般都不能连接成文，只能单个阅看。

文字画。

文字画是文字性质的图画。从岩画到文字画，图画开始离开原始艺术走向原始的实用文字。例如：

“欧吉蓓少女幽会信”：熊图腾的女子写信给狗图腾的男子，邀请按照地图的路线前来相会；信中画出途径、湖泊、住房等。

“车偃部落父子汇款信”：父亲托人捎带银钱给儿子，信中画53个小圈代表钱数，说话的线条弯曲回来，意思是叫儿子早日回家。

“印地安人请愿书”：七个部落用七种动物为图腾，心脏有线条联系表示“一心”，眼睛有线条联系表示“一意”，另一条线申向湖泊，表示请愿到湖泊去捕鱼。

文字画一般都是单幅的，它们的特点是：符号是图符，语段是篇章，表达法是表形为主、表意为副，属于形意文字类型。文字画是超语言的，可以用任何语言去解说；事先要有默契，否则难于理解。所画图形尚未约定俗成，不能把图形分析成为符号单位。单幅的文字画后来发展成为连环画式的图画字。

图画字。

图画字是图画形式的文字。这种初期文字往往采取连环画形式。它们的水平明显高出于单幅的文字画。有的是图画和文字合一，图画就是文字；有的是图画和文字分开，图画上面再加图形文字，相互说明。

例如：四川凉山尔苏族“沙巴”巫师的长篇连环画式的“日者”占卜书，其中一幅画一条狗表示这一天属狗；左下画雾形表示傍晚有雾；左中画盛酒器表示日子吉利；右上画一个太阳带着“枷”表示天气不好；右中和右下画法器和宝刀表示镇压住邪气，不会出意外事故。占卜书中的图形可以归纳成为200多个符号单位，但是不能按语词次序表达语言，阅读时候要口头补充没有写出的意思。

又如：云南纳西族东巴教巫师的“东巴文”，有许多部连环画式的经书，其中的图形符号可以归纳成为符号单位，除形符和意符之外还有个别的音符，但是这种文字还没有达到能够无遗漏地按照语词次序书写语言的水平，必须口头补充没有写出来的部分。后来东巴文发展成为用图形符号表示的音节文字。

形意文字有共同的特点：符号表形或表意，偶尔表音是例外，完全表意也是例外；有的是囫囵吞枣的文字画，有的是可以分析出符号单位的图画字；阅读单位代表篇章或章节，不能分成句子或语词，不能完备地按照语词次序书写语言，要用口头传授来补充记录。形意文字有超语言性。超语言性是原始文字的特点之一。

（四）意音文字学

从刻符、岩画、文字画和图画字，到能够完备地按照语词次序书写语言的“意音文字”，经过了漫长的1万年。发展成熟而又代表高度文化的意音文字只有：西亚的“丁头字”、北非的“圣书字”和东亚的“汉字”。此外还有中美洲的“马亚字”，达到初步成熟水平，代表较低的文化。这四种文字中间，三种已经消亡，只有汉字巍然独存。

“意音文字”代表人类文字史“走出原始时期、进入古典时期”的发展阶段，因此又称“古典文字”。

“丁头字”是苏美尔人所创造，5500 年前在“两河流域”达到成熟水平，代表人类历史上最古的高度发达的西亚文化。它书写两河流域 3000 年间不同时代的“苏美尔、阿卡德、巴比伦、亚述”等语言，又传播到国外书写许多种不同的语言：诶兰语、喀西特语、赫梯语、米坦尼语、胡里语、乌拉尔图语、波斯语、卡帕多西亚语等。丁头字原来是图形文字，由于使用簪状的笔，在软的泥板上压写，笔画变成丁头形式。苏美尔图形文字的丁头化，跟汉字的隶变相同，是文字形体的“笔画化”。丁头字可以分为单体符号（“文”）和合体符号（“字”）。单体符号大都起源于指事和象形，合体符号大都变成会意和形声。泥板经过晒干或烤干，可以保存几千年而丝毫不变，古代遗留下来的泥板图书超过 5 万片，远比甲骨文为丰富。泥板、竹简和纸张是人类使用过的三种主要的承受书写的材料，其中泥板在地中海到波斯湾的广袤土地上使用了 3000 年。狭义的“丁头字学”研究两河流域某一阶段的丁头字，广义的“丁头字学”把许多民族的丁头字作为一个整体来进行研究。

“圣书字”创始于北非的埃及，略晚于丁头字。圣书字开始也是图形文字，后来演变成为三种字体：1. 图形体（碑铭体），主要用于建筑装饰和墓葬装饰，称为“圣书体”，外形是图形符号，功能已经变成意符和音符，此外还有表示意义类别和区分同音词的记号（定符）。2. 草书体，起初用于日常书写，后来用于宗教经书的传抄，被称为“僧侣体”。3. 简化体，僧侣体的简化，实用书写的基本字体，被称为“人民体”。书体变化没有影响文字的结构和功能，虽然发展了内在的表音符号（相当于“声旁”），可是3000年间始终保持意音制度。狭义的“圣书字学”研究古埃及本地的圣书字，广义的“圣书字学”综合地研究埃及和麦罗诶的圣书字。

汉字成熟于3300年前的黄河流域。它的形体从“图形体”（甲骨文、金文、大篆、小篆）演变成为“笔画体”（隶书、楷书），又发展出书写快速的“流线体”（草书、行书）。汉语原来是以单音节词为主的语言，后来发展成为以双音节词和多音节词为主的语言。汉字的功能相应地发生变化，从古代基本上都是“词字”的文字，演变成为现代“词素字”多于“词字”的现代汉字（在7000现代汉字中大约二比一）。形声字（意音结合）从甲骨文中的大约百分之二十，发展到今天的大约百分之九十。但是汉语汉字的基本结构始终维持着意音制度。狭义的“汉字学”研究汉语的汉字，广义的“汉字学”综合地研究汉语汉字和邻国的汉字，以及国内少数民族的各种汉字型文字。

“马亚字”创始于公元初期的中美洲（现在墨西哥），16世纪被西班牙人毁灭，只剩下三个手写本，可是在荒野的森林中保留下来许多石刻碑文。马亚字的释读到二次大战以后才获得突破性的收获。学者发现，它的外形虽然奇特，可是内在结构跟汉字十分相像，都是意音制度。

各种意音文字的外形是迥然不同的，可是它们的内在结构有惊人的相同之处。它们都是由三类符号所组成：意符、音符和定符。它们出身于图形符号，可是早已离开了象形阶段，成为主要用表意和表音方法来表达语言，简称“意音文字”。透过不同的外貌，观察相同的结构，是研究“意音文字学”的关键方法。

（五）字母文字学

“字母文字学”，简称“字母学”，研究字母的起源、传播、演变和现代的应用问题。字母文字是继形意文字和意音文字之后人类文字史的第三个发展阶段。字母文字的发展又分为三个时期：音节字母时期、辅音字母时期和音素字母时期，后者的晚期又可以分出一个拉丁字母国际通用时期。

意音文字在西亚和北非成熟以后，经过 2000 年的孕育，诞生了字母。大约在 3500 年前，字母出生于地中海东岸的“叙利亚－巴勒斯坦”。这里是两河流域丁头字文化和尼罗河圣书字文化之间的文化走廊。以商业为生的北方闪米特人，需要简单实用的记账文字，他们采取并改变意音文字中间的表音符号，创造出最平凡的而又最伟大的“字母”。

现存已经释读的最古字母是 3100 年前的“比拨罗字母”(Byblos)。它在诞生以后向四方传播。向东传播的一支叫做“阿拉马”字母系统，后来演变成为希伯来字母、阿拉伯字母、以及印度字母系统的各种字母，包括印度本土和东南亚的多种字母。向西传播的一支叫做“迦南”字母系统，后来演变成为腓尼基字母，又进一步演变成为希腊字母和罗马字母（拉丁字母）。

字母原来只能表示音节和音节中的辅音，叫做“音节－辅音字母”。传到希腊以后变成既能表示辅音、又能表示元音的“音素字母”，这是字母演进史上的重大突变。希腊字母传演成为斯拉夫字母、拉丁字母和其他已经消亡的多种字母。

拉丁字母形成于公元前 7 世纪，到大致相当于中国汉朝的罗马帝国时代（公元前 30－后 284)，成为欧洲的主要文字。14 世纪开始的文艺复兴使它成为当时欧洲许多新兴国家的文字。发现美洲和开通海上航路以后，西欧帝国主义把拉丁字母传播到整个美洲、大半个非洲和小半个亚洲。第一次大战以前，有 60 多个国家用拉丁字母；第二次大战以后，有 200 来个国家用拉丁字母。拉丁字母已经成为全世界的通用字母。这是“书同字母”规律的实现。

所谓“拼音化”就是用字母拼写语言。以字母作为正式文字，是狭义的拼音化。以字母作为正式文字的辅助符号，是广义的拼音化。公历纪元前后，丁头字和圣书字消亡了。在此以后，整个世界除东亚汉字文化圈以外，都是拼音化的天下。中国久已需要拼音化。汉末的“反切”和唐代的“三十六字母”，是中文拼音化的萌芽。1918 年产生汉字形式的“注音字母”；1958 年产生拉丁化的“汉语拼音方案”。我国语文政策规定，“拼音”不是法定的“文字”，它的作用是给汉字注音和拼写普通话，应用于汉字不便使用和不能使用的一切场合。这是广义的拼音化。在广泛使用拼音的今天，字母学已经不是中国文化生活中可有可无的学问了。

（六）比较文字学

比较文字学主要比较各种文字的历史演变、应用功能、形体和结构、传播和发展。比较的目的不仅是了解相互之间的差异性，更重要的是了解相互之间是共同性。

文字历史的比较。

文字像人生，有诞生、发育、成长、衰老、死亡。西亚的丁头字，诞生于 5500 年前，经过 3000 年，到公元的前夜消亡了。北非的圣书字，诞生略晚于丁头字，也经过 3000 年，到公元后第 5 世纪消亡了。汉字诞生于 3300 年前，到如今仍在中国应用，可是中国以外的应用萎缩了。文字兴衰的原因是什么呢，这是文字学和历史学需要研究的一个重要问题。

有人说，汉字是人类创造的最古文字。比较历史，知道这不是事实。汉字的创造比丁头字和圣书字晚 2000 年。如果从成熟以前的胚胎时期算起，汉字有 6000 年历史，丁头字或圣书字有 8000 年历史。有人说，字母的创造晚于汉字。比较历史，知道这不是事实。字母创始于甲骨文大致相同的时代。把文字的历史放在人类历史里面来研究，可以了解文字的发展过程及其兴衰的背景。

文字功能的比较。

国际往来频繁，人们接触了不止一种文字，于是引起文字功能的优劣比较。

5500 年前，西亚创造丁头字，北非创造圣书字。为什么丁头字扩展成为从地中海到波斯湾许多民族的国际文字，而圣书字只能局限于尼罗河一隅呢？原因之一可能是：泥板虽然笨重而容易制造，簪笔压写在当时是比较方便的书写方法。可是后来为什么丁头字又消亡了呢？原因之一可能是：阿拉马字母在丁头字区域内流行开来，简便的字母排斥了繁难的丁头字。这都是文字功能的历史比赛。

秦始皇统一天下，公文繁忙，于是不用书写麻烦的篆书，改用书写方便的隶书。以楷书为主的汉字，在手工业时代使用了 2000 年，并未感觉有什么不方便。接触到西方科技文化之后，发现汉字跟机械化有矛盾。于是在日本和中国掀起文字改革运动，尝试改进汉字的应用功能。

同样是字母文字，拉丁字母不断流通扩大而阿拉伯字母不断应用萎缩，这是什么原因呢？原因之一可能是：应用功能在比赛。

科技的迅猛发展，要求文字作同步的功能适应。文字应用功能的比较和改进于是成为文字学的新的研究课题。

（七）形体和结构的演变

文字的形体和结构都是不断演变的，形体较易变化，结构较难更改。

形体的演变。

文字经过最初的图形符号时期之后，由于书写频繁，发生形体的“笔画化”，“同化”和“简化”。从任意的线条曲折变成有规范的线条格式，叫做“笔画化”。“图符”难于分析成为笔画，笔数算不清；“字符”可以分析成为笔画，笔数算得清。原来变化无定而形式不同的线条，经过“同化”成为数目不多的同类笔画；同时，文字的形体发生继续不断的“简化”。这是意音文字共同的形体演变规律。

在共同的规律中间有不同的演变特征。书写工具的不同，造成迥然不同的笔画形式。丁头字使用“簪笔”和“泥板”，产生奇特的“丁头笔画”；簪笔压写不便形成曲线，所以丁头字有“楷体”而没有“草体”。圣书字在容易脆裂的纸草上书写，难于划平竖直，所以有“草体”而没有“楷体”，同时由于装饰艺术的需要，保留了图形的“篆体”。汉字使用毛笔和纸张，便于字形和书体的变化，既有“楷体”，又有“草体”，又有成为古文字的“篆体”，体式最为完备。

字母的形体是“笔画化”、“同化”和“简化”的结果。由于传统的不同，拉丁字母有“楷体”和“草体”，阿拉伯字母只有“草体”而没有“楷体”。文字符号有体式变化是共同的现象。

结构的演变。

文字发展到成熟时期，基本符号从“无定型”演变成为“有定型”，又由“单体符号”演变成为“复合符号”。复合符号的结合方式，汉字跟丁头字或圣书字不同。汉字把单体符号（文）和复合符号（字）写成同样大小的一个方块。丁头字和圣书字把复合符号一个个散开排列，复合符号是一串并列的符号，可长可短，不是压缩成为同样大小的方块。汉字的“复合化”（主要是形声化）往往被误认为文字的“繁化”。跟丁头字和圣书字比较一下就可以明白，“复合化”和“繁化”有本质的区别。

汉字中的复合符号主要是形声字和会意字。丁头字和圣书字中也有形声字和会意字。（还有指事字、象形字、假借字和转注字。）“六书”原则在各种意音文字中有普遍性，不是汉字所独有的造字和用字方法。这是比较文字学的一项重要发现。

意音文字达到成熟水平以后，基本符号的数目大致稳定了。丁头字的基本符号在巴比伦时代减少到 640 个，在亚述时代又减少到 570 个，一切语词都由这些基本符号组成。汉字的基本符号有多少呢？《说文》有部首 540 个，《广韵声系》有“第一主谐字”947 个，共 1487 个，这是古代汉字基本符号的大致数目。《新华字典》（1971）有部首 189 个，有基本偏旁 545 个，共 734 个，这是现代汉字基本符号的大致数目。丁头字和汉字的基本符号都是从多到少，数目大致相近，这是偶然现象吗？人类能认记符号的数量有没有心理极限问题？

字母的产生是形体演变和功能演变的最后成果。字母在初期也是形体无定的，逐渐变成“定形化”和“定量化”。字母的表音功能也是逐步演进的：从不能分析出“音节”到能够分析出“音节”，从不能完备地表示“音位”到能够完备地表示“音位”。字母的形成和发展的过程，经历了 2000 年的悠长岁月。

（八）传播和发展的规律

西方流传一个说法，“文字跟着宗教走”，实际是“文字跟着文化走”。代表较高文化的文字，向文化较低的民族传播，这是文字的运动规律。文字的传播和演变，一般经历四个阶段：学习阶段、借用阶段、仿造阶段和创造阶段（创造音节字母和音素字母）。这四个演变阶段，在汉字的传播历史中可以看到，在丁头字和圣书字的传播历史中同样可以看到。

汉字在公元前后（秦汉和以后），向南传播到越南，向东传播到朝鲜，又从朝鲜传播到日本。在漫长的千年以上，他们都学习和使用汉语汉字。这是“学习阶段”。公元 6 世纪到 9 世纪（唐宋时代），朝鲜借用汉字书写朝鲜语（吏读和乡札），日本借用汉字书写日本语（万叶假名）。这是“借用阶段”。唐宋时代，越南京族和广西壮族从借用汉字书写京语和壮语，发展为仿造新的越南汉字（喃字）和壮族汉字（壮字）；此外，辽金夏三个地区朝廷仿照汉字造成各自的汉字式文字（契丹字、女真字和西夏字）。这是“仿造阶段”。日本在 9 世纪从借用现成汉字发展为创造新的音节字母（假名）；朝鲜在 15 世纪创造新的音素字母、拼写成音节方块字（谚文）。这是“创造阶段”。

5500 年前创造丁头字的苏美尔人，统治两河流域 1000 多年。后来阿卡德人成为两河流域的统治者，他们学习和使用苏美尔的语言和文字长达 500 年。这是“学习阶段”。在熟悉丁头字以后，阿卡德人利用苏美尔丁头字书写阿卡德语，起初同时并用苏美尔文和阿卡德文，后来阿卡德文成为统治文字。这是“借用阶段”。经过 500 年的历史动荡，兴起巴比伦朝代（公元前 19－18 世纪）；书写巴比伦语的丁头字向“形声化”发展，大量减少基本符号。公元前14世纪又兴起亚述朝代，到公元前7世纪成为当时世界上最大的帝国；书写亚述语的丁头字进一步减少基本符号，其中的表音符号有音节化的趋势。丁头字传播到埃兰民族，到公元前6世纪成为新埃兰文，把丁头字大胆简化成为只有113个符号，其中80个变成音节字母。最后，丁头字传播到波斯帝国，发生更大的变化：波斯只用41个符号，除4个“词符”（王、州、国、神）以外，都变成音节字母和音素字母。这是“创造阶段”。

埃及圣书字在公元前31世纪就以成熟的意音文字而出现了。跟其他意音文字一样，它有意符、音符和定符。不同的是，它的音符比较先进，可以分析出单辅音符24个（后来增加到30个）、双辅音符75个（常用的50个），可是这些辅音符号要跟意符或定符结合构成形声字，不能独立使用。圣书字传播到南面的麦罗埃民族，起初当地人民在长期间学习和使用埃及的语言和文字。这是“学习阶段”。公元前2世纪麦罗埃独立，采取简化的圣书字作为字母，创造本国的表音文字，共有23个符号，其中两个是音节字母，其他是辅音和元音字母；字体分为两种：图形体采自圣书字的碑铭体，草书体采自圣书字的人民体。这是“创造阶段”。古埃及语的后裔“柯普特语”用32个字母，其中25个借用希腊字母，7个来自圣书字的人民体，这是圣书字的最后孑遗。“柯普特语”到14世纪消亡了，但是仍旧应用于柯普特基督教会中。衰亡的文字遗留在宗教中间，也是一条有普遍性的规律。

文字制度的重大变化都是在文字传播到异民族以后才发生的。在原民族中间虽然经常发生形体的量变，可是不容易发生结构的质变。传播到异民族中间以后，遇到了新的矛盾，由此引起新的创造。异民族对外来的文字，没有原民族那样固执的图腾习惯。新的创造，特别是从意音制度变成表音制度或半表音制度，初期很难得到当地权威阶层的承认，往往只有文化低下的妇女们使用，被轻蔑地称为“妇女字”。可是新的创造如果简易便用，经过漫长的地下传播，最后能从民间文字上升为正式文字。这是有普遍性的文字生长规律。日本的假名经过 1000 年，朝鲜的谚文经过 500 年，然后成为夹在汉字中间使用的正式文字。

（九）应用文字学

文字从原始图画中脱胎出来以后，就成为人类生活中关系重大的实用品，而不再是娱乐欣赏的艺术品了。所以，文字学当然具有应用科学的性质。文字是语言的记录，应用文字学是应用语言学的分支，主要研究如下各方面的文字问题：语文计划，语文教学，信息处理，其他。

语文计划。

应用文字学的首要应用是：给没有文字的民族创造文字；改进和扩大原有文字的社会功能。二次大战以后，全世界有 100 多个民族创造了新文字，中国的少数民族有 10 多个创造了新文字，这是史无前例的新文字创造高潮。扩大文字功能的首要工作是，在一国内部和国际之间实行“书同字母”。拉丁字母从罗马帝国的文字，扩大成为西欧各国的文字，又扩大成为全世界多数国家的文字。不用拉丁字母作为文字的国家也采用拉丁字母作为国际交流的工具。这是“书同字母”的历史发展。

不同民族的语音结构彼此不同，音素有多有少。用一套拉丁字母书写全世界的语言，遇到不少问题。“一音一符、一符一音”的国际音标不适合实际应用。切实可行的办法是“书同字母”而“变通读音”。书同字母就是使用 26 个拉丁字母。字母不够的补救办法：创造新字母弊多于利，利用双字母和附加符号利多于弊。双字母结合方式可以归并成为较少几种，各国通用。附加符号只要极少几个就足够国际通用（包括标调）。“变通读音”要调查拉丁字母的国际读音，制成“字母国际音域表”，分为基本音域、引申音域和特殊用法。尽量采取基本音域，较少采取引申音域，不得已时采用特殊用法。在汉语拼音方案中，多数字母采用基本音域，BDG 等采用引申音域，QX 等采用特殊用法。

“国际标准化组织”（ISO）给每一种全国性的文字规定一个拉丁化的国际标准，作为国际信息交流的通用符号，这是“书同字母”的新发展。汉语拼音方案已经定为拼写汉语的国际标准（编号 ISO 7098）。

语文教学。

汉字表音不灵，需要用字母帮助表音，提高识字的效率。日本在 1000 年前，开始用“假名字母”注音识字；二次大战之前，日文报纸、杂志和图书几乎全部注音。在中国，清末的“官话字母”，民初的“注音字母”，50 年代的“汉语拼音字母”，都发挥了注音识字的功用。近年提倡“注音识字，提前读写”，取得了“教改”的显著成效。

信息处理。

印刷术的发明，对文字提出“字形规范化”的要求；文字符号不能龙飞凤舞、信手变化了。打字机的发明，对文字提出“字数定量化”的要求；文字符号不是多多益善，而是越少越好了。电报的发明，对文字提出“拼音化”的要求；“四码电报”收发不便，这是产生拼音化运动的原因之一。电脑的发明，对文字提出了“信息处理”的新要求。

信息处理有多方面的含义。汉字在电脑上的输入困难是多种用途同样遇到的瓶颈问题。汉字的输入方法经历了三个阶段：整字输入、拆字输入、拼音变换。“整字输入”已经过去。“拆字输入”利用“字形”的结构规律，设计间接输入的“编码”，分为笔画码、部件码等等。字形虽然有内在规律，而规律复杂、自相矛盾。“编码”种类有无穷的可能性，于是“万码奔腾”！

输入拼音，自动转变成为汉字的“拼音变换法”，开辟了新的途径。“双打全拼”，以“语词、词组、成语、语段”等为单位，尽量避免单个汉字的输入，加上“语境”的智能化软件，最能适应“想打”要求。条件是学会拼音，达到小学毕业的拼音程度。日本的“假名变换”采用同一原理。但是，“拼音变换”也有缺点，主要是不便输入单音节词占多数的文言。

电脑给语文技术提出新的要求，促进了应用文字学的发展。时代在前进，学术在发展，人类文字学因时代的需要而不断充实内容。

三　文字类型学新说

（一）文字类型学在文字学中的地位

文字类型学研究人类文字的分类问题。它是比较文字学的产物，它又反过来推进比较文字学的研究。比较需要分类，分类需要比较。生物学、语言学、以及其他多种学科，都是从分类学开始而逐步深入科学领域的。文字学也是如此。

文字类型学是研究人类文字史和人类文字发展规律的前提。离开类型学的研究，人类的多种文字将是各自独立，彼此无关。

这样，文字就不可能有宏观的和综合的研究，文字学也就难于成为一门有系统性和规律性的学科。这好比如果没有生物分类学，世界上的无数生物就是神造天设、一盘散沙，还能有什么生物学和进化论呢?

中国是首创文字学的国家。许慎的《说文解字》在1900年前提出汉字分类法（部首法）和汉字的造字和用字原理（六书说)。19世纪，西欧学者发现和释读了两河流域的丁头字、埃及的圣书字和其他古代文字，开始对不同的文字进行比较研究，开辟了比较文字学的新领域。

中国的文字学以汉语汉字为范围，主要用微观方法，深入探究汉字的起源，及其形音义的演变，又名汉字学。西方把人类的全部文字作为范围，应用宏观方法，寻求不同文字之间的相互关系和发展规律，建立了包含汉字在内的文字学。文字类型学是扩大和深入研究文字学的必要条件。

文字学和文字类型学既是古老学问，又是新兴学科。

(二) 文字类型学的系统观和发展观

进化论把所有生物作为一个系统来观察（系统观)，探索不同生物之间的演变关系（发展观)。这一新学说的提出，当时难于得到西方知识界的理解。“从猿到人”，有这样的事情吗？一位有名的英国学者对达尔文说：你的祖先才是猴子，我的祖先不是猴子！没有人见过猴子变人，也无法在实验室里进行猴子变人的实验。但是，经过长期的、多方面的宏观和微观的科学考察和论证，进化论终于打破直觉想像而成立了，并且成为现代科学的支柱。

文字类型学应用系统观和发展观，更难得到知识界的理解，文明古国尤其如此。汉字在东方使用了 3000 多年，跟西方的字母风马牛不相及。二者显然是彼此并立的两个完全不同的文字系统，其间没有发生过什么演变关系。汉字在中国 3000 多年没有变成字母。其他国家也没有见到表意文字自行变成表音文字。所谓从表形到表意到表音的文字发展规律，缺乏事实左证。英文里晚近产生大量字母缩写，证明表音文字正在变成表意文字。汉语是音节分明的语言，适合使用音节分明的汉字。英语是有词尾变化的语言，适合使用分析音素的字母。语言特点决定文字类型，这才是不同文字的形成原因。这样的说法，在中国颇为流行。

19 世纪以来，H. C. Rowlinson，J. F. Champollion 和其他许多位卓越的文字学家和考古学家，殚精竭虑、深入探索，得到一次又一次的惊人发现，对人类文字的演变规律，形成了深层的科学论断，改变了旧时代的直觉想像。

丁头字和圣书字的释读成功，以及跟汉字进行的比较，发现它们的外形虽然迥然不同，而内在结构如出一辙。六书同样可以用来说明丁头字和圣书字的造字和用字。跟人们的想像相反，这三种古典文字竟然属于同一类型。丁头字从苏美尔经过阿卡德、巴比伦和亚述，传到诶兰和波斯，发生从表形到表意到表音的演变。汉字从甲骨文、篆书变为隶楷，传到日本发展出假名音节字母，也是从表形到表意到表音的演变。东巴文中间包含语句符号和音节符号，又产生哥巴音节文字，这是在一个民族内部自行发生从表形到表意到表音的演变。这类例证，在比较文字学的研究中一再发现。

西亚两河流域和北非尼罗河流域，创造文字比黄河流域早 2000 多年。字母在西亚产生，约当东亚的甲骨文时代。字母不是天上掉下来的。它是经过 2000 年的传播和演变，从丁头字和圣书字的母体中脱胎出来的。微观的短期观察难于见到发展，宏观的长期研究才能发现演变。经过几百年、几千年的悠长岁月，主要在传播到不同民族之后才发生的演变，不可能用旧有常识来理解。至于要打破知识禁忌和知识屏障，更不容易。

英文里出现科技缩写，那是一种文字的辅助手段，没有改变英文的拼音文字性质。汉字被语系不同的日语和朝鲜语所使用，印度字母成为5个语系的35种以上语言（包括跟汉语同属汉藏语系的藏语）的文字，这是文字随文化（宗教）而传播的经常现象，显然证明语言特点并不决定文字类型。自从西方学者发现从表形到表意到表音的发展规律之后，还没有发现逆向的演变现象。

（三）各家文字分类法简述

文字史和文字学的研究者都重视文字类型学，提出了多种文字分类法。下面列举几种有代表性的例子，并把它们画成表格：

（1）泰勒分类法（根据 Isaac Taylor：The History of the Alphabet，1899，New York，Scribner's）

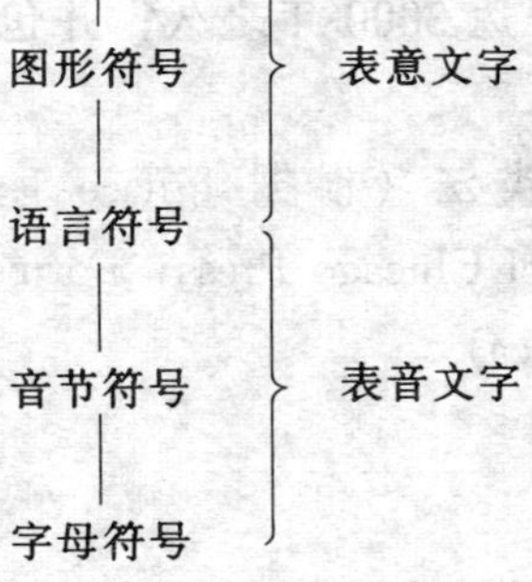

100 年前，泰勒首先对人类文字作宏观的综合研究，提出五种文字类型和文字进化论的观点。他代表文字分类学的开创时期。

（2）迪龄格分类法（根据 David Diringer：The Alphabet：A Key to the History of Mankind，Introduction，1948，London，Hutchinson）

文字胚胎：—— 图像和魔符①—— 备忘设计②—— 象征信号

真文字：—图形文字③— 表意文字④— 过渡文字⑤— 表音文字

音节文字⑥　字母文字⑦

①岩画。②结绳、编贝。③埃及、两河流域、腓尼基、克里特、西班牙、法国南部、中非、北美、澳洲。④北美、中美、非洲、波利尼西亚、澳洲、Yukaghir。⑤两河流域、埃及、克里特、希梯特、中文。⑥后期亚述、叙利亚、塞浦路斯、日本假名、西非、北美。⑦希伯来、腓尼基、阿拉马、希腊、厄脱鲁斯克、罗马、近代各国。

迪龄格自己觉得，“过渡文字”这个说法有点勉强，难于说明这个阶段为什么长达 3000 年之久，并包含那么多的重要文字。

（3）格尔伯分类法（根据 Ignace J. Gelb：A Study of Writing，1963，U. of Chicago Press；Forms of Writing，1979，Encyclopaedia Britannica）

图画
|
示意符号
|
描写－代用设计
|
认同－记忆设计
|
表音文字

语词－音节文字（词符）①　音节文字②　字母文字③

①苏美尔、埃及、中文。②希伯来、阿拉伯、线形 B、假名、Cherokee。③希腊、拉丁、芬兰、英文、法文。

格尔伯把“语词－音节文字”作为一个类型，把辅音文字归入音节文字。

(4) 希尔分类法（根据 Archibald A. Hill：The Typology of Writing Systems，1967，in William M. Austin，Papers in Linguistics in Honor of Leon Dostert，The Hague，Mouton）

文字
|
示意：—— 图像①—— 约定②
|
语素③
|
音位：——多音位④—— 部分音位⑤—— 单音位

语素音位字母⑥　音位字母⑦

①美洲印第安人。②结绳。③苏美尔、埃及、中文、马亚。④线形 B、假名、Cherokee。⑤埃及、希伯来、阿拉伯。⑥英文、朝鲜文。⑦希腊、芬兰。

希尔给释读较晚的马亚文分类，并把它跟苏美尔、古埃及和中文列入同一类别，这是分类工作的新发展。

（5）桑普森分类法（根据 Geoffrey Sampson：Writing Systems：A Linguistic Approach，1985，London，Hutchinson）

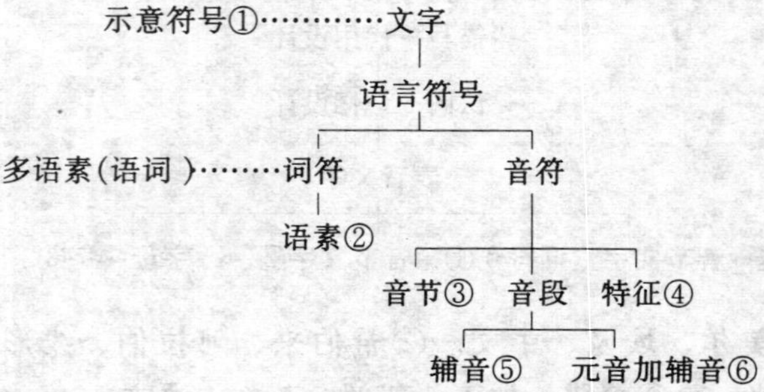

①Yukaghir。②中文。③线形 B、假名。④朝鲜文。⑤腓尼基、希伯来、阿拉伯。⑥希腊、拉丁、英文、法文。

桑普森认为“音位”不是最基本的语言单位，它还可以分解成为“特征”（feature），而朝鲜谚文是以“特征”为书写单位的文字，成为文字分类学的一个新类型。

（6）德范克分类法（根据 John DeFrancis：Visible Speech，1989，U. of Hawaii Press，Honolulu）

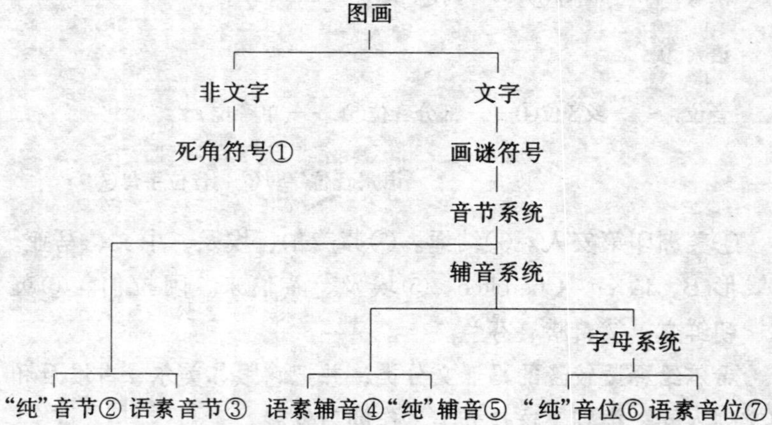

①难于解读的符号：岩画、Uruk－IV象征符号、Yukaghir图画文字、美洲印第安人图画文字。②线形B，假名、Cherokee文、彝文。③苏美尔文、中文、马亚文。④埃及文。⑤腓尼基文、希伯来文、阿拉伯文。⑥希腊文、拉丁文、芬兰文。⑦英文、法文、朝鲜文。

原注：语素音节系统＝“意义加声音”的音节系统。语素辅音系统＝“意义加声音”的辅音系统。语素音位系统＝“意义加声音”的音位系统。

德范克把“音节、辅音、音位”三类文字都分为“纯”与“不纯”，这是分类法精密化的一种尝试。

（7）依斯特林分类法（根据V. A. Istrin：《文字的产生和发展》，原文俄文，1965，左少兴译，1987，北京大学出版社）

句意字：—— 图画字 —— 约定符号 ①
表词字：——表意字(联系词义)：—— 表词字 ②—— 现代符号 ③
　　　　　└表音字(联系词音)
词素字：—— 表意词素字 —— 表音词素字
音节字：—— 任何音节 ④—— 开音节 ⑤—— 元音或辅音加a ⑥
音位字(音素字)：— 辅音符号 ⑦— 辅音加元音标记 — 辅音和元音符号 ⑧
辅助符号：—— 发音符号 —— 标点和隔音符号

①图腾、禁忌。②苏美尔、中文。③数字、科技符号。④亚述·巴比伦。⑤克里特·迈锡尼、日本假名。⑥印度婆罗米、天城体梵文。⑦腓尼基、乌加里特、希伯来、阿拉马、阿拉伯。⑧希腊、拉丁、俄罗斯。

依斯特林把苏美尔文跟亚述·巴比伦文分开，注意到文字结构的时代变化。

(8) 王凤阳分类法（根据王凤阳《汉字学》，1989，吉林文学出版社）

文字
- 提示语言的文字（史前文字）：——图画提示文字（图画文字）：
  - 提示事件的图画文字（提事文字）
  - 提示语句的图画文字（提语文字）
- 记录语言的文字（有史文字）：
  - 衍意系统（表意文字）：
    - 象形表意文字（象形文字）
    - 记号表意文字（记号文字）
  - 衍音系统（表音文字）：
    - 音节表音文字（音节文字）
    - 音位表音文字（音位文字）

在中国的文字学界不注意分类学的时候，王凤阳率先提出他的文字分类法。

（四）文字的“三相”分类法

各家提出的分类法大都是平面分类法。本文作者在比较研究了多种分类法之后，尝试提出一种立体分类法。

观察文字，可以从三个不同角度着眼：1. 符形角度、2. 语音角度和 3. 表达法角度。三个角度观察到文字的三个侧面，称为文字的“三相”（three phases）。

1. 符位相：

从符形角度观察文字，要用视觉来鉴别。文字符号就其外形来看主要分为：（1）图符；（2）字符；（3）字母。“图符”有明显的图形性，难于分成笔画。有的能“望文生义”，叫做“显义图符”；有的不能“望文生义”，叫做“隐义图符”。“字符”没有图形性，不像任何实物；字符可以分成笔画，是笔画的组合；笔画种类不多，笔画数目可以数得清。笔画化是字符区别于图符的主要标志。字符的数量无限，是“无定量”。“字母”的数量有限，是“有定量”。音节字母一般有几十个到几百个；音素字母一般有十几个到四五十个，大都只有三十来个。文字的符号侧面是文字的“符位相”。

具体的文字如果符号大都是图符，叫做“图符文字”；又可以分为显义图符的“文字画”和隐义图符的“图形字”。大都是字符的叫做“字符文字”。大都是字母的叫做“字母文字”，又分“音节字母文字”、“辅音字母文字”和“音素字母文字”。兼用图符和字符的是“图符·字符文字”；兼用字符和字母的是“字符·字母文字”。

2. 语段相：

从语音角度观察文字，要用听觉来测量。一连串讲出来的语言可以分为许多语音段落，叫做“语段”。长语段分为：(1) 篇章，(2) 章节，(3) 语句；短语段分为：(1) 语词，(2) 音节，(3) 音素（音位）。“语词”（word）是意义单位。“音节”在单音节词中是意义单位，在多音节词中只是意义单位的构成部分。“音素”一般不是意义单位。文字的语段侧面是文字的“语段相”。

具体的文字，如果符号大多数表示语词，叫做“语词文字”；大多数表示音节，叫做“音节文字”；大多数表示音素，叫做“音素文字”。具体的文字很少只用一类符号，往往兼用两类符号。兼用语词符号和音节符号的是“语词·音节文字”，兼用音节符号和音素符号的是“音节·音素文字”。

3. 表达相：

用文字符号表达语言，有不同的表达法。按照符号的“表达功能”，不考虑符号的“起源”，可以把表达法分为：（1）表形法，（2）表意法，（3）表音法。“表形法”用近似图画的符号表示意义，可以叙说故事，可以指示实物，意义自明，或者只要略加指点，即可了然；它不代表一定的语种，是“超语言”的，也不代表一定的词句，是“超词句”的；虚词和语法成分不能用“表形法”写出来；表形法也表意和表音，它以形示意，由意成言。“表意法”的符号代表规定的意义，意义和符号没有必然的关系，必须各个学习，不能“望文生义”；所用符号的类型并无限制，可以是图符、字符或字母（例如用某个字母代表某一指定事物或概念）；表意符号也表音，阅读必须用音声语言。表意法比表形法便于书写虚词和语法成分；二者的区别不在能否表意，而在能否“望文生义”。“表音法”的符号跟语音（音节或音素）挂钩，不跟意义挂钩，意义要通过语音才能知道，可是熟练以后也能一目十行；表音法只能书写一种语言的一定词句，没有“超语言”和“超词句”的可能；所谓“听音知义”只限于胸中原有的词汇。表意法先有意、后有音；表音法先有音、后有意。文字的表达法侧面是文字的“表达相”。

具体的文字如果基本上用表形法，就是“表形文字”；基本上用表意法，就是“表意文字”；基本上用表音法，就是“表音文字”。纯粹的表形文字都是原始文字。纯粹的表意文字极少发现（数学公式接近表意文字，但是不代表整个语言体系）。纯粹的表音文字只有新设计的字母文字。老的表音文字都带有非表音成分。多数文字体系兼用两种或两种以上的表达法；兼用表形和表意的是“形意文字”；兼用表意和表音的是“意音文字”。

文字"三相"分类表

(符位相)	(语段相)	(表达相)	(简称)
图符	章句或语词	表形	表形文字
图符或字符	章句或语词	表形兼表意	形意文字
字符	语词	表意	表意文字
字符或字母	语词或音节	表意兼表音	意音文字
字母	音节或音素	表音	表音文字
音节字母	音节	表音	音节文字
辅音字母	音节或音素	表音	辅音文字
音素字母	音素	表音	音素文字

任何一种文字都有"三相"。"三相"的综合聚焦，就是这种文字的类型。实际存在的文字大都是跨类的，常见的基本类型有如下五种：

(A) 形意文字：图符或字符+章句或语词+表形兼表意。

(B) 意音文字：字符或字母+语词或音节+表意兼表音。

(C) 音节文字：字符或字母+音节+表音。

(D) 辅音文字：字母+音节或辅音+表音。

(E) 音素文字：字母+辅音和元音+表音。

这里要对某些例外情况加以说明：

1. 符号的类型，不一定等于文字体系的类型；文字体系的类型决定于大多数符号的性质，以及符号的基本的和主导的功能。例如：马亚字全用图符，可是它并非原始的"表形文字"，而是相当发达的"意音文字"。

2. "三相"分层，并非同层各相一定联系而异层各相一定不联系。图符可以表形，也可以表意和表音；图符可以表语词，也可以表音节或音素。"三相"各层的关系大致如下表：

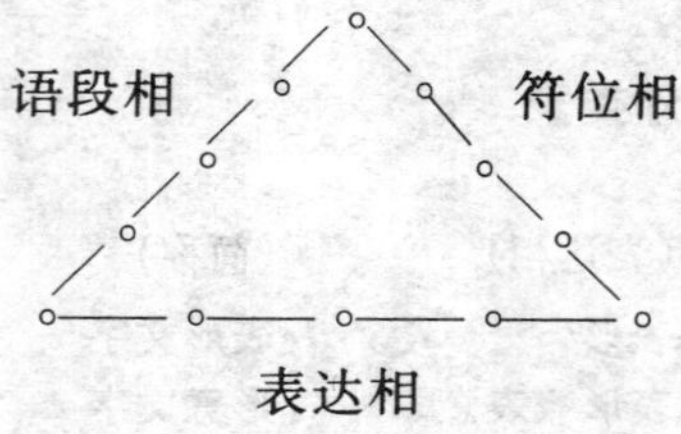

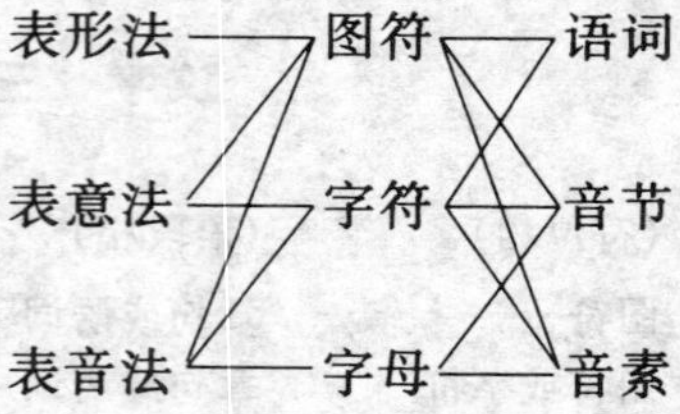

形意文字又分为：1. 文字胚芽，2. 文字幼儿；文字幼儿又可分为：1. 篇章文字，2. 章节文字，3. 语句文字。

意音文字又分为：1. 语词·字符文字，2. 语词·字母文字。

音节文字又分为：1. 字符音节文字，2. 字母音节文字。

辅音文字又分为：1. 狭义辅音文字，2. 广义辅音文字。

音素文字又分为：1. 纯音素文字，2. 非纯音素文字。

这些，以及更细的分层，将在以后各卷分别论述。

本书论及各种文字的"三相"分类例略

1. 文字胚胎：刻符、岩画；文字画、图画字。
2. 形意文字（图符＋章句＋形意）：沙巴文、东巴文。
3. 意音文字（图符或字符＋语词和音节＋意音）；丁头字、圣书字、汉字、马亚字、传统彝文。

   孳乳仿造的汉字型意音文字（字符＋语词和音节＋意音）：
   壮字、喃字、苗字（3种）、瑶字、布依字、侗字、白文、哈尼字、仡佬字、阿细彝字。

   变异仿造的汉字型意音文字（字符＋语词和音节＋意音）：
   契丹大字、女真字、西夏字。
4. 音节文字

   字符音节文字（字符＋音节＋表音）：女书、傈僳字、哥巴文、玛丽玛萨文、契丹小字。

字母音节文字（字母 + 音节 + 表音）：假名、谚文（音素合成音节）、注音字母（半音节、半音素）、四川规范彝文。

5. 辅音字母文字（字母 + 音节或辅音 + 表音）：藏文、傣文、维吾尔文、蒙古文、锡伯文。

6. 音素字母文字（字母 + 辅音和元音 + 表音）：希腊字母、斯拉夫字母、拉丁字母，包括：中国少数民族的拉丁字母新文字；东南亚拉丁字母新文字；非洲拉丁字母新文字；拉丁美洲和大洋洲拉丁字母新文字。

参考：王伯熙《文字的分类和汉字的性质》，中国语文杂志 1984－2。张照《论文字发展的规律》，中国语文杂志 1965－6。周有光《文字演进的一般规律》，中国语文杂志 1957－7；《字母的故事》1958；《世界字母简史》1990；《文字类型学初探》，民族语文杂志 1987－6。

卷二

形意文字

一　形意文字的特点比较

这里比较两种形意文字：（一）尔苏族的沙巴文，（二）纳西族的东巴文。

它们代表超越文字画水平的形意文字。都能叙述长篇故事，但是都不能按照语词次序完备地书写语言。都有相当数量的文献。东巴文有写本约 2 万册。沙巴文较少，也有几十种。

东巴文大致创始于 12－13 世纪，相当于南宋时代。沙巴文可能创始于 300 年前，相当于明末清初。沙巴文和东巴文都是“自源”文字。东巴文跟汉字的关系是“异源”而“同型”。这两种文字都是非常珍贵的文字史料。它们都是中国少数民族的传统文字。希望以后能找到其他国家同样类型的文字。

（一）形意文字和原始宗教

形意文字出于原始宗教。巫师掌握文字，文字书写教义，识字就是读经，行事先问神明。这情形一直到今天在很多人群中间还没有多大改变。

尔苏族的巫师称“沙巴”，他们的文字称“沙巴文”。纳西族的巫师称“东巴”，他们的文字称“东巴文”。“沙巴”和“东巴”，平时在家种田，闲时为人念经。宗教没有专业化，教会没有集中的组织。

(二) 形意文字的符号形式

形意文字的符号形式基本上都是“图符”(图形符号)。有的是“显义图符”，可以望文生义，例如沙巴文中的“太阳、月亮、树叶、海螺”。有的是“隐义图符”，不能望文生义，例如东巴文中的动词“砍、割、梦、埋”。“隐义图符”必须有人教导，否则不可能知道究竟是什么意思。

形意文字中偶尔出现“字符”。例如“数字”。东巴文从“哥巴文”中借来一些字符。这都是例外。东巴文后来创造“音节符号”，仍旧用图符形式，这说明符号形式有习惯性。

(三) 形意文字的语言段落

形意文字的符号往往是几个结合起来，表达一个故事或者一长段宗教教义。还没有经常地把符号一个个分开来各别代表语言段落的做法。

形意文字所代表的语言段落基本上都是“长语段”(篇章、章节、章句)，有时也有“短语段”(语词)，那是偶然现象。形意文字都是“超语言”的，可以用任何语言来解说。

文字符号所代表的语言段落从“长语段”发展到“短语段”，是文字历史的飞跃。东巴文处于从“长语段”到“短语段”(甚至“音节”)的演变之中，也就是从“形意文字”变成“意音文字”的过渡状态，这是非常难得的文字史资料。

(四) 形意文字的表达方法

形意文字的符号大都是图形符号，当然以望文生义的“表形”为基本的表达方法。但是所有的形意文字资料都或多或少有“表意”的符号，有时还带上几个“表音”的符号。其中有的是创造时候就是“表意”符号。更多的是“象形”符号失去“象形”功能而成为“表意”符号。

千万不可在“图符”和“表形”之间画一个等号。它们是不相等的两个概念。图形符号不仅可以表形，还可以表意和表音。

在沙巴文中，代表实际事物的符号比较多，代表抽象意义的符号比较少，代表动作的动词符号更加少。这说明文字的表达方法是“从实到虚、从形到意”。形意文字的共同特点是“实多虚少、形多意少”。

为什么形意文字都有“表意”符号呢？能不能全用“表形”符号书写语言呢？不能。因为望文生义的“表形”方法，遇到“语法虚词”就无法书写。而“语法虚词”即使在原始语言中也是不能缺少的语言成分。所以没有一种文字是纯粹的“象形文字”或“表形文字”。

有没有完全用“表意”方法写成的“纯表意文字”呢？也没有。许多资料证明，在放弃表形的初期，同时就是补充表音的时候，不过表音的数量是微乎其微的。

从“六书”来看，形意文字突出象形（表形），也有指事（表意），较少会意（表意），极少假借（表音），一般没有形声（意音结合）。东巴文中的“六书”比较完备，它已经有了形声，这是它向“意音文字”演进的证据。（参看“六书有普遍适用性”，本书166页。）

东巴文比沙巴文进步得多，它正在离开“形意”向“意音”前进，并且已经另外哺育出了音节文字哥巴文和玛丽玛萨文。

形意文字往往用“颜色”和“位置”作为表达意义的辅助手段。例如，沙巴文中的月亮和星星，用白色表示明亮、吉祥，用黑色表示暗淡、灾难；又用“白绿蓝红黄”五色表示“金木水火土”五行。位置的用法：例如在一个长方图幅中，画在左上角表示早上，画在右下角表示夜晚。颜色和位置有表形兼表意的性质。这也是许多早期文字的共同方法。

（五）形意文字和连环画

沙巴文和东巴文的写本都采取连环画形式。属于“意音”但还接近“形意”的中美洲马亚字，它的写本也采取连环画形式。远隔一个太平洋各自独立发展的文字和书本，竟有如此相像的形制。

连环画书本很像电影胶片，一个长方图幅是一个阅读单位，代表一个故事或者一段预言。沙巴文和东巴文的连环画中，图画就是文字，文字就是图画，二者浑然一体。马亚字的连环画中，图画上面加上文字，文字说明图画，图画补充文字。

形意文字起初只有单页图幅。多幅连接的连环画是单页图幅的发展。单页图幅只能表示简单几句话，多幅的连环画能够叙述复杂的故事和详细的教义。

形意文字的连环画，把一个长长的故事切分成许多图幅段落，这是“语言分段”的开始。从“篇章、语句”一步步前进，后来得到“语词、音节、音素”等越来越小的段落。

今天，儿童喜欢看图画和文字相互补充的“小人书”。人类从小到大，从古到今，文字生活是从连环画开始的。

形意文字的最初要求是“帮助记忆”（示意），不是“书写语言”（写话）。它的共同特点是“不能”完备地书写语言，要用师生传授，口头说明，彼此联想，死记硬背，来补充文字记录的不足。世界上许多地方创造了从低级到高级的各种“形意文字”，只有极少数几个“文化摇篮”发展出成熟的“意音文字”。

在汉字型文字中，有一种水族的“水书”，它是“变异仿造”的汉字型文字。其他变异仿造的汉字型文字都是“意音文字”，例如契丹大字、女真字、西夏字。惟独水书是变异仿造的汉字型“形意文字”。由于水书资料不足，水书在形意文字中的地位要等将来进一步调查研究。(参看“汉字型文字综述”，本书189页。)

二 沙 巴 文

(一) 尔苏族和沙巴文

尔苏族（Ersu，意为“白人”)，旧称西番，分布在中国四川凉山等地，约有2万人。语言属汉藏语系、藏缅语族、羌语支，分为“东、中、西”三个方言。多数尔苏人通汉文，有的通藏文。当地原始宗教的巫师称“沙巴”（saba)，经书用的文字叫“沙巴文”(自称“扎拉马”)。“沙巴”巫师平时务农，遇有婚丧喜庆，给人念经求神。这跟纳西族有东巴巫师和东巴文相似。

在四川甘洛、汉源、冕宁、石棉等地，沙巴巫师珍藏的图画文字经书，据说有几十种，例如《虐曼史答》、《各齐史答》、《史帕桌兹》、《昌巴尔刷答》等等。沙巴文创始于何时，传说不一，据说至少已经传了十多代。

沙巴文用竹笔或兽毛笔，蘸上颜色墨水书写，除黑色表示阴暗晦气外，以“白绿蓝红黄”代表“金木水火土”(五行)。不同颜色有不同意义，例如星星和月亮画成黑色表示暗淡、灾难，画成白色表示明亮、吉祥。

（二）沙巴文的基本符号

沙巴文都是图像符号，没有规范化，但是已经开始趋向稳定，使符号和意义发生固定的联系。各地经书的图像符号，在形体和读法上，大体相同，这说明经书传抄，已经约定俗成，不是个人的任意创造。学者分析，得单体的基本图像符号 200 多种。

例如：

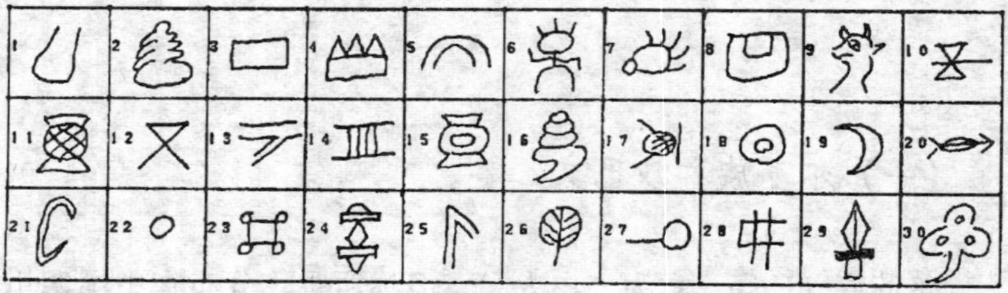

上例说明：[1] 皮口袋，[2] 火焰，[3] 切饭板或木墩子，[4] 食盘，[5] 桥，[6] 奴隶变成的鬼，[7] 形状似手的法器，[8] 能锁妖魔的笼子，[9] 牛，[10]斧头。[11]装酒的花陶罐，[12]做法事放供物的三脚架，[13]三岔路口，[14]抬尸体的担架，[15]器皿，[16]做法事用的白海螺，[17]青蛙，[18]太阳，[19]月亮，[20]箭。[21]挂钩，[22]星星，[23]做法事用的盾牌，[24]法器，[25]树被风吹倒，[26]青冈树的叶子，[27]盛酒用的带把陶罐，[28]一种鬼神的代号，[29]宝刀，[30]吉祥星簇。

（三）沙巴文的阅读单位

沙巴文的经书是连环图画形式，每部经书由许多个图幅组成。一个图幅是一个阅读单位，包含几个单体图像。零散的单体图像一般不是阅读单位。例如：经书《虐曼史答》（“看日子的”，“日者”）包含360个图幅，每个图幅包含五六个单体图像。下面是其中以“猴”为中心的一个图幅。

意译：二月十三日，属猴，这一天为土日。天快亮的时候，出现食盘和陶罐，这是有酒有肉的喜庆日子。天快黑的时候，可能要变，因为地下有雾气，树被风刮倒，预示要有大风。但是两个明星在天上闪耀。总的说来，还是好天气。

图解：图幅中只有六个单体图像，要代表一长篇说话。图幅中央是“猴”，表明这一天属猴。猴身上涂黄色，表示这一天是“五行”中的“土”日。左下是“食盘”，三个三角形表示上面放着的酒肉和食品。左中是一个带柄的“陶罐”。这两件东西放在一起，表示这一天吃喝不用担心。右上有两颗“明星”，高挂天空。右下是“雾”的图符，“右下”表示傍晚。右中是一棵树，上半部被风折断，图符本身没有说明折断以后会发生什么，读者要自己引申出将刮大风的意思。刮断树干，表示大风来临，不是个好兆头。但是有“食盘”、“陶罐”、“明星”等吉祥事物，因此这一天还是好天气。（这种“看日子”的巫术，汉族过去也长期流行，每年印行的“皇历”上有记载。）

（四）沙巴文的文字类型

从“三相”分类法看沙巴文的文字类型：1. 符形相属于“图符文字”，2. 语段相属于“篇章文字”，3. 表达相属于表形为主、表意为副的“形意文字”。沙巴文虽然可以分析成为单体符号，但是阅读单位是连环画中的整个图幅，不是单体符号，所以属于“篇章文字”，而不是“词组文字”或“语词文字”。

沙巴文的特点主要有：

1. 笔画不固定，只要不影响整个字形和意义，非关键部分多一笔少一笔，可以随意书写。字顺不固定，从上而下、从下而上，从右而左、从左而右，任意变化。

2. 一个画幅表示一长段语言。有的意思有图像表明，有的意思没有图像表明，要由巫师根据师傅的传授，或者根据画幅的整体来自己理解和补充。往往五六个图像代表一篇很长的说话。

3. 图像的不同位置表示不同意义，例如“雾”画在右下角，表示“傍晚”有雾。图像又用不同颜色表示不同意义，例如同一颗星，涂上黑色表示暗淡无光，不涂色（表示白色）表示光明快乐。动物的头像，涂上黄色表示“土”日，涂上红色表示“火”日。这些表意方法，说明沙巴文比东巴文更接近于图画，更加原始。

4. 同一个图符，还可以附加不同的笔画，表示意义的变化。

例如“太阳”有：[1] 带枷的太阳，[2] 耀眼的太阳，[3] 微笑的太阳，[4] 一般的太阳。

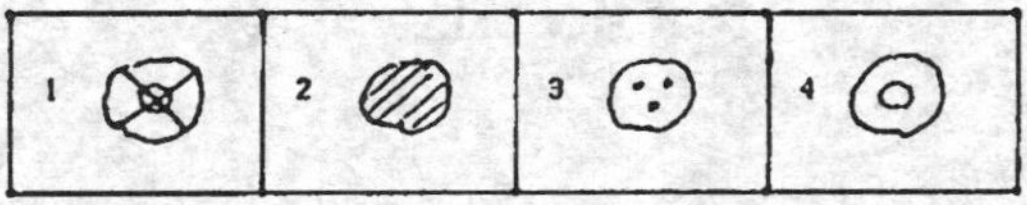

5. 表示具体事物的图符多，表示抽象概念的图符少，表示动作的图符更少。“象形”发达，“会意”不发达。表达语言缺漏甚多。例如，画出树干折断，要补充理解为将发大风。看了图像由读者自己去猜想“图外意思”，这是“提示”性的原始文字，不是“记录”性的原始文字。

6. 一个图像，往往代表两个或更多的音节，单音节的图像比较少。上例 30 个图像中，只有四个是单音节图像，占七分之一。(注音从略)

7. 沙巴文把长长的经文切分成段落，但是还不能切分成语句和语词。不能按照语词或语句书写语言，需要补充的语言越多，文字的“超语言”性就越强。从沙巴文可以看到文字发展初期的情况。在不久之前还在民间活着的沙巴文，是极其难得的人类文字史资料。

本节根据孙宏开教授的著作和资料，特此申谢！

参考：孙宏开《试论尔苏沙巴文字的形制》，收入《中国民族古文字研究》1993，天津古籍出版社；《尔苏沙巴图画文字》，载《民族语文》1982－6。刘尧汉等《一部罕见的象形文历书：尔苏人的原始文字》，载《历史博物馆馆刊》1981－3。西田龙雄《新的语言和新的文字：中国四川省的尔苏语和尔苏象形文字》，载《言语》1983，12－2；《世界的文字》1981，日本大修馆书店。

三 东 巴 文

（一）纳西族的三种传统文字

纳西族有三种传统文字：东巴文、哥巴文和玛丽玛萨文；东巴文腹内还孕育着一种尚未出生的胚胎文字。这里谈东巴文和它的胚胎文字。

纳西族有人口 30 万（1982），主要分布在云南西北和四川西南的广大山林地带，以云南丽江纳西族自治县为聚居中心。晋代以来，史书常称“摩沙、磨些、麽些”。各地有不同的自称，统称“纳西”。

纳西语属汉藏语系、藏缅语族、彝语支，分为西部和东部两个方言。西部方言区的经济和文化比较发达。学校原来用汉语汉字。1957 年制订拉丁化的“纳西拼音文字方案”，1983 年加以修订，以西部方言为基础方言、以大研镇土语为标准音，实行汉语和纳西语的双语言教育。

纳西族的传统文字已经不用，但是在文字史和文化史上有重大的学术价值，因此国内和国外有越来越多的学者进行研究。

（二）东巴教的经书

纳西族有本族的宗教“东巴教”。东巴教的经书文字称“东巴文”。东巴文大致创始于12－13世纪，相当于南宋时代，到今天已经有800年以上。东巴经书内容丰富，包含宗教祭祀、历史传说、诗歌格言、风俗习惯等许多方面。中国和外国收藏东巴文的写本约2万册。

下面是“东巴教经书简目”（根据方国瑜《纳西象形文字谱》）。开头四类抄录东巴文的类别名称，第五类起省略东巴文，只写汉字：

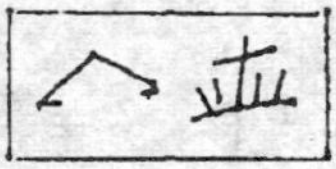

mee－biu　　che－ggv　　see－ggv　　her－la－lee－kee

1. 祭天经（8册），2. 解秽经（19册），3. 祭龙经（山神19册），4. 祭风经（超度枉死56册），5. 替生（消灾）经（39册），6. 求寿经（55册），7. 赶瘟经（19册），8. 解死厄经（13册），9. 祭释理经（东巴祖师40册），10. 燃灯经（11册），11. 祭老姆女神经（30册），12. 开路经（开丧29册），13. 荐死经（26册），14. 祭军将经（7册），15. 零杂经（10册），16. ‘左拉’卜经（13册）。以上共16类，394种。

（三）东巴经文的书写方法

东巴文记录语言的方法，按照《纳西象形文字谱》的研究，有三个层次：1. “以字记忆，启发音读”。经文口口相传，借此“备忘”、“助忆”，未成文字。2. “以字代句，帮助音读”。文字少，语言多，文字正在生长。3. “以字代词，逐词标音”。开始记录语词，文字即将成形。

下面是三种写经方法的例子：

1．“以字记忆，启发音读”。

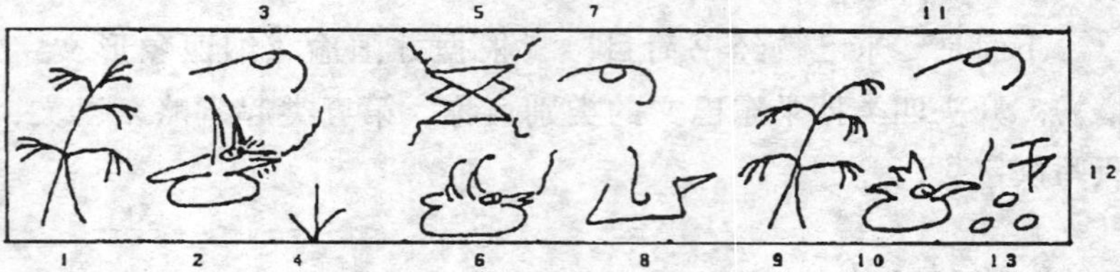

上图 13 个符号，根据初始意义译成汉语是：^{1}杉，^{2}羊，^{3}不，^{4}草，^{5}金，^{6}狗，^{7}同 3，^{8}乳，^{9}同 1，^{10}鸡，^{11}同 3，^{12}白，^{13}米。

（经文意译）按照传统的读经语言，意译如下：大杉树下可爱的小山羊咩咩地叫不休。|你呀为啥这样叫？|我叫不是为好玩，|小时给我吃青草，|大了吃不着。|大地青草呀，|不知丢埋到哪儿。|丢草又寻草，|我叫就是为此呵。||大杉树下可爱的小狗汪汪地叫不休。|你呀为何这样叫？|我叫不是为好玩，|小时给我吃奶汁，|大了吃不着。|人间甜奶汁，|不知丢埋到哪儿。|丢奶又找奶，|我叫就是为此呵。||大杉树下可爱的小鸡叽叽地叫不休。|你呀为何这样叫？|我叫不是为好玩，|小时给我吃白米，|大了吃不着。|村庄大米呀，|不知丢埋到哪儿。|丢米又找米，我叫就是为此呵。||

（说明）上例 13 个符号，其中“杉”字出现两次，“不”字出现三次，还有一个假借字“白”。这 13 个符号代表的经文，分 3 节，有 27 句话、183 个音节（传统读法）。每个符号平均代表 2 句话、14 个音节。符号少，说话多，记录的只是语言的很小一部分，仅供“备忘”、“助忆”，只有提示的作用，尚未成为文字。

2．“以字代句，帮助音读”。

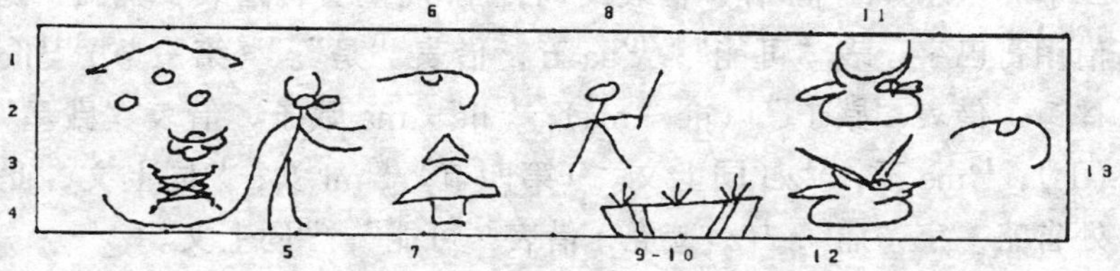

上例 13 个符号，翻译成汉语如下：[1]高天；[2]星密布；[3]银，[4]金，[5]背子，3－4－5 结合读“金银背子”；[6]不，[7]塔，借表“能”，6－7 结合表“不能”；[8]赶，从人持棍；[9]草，[10]地，9－10 结合表“大地布满草”；[11]牛；[12]羊；[13]不。

（经文意译）按照传统读法，翻译成汉语如下：（回答说）天高星密布，|不能背着金银来；|地大路遥远，|不能赶着牛羊来。||

（说明）上面 13 个符号，“不”重复出现两次，有一个假借符号“塔”。这 13 个符号，代表 4 句话、33 个音节（传统读法），平均每 3 个符号代表一句话，每个符号代表 3 个音节。这里大约写出语言的三分之一，大部分语言没有写出来。这比“备忘”略胜一筹，仍旧主要依靠口口相传。

3．“以字代词，逐词标音”。

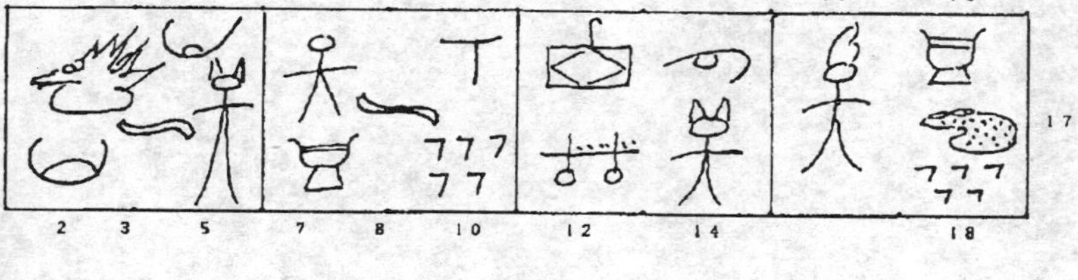

逐字解释：（第一节）[1]chua 鹿；[2]ko 角；[3]bi 胶，像胶块；[4]me 不，同后面的“不”，这是异体字；[5]zei 鬼，借表“用”。（第二节）[6]sso 男；[7]jer 杯，借表助词；[8]bi 同上文，借表“痛”；[9]zo 借用哥巴字，表“可能”；[10]ua 五，借表“是”。（第三节）[11]jje 秤锤，借表“戥子”（jje－ma）；[12]jje－ma 戥子，借表“戥星”（de）；[13]me 不；[14]zei 同上文。（第四节）[15]mi 女；[16]同上文，此处省略一字“痛”；[17]zo 壁虎，借表“可能”；[18]同上文。

（经文意译）按照传统读法，翻译成汉语如下：鹿角不熬胶，男儿会熬痛；戥子不点星，女儿会熬煎。

（说明）上例 18 个符号，两个“不”，两个“五”，两个“鬼”，两个“胶”，借用一个哥巴字，有一个符号读两个音节，有一处省略一个符号，有 10 个同音假借符号。全文 4 句，20 个音节，用 18 个符号书写，除两个音节之外，都有符号把语言书写出来，接近成熟的文字了。书写方法主要是“同音代替”和“近音代替”。“假借”是文字发展的发酵剂。

（四）单体符号和复合符号

东巴文的符号，有单体的（“文”），有复合的（“字”）。单体符号约占三分之一，复合符号约占三分之二。这说明东巴文在形意文字中是相当发达的文字。下面是东巴文的单体符号和复合符号举例。

东巴文单体符号（“文”）举例

天　地　星　彗　云　雨　日食　月食　土　石　树　叶　艾

草　麦　稻　花　果　瓜　菜　牛　羊　鱼　贝　人　我

男　女　言　喊　看　见　衣　裤　镜　梳　经书　纸张　善

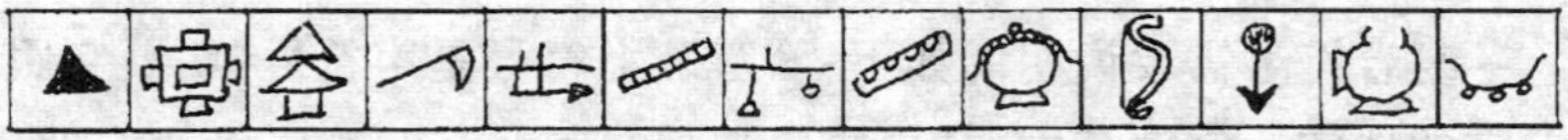

恶　城　塔　锄　犁　尺　秤　笛　鼓　弓　矢　罐　盆

东巴文复合符号（“字”）举例

下雨　雾　雷　明　田　高山　山顶　山脚　树根　五谷　栖　牧　麝香

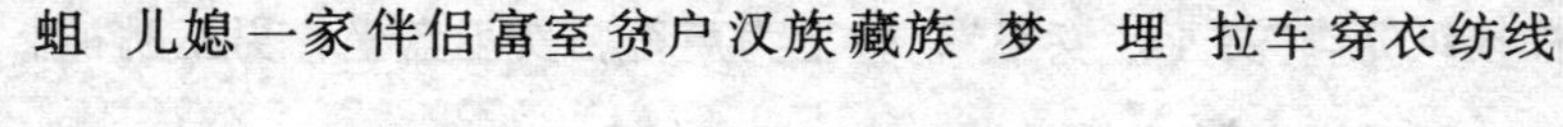

蛆　儿媳　一家　伴侣　富室　贫户　汉族　藏族　梦　埋　拉车　穿衣　纺线

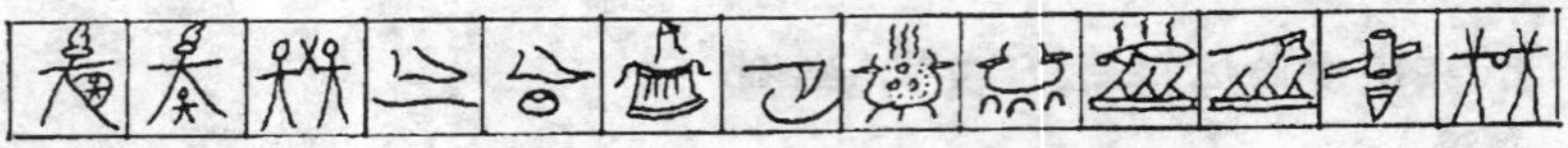

孕 育 打架 去 踏 缝 挖 煮 煨 烤 锻 锤 秋千

上册 中册 下册 写 山路 砍 割 渡口 划船 分 丧幡 女巫 男巫

上例说明：单体符号大都意义自明，只有少数需要略为解释："日食、月食"是日月有缺损。"麦子、稻子"只有微小的区别。"牛"弯角，"羊"直角。"人"弯手自指就是"我"。"男"戴冠，"女"高髻。"善"借用藏文。"恶"是箭头省写。单体符号大都是象形字，可以望文生义，但是实用中意义常生变化。

复合符号需要说明的如下："雾"上符号是声符。"明"字跟汉字的造字法完全相同。"山脚、树根"都画一只脚，意义自明。"五谷"以麦子和稻子代表。"牧"从犬、从牧人，左下声符"石"。"麝香"尾后有香物。"儿媳"持花。"一家"是主人这一家，从男女二人在一室。"富室"有点点，表示富有。"贫户"一无所有，头发如飞蓬。"汉族"戴高冠，"藏族"戴藏帽，垂发。"梦"，月下，床上，人卧，口出梦话。"孕、育"二字，造字法跟汉字完全相同。"缝"，裙子上有针线。"煮"冒蒸汽，"煨"不冒汽。"烤"，中间是"肉"字。"上中下册"，书本上有声符"上、中、下"（"蒜、矛、尾"，借音）。"写"，从书、从笔。"渡口"，从水、从船、"门"是声符（借音）。"分"，从八，跟汉字相同，写出分开的两物（小圈），汉字只画一把刀。"丧幡"，幡柱挂纸笼。"男巫、女巫"，臂上为声符，女巫盘坐，男巫跳神。

（五）八种表达方法

东巴文用符号表达“词、语和句子”的方法，在《纳西象形文字谱》中归纳为以下八种：

1. 一个字读一个音，表示一个单词（按：相当于汉字的“初文”）。

2. 数字组成一个会意字，读一个音，表示一个单词（相当于汉字的会意字）。

3. 数字组成一个会意字，读几个音，表示一个词组。

4. 数字组成一个会意字，读几个音，并表示一个短语。

5. 数字组成一个会意字，读几个音，并表示一个单句。

6. 几个字合写在一起，近似图形，读好多音，并表示几个句子。

7. 有些字只会意，不读音（汉字没有 3.4.5.6.7. 等方法，这实际是“被忘”的扩大）。

8. 凡象形字，除本意的职能外，均可作同音和近音假借，代表词、语(这跟汉字相同,也是一切“意音文字”的共同方法)。

举例如下：

上例说明：

单体符号（“文”），一符一音，表一词：[1]天，[2]地。

复合符号（“字”），一字一音，表一词：[3]杀，[4]敲。

复合符号，一字多音，表一词组：[5]撑天铁柱，[6]碧玉闪光。

复合符号，一字多音，表一短语：[7]天体摇晃，[8]折断黄金手杖。

复合符号，一字多音，表一单句：[9]树木会走路的时代；[10]东巴和巫师商量。

复合符号，一字多音，表几个句子：[11]夜里伴侣谈心，早晨夫妻商量；[12]开了9间大房门，竹篓把头罩，藏在门背后。

复合符号，只会意，不读音：[13]藏入鹤的翅膀下；[14]杀掉白色公牦牛。

同音代替：[15]“肋”代“混杂”，[16]“蛙”代“变化”。

（六）东巴文腹内的胚胎文字

傅懋勣《纳西族图画文字和象形文字的区别》指出，东巴文的腹内孕育着一种胚胎文字。他把东巴文叫做“图画文字”，把腹内的胚胎文字叫做“象形文字”。如果从“三相”来看，东巴文是“章节图符”，腹内的胚胎文字是“音节图符”。“章节图符”和“音节图符”二者并用，而且可以相互代替。二者对照可以说明“文字表音化”的演变过程。举例如下：

“太古时候”

“事主一家”

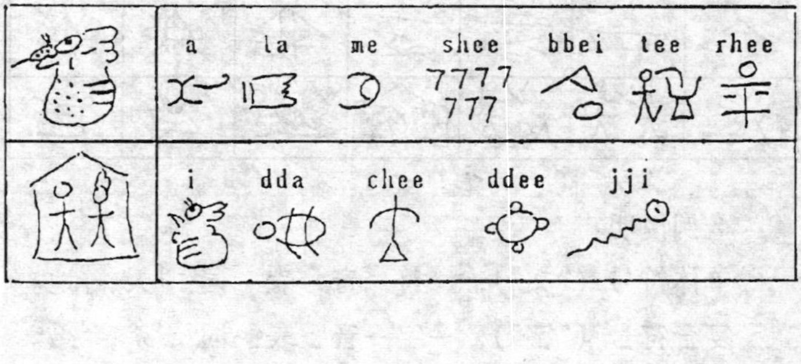

上例说明：上行“词组”的意思是“太古时候”；下行“词组”的意思是“事主一家”。同样的“词组”可以用不同的“东巴文”来书写。左面是“章节图符”的东巴文，只用一个图符。右面是“音节图符”的东巴文，一个符号只代表一个音节。这里可以看到东巴文从表意到表音的“表音化”的演变。

东巴文腹内孕音节文字，是受了哥巴文的影响。哥巴文是从东巴文衍生出来的音节文字。“哥巴”是“徒弟”的意思，徒弟文字来自师傅文字，但是后来徒弟反过来影响师傅。这很像日本假名是从汉字衍生出来的音节文字。日本受印度的影响，汉字腹内产生假名，跟汉字一同使用，同一个词可以用两种不同的写法。例如，日文“私”又可写“わたこし”，跟东巴文原理相同。

（七）东巴文的符号统计

根据《纳西象形文字谱》，本文作者做了东巴文的符号统计。下面介绍两种统计数字，一种分为“基本字、异体字和派生字”三组；另一种分为“象形字、会意字（包括指事字）和形声字（包括假借字）”三组。

东巴文符号统计

(分组)	(基本字)	(异体字)	(派生字)	(象形字)	(会意字)	(形声字)	(合计)
天象	71	59	67	75	88	34	197
地理	98	72	89	87	71	101	259
植物	100	50	12	119	21	22	162
飞禽	66	22	10	53	28	17	98
走兽	74	27	26	97	16	14	127
虫鱼	36	29	3	61	5	2	68

(分组)	(基本字)	(异体字)	(派生字)	(象形字)	(会意字)	(形声字)	(合计)
人称	113	22	11	19	44	83	146
人事	146	74	4	35	156	33	224
形体	78	82	10	105	39	26	170
服饰	57	47	0	101	2	1	104
饮食	107	75	0	101	65	16	182
居住	78	37	1	52	48	16	116
器用	106	53	0	107	42	10	159
行止	28	13	0	19	11	11	41
形状	34	3	9	0	31	15	46
数名	17	0	5	0	19	3	22
宗教	121	20	2	45	73	25	143
古名	9	0	1	0	2	8	10
	(1339)	(685)	(250)	(1076)	(761)	(437)	(2274)
	59%	30%	11%	47%	34%	19%	100%

附注：会意字包括指事字，形声字包括假借字，以多包少。

(八) 东巴文的特点

1. 东巴文是自源的民族文字，不是汉字的衍生文字，但是受了汉字的影响，逐渐变成每个符号可以纳入一个方格，部分字符类似汉字篆书，后期更为明显。它跟汉字是“异源”而“同型”。这在哥巴文更加明显。

2. 东巴文的经文是连环画式，一本书分成许多幅画面，每一幅画面是一个阅读单位。除数字和少数借入的哥巴文或藏文以外，都是图形符号，但是意义有的已经发生变化，不能望文生义。

“沙巴文”的经文写法跟东巴文完全相同，只是文字的发展水平不同。美洲“马亚文”也用连环画式书写经文，只是图画和文字上下对照和补充，不是混而为一。早期文字用连环画式的写法是一种普遍现象，这是值得研究的问题。

3.《纳西象形文字谱》收录东巴文 2274 字，其中有 1339 个（59%）“基本字”，685 个（30%）“异体字”，250 个（11%）“派生字”。统计数字说明东巴文是发达的“形意文字”。“形意文字”即使水平较高，都是字无定量，一字多形，一音多字，字形可大可小，形款没有定序，不能按照语词次序完备地书写语言。东巴文并非例外。

4.从六书来看，东巴文有象形字 1076 个（47%），会意字（包括指事字）761 个（34%），形声字（包括假借字）437 个（19%）。象形为主是“形意文字”的共同特点。会意发达说明它使用频繁。东巴文中的形声字已经占 19%，这跟汉字甲骨文（公元前 1300 年）有形声字大约 20%十分接近。

5.东巴文的腹内正在从“章节图符”演变出“音节图符”；如果继续发展下去，可能成为类似日文的“汉字和假名”的混合体。纳西族已经另外创造了音节文字“哥巴文”和“玛丽玛萨文”。纳西族的文字演变说明了早期文字的发展过程。文字学的研究重视找寻从“形意文字”到“意音文字”又到“表音文字”的发展过程。东巴文正好就是这种发展过程的稀有例证之一。

本文是学习方国瑜和傅懋勣两位师友的遗著而写成的，特此敬表纪念和感谢！

参考：方国瑜《纳西象形文字谱》，云南人民出版社，1981。傅懋勣《傅懋勣先生民族语文论集》，中国社会科学出版社，1995；《纳西麽些语研究》，1940；《丽江麽些象形文字古事记研究》，1948；《纳西族图画文字白蝙蝠取经记研究》，1981；《纳西族祭风经迎请洛神研究》，1993；《纳西文字和文化研究汇编》（编印中）。和即仁、姜竹仪编《纳西语简志》，1985。郭大烈、杨世光编《东巴文化论集》，1985。和志武《纳西族古文字概况》，载《中国民族古文字研究》，1984。姜竹仪《纳西族的象形文字》，载同上。

卷三

意音文字

（上）

一　意音文字的特点比较

人类社会在1万年前开始农业化，在5000年前达到高峰，这时候产生了成熟的“意音文字”，能够按照语词的次序无遗漏地书写语言。很多地方产生出“形意文字”，只有很少地方把文字发展成为“意音文字”。从“原始”的形意文字到“古典”的意音文字，是文字历史的第一次飞跃，是人类文化的第一次升华。

这里主要比较5种有代表性的“意音文字”（丁头字、圣书字、汉字、马亚字、彝文），它们都是“自源”文字，不是“借源”文字。

汉字传播到非汉语民族，产生出多种汉字型的意音文字，有的“孳乳仿造”（壮字、喃字、苗字、瑶字、布依字、侗字、白文、哈尼字、仡佬字、阿细彝字），有的“变异仿造”（契丹大字、女真字、西夏字）。日文（汉字和假名混合体）和韩文（汉字和谚文混合体）也是汉字型的意音文字。这些意音文字的特点比较，见“汉字型文字综述”（本书189页）。

东巴文是“形意文字”，不是“意音文字”，但是它跟意音文字比较接近，这里把它一同比较，便于显示文字的发展特点。

从意音文字的表音符号来看，又可以分为：1. 词符·音节字符文字，2. 词符·音节字母文字。例如：中文属于前者，日文属于后者。

（一）历史背景的比较

1. 丁头字： 成熟于公元前 3500 年（中国黄帝传说时代），结束于公元前 6 年（最后一块泥板，约当中国西汉末），使用期 3500 年。以两河流域为根据地，开始于苏美尔，继承于阿卡德，经过巴比伦，到亚述帝国达到极盛，横跨东地中海到波斯湾，成为当时文明世界的国际文字，形成“丁头字文化圈”。

2. 圣书字： 成熟于公元前 3500 年，可能比丁头字略晚，结束于公元后 5 世纪（人民体）（中国东晋），使用期长达 4000 年。尼罗河是圣书字的母亲。

3. 汉字： 成熟于公元前 1300 年的殷代，已经使用 3300 年，今后发展，方兴未艾。域外传播，形成东亚的“汉字文化圈”。汉字的成熟比丁头字和圣书字晚 2000 年，但是流传至今，正在适应电脑时代。

4. 马亚字： 创始于公元前 100 年，被西班牙毁灭于公元后 16 世纪，使用期长达 1600 年，无外传。地区为中美洲尤加坦半岛及其外围。它是美洲唯一的自源成熟文字。

5. 彝文： 云南规范彝文开始试行于 1989 年，是人类最新整理使用的一种意音文字。它的前身老彝文大致创始于唐代，遗留文献见于明代。彝族生活于中国边垂的崇山峻岭之中，保持强烈的民族意识，拒绝拉丁化，利用古老的文字传统。

（二）符号形式的比较

1. 丁头字： 原始时期有图形体，但是，文字成熟之后，只用笔画体（丁头体），没有图形体，也没有流线体，分为早期繁体和后期简体。书写工具：泥板、簪笔，无墨水。泥板流行3000年。

2. 圣书字：碑铭体为图形体，僧侣体（繁体）和人民体（简体）为流线体，无笔画体。书写工具：纸草、羽管笔、墨水。

3. 汉字：甲金、大小篆为图形体；隶书、楷书为笔画体；草书、行书为流线体。汉字体式最完备。书写工具（文房四宝）：毛笔、纸张（甲骨、简牍），砚台、墨锭。

4. 马亚字：只有图形体，无笔画体和流线体。书写工具：树皮纸、头发笔、墨水。

5. 彝文：云南规范彝文的字体可以称为“篆隶体”（兼有篆书和隶书的特征）。四川规范彝文的字体是篆书体。

6. 东巴文：只有图形体。哥巴文开始出现笔画化。

符号形式比较表

	(图形体)	(笔画体)	(流线体)
丁头字	原始图形字	丁头体 (早期繁,后期简)	无
圣书字	碑铭体	无	僧侣体(繁)、 人民体(简)
汉字	甲、金、篆书	隶书、楷书	草书、行书
马亚字	图形体	无	无
彝文(云南)	篆隶体	无	无
东巴文	图形体	无	无

(三) 语音段落的比较

1. 丁头字：从苏美尔、阿卡德到巴比伦、亚述，称为“古典”丁头字，都以语词为书写单位，同时有音节性的表音符号，配合运用。传播到域外民族，发展出音节丁头字和半音素丁头字。

2. 圣书字：最早的碑铭体已经以语词为书写单位，同时有一套辅音符号，接近字母，跟表意符号结合运用。域外的麦罗埃音素字母，受希腊影响，只在外形上保留埃及形式。

3. 汉字：甲骨文书写的语言已经以语词为单位，同时用假借的表音字书写虚词。现代汉语发展双音节词和多音节词，代表语词的“词字”多半变为代表词素（音节）的“词素字”。

4. 马亚字：书写以语词和音节为单位，音节符号相当发达。

5. 彝文：云南规范彝文有代表语词的“表意字”和代表借词（音节）的“表音字”。四川规范彝文全部是音节字。

6. 东巴文：有代表“章句”的符号，也有代表“语词”和“音节”的符号。但是不能完备地书写语言。

7. 日文：汉字代表语词，假名代表音节。

8. 韩文：汉字代表语词，谚文代表音素，谚文方块代表音节。阅读单位是音节方块。

语音段落比较表

	（章句）	（语词）	（音节）	（音素）
丁头字	无	有	有	无
圣书字	无	有	有	无
汉字	无	有	有	无
马亚字	无	有	有	无
彝文(云南)	无	有	有	无
东巴文	有	有	有	无
日文	无	有	有	无
韩文	无	有	有	有

(四) 表达方法的比较

1. 丁头字: 丁头化失去望文生义的表形功能，只有表意和表音。

2. 圣书字: 碑铭体外表是图符，实际并不表形，这一点必须明白。圣书字三体同样表意和表音，不表形。

3. 汉字: 甲金文字部分表形，能望文生义。隶变之后无象形。隶楷表意和表音。

4. 马亚字: 全部是图符，但是几乎完全失去表形功能，只表意和表音。

5. 彝文: 云南规范彝文表意和表音。四川规范彝文只表音。

6. 东巴文: 大量表形，也表意和表音。

表达方法比较表

	(表形)	(表意)	(表音)
丁头字	无	有	有
圣书字	无	有	有
汉字			
甲金篆书	有	有	有
隶楷	无	有	有
马亚字	无	有	有
彝文			
云南规范彝文	无	有	有
四川规范彝文	无	无	有
东巴文	有	有	有

表达方法的具体比较，请看《六书有普遍适用性》(本书 166 页)。

（五）符号数量的比较

符号数量的比较非常重要。但是，数据不多、不全，更少性质相同的数据，难于进行科学的比较。暂时只能把已得的一些数据略作排比，提供参考。

1. 丁头字： 苏美尔时代用字符 2000 多个，包含不少“词字”，性质接近于汉字。巴比伦时代用 640 个基本符号，亚述时代减少为 570 个，其中常用的 300 个。表音化使符号数目历代递减。丁头字符号线性排列，没有相当于方块汉字的“结合体”。

2. 圣书字： 基本符号 604 个，线性排列，没有相当于方块汉字的“结合体”。内含“音符”105 个，其中单音符 24－30 个，双音符 50－75 个。

3. 汉字：《说文解字》9353 字（公元 121），《汉语大字典》54678 字（1990），历代累计，有增无减。现代汉字：通用 7000 字，常用 3500 字。部首和基本偏旁 800 个，不作线性排列，结合成为方块。

4. 马亚字： 基本符号 270 个，70% 为音符，20% 为意符，10% 为定符。有不规则的结合体。

5. 彝文： 云南规范彝文 2650 字，其中表意字 2300，表音字 350。四川规范彝文 819 个音节字。

符号数量比较表

	（实用字符数）	（基本符号或部件数）
丁头字	2000（苏美尔）	640（巴比伦）；570（亚述），300（常用）
圣书字		604（基本符号）；105（辅音符号）

	(实用字符数)	(基本符号或部件数)
汉字	7000(通用):3500(常有)	800(部首和偏旁)
马亚字		270(基本);170(常用)
彝文	2650(云南,意字和音字)	819(四川,音节)

宏观比较告诉我们，不同的意音文字，外貌迥然不同，而内涵如出一辙。这就是文字发展的规律性。

二 丁 头 字

(一) 两河流域：人类文化的最早发源地

亚洲西方有一片土地，名叫“美索不达米亚”(Mesopotamia)，意为“河间地”，习惯译作“两河流域”。这里有两条河流，西面的叫“幼发拉底”(Euphrates)，东面的叫“底格里斯”(Tigris)，双双从北而南流入波斯湾，原来各有河口，后来下游合成一条河流、同一个河口出海。

两河流域的北部称“亚述”(Assyria)地区，南部称“巴比伦尼亚”(Babylonia)地区。南部地区又分南北：南部之北称“阿卡德”(Akkad)地区，南部之南称“苏美尔”(Sumer)地区。这些地名同时也是早期当地居民的民族名称。

两河流域外缘，东有扎格罗斯(Zagros)山区，往东是波斯，再往东是印度河流域。西有叙利亚沙漠和阿拉伯沙漠，由叙利亚往西是地中海东岸的腓尼基，再往西南是北非的埃及。这大片地方是人类最早的文明世界，两河流域处于它的中心。

文化的曙光最初出现在苏美尔地区，这里创造的丁头字，不断向北传播和扩大。起先传播到阿卡德地区，不久扩大到整个巴比伦尼亚。后来传播到更北的亚述地区，在亚述帝国时期，丁头字成为古代文明世界的国际通用文字。

两河流域今天已经沙漠化，在古代是水草丰盛，土地肥沃。1 万年前，这里最早开始了“农业化”。兴耕种，开沟渠，造帆船，纺毛麻，制陶轮，最早发明有轮子的车辆，最早建筑有城墙的城堡。5500 年前，这里首先把“巫术”文字发展成为“实用”文字，从此人类进入了有文字记录的“有史时期”。

由于天然环境和人文条件如此美好，远近的民族无不心向往之，一再大规模地武装入侵，因此朝代不断更迭。从文字和文化的角度来看，两河流域的古代历史可以分为四个时代：一、苏美尔时代，二、阿卡德时代，三、巴比伦时代，四、亚述时代。公元前 538 年波斯吞并两河流域，公元前 330 年亚历山大入侵，公元后 632 年阿拉伯人入侵。此后，两河流域完全阿拉伯化，流传 3000 年以上的丁头字成为无人知晓的文字。

（二）苏美尔人：丁头字的创造者

苏美尔人在公元前 4 千纪* 之前就来到两河流域的南部。两河流域的人民大都说闪米特语。苏美尔语与众不同，是独特的黏着型语言，至今语系未定。他们最早建立多个有城墙的城邦，组成松散的城邦联盟。从公元前4千纪后期到公元前2千纪前

* 一千年为“千纪”，下同。

Lagash 国王 Eannatum 记事泥版

期，苏美尔的文字和文化流传于两河流域1500年。最早的首脑城邦是基什（Kish）。公元前3千纪的中叶，乌鲁克（Uruk，即Warka，圣经称Erech）的统治者统一了苏美尔地区。此外重要城邦有乌尔（Ur），拉格什（Lagash），埃立都（Eridu），乌玛（Umma）等等。这些久久埋藏在地下的城邦，一个个都发掘出来了。废墟中出土5万多片泥版档案，内容有宗教文学和实用文件，包括法规、讼事、遗嘱、账目、契约、收据、书信等等。数量之多，记载之详，令人咋舌！

丁头字双语对照表

（大英博物馆巴比伦陈列室指南，第二版，1908）

（表　1）

苏美尔读音　　　　符号　　　　亚述读音

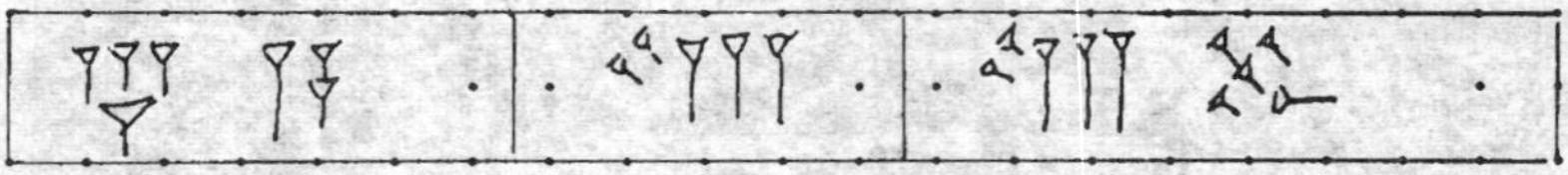

sha - a　　　　lib - bu（心）

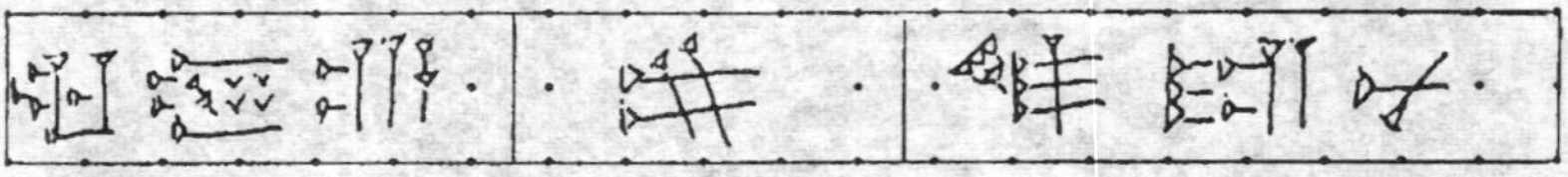

ka - as - kal　　　　khar - ra - nu（路）

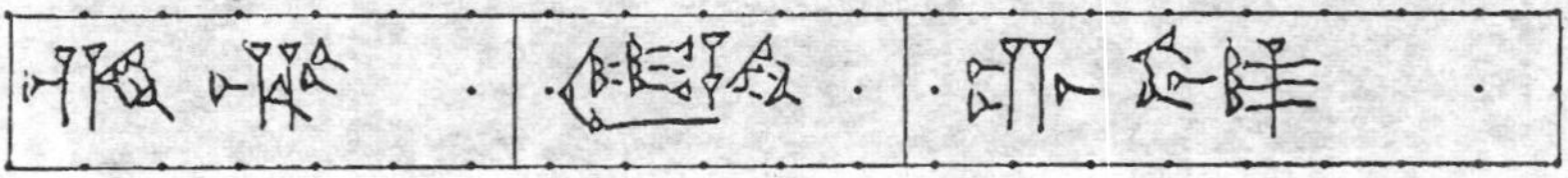

gi - ig　　　　mar - su（病）

mu - nu　　　　　ta - ab - tum（盐）

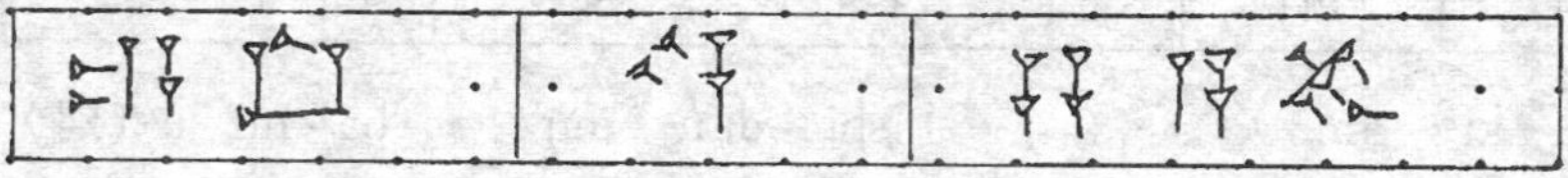

e - rim　　　　　sa - a - ba（兵）

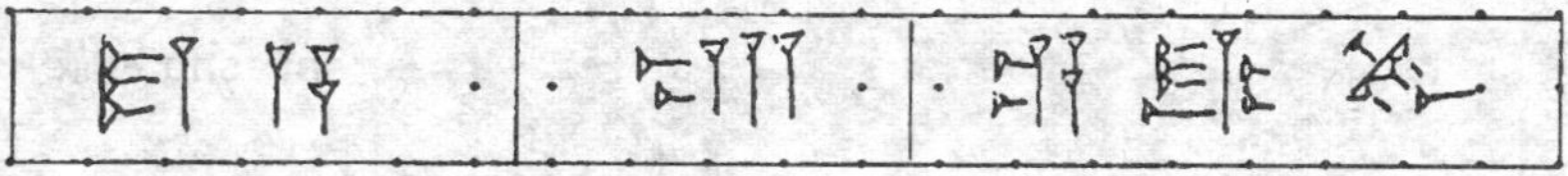

ma - a　　　　　e - lip - pu（船）

si - i　　　　　na - da - nu（给）

丁头字双语对照表

（大英博物馆巴比伦陈列室指南，第二版，1908）

（表　2）

苏美尔读音　　符号　　亚述读音　　亚述意义

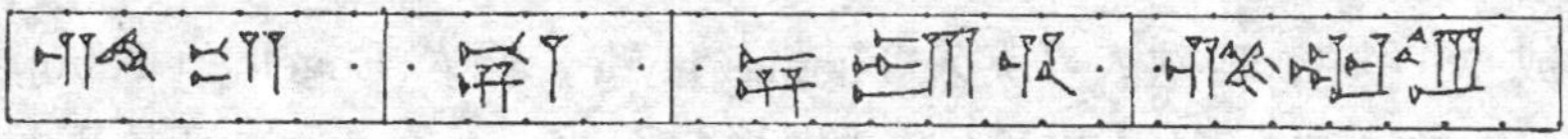

gi - ish　　　　ni - ta - khu　zi - ka - ru（男）

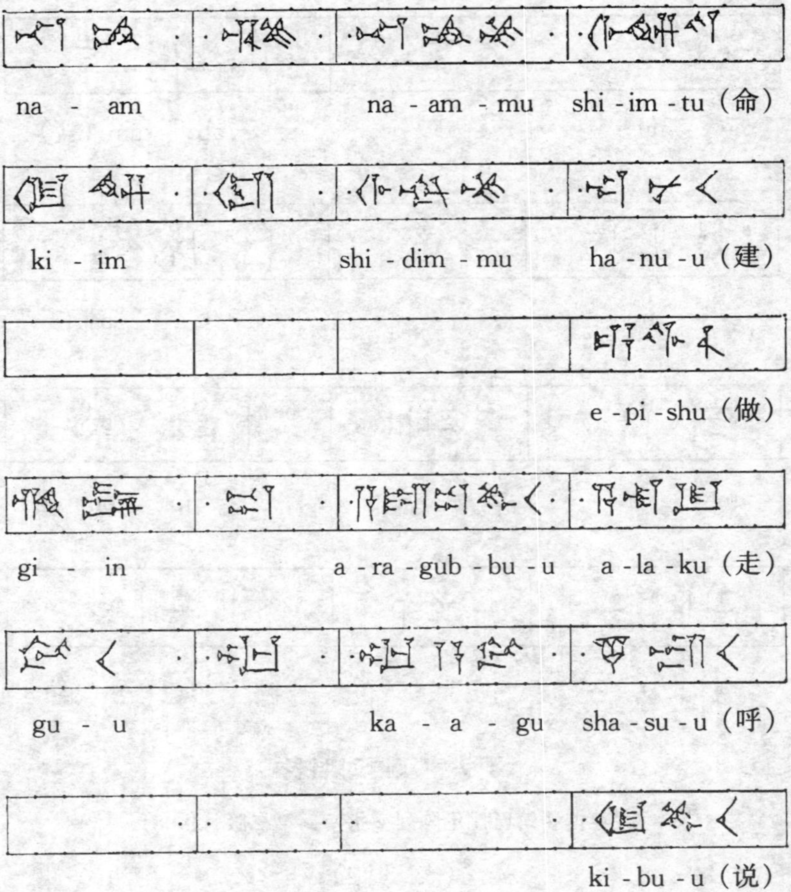

在公元前 4 千纪的中叶，苏美尔人的文字就已经成熟，达到能够完备地按照语词次序书写语言的程度。由于笔画像“楔子”或“丁头”，西欧人（英人 Thomas Hyde，德人 Engelbert Kampfer）在 1970 年给它起名为“楔形字”（cuneiform）。可是更早 500 年前，阿拉伯人已经叫它“丁头字”（mismari）。这里采用比

较早又比较通俗的名称“丁头字”。

为什么写成古怪的丁头形式呢？这不是预先设计的，而是自然形成的。苏美尔人起初的文字也是图画形式，跟世界其他原始文字一样。后来，以泥版为“纸”，以苇杆为“笔”，用“压写”代替“划写”，笔画变成丁头形式。所谓的“笔”，起初用“苇杆”，后来用质地较硬的骨头、木料或金属，都是“簪子”形状，可以统称“簪笔”（stylus，以前译“针笔”，不妥，笔头不是针尖形而是近乎三角形）。从图形体到丁头体的外形变化，经过了大约 500 年。

泥板虽然笨重，可是价钱便宜，到处能够得到，经过晒干或烤干，不怕水火，可以永久保存；两片合起来，边缘用软泥封住，加盖印章，就是一封保密文书，称为“封泥”。许多西亚古代国家用了 3000 年。

丁头字的序列，原来是从上而下直行书写的，后来改为从左而右横行书写，因此字形从“直坐”变成“横卧”，发生了 90°的变化。

苏美尔丁头字大约有 2000 多个字符。有的字符代表语词（意符），有的字符代表音节（音符）。既能书写实词，也能书写虚词。但是一音多符，一符多音，有许多“同音异义词”，需要加上区别意义的符号（定符，“部首”），进行分化。从文字类型来看，苏美尔丁头字是一种“意音文字”，符号已经从图符变成字符，书写的语段是语词和音节，表达法是表意为主、表音为副。

（三）阿卡德人：丁头字的继承者

居住在两河流域中部的阿卡德人，经过长期的斗争，取得了两河流域中部和南部的统治地位，代替了苏美尔人。国王萨尔贡一世（Sargon，公元前2369—2314）统一巴比伦尼亚，建立第一个王朝。王朝延续约一个半世纪。

阿卡德人的语言是一种闪米特语，跟苏美尔语大不相同。他们在建立政权之前，至少在500年间学习和使用苏美尔丁头字。取得政权之后，一方面沿用苏美尔丁头字，另一方面借用苏美尔丁头字的符号书写阿卡德语，形成阿卡德丁头字。阿卡德丁头字跟苏美尔丁头字比较，符号发生明显的简化。这个时代埋藏在地下的泥版也大量出土，主要属于早期阿卡德时代（公元前2450－2200）。

阿卡德人不仅借用苏美尔的丁头字符号，还借用大量苏美尔的语词。所以阿卡德丁头字在阿卡德“音符”之外，包含许多不能表音的苏美尔“意符”和阿卡德“意符”。同一个词符，既可以读苏美尔音，又可以读阿卡德音。为了学习和检查的需要，阿卡德人编辑了“双语词汇”。（后来巴比伦和亚述也重视编辑双语词汇。）从文字类型来看，阿卡德丁头字是苏美尔丁头字的继承，没有变更“意音文字”的性质，只是增加了表音成分。

阿卡德丁头字，随着政权和通商的发展，不断扩大流通，从波斯湾地区到地中海东岸，成为当时的超国家的通用语文。在阿卡德人失去政权之后，还照样长期使用。

大约在公元前2000年前后，阿卡德语文完全代替了苏美尔语文。苏美尔语文缩小作用，成为寺院里的宗教语文。后来，阿卡德语文由巴比伦人和亚述人继承，他们的语言是阿卡德闪米特语的两种方言。

（四）巴比伦朝代：丁头字的简化

巴比伦朝代（公元前19－18世纪）是阿莫里特人

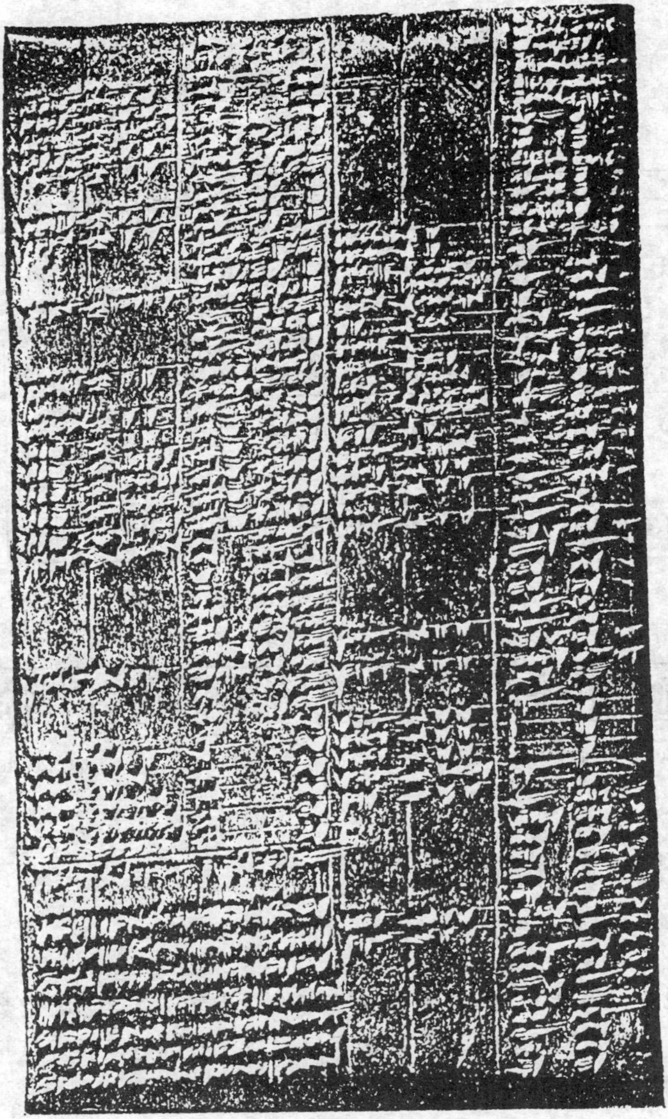

巴比伦泥版音节拼写表

早期巴比伦丁头数目字举例

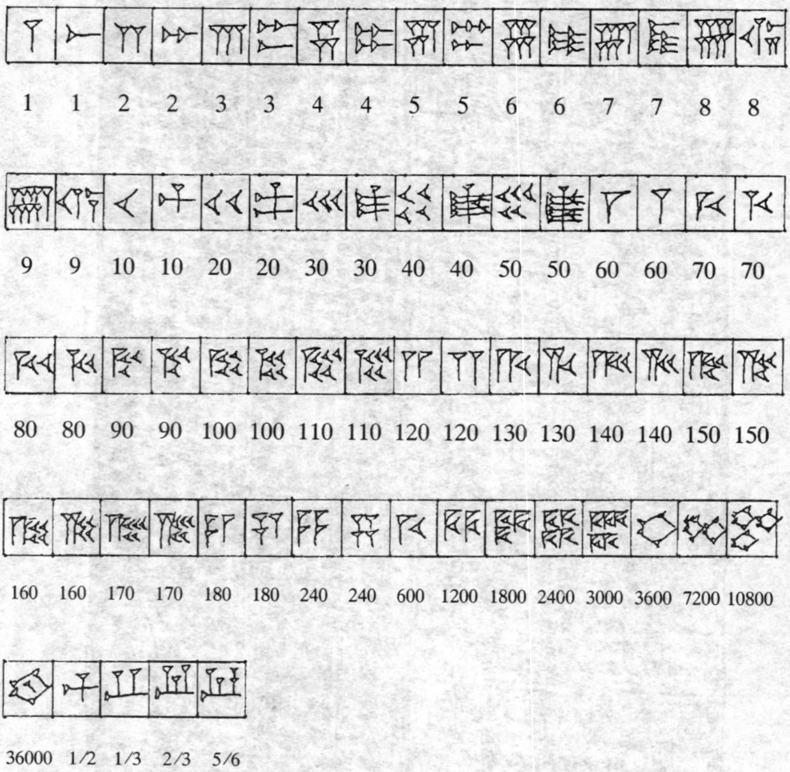

说明：根据 P. J. Lau《古巴比伦寺院记录》。巴比伦数目字，有 10 进位，有 60 进位。数目字写法，有的有两种。从早期到后期，写法逐步简化。

(Amorite) 所建立。他们的伟大国王汉穆拉比（Hammurabi，公元前 1792－1750）统一整个两河流域。他把当时的法律，包括刑法和民法，写成条文，凿刻在石碑上，其中有 282 条判例，具有很高的文明水平，比远在其后的摩西法典完备而先进。它的基础是苏美尔的法律。文字用阿卡德的丁头字。这个著名的汉穆拉比法典石碑是 1901 年在苏萨（Susa，埃兰境内）发现的，现藏法国的罗浮宫博物馆。

巴比伦（Babylon）这个首都名称，原义为“上帝之门”(Bab－ilu)，后来希腊人把两河流域中部和南部总称为巴比伦尼亚。

巴比伦时代的正式文字，起初沿用阿卡德丁头字，后来改变为书写巴比伦语的丁头字。从苏美尔丁头字到阿卡德丁头字，要改变语言，改变较大。 从阿卡德丁头字到巴比伦丁头字，语言基本相同，只是方言不同，改变较小。但是，巴比伦时代由于文字的应用频繁了，文字体制发生了较大的改进：1. 基本符号的数目减少到 640 个（只有苏美尔文的 32%），由此组成一切语词。2. 进一步发展表音功能，虽然仍旧是表意兼表音，而表音符号越来越占据重要地位。

（五）亚述帝国：丁头字的国际流通

“亚述”（Ashur）原来是城邦和邦神的名称。亚述的历史分为“古中新”三个时期：

古亚述时期（公元前 2500－1500)。亚述城邦创建于公元前 3 千纪中叶，起初从属于阿卡德王国，前 2006 年独立。居民的语言最初属于印欧语系，后来阿卡德人大量移入，跟当地居民融合，统称亚述人，语言变为阿卡德语的一种方言，文字采用丁头字，有许多文献出土。前 17 世纪初，一度强盛，后又沦为古巴比伦王国的藩属。

中亚述时期（公元前 1400－1078）。公元前 14 世纪中叶，亚述战胜米坦尼（Mitanni），建立古亚述帝国。一度衰落，后来重整旗鼓，征服整个两河流域，建立君主政体。

新亚述时期（公元前 935－612）。公元前 10 世纪，亚述进入铁器时代，经济和军事大为发展。击败乌拉尔图（Urartu），占领叙利亚，建立专制的中央集权。经过几代国王的征伐经营，到公元前 7 世纪成为东临波斯湾、西至埃及、包括西亚和北非全部发达地区的新亚述帝国。这时候，丁头字随着政治和商业的扩张而成为使用更广的国际通用文字。

帝国后期一个著名的国王亚述巴尼拔（Ashurbanipal，公元前 668—627 在位）重视文化，在首都尼尼微（Nineveh）建造历史上第一个精心设计的图书馆，贮藏大量泥版图书和艺术珍品，其中的 2 万件泥版文献现在藏于英国不列颠博物馆。

亚述丁头字的词汇，比巴比伦丁头字更为丰富。字形更加纤细，书法更加优美。这时期的泥版内容几乎无所不包，大致分为宗教、神话、巫术、魔术、科学、天文、法律、历史等门类。亚述诸王重视历史，把历史事实详细记录在六角形、七角形、八角形和十角形的碑柱上面。

亚述丁头字是巴比伦丁头字的继承和改进，但是没有改变“意音文字”的基本结构。符号大为简化，基本符号数目大为减少。他们大约用 570 个丁头字符（比巴比伦少 11%），组成一切语词，其中 300 个字符（巴比伦的一半）是常用的。有一批表音的音节符号，其中有表示元音的字符。后期的亚述丁头字事实上逐渐接近于音节文字。

亚述国王 Ashurbanipal 石像和文字

亚述音节符号（音节和元音）

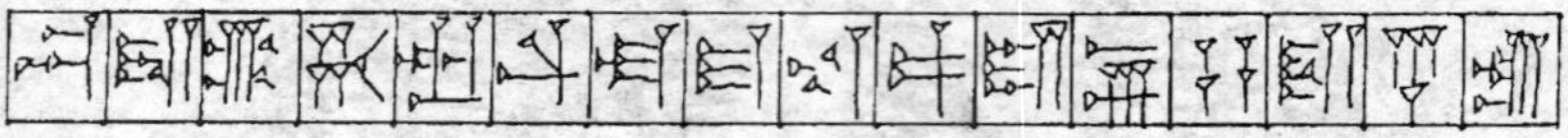

ba da ga kha ka qa la ma na pa ra sa sa sha sha ta

wa za a e i o u

亚述帝国在公元前612－前609年间，被迦勒底人和米底人（Chaldean－Medians）的联军所覆灭。在这以后，丁头字在“新巴比伦朝代”（公元前612－538）重又振兴。后来在公元前3－1世纪，丁头字最后一次复兴。现存最后一块泥版是公元后75年的遗物。此后丁头字就在两河流域退出历史舞台了。

（六）新埃兰丁头字：向音节化前进

丁头字不是一种文字，而是一个文字体系，包括许多种文字。

苏美尔丁头字除传给阿卡德人、巴比伦人、亚述人外，还传给喀西特人（Kassite）、米坦尼人（Mitanni）、胡里人（Hurrian）、乌拉尔图人（Urartu）、卡帕多西亚人（Cappadocia）、迦南人（Canaan），甚至古埃及语也留下了丁头字的碑铭。此外，传给埃兰人（Elam）、波斯人、乌加里特人（Ugarit），他们对丁头字的结构进行了重要改革。

埃兰人原来居住在底格里斯河下游的东南，相当于现在伊朗的西北部。他们在公元前 13 世纪一度侵入两河流域，后来退到扎格罗斯山区，成为波斯帝国的藩属。

埃兰人起初用自己创造的原始文字，未能达到实用水平。在公元前 8 世纪之前，学习丁头字，借用丁头符号书写自己的语言，成为“古埃兰丁头字”。后来在公元前 6－4 世纪，发展成为“新埃兰丁头字”。

新埃兰丁头字的特点是：大胆减少丁头字的符号总数，使它成为“半语词、半音节”文字，积极地向音节化前进。根据分析，新埃兰丁头字只用 113 个丁头符号（亚述文的 20%），其中 33 个是表意符号（词符、定符），80 个是表音的音节符号，表音为主、表意为副。这在丁头字的历史上是一次超越。

埃兰语是一种黏着型语言，跟高加索语有关。它早已死去，缺少可以参考的词汇，现在要从文字读懂语言，非常困难。所以埃兰文献的通读还在继续进行之中。

（七）波斯丁头字：接近音素化

两河流域东面的伊朗，以波斯人为中心，建立波斯帝国，由阿契民尼德（Achaemenid）家属统治。波斯原来臣服于伊朗西北部的米底国（Media）。公元前 550 年波斯王居鲁士二世（Cyrus II，前 580－前 529）灭米底，继而征服小亚细亚各城邦，在前 539 年灭新巴比伦王国。可是，军事上波斯征服两河流域，文化上两河流域征服波斯。丁头字被波斯采用，成为阿契民尼德朝书写波斯语的“早期波斯丁头字”。这时候，阿拉马（Aramaic）字母已经在西亚流传开来，但是丁头字的传统力量一时还没有衰落，波斯帝国终于采用了丁头字作为正式文字。

不过，丁头字的用法受到阿拉马字母的影响，进行了大胆的改革。

早期波斯丁头字只用 41 个丁头符号（只有新埃兰文的 36%），其中 4 个是意符（表示最神圣的名词："王、州、国、神"），一个是分词符号（一条斜线，不读音），其余 36 个都是音符。波斯音符是音节符号性质，但是有辅音字母的功能，附带的元音可以脱落。这里我们看到从音节符号到辅音字母的过渡演变。

36 个音符分为 5 组：（1）3 个元音符号（a，i，u）。（2）13 个辅音符号（kh，ch，th，p，b，f，y，l，s，z，sh，thr，h），附带可以脱落的 a 元音。（3）10 个辅音符号代表 5 个辅音（k 或 q，g，f，n，r），一式代表纯辅音或后随短 a 音，另一式代表辅音后随 u 音。（4）4 个辅音符号代表 2 个辅音（dj，v 或 w），一式代表纯辅音或后随短 a 音，另一式代表辅音后随 i 音。（5）6 个辅音符号代表 2 个辅音（d，m），第一式代表纯辅音或后随短 a 音，第二式代表辅音后随 u 音，第三式代表辅音后随 i 音。从这个字母表可以看出，古人取得分析语音的知识是多么困难！今天小学生人人能掌握的语音知识，在古代是难于突破的一种知识屏障。

早期波斯丁头字的解读

（根据 Grotefend）

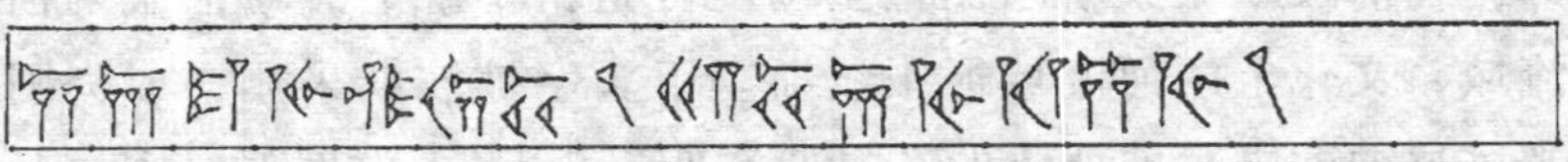

da a ra ya va u sha kha sha a ya ha i ya

大流士，国王

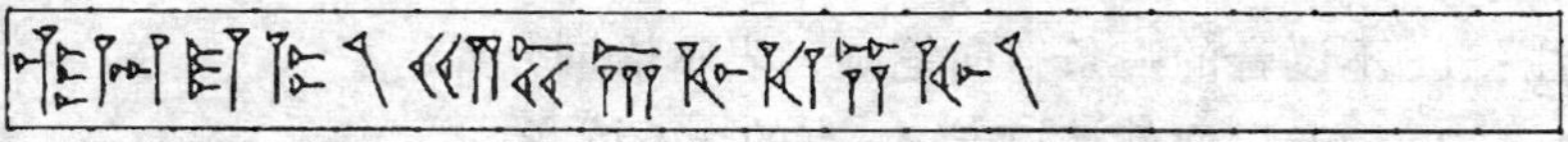

va za ra ka　kha sha a ya tha i ya
伟大的，　　　　国王

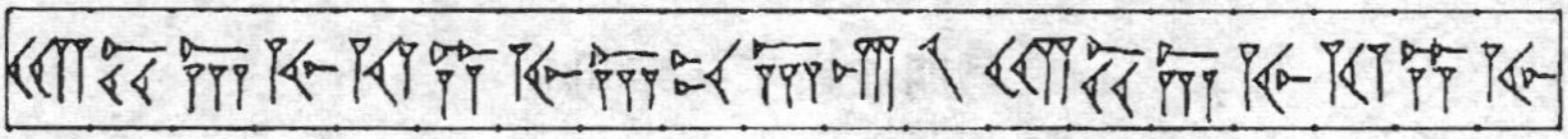

kha sha a ya tha i ya a na a ma　khasha a ya tha i ya
众国王的，　　　　国王

da ha ya u na a ma　vi i sha ta a sa pa ha ya a
诸省区的，　　　　希斯塔斯培斯的

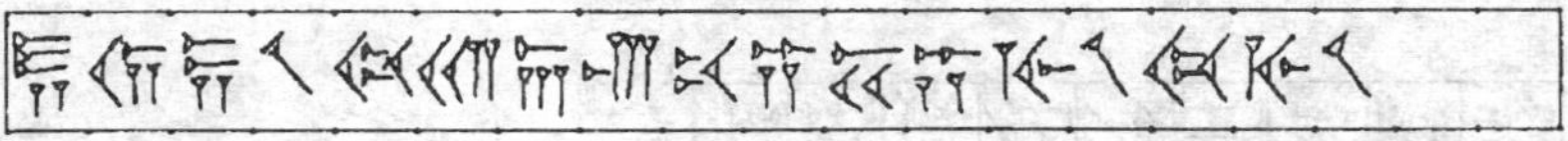

pa u thra　ha ha a ma na i sha i ya　ha ya
儿子，　　　　阿开门尼德，　　　　他

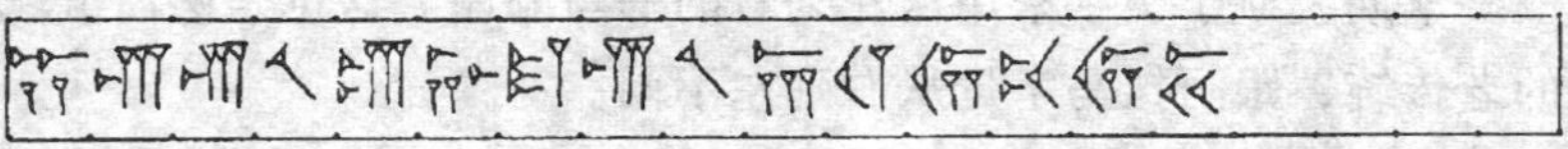

i ma ma　ta cha ra ma　a ku u na u sha
这 个　　宫 殿　　　　建 造。

（意译）大流士，伟大的国王，众国王的国王，诸省区的国王，希斯塔斯培斯（Hystaspes，父名）的儿子，阿开门尼德

（朝代），他建造这个宫殿。

注：1. 不读音的一条斜向笔画，表示语词分界。

2. 辅音后面都带短音 a，有的 a 不读音。

3. 长音 a 在辅音（已带短音 a）之后再加一个 a；长 i 和长 u 写法相同。

早期波斯丁头字母

分词 a i u ka ku ga gu kha cha dja dji ta tu da di

du tha pa ba fa na nu ma mi mu ya va vi ra ru la

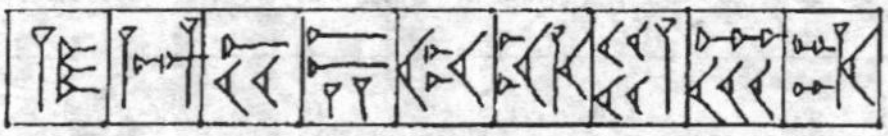

sa za sha thra ha 王 州 国 神

早期波斯丁头字采用从左到右的书写顺序。这也是两河流域的老传统，跟阿拉马字母从右到左不同。

所有的波斯丁头字碑铭，几乎都是在首都波斯波里斯（Persepolis）发现的，时期是公元前 6 世纪末到前 4 世纪中。除石碑外，还有金银器物上的铭刻。

后来，波斯的书写工具渐渐从泥版改为纸草、羊皮和其他材料。在这些材料上“压写”丁头字是不方便的。于是，波斯文字也改用阿拉马系统的巴拉味（Pahlavi）字母。

(八) 乌加里特丁头字：音素化的实现

乌加里特（Ugarit）是古代腓尼基一个沿海城邦，位于现在叙利亚拉塔基亚（Latakia）北面（现称 Ras Shamrah）。居民原为阿莫里特人和迦南人，语言为闪米特语的乌加里特方言。公元前 18 世纪称乌加里特，与巴比伦等地有频繁的商业往来。此地在 1929 年出土大量丁头字泥版。泥版时期属于公元前 15－14 世纪，应用时期可能是公元前 16－13 世纪。上面的文字是一种真正的字母。腓尼基是字母的故乡。但是乌加里特字母的用法，既不同于两河流域丁头字，也不同于腓尼基字母。

乌加里特字母表有符号 32 个，其中 29 个表辅音，3 个表元音。腓尼基字母只有 22 个，乌加里特字母多了 10 个。腓尼基字母没有元音字母，乌加里特字母有独立的元音字母 3 个。腓尼基字母从右到左书写，乌加里特字母从左到右书写。字母表本身说

乌加里特丁头字母（32）

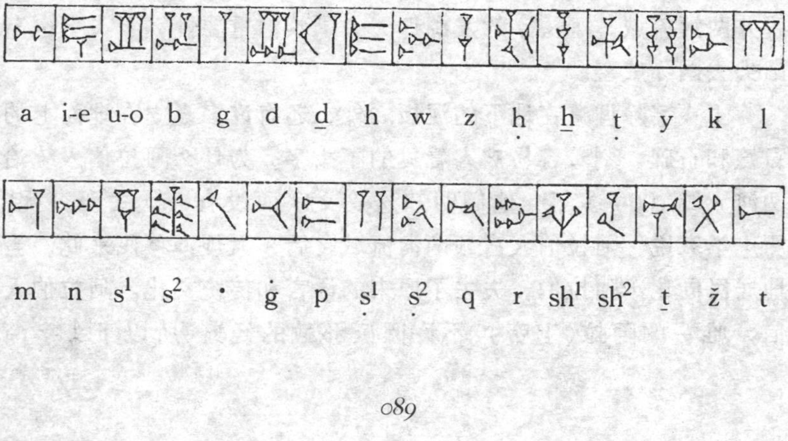

明，字母原理取自腓尼基，符号形式和书写顺序（自左而右）取自两河流域，而字母的用法按照自己的需要独自创造。这是丁头字历史中最突出的发展，也是腓尼基文化和两河流域文化的交融成果。在如此早的年代，出现如此进步的字母表，使字母学的研究者感到惊奇！

“丁头字的演变”（见本书 91 页）

（九）丁头字的释读：西亚古文化重放光明

从地中海东岸到波斯湾以东这个最古的文明世界里，在 3000 年的悠长岁月中，泥板上刻写的丁头字一直是国际通用文字。可是，最后一片泥板书写于公元后 75 年，此后丁头字消失了，而且消失得无影无踪。奇怪的是古典希腊完全不知道有过这种丁头字。只有“历史之父”希罗多德（Herodotus，公元前 484－430）偶尔提到一下“亚述字”。

公元前 11 世纪之后，腓尼基字母（及其后裔阿拉马字母）传播开来，逐步代替丁头字。腓尼基字母简单、经济、效率高，丁头字无法跟它竞争。泥板太笨重，在用了纸草、羊皮和其他新的书写材料以后，不愿意再用泥板了。公元前 550 年，波斯帝国吞并两河流域，丁头字的发源地失去了政治重要性，丁头字也渐渐失去国际威望。

丁头字除埋藏在地下的泥板之外，还有许多矗立在地面上的石幢和石碑，刻着容易被人看见的丁头字。为什么阿拉伯人统治两河流域 1000 多年，他们明知这是文字而没有一人去研究呢？历史学家说，阿拉伯人占领两河流域之后，大规模移民来此，当地居民同化于阿拉伯，失去了原来的语言和传统文化。阿拉伯人信奉唯一的阿拉（上帝），不许阅读邪教的经典，所以丁头字渐

丁头字的演变

早期图形体　后期图形体　早期丁头体　古典亚述丁头体

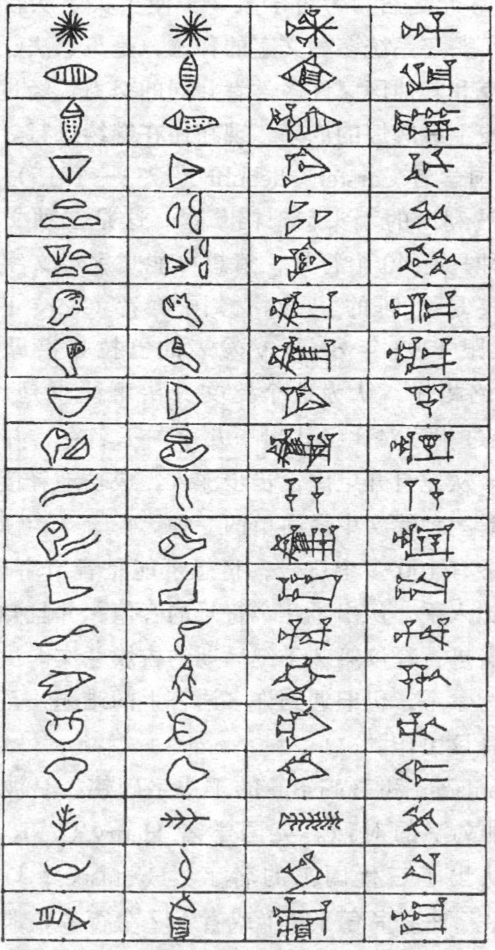

天　地　男　女　山　婢　头　口　饭　吃　水　饮　足　鸟　鱼　牡　牝　麦　日　犁

(根据 David Diringer：字母，人类历史的钥匙，Hutchinson's Scientific and Technical Publications，1947)

渐在人们的记忆中消失了。阿拉伯帝国版图广大，包括埃及、叙利亚、巴勒斯坦、伊朗等，这些地区遗留下来的丁头字也遭到同样的命运。

遗忘了2000多年之后，考古学家终于使丁头字从新成为能够读懂的文字。丁头字系统多种文字的释读，是英、法、德、丹麦、爱尔兰、捷克和其他国家许多学者共同的努力，经过两个世纪，得到了考古史上最辉煌的成果，现在还在继续进行。

1765年，德国学者 Carsten Niebuhr（1733－1815）最早取得波斯古都波斯波利斯的丁头字碑铭摹本。这是三种文字的对照。算出其中一种只有40个符号，猜想可能是字母文字。认出文字中一条斜线是分词的记号。德国学者 Georg Friedrich Grotefend 把铭文跟1793年 de Sacy 发表的巴拉味字母的萨珊（Sassan）王朝碑铭相比，认为这个铭文开头可能也是“王名、称号、世系”。经过相互对比，认出了几个国王名字，并解读了几个符号的音值。从此打开宝库，步步深入，成功地释读了早期波斯丁头字。这是三种铭文中最简单的一种。

第二种文字中有100多个符号，猜想可能是音节字母文字。也从国王专名对比入手，认出了几个符号的音值，并且知道了这是新埃兰文。接着进行释读第2千纪后期的古埃兰文。虽然有已经释读的文字作为参考，仍旧遇到许多语言上的难题，至今还没有完成埃兰文的释读工作。

后来得到 Hamadan 和 Behistun 的丁头字碑铭，是波斯、埃兰和巴比伦三种文字的对照。英国学者 Henry C. Rawlinson（1810－1895）认出了三代国王的名字：Hystaspes，Darius 和 Xerxes。碑铭的第三种文字有300个或者642个符号，那就不可能是简单的音节字母文字，猜想它是表意符号和音节符号的混合。这种文字内容复杂，其中有符号新旧体的不同，词符和音节符的混淆难辨，音节符号读音有开口（ba）和闭口（bat）的分别，还有一符多音多义等等问题。经过多年耐性的研究琢磨，也大致解决了。知道了阿卡德文是闪米特语之后，到 19 世纪后期，经过更多的学者合作，阿卡德丁头字基本上释读成功。这是释读一系列丁头字的关键工作。1846 年，Rawlinson 发表 Behistun 三语铭文的全部翻译。

直至 20 世纪中叶，苏美尔文是当作阿卡德文的一种别体来探索的。甚至单独符号认识之后，语言仍旧无法了解。后来知道，苏美尔语是一种黏着型语言，它是在词根上附加前缀、中缀和后缀来表示语法意义的。苏美尔文在公元前 2 千纪中期死亡之后，成为巴比伦庙宇的宗教文字。经过从僧侣处取得词汇，把经文翻译成巴比伦文之后，苏美尔文的研究才得到初步的进展。不过至今不知道这种语言应当归属于那个语系，通读文献还有困难。

以上四种文字的释读，是从易到难，从今到古，逐步前进的。这是释读古文字的规律。

在土耳其首都安卡拉（Ankala）东边的 Bogazkoy 村庄附近，1906 年出土一批古代赫梯（Hittite）王国的国家档案，开始了丁头字研究的新领域。赫梯人在公元前 2 千纪曾统治小亚细亚。他们早期有自己创造的图形文字，后来放弃不用，借用早期巴比伦丁头符号，书写自己的语言。赫梯丁头字的使用，开始于公元前 1500 年，终止于公元前 600 年王国的灭亡（赫梯统治下的 Luwian 人和 Hattian 人也有他们的丁头字）。捷克的学者 Friedrich Hrozney 进行释读，发现赫梯语是一种印欧语言。由于文字利用已经认识的丁头字符号，释读工作主要是考释语言的意义。

1929 年，在叙利亚海滨的古城乌加里特出土许多泥板，其中的丁头字母，跟两河流域的丁头符号只有外形相似，而音值完全不同。经过考证，知道这是公元前1400年时候，当地借用丁头符号，按照闪米特字母原理，自行规定音值，用来书写闪米特语的乌加里特方言。这种字母也用于胡里语（Hurrian）和其他语言的碑铭。

以上六种丁头文字的释读，使其他多种派生的丁头文字的释读都得到或多或少的成果。丁头字系统多种文字的基本释读成功，使人类有文字记录的历史增加了非常重要的最早的一章。

参考书：Diringer：字母学，Hutchinson出版社，伦敦，1949。杉勇：楔形文字入门，日本中央公论社出版，1979。Moorhouse：字母的凯旋，Henry Schuman出版社，纽约，1953。不列颠博物馆：巴比伦和亚述古物指南，第二版，伦敦，1908。R. J. Lau：古巴比伦寺院记录，AMS出版社，纽约，1066。S. A. B. Mercer：苏美尔和巴比伦字符表，AMS出版社，纽约，1966。国民地理学杂志，154卷，6期，国民地理学会出版，华盛顿，1978年12月。新不列颠百科全书（新版），不列颠百科全书公司出版，芝加哥，1993。中国大百科全书：外国历史卷，中国大百科出版社出版，北京，1990。

三 圣 书 字

（一）尼罗河：埃及文化的母亲

尼罗河（Nile）是全世界最长的河流，发源于非洲的中心，自南而北，注入地中海。下游经过埃及，在广袤的沙漠中造成一条宽广的绿洲地带。每年洪水泛滥，把肥沃的泥浆灌注到两岸的田地里去。这是天然的施肥，因此年年丰收。尼罗河又有舟楫之便，使绿洲地带的物产运销畅通。事实上不是尼罗河流过埃及，而是尼罗河创造了埃及。在尼罗河的哺育下，埃及成为人类最早的文化摇篮之一。

尼罗河口是一个广阔的三角洲。希腊人叫它 delta，因为它像希腊字母 delta（Δ）。以三角洲为中心，这片富庶的地区称“下埃及”。在这南面的地区称“上埃及”。上埃及的南面是邻国麦罗埃（Meroe），又称库施（Kush）或奴比亚（Nubia）。边境大致在有名的阿斯旺（Aswan）水坝附近。

古埃及的历史有 3500 多年，分为五个时期：

1. 王朝前（公元前 3100 以前）和早期王国（公元前 3100－2686，第 1－2 朝代）。公元前 4228 年开始定历法，一年 365 天。公元前 3100 年美尼斯一世（Menes I，名 Narmer）统一上埃及和下埃及，建立第一朝代。这时候，埃及圣书字早已成熟。

2. 古王国（公元前 2686－2160，第 3－6 朝代）和第一中间期（公元前 2160－2040，第 7－11 朝代）。国王坟墓从砖坟改为巨大石块的金字塔（这需要建筑学和其他的科技知识），开始金字塔时代；造人面狮身像（Sphinx，国王的头，狮子的身体），崇拜太阳神（国王是太阳神的儿子“天子”），发展用纸草写字。第一中间期是动乱时期。

3. 中王国（公元前 2040－1786，第 12 朝代）和第二中间期（公元前 1786－1567，第 13－17 朝代）。进入青铜器时期，修水渠，开荒地，发展农业，扩大领土。中王国时期的语文是古埃及的“古典文言”，在碑铭和文学中长久使用，直至公元初年。第二中间期中，喜克索人（Hyksos“牧羊王”）夺取政权，建立第

15－16 朝代，引进马匹和战车，战乱频仍。

4．新王国（公元前 1570－1085，第 18－20 朝代）和后王国（公元前 1085－332，第 21－31 朝代）。前 1567 年逐出喜克索人，复兴埃及，扩大疆土，建立帝国，迁属国王室至埃及，废封疆，建郡县；开凿运河，从尼罗河直通红海，绕航非洲，发展贸易。“法老”（pharaoh，原意“大宫”，后成神化的尊称）成为国王的正式头衔。后王国又称第三中间期，埃及分裂，努比亚人入侵，建库施王国（第 25 朝代）。公元前 525 年波斯入侵，建立第 27 朝代。公元前 343 年波斯再入侵，建立最后的第 31 朝代。公元前 332 年亚历山大入侵，建亚历山大港。3000 年的“法老埃及”就此结束。

5．托勒米朝代（公元前 332－30）和罗马统治（公元前 30－公元后 639）时期。亚历山大死后，驻埃及的部将托勒米（Ptoleny）自立为王。公元前 30 年罗马入侵，埃及艳后克娄巴特拉（Cleopatra，公元前 51－30 在位）自杀；公元后 395 年罗马分东西，埃及成为东罗马一省。公元后 640 年阿拉伯入侵，埃及失去传统语言和文化，民族融化入阿拉伯。

古埃及语是一种“哈米特·闪米特”语言（Hamito－Semitic），跟今天埃及的阿拉伯语没有关系。古埃及语分为五个时期：1．上古埃及语（公元前 3000－2200）；2．中古埃及语（公元前 2200－1600）；3．近古埃及语（公元前 1550－700）；4．人民语（Demotic，公元前 700－公元后 400），这是波斯、希腊、罗马统治时期的通用语言；5．柯普特语（Coptic，公元后 2－17 世纪），这是阿拉伯统治时期埃及语言在“柯普特基督教会”中遗留的宗教语言。

“埃及”和“柯普特”两个名称是同一个名称的演变。在上古埃及语中，首都“孟斐斯”（Memphis）称作 Het－ka－ptah

（“ptah”神庙），全词读音为 Eikuptah。变成希腊文 Aiguptos，拉丁文 Aegyptus，英文 Egypt（“埃及”），省去开头的 E 成为 Copt（gypt“柯普特”）。

埃及以金字塔著称。孩子们往往以为金字塔是游乐场所，听到金字塔是坟墓，大吃一惊！埃及人跟其他古代人一样，深信来世。国王死后，用药物腌制成“木乃伊”（mummy，干尸；用“乃伊”音译“-my”是汉语方言的语音“错位”m～n），以金字塔为地宫，管理灵魂的世界。金字塔中有丰富的壁画和文字，贮藏大量纸草文献，这是埃及古代历史的主要记录。此外还有各种器物上的铭文，记载历史和古代信仰。

（二）圣书字的形体变化

埃及字有三种字体：1. 圣书体（hieroglyphika），又称碑铭体；2. 僧侣体（hieratika）；3. 人民体（demotika）。三种字体合称“圣书字”。“圣书字”又泛指任何其他非字母文字。这些名称都是希腊人的说法，不是埃及人自己的说法。

碑铭体是图形体（类似甲金文字和篆书），僧侣体是流线体（类似汉字的草书），人民体是简化的流线体。圣书字没有笔画分明的楷书体。

1. 碑铭体

文字都起源于图画。图形的碑铭体出现最早，大致在 5500 年前（第一朝代之前）就存在了。碑铭体起初是“僧俗”共用的，后来主要用作雕刻在神庙和金字塔的石碑上，以及绘写在祭礼器物上的文字。古埃及人把文字看作是神圣的，称为“圣书”或“神文”（mdw-ntr，上帝的文字）。有文字之神，名叫“托特”（Thoth）。古埃及人重视书法艺术。碑铭体的图形都写得十分优美。

埃及字的书写顺序，可以自左而右，可以自右而左，又可以自上而下，还可以从两边写向中央，使文字形成对称之美。碑铭体的符号中，有各种人形和动物，他们的面孔向哪一边，文字就从哪一边开始阅读。字序的方向不难辨别。

碑铭体中人兽和事物的图形，大部分并不代表原来的人兽和事物，早已变成代表规定的词义（意符）或语音（音符）了。

最晚的碑铭体见于公元后第 4 世纪（394 年 8 月 24 日）的碑铭。碑铭体应用了 3500 多年。在这漫长的时期中，它保持着复杂累赘的结构，始终如一。

2. 僧侣体

有关皇室、宗教、葬仪等的记载，要求美观，必须精雕细绘，适用碑铭体。商业文件、私人通信、文学写稿等所谓实用文字，要求书写迅速，碑铭体就不适用了。早在第一王朝时候，文字就变成“挥毫急就”的草书僧侣体。僧侣体起初也是“僧俗”共用的，后来主要用于书写宗教经典，因此称为“僧侣体”。

僧侣体类似“狂草”，形体跟碑铭体迥然不同，可是符号大体是一对一的，没有性质或功能的改变。僧侣们使用僧侣体，上下三千年，一直用到公元后 3 世纪，而且长期跟碑铭体分工并用，碑铭体用于庄严场合，僧侣体用于实用场合。僧侣体的书写顺序，起初自上而下，后来以“从右到左”为标准。僧侣体的出现使埃及字失去象形性质。

3. 人民体

文字的应用扩大，必然发生文字的简化。在人口众多、文书纷繁的尼罗河三角洲，人们对僧侣体进行了大胆的简化，成为“人民体”。人民体又称“书信体”（epistographika）或“土俗体”

(enchorios)，它是僧侣体的简化。人民体最早出现于公元前7世纪的遗物。这比碑铭体和僧侣体晚2000多年。人民体出现以后，僧侣体就变成僧侣阶级的专用文字。除了宗教经典之外，一概都用人民体。

人民体起初只在下埃及应用，后来扩大应用于上下全部埃及。它从右到左书写，跟僧侣体的顺序相同。起初被认为只能书写日常书信，所以称为“土俗体”，也就是说，“不登大雅之堂”。后来成为应用于长篇文学著作，以及翻译古代经典的文字。人民体出现的最初400年间，形体不断变化，到公元前4世纪，形体才稳定下来。人民体只是形体简化了，没有变更僧侣体的结构。所以只是书写方便，在学习和阅读方面，更加麻烦了。

到托勒米王朝时期，人民体成为主要的字体。王室和僧侣的文告往往并立三种文字：人民体、碑铭体和希腊文，而人民体占据中央地位。人民体的应用一直延续到公元后第5世纪（476年，中国南北朝）。此后，古代埃及的文字就完全衰亡，成为无人认识的文字。

埃及字体演变举例

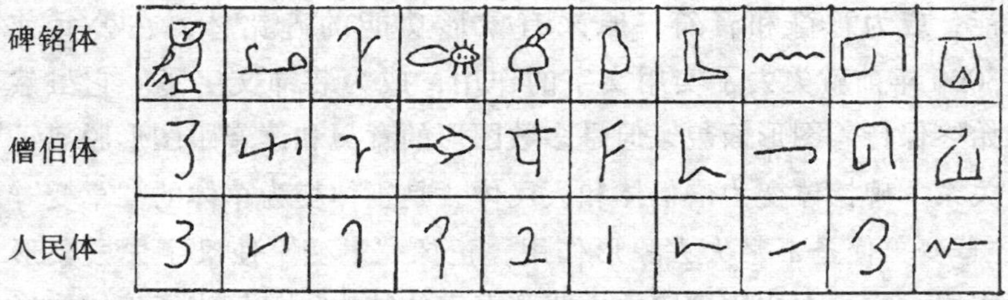

埃及词符及其体式变化举例

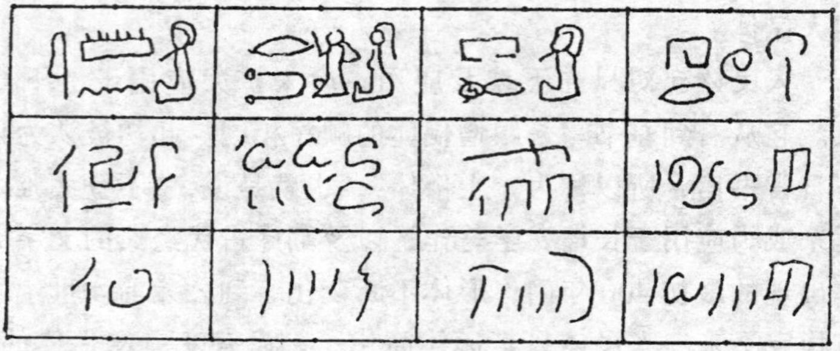

碑铭体

僧侣体

人民体

读音	Amun	romet	per-o	horw
意义	阿蒙神	人	法老王	一天

（三）圣书字的结构分解

圣书字由三类符号构成：1. 意符，2. 音符，3. 定符。

1. 意符

意符相当于汉字的象形字、会意字、指事字和转注字。

圣书字虽然起源于象形，但是多数符号一早失去了象形功能，成为意符和音符。原来有象形功能的碑铭体，在公元前3000年前就失去了实用文字的作用，成为装饰文字了。它虽然始终保持着图形面貌，但是多数图形的意义和读音跟图形脱离了关系。碑铭体变为僧侣体和人民体，是正体变为草体的“草变”。“草变”使圣书字失去象形作用，正像“隶变”使汉字失去象形作用一样。本文用碑铭体说明圣书字的结构，仅仅为了碑铭体形象醒目，而且比较容易找到例证。这跟说明汉字结构用甲骨文或篆书作为例证，道理相同。

在圣书字中，有的单个意符代表一个语词，有的两个或多个意符结合代表一个语词。能够单独成字的不多，大多数要依靠跟其他符号结合成字。换言之，“词符”（词字）不多，而“词素符”（词素字）比较多。

圣书字表词意符（词符）举例

（上行象形字，下行会意字，有的兼作部首）

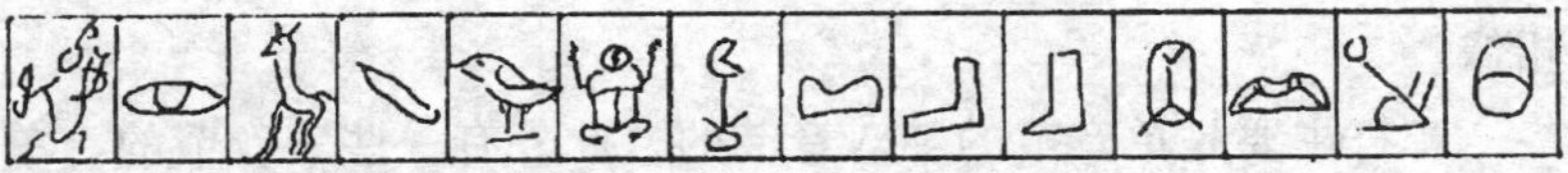

兵　目　麟　角　燕　虫　花　山　角　足　屐　弓　犁　馒

打　飞　食　行　门　划　哭　治　令　南　觅　老　洁　北

（上埃及）　（下埃及）

数目字是一种意符，指事性质的表意符号。圣书字中的数字写法，举例如下：

埃及数字举例（跟希腊和罗马比较）

埃及数字	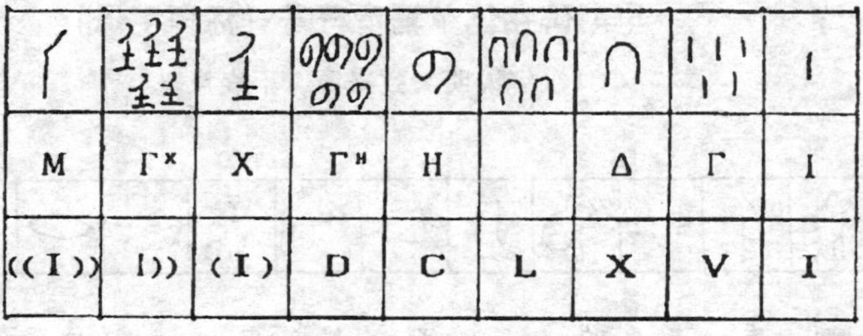								
希腊数字	M	Γ^{X}	X	Γ^{H}	H		Δ	Γ	I
罗马数字	((I))	I))	(I)	D	C	L	X	V	I
	万	五千	千	五百	百	五十	十	五	一

2. 音符

音符相当于汉字中的假借字，以及形声字中的声旁。

圣书字的音符大都由意符变来。音符相当发达，都是音节符号性质。它的特点是，表示辅音（声母）是明确的，表示元音（韵母）是不明确的，要由读者自己去补充元音。例如："圣书"写作 mdw - ntr，只写明辅音，其中的元音如何读，古人在当时有一定的习惯，今人就难于肯定了。这跟不写明元音的阿拉伯文相像。

音符主要是单音节的和双音节的，此外有一些三音节的。单音节音符由于元音不明确表示，有"辅音字母"的性质，对后世发明"辅音字母"有重大的启发作用，所以被看作是字母的胚芽，称为"标声字母"。

单音节音符有 24 个，后来增加到大约 30 个。双音节音符大约有 75 个，其中常用的有 50 个。但是都还没有规范化，有的一符多形（异体字），有的一符多音（多音字）。

埃及虽然有了"标声字母"，但是上下 3000 年始终不知道利用这套符号就可以拼写语言。他们使用音符时候，必须跟意符或定符结合起来，方才组成语词。要使"标声字母"变成真正的字母，还要等待 2000 年。

早期碑铭体单辅音符号（标声字母）

（汉字说明大致来源，不表意义）

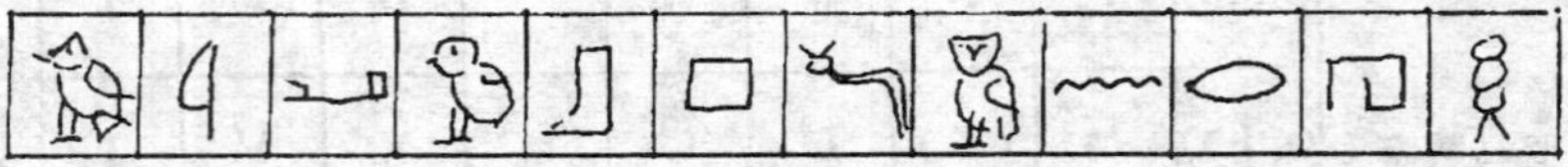

鹰' 苇y 臂' 鸡w 足b 凳p 虺f 枭m 水n 口r 屋h 麻H

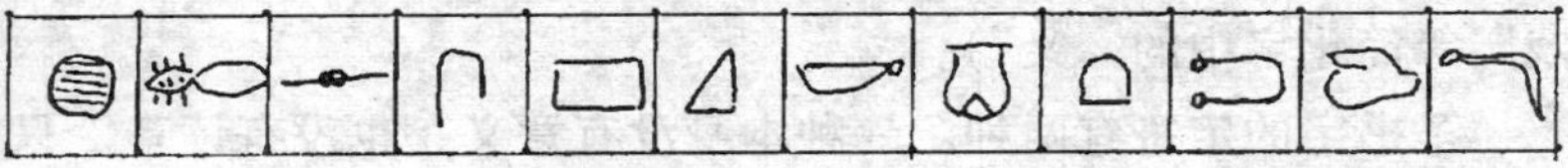

盘 x　腹 X　冃 s　布 z　池 S　坡 q　篮 k　罐 g　馒 t　索 T　手 d　蛇 D

音符异体举例

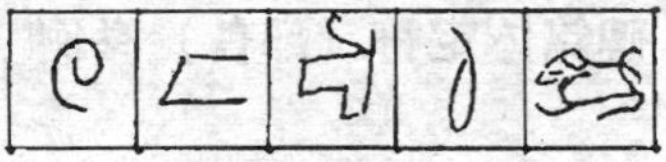

螺 w　肋 m　冠 n　袋 t　狮 r , t

早期碑铭体双铺音和三辅音符号举例

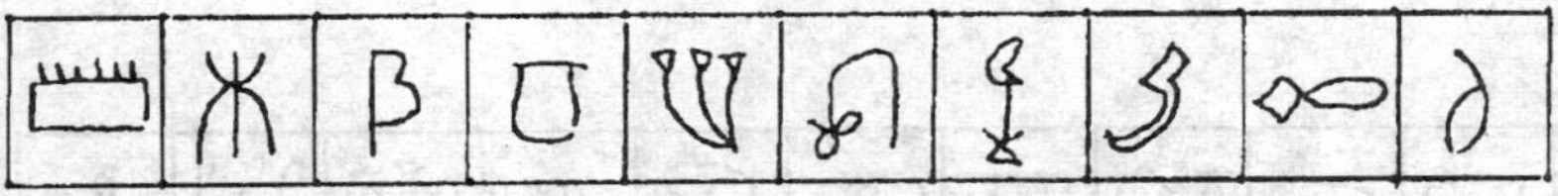

m-n　m-s　sh-w　n-w　kh-n　w-　kh-　m-　i-　t-y

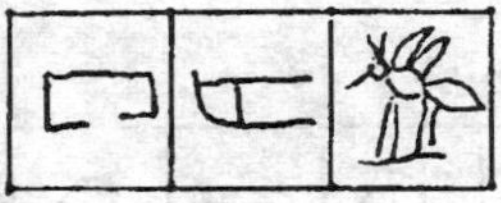

p-r　m-r　b-t

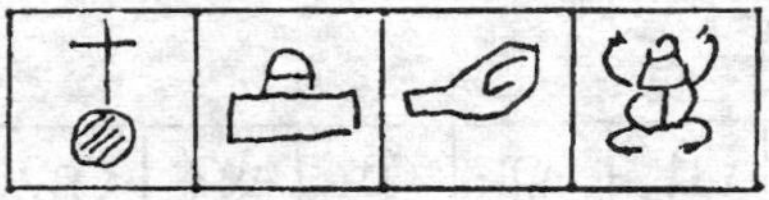

m-f-r　h-t-p　s-d-m　k-p-r

（注意：符号常有一符多用现象）

3. 定符

定符相当于汉字的部首，以及汉字部件中的记号（例如“汉戏”等简化字中的“又”)。

圣书字的定符有两种。一种本身没有意义、也没有读音，只能用作附加符号，这样的定符比较少。另一种从意符变来，或者由意符兼职，能表示意义类别，这样的定符比较多。定符的主要功能是区别“同音异义词”，以便阅读和理解。定符很多，举例如下：

碑铭体定符（部首）举例

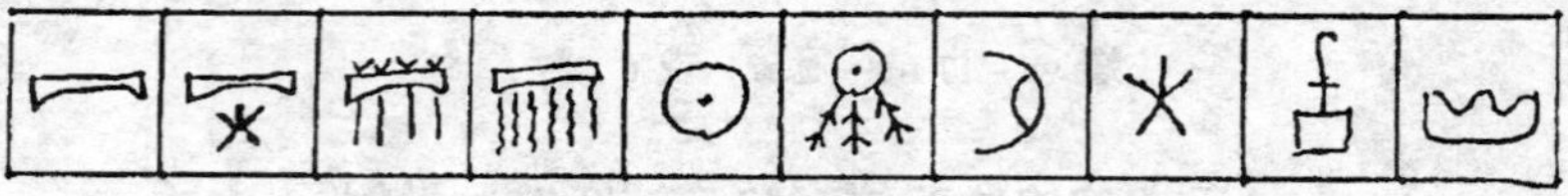

天顶 黑夜 暴雨 雨雾 一天 光亮 一月 小时 丰年 外国

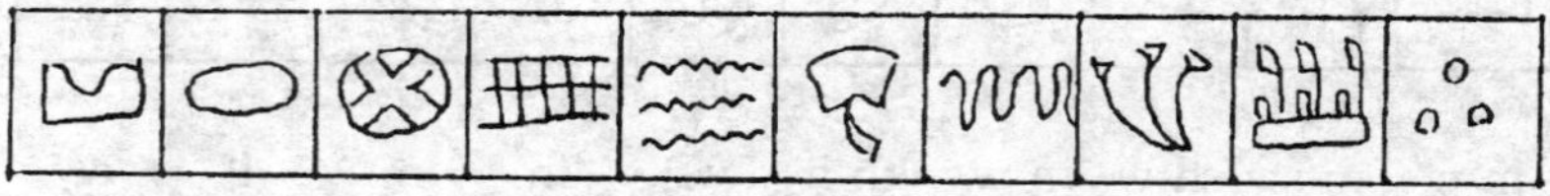

山 岛 城镇 省区 水 皮革 虫 植物 田园 谷物

男 女 神 祷告 欢乐 看 哭 毛发 阳性 阴性

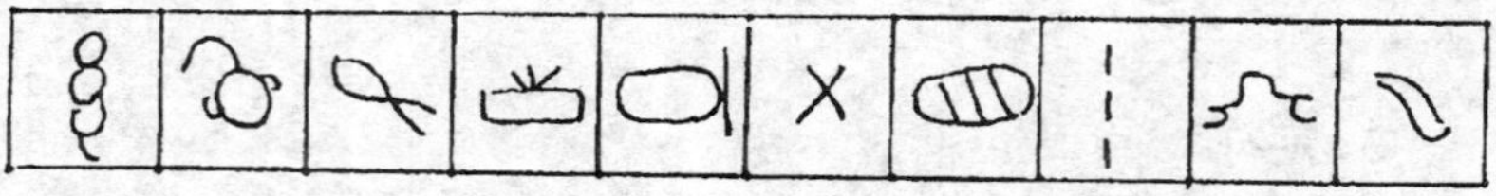

甜蜜 香料 纸卷 书本 王名 筹码 面包 复数 否定 犄角

定符跟音符构成的复合符号，相当于汉字中的“形声字”。不同的是，汉字把内含符号组合成为一个音节的“方块”，而圣书字把内含符号作线性排列，不论音节多少，都成为一个语词的“字条”。汉字按“方块”计算，所以总字数不断增加。圣书字不按“字条”计算，而按基本符号计算，所以符号总数相当稳定，数量比较少。专家计算，圣书字有604个符号，不算数目字、变形字（异体字）和符号组合（ligature，几个符号连笔写成一个符号）。

复合的圣书字举例

（音符和定符的结合）

定符“人”　男人(s人)　人们(rhw人)　男奴(hm人)　干部(smdt人)　平民(nds雀人)

定符“日”　太阳（ra日）　一天（hrw日）　昨天（sf日）　时间（rk日）　明亮（wbn日）

定符“月”　月亮（iah月）　月亮（iah月）　角豆（wah月）

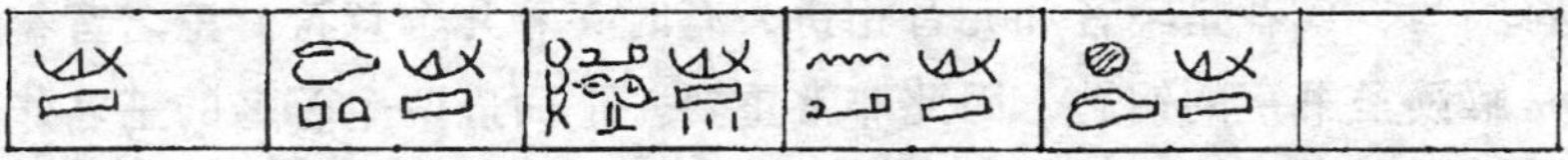

定符“舟”　船只（dpt舟）　船队（haw舟）　航行（na舟）　下航（hd舟）

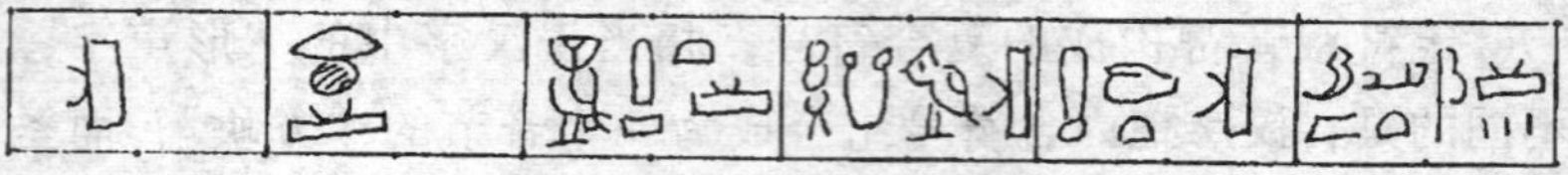

定符“书”　知道(rh 书)　书卷(mdat 书)　神秘(kha 书)　语词(mdt 书)　真理(maat 羽书)

说明：上例相当于汉字中的形声字，有单音节的，有多音节的，都把基本符号（音符和定符）松散地线性排列。汉字不同：单音节的把所含符号（文）紧密结成一个方块（字），例如“簿”(不能把“竹水甫寸”线性排列)；只有双音节词分开作两个“字”，例如“苜蓿”(不把“草目宿”分开排列成一个字)。汉字以结合单位（字）计算，总字数非常多。圣书字以基本单位（文）计算，总字数就比较少了。

“人们”，三小竖表多数。“男奴”，又作“棒槌”hm。“干部”，三小竖表多数。“平民”有两个定符：“雀”和“人”，“雀”表“小”，平民是小人。“月亮”有两种写法（异体字)。“角豆”有两个定符：“月”表示豆形似月，“三圈”表示豆粒。“船队”，三小竖表多数。“下航”，顺水而下。“书卷”，又作“火柱”da。“语词”，又作“手杖”md。“真理”有两个定符：“羽”和“书”都表示知识，三小竖表多数。三小竖可横写、可竖写。在圣书字中，一字“两读，两义”是常见的。

有一个“王名定符”需要特别说明。它是长条的椭圆形(cartouche)，下面有一条底座线，形式跟中国的“神主牌位”十分相像。原来是直立的，印刷品上为了排印方便，改为横卧。其中写着的是国王的名字。专名很难用意符表示。王名几乎都用音符书写，或者是辅音和元音相拼，有时夹着几个意符。王名音符是解读圣书字的钥匙，因此非常重要。下面以两个著名的王名作为解读的例子：一个是埃及艳后“克罗巴特拉”，另一个是王朝开拓者“托勒密”。

埃及王名解读举例

（其一）

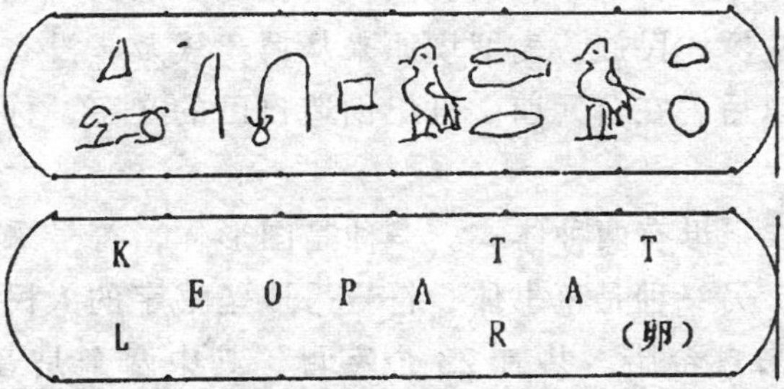

kleopatrat（克娄巴特拉）（女性）

（其二）

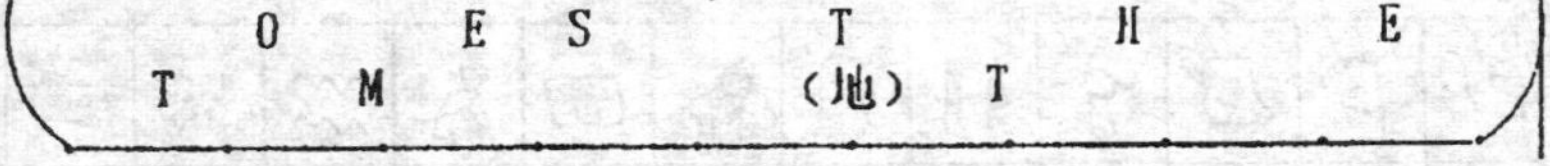

ptolmes（托勒密）　angh（生）　zhet（永）　ptah（神）　mere（爱）

“托勒密，永远健康，天神保佑”

（“卵”和“地”是定符，不读音，angh 和 mer 是意符，ptah 是神名）

（四）麦罗埃字母和柯普特字母

1. 麦罗埃字母

圣书字是一国独用文字，没有国际流通性。这跟包含多种文字的丁头字系统大不相同。圣书字流通于埃及本土，以及南方的近邻麦罗埃民族。麦罗埃原来从属于埃及，没有自己的文字。独立以后，在公元前 2 世纪创造自己的文字，称为麦罗埃字母。

麦罗埃字母有两种体式。一种是图形体，符号采取圣书字的碑铭体。另一种是草书体，符号采取圣书字的人民体。但是拼音原理来自希腊。共有 23 个字母，其中两个是音节字母，此外不仅有辅音字母，还有元音字母。元音字母完备，证明是希腊影响。麦罗埃字母在词与词之间，用两点或三点分开。公元后 4 世纪，麦罗埃王国灭亡，麦罗埃字母也停止使用了。麦罗埃语的系属不明，它不同于埃及语，至今遗留的文献大部未能解读。

麦罗埃字母

（上行图形体，下行草书体）

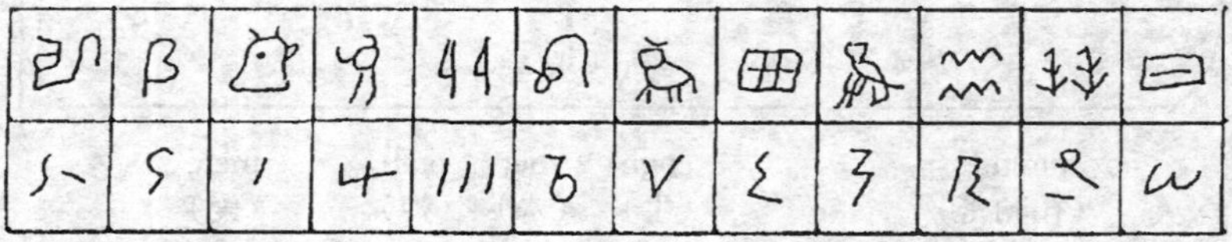

(a) e ê i y w v p m n nh r

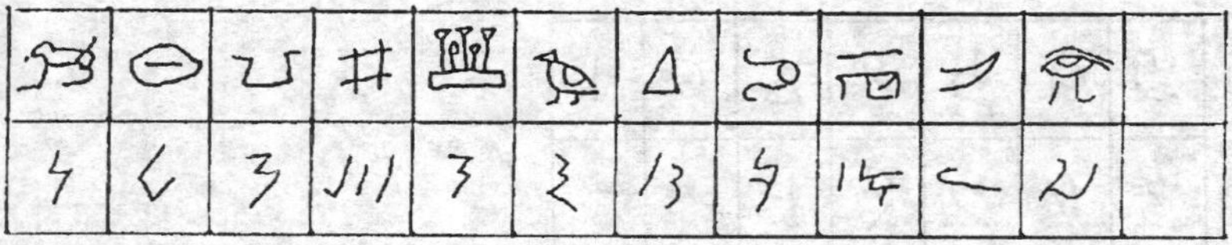

l　h　hh　s　sh　k　q　t　te　tê　z

2. 柯普特字母

埃及被阿拉伯征服以后，阿拉伯化进行迅速。埃及民族和埃及的语言和文字都很快消失。柯普特字母是记录“柯普特基督教会”经文的宗教文字。有 32 个字母，其中 25 个来自希腊，另外 7 个来自埃及人民体，书写希腊没有的语音。这 7 个人民体字母是圣书字的最后孑遗。柯普特文的使用，最早见于公元后 3 世纪，到 7 世纪开始衰落，到 14 世纪完全不用。在这以后，只有教会用于宗教仪式。柯普特宗教经文是释读古埃及语文的重要线索。

柯普特字母及其来源

（1. 柯普特字母，2. 希腊字母，3. 埃及人民体，4. 埃及碑铭体）

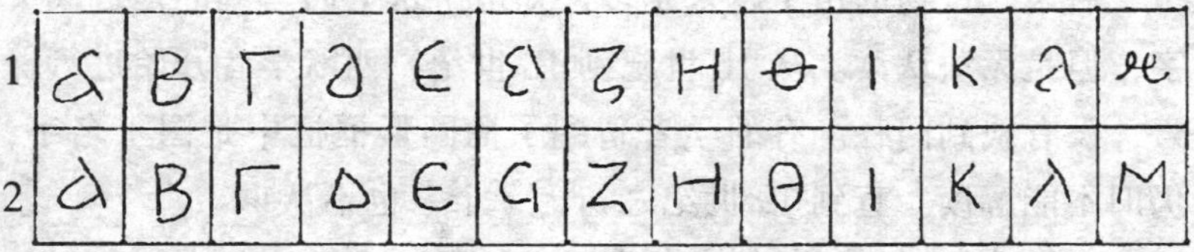

a　b　g　d　e　gh　z　i’　th　i　k　l　m

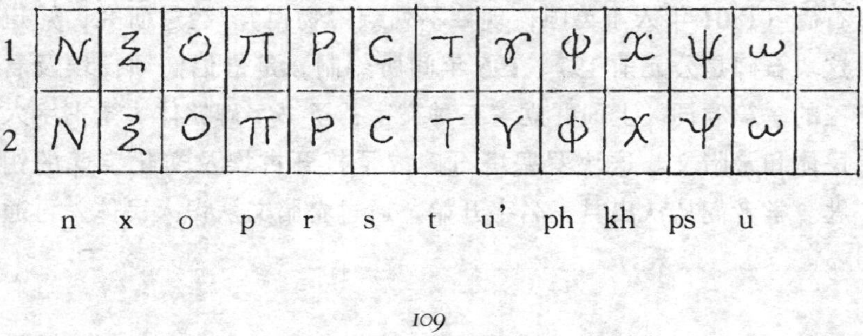

n　x　o　p　r　s　t　u’　ph　kh　ps　u

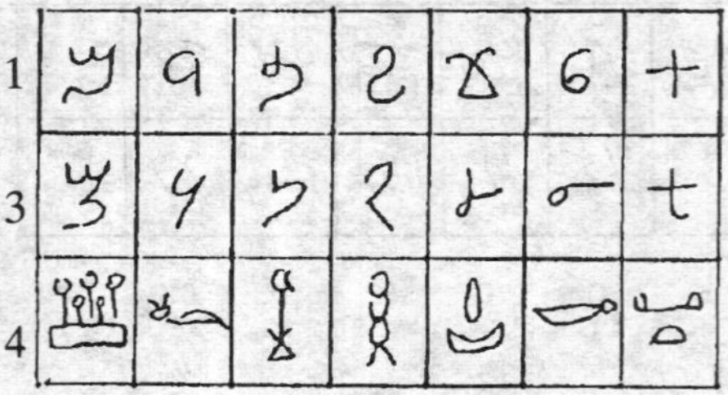

sh　f　hh　h　zh　ch　ti

（五）圣书字的释读：打开古埃及文化的宝库

埃及文字记载着古代埃及的3500年历史，这是人类早期文化非常灿烂的一章。过去，人们看到这种文字遗留在石碑和纸草上，以为它只是一种装饰或符咒，不加注意，不去研究。一千年一千年地过去，让它在沙丘中沉睡，没有人去理会它。

后来，古物的出土越来越多，知道了这上面写刻的是古代文字，但是无法认读。从16世纪到18世纪，西欧学者开始进行探索，没有找到门径。有的学者猜到了椭圆形框框中是国王名字，仍旧不能解读。直到19世纪之初，一个字也不认识。

1799年，在拿破仑出征埃及时候，一位法国军官（M. Boussard）在埃及的罗塞塔堡垒（Saint Julien Rosetta）发现一块石碑（1801年入于英国，现藏不列颠博物馆）。经过研究，知道这块石碑是公元前197－196年间所刻制，是僧侣们颂扬埃及君王的一篇颂词。上面并立着三种文字：圣书字碑铭体、圣书字人民体和希腊文。这块罗塞塔石碑成了打开古埃及文化宝库的钥匙。学者们从认出君王名字开始，通过希腊文认识人民体，再通过人民体认识碑铭体，最后僧侣体也认识了。埃及语文的最后遗裔柯普特文，在解读过程中起了关键作用。

对释读埃及古文字做出贡献的有德国、英国、法国、丹麦、瑞典等国家的学者们。其中法国学者商博良（Jean Francois Champollion，1790－1832）的贡献最为重要。1822年他发表权威性的释读论文。他被称为埃及学的创始人。

19世纪是语文考古的大发现时期。丁头字和圣书字的先后释读成功，打开了人类早期文化的宝库，从而开始了比较文字学的宏观研究。

参考：Gardiner：《埃及文法》，第二版，牛津大学出版社，伦敦，1950。Budge：《埃及文初步》，第二版，Trubner出版社，伦敦，1923。Bakir：《埃及语导论》，埃及通用出版社，开罗，1987。Iskander：《法老埃及简史》，Ghareeb出版社，开罗，1975。

四　汉　字

（一）汉字的起源

汉字是汉族的“自源”文字。长期以来，能看到的最早汉字是刻铸在金属器物（主要是钟鼎）上的“金文”。清末光绪二十五年（1899），北京一位王懿荣老先生，在病中服中药的时候，发现药名“龙骨”的硬片上有类似文字的符号。当时担任国子监祭酒（相当于国立图书馆馆长）的王老先生，素有钟鼎文学养，他认为这是一种古文字。

经过寻根追源，知道“龙骨”来自河南安阳小屯村。这里是古代商朝的首都。商朝的第20代国王盘庚，在大约公元前1300年时候，把首都迁来这个叫“殷”的地方，史称“盘庚迁殷”。从此商朝也称殷朝。这个“殷都”后来变成废墟，称为“殷墟”。

古代殷王，遇有国家大事，必须占卜，请求鬼神指示。占卜的方法是，在龟甲或兽骨上钻凿几个像指甲那么大的凹槽，用火烧灼，使凹槽裂开，成长短横竖不同的纹路。巫师（贞人）据以判断吉凶，做出决定。占卜和办理的结果，用文字写刻在甲骨上，称为“卜辞”。盘庚以后8代12王，经历273年，在这里积累了大量甲骨记录，成为一个国家档案馆，埋藏地下3000年。

先后发掘，得到有字甲骨十几万片，整理出字种4000多字，已经释读的有1000多字。这就是现在能看到的最早的汉字：“甲骨文”。

晚近发现，不但殷朝有甲骨文，周朝也有甲骨文。甲骨占卜刻辞的制度，在中国早期历史上前后实行了至少500年。

甲骨文是相当成熟的文字。在它之前，当然有过比它更早的原始文字。刻符和岩画是文字的萌芽，但是在中国发现的刻符和岩画，没有能证明跟汉字有具体的联系。从少数民族的早期文字，可以想像比甲骨文更早的汉字是个什么情况，不过没有实物证据，不能作为定论。

干　支　表

(根据《商周古文字读本》)

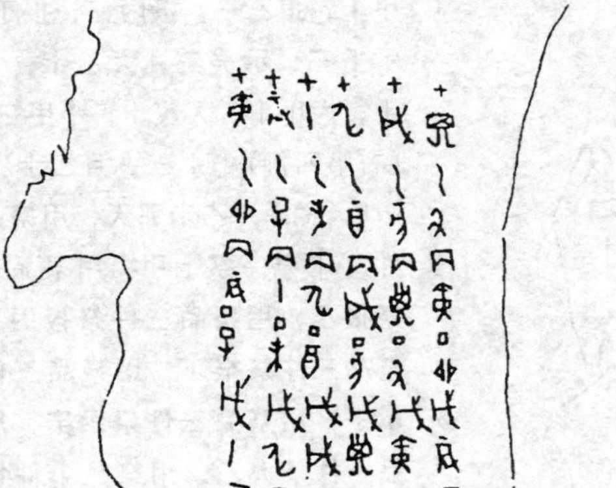

(右行读起)

甲子乙丑丙寅丁卯戊辰己巳庚午辛未壬申癸酉

甲戌乙亥丙子丁丑戊寅己卯庚辰辛巳壬午癸未

甲申乙酉丙戌丁亥戊子己丑庚寅辛卯壬辰癸巳

甲午乙未丙申丁酉戊戌己亥庚子辛丑壬寅癸卯

甲辰乙巳丙午丁未戊申己酉庚戌辛亥壬子癸丑

甲寅乙卯丙辰丁巳戊午己未庚申辛酉壬戌癸亥

(注)“巳”和“子”的写法判然不同。

殷先王名

（根据《商周古文字读本》）

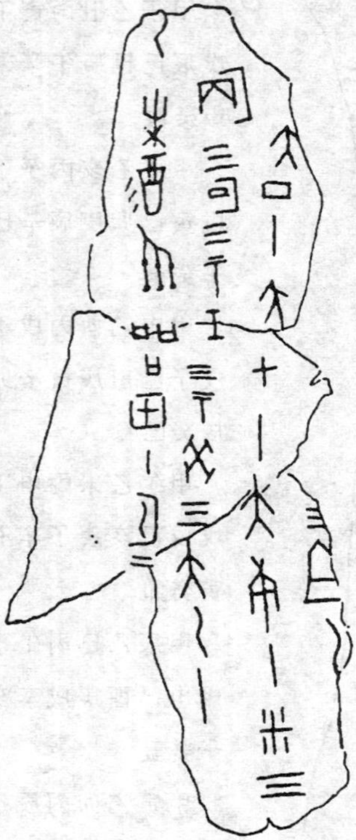

（左第一行）乙未，[ ] [ ] 品上甲十，报乙三，报丙三，报丁三，示壬三，示癸三，大乙十，大丁十，大甲十，大庚十，小甲三，（右第四行）[ ] 三，且乙十。

（意译）乙未那天，用祭品十件 [ ] 祭系祭上甲，用祭品三件祭报乙，用祭品三件祭报丙，用祭品三件祭报丁，用祭品三件祭示壬，用祭品三件祭示癸，用祭品十件祭大乙，用祭品十件祭大丁，用祭品十件祭大甲，用祭品十件祭大庚，用祭品三件祭小甲，用祭品十件祭祖乙。

（注）上甲、报乙等为殷先王名。这个表可以用来核对《史记》中的殷王表。□中“十”，为“上甲”。“丨”为“十”，祭品之数。半框中“乙”，为“报乙”。余类推。“三”为祭品之数。

（二）汉字的形制

汉字的符号有三类：1. 图形体，包括甲骨文、金文、大篆、小篆；2. 笔画体，包括隶书、楷书；3. 流线体，包括草书、行书。金文晚于甲骨文，但是图形性强于甲骨文，因为金属刻铸不怕字形圆曲，甲骨刀刻宜于笔画平直。大篆小篆逐渐失去图形性。隶书楷书成为毫无图形性的“方块字”。流线体是快速急就的便写字体，跟正规字体并用。草书写快读难，行书写读两便。隶变和草化都是应用频繁的结果。

汉字所代表的语言段落，从甲骨文开始就是语词。古汉语基本上是单音节语，一个字代表一个词，连绵词极少。近代汉语的词汇向双音节化和多音节化发展。越来越多的汉字不能代表语词，只能代表语词中的音节，从“词字”变为“词素字”。这是汉字功能的重大变化，但是表面上看不出来。在7000个现代通用汉字中，有三分之二是“词素字”，只有三分之一是“词字”。汉字已经从“语词符号”变为“语词·音节符号”。

汉字的表达方法，从象形（表形）到会意（表意）到假借（表音）逐步前进。指事和转注也是表意。甲金文字中有较多可以望文生义的象形字。从大篆到小篆，象形字逐渐失去象形功能，从表形变为表意。形声字是部首（表意）和声旁（表音）的结合；部首只表意义类别，不表具体意义；声旁要依靠部首的配搭，然后代表规定的意义。现代汉字十分之九以上是形声字，这叫做“形声化”。从整体来看，汉字是一种表意和表音的“意音文字”，从古到今只有数量的变化。

单体符号称为“文”，复合符号称为“字”，后来统称“文字”。《新华字典》（1971）里有部首189个，基本偏旁545个，两共734个。如果把复合符号分开来作线性排列，不叠成“方块字”，那么，书写现代汉语只要800来个符号就够了。叠成“方块字”使字数增加，造成字无定量。

（三）汉字的传播

汉字发源于黄河流域的中部，古称“中原”。汉族从黄河流域向长江流域和珠江流域迁移，把汉字带到移住的新地区，成为中国三大流域的文字。汉字又向国外和国内少数民族传播。一路向南和西南，传到越南，以及四川、贵州和云南的少数民族。一路向东，传到朝鲜和日本。一路向北，传到历史上的契丹、女真和西夏。在1000年间，形成一个东亚的汉字文化圈。

汉字传到汉族以外的民族和国家，经历了四个发展阶段。1.学习阶段：大家学习汉语汉字，《三字经》《千字文》《四书五经》是共同的教科书。2.借用阶段：借用汉语汉字书写本地民族的语言。3.仿造阶段：按照汉语汉字的原理，仿造本地民族的汉字，有孳乳仿造，有变异仿造。4.创造阶段：利用汉字的符号，创造本地语言的字母，主要是音节字母。

文字形式不决定于语言的特点，而决定于文化的传播。在汉字文化圈中，除中国通用的汉语汉字之外，已经仿造和创造了30种汉字型文字。它们书写的语言有彼此完全不同的汉藏语系（藏缅、苗瑶、壮侗等语族）、阿尔泰语系、还有其他难于确定语系的语言。

印度文化传来中国，由于汉字的抵抗，印度文字没有一同传来。西洋文化传来东方，使越南放弃了汉字，改用拉丁字母。朝鲜北方放弃汉字，专用谚文字母；南方继续用汉字和谚文的混合体，大量减少汉字。日文从汉字中夹用少数假名，变为假名中夹用少数汉字。汉字文化圈的外围正在萎缩，但是文化圈的核心得到强化。汉字经过现代的整理，在中国国内发挥更大的作用。

(四) 汉字学的发展

东汉的许慎著《说文解字》(公元100年成书), 开创了汉字学, 提出"六书"(指事、象形、形声、会意、转注、假借)的造字和用字原理, 把一盘散沙的汉字, 按照部首分类, 整理成为系统井然的文字体系。金石学、甲骨学、简牍学, 不断丰富了汉字学。汉字学最初称"小学"(教授小孩识字的学问); 清末改称"文字学", 战后又改称"汉字学", 使汉字学在人类文字学中得到定位。名称的一再改变, 标志着认识的不断前进。

晚近, 汉字学分为"历史汉字学"和"现代汉字学"。前者研究汉字"形音义"的历史演变。后者研究现代汉字的现状和应用问题。现代汉字学的中心课题是"四定"。1. 定量: 起初统计小学用字, 后来研究"分层定量"(扫盲、小学、一般、专业等层次)。1980年发布《信息交换用汉字编码字符集: 基本集》(6763字)。1988年发布《现代汉语通用字表》(7000字)。最新研究:《现代汉语通用字表》中有400多个"文言古语用字"和60多个"现代方言用字", 应该删除。(参看苏培成《方兴未艾的现代汉字学》, 香港语文建设通讯51。) 根据"汉字效用递减率", 5200字的覆盖率大约为99.999%, 用来书写现代汉语只缺少十万分之一。2. 定形: 1956年公布《汉字简化方案》, 1986年重新发表《简化字总表》(2235字)。3. 定音: 制定《汉语拼音方案》, 字母注音代替反切; 异读词审音, 多音字整理, 声旁表音功能研究(有效表音率为39%)。4. 定序: 50年代制订"五笔查字法"("札"字法: 横竖撇点折), 推广"音序法"(已经用于词典和百科全书), 提倡在电脑上输入汉字用"拼音变换法"。

汉语的汉字学之外，提倡研究“广义汉字学”，把汉语汉字和非汉语汉字作为一个整体来进行宏观的研究。汉字学从微观发展到宏观，是汉字学的进一步科学化。

附录（根据《香港语文建设通讯》51）

现代汉语通用字表中的400多个文言古语用字举例：

嗌犴褩孛郱畀狴跸嬖騃笾褊碥杓豳踣晡骖锸虿瘥廛葳輾鬯怊榇枨禔酲瘳璁膝徂殂毳怛迨谠忉簦睇坫箄瓞垤朐慭佴燔蹯篚偾瀵葑绂郛艴幞黻黼棨哿鞲遘觏酤罟鹘湑簋刿鹹醢颃曷盍闳糇堠觳冱岵镘逭飑隳恚阍溷墼戢洎跽恝铗戋蒹缣笕牮楗洚挢峤喈羯卺獍扃椐琚裾趄鞫讵窭屦醵桷捃阒尻纩睨睽跬蒉锟髡阃赉稂酹蓼轹粝跞檗裣埒瞵瘰辂稆娈锊腘镘旄髦泖浼艋敉眄眇缗貊镆鍪陧嗫恧泮醅旆堋陴庀仳圮甓掊芑屺綮汔褰慊檠黥筇蛩銎赇蝤榠璩辁畎衽嚅襦洳蕤毵颡磉埏剡诜矧晟酾埘贳殳澍缌澌耜菘瞍觫眭谇睃嗍籔慝缇龆酴堍彖暾橐箨柝葳圬阢鋈穸翕粞僖隰葸饩舄楔柙祆猃筅谍榍躞貅髹糈溆儇獯曛恂巽阏厣罨轺铘噫荑舣佾挹翊瘗镒殪堙媵饔喁侑俣圉窳饫昱燠眢爰刖龠瀹狁驵帻舴赟哳瘵嫜磔钲卮祗埴摭絷忮彘踬觯陟酎蹠瘃麈窀诼觜趑耔诹陬鲰鄹菹缵蕞阼胙

现代汉语通用字表中的60多个现代方言用字举例：

俺岙鏊浜煲坌甭鬏蹩埕埭氹哆垌莞屙畈尕塥艮笱掼顸囝枧裥揩挎夼塄寮砻嬷峁囡腩孬侬爿谝揿圊箐啥疃樘忒汆圩呷垭伢蛘烊箢垸咋缯锃揸棹浞

五 马 亚 字

(一) 马亚字的发现和释读

哥伦布到达之前的美洲，有两个文化中心。一个是南美的印卡（Inca），在现在的秘鲁。一个是中美的马亚（Maya），在现在的墨西哥、伯利兹和危地马拉，以尤加坦半岛（Yucatan）为中心。马亚人创造了达到成熟水平的本土文字：马亚字。

马亚字形成于公历纪元之前不久。现存刻字石碑最早年代是公元后 328 年，最晚年代是 16 世纪。西班牙人入侵马亚，破坏马亚文化，焚烧马亚书籍，屠杀掌握文字的马亚巫师，野蛮地烧尽杀绝。曾经使用 1500 年之久的马亚字，到 17 世纪成为无人认识的文字，甚至很少人知道有过这样一种文字。

晚近学者收集到的马亚字文献有两类。一类是写本。马亚人用毛发制笔，主要用人的头发；用树皮制纸，主要用无花果树皮；有写本，没有印刷术。西班牙人焚书之后，只有三部残缺的写本幸存下来，分别收藏在西班牙、法国和德国的图书馆里，以收藏的地点命名为马德里（Madrid）写本、巴黎写本和德累斯顿（Dresden）写本。写本由一行文字、一行图画组成，很像连环画。另一类是铭文，刻在石碑上和其他器物上。马亚人每隔几年要刻一块石碑，记录经过的历史。文献内容有历法、礼仪、神话、历史、寓言等。

此外，马亚人遗留下一些在西班牙占领以后用拉丁字母（所谓“传统字母”）书写的马亚文献。一种叫做《先知集》（Chilam Balam），是一本传说和神话集。另一种叫做《波普尔武》（The Popul Voh），是16世纪中叶用危地马拉的马亚方言（Quiche语言）写成的传说集，被称为“马亚圣经”。

从基本符号和残留的文献来看，马亚字形成于刀耕火种的农业和狩猎时期，这也是所有早期文字的共同情况。

俄罗斯学者 Iu. V. Knorozov 利用比较文字学的原理，在50年代成功地释读了马亚字。他发现，马亚字既不是表意文字，也不是表音文字，而是跟汉字类型相同的表意兼表音的一种“意音文字”（广义的“圣书字”）。马亚字的释读没有双语言的文献可供对照。可是马亚语的方言今天还活着，而且有拉丁字母拼写的文献可以作为考释字义和解读字音的参考。

（二）马亚字的形体特点

马亚字的符号非常奇特，很像一幅幅微型的镜框图画，有人笑说它是抽象画派的杰作。初看一眼觉得非常原始，其实不然。它的外貌跟汉字迥然不同，可是它的实质跟汉字如出一辙。它是相当发达的文字，可以跟丁头字、圣书字和汉字相提并论。

马亚字的符号多数写成方块形，或者用方框线条围起来，跟汉字写在方格子里作用相似。它没有笔画化，不能分解成为笔画；也没有楷书草书等书体的分化。但是符号经过了初步的规范化，可以整理出基本符号270来个，常用的170来个。这些符号又组成无数的语词组合，能够完备地书写马亚语言。

(三) 马亚字的结构：三书和六书

马亚字的结构分为三个层次：1. 单体符号（文），2. 复合符号（字），3. 语词组合（词）。中文的结构也有三个层次：1. 独体的“文”，例如“天、人、日、月、水、火”；2. 合体的“字”，例如“江、河、礼、仪、理、性”；3. 连字成“词”，例如“蛤蟆、孔雀、志留纪、山顶洞人、社会主义者”。不同的是，马亚字不仅把“字”中的“文”组成单位，还把“词”中的“字”也组成单位。这是马亚字特殊的“分词连写”形式。中文把“字”中的“文”组成“字”，可是把“多音节词”中的“字”作线性排列，既不分词，也不连写。

Knorozov 根据西方文字学的“三书”功能原理，把所有马亚字的基本符号都分成“意符、音符或定符”。在 270 来个基本符号中，大约两成是意符，七成是音符，一成是定符。本文作者增加了中国传统的“六书”分析。 这样，便于透视马亚字的结构，也便于跟汉字作比较。“三书”可以兼职，“六书”也可以兼职，一符多能是“意音文字”的共同特点。

马亚字中的基本符号大多数能用作音符，音符都是单音节的，音节结构分为“元音、辅音加元音、元音加辅音、辅音加元音加辅音”等类。马亚字已经有明显的表音化和音节化的倾向。有人认为马亚字是音节文字，这种说法不正确。因为，意符也有一定数量，还有常常出现的定符，这些都证明马亚字是“意音文字”。

马亚字中的“六书”举例见《六书有普遍适用性》（本书 166 页）。

（四）马亚字的语词组合

马亚字除“文”和“字”之外，还有“词”的写法：语词组合。它把“多音节词”（多语素词）的各个“字符”结合成为一个“符号组合体”。同一“多音节词”的各个“字符”相互挨紧，两个“多音节词”之间留有空隙。这是马亚字的特殊“分词连写”。这很像有人提倡“中文分词书写”：“中华/人民/共和国”(/表示空格)；更像是把“不用”两字合写成“甭”、把“勿曾”两字合写成“𣍐”。

下面是5个语词和4个句子的例子：

[YAX]　[COL] yax－col 新田（未烧而种的土地）（一个语词；左右两符组合）

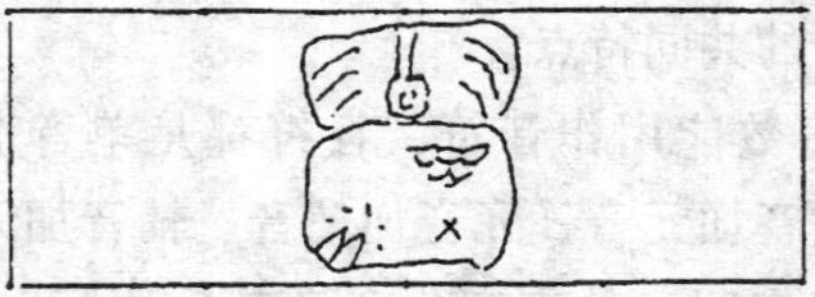

[YAX]　yax 新月（月份名）
[CU 意符]　（意符不读音）
（一个语词；上下两符组合）

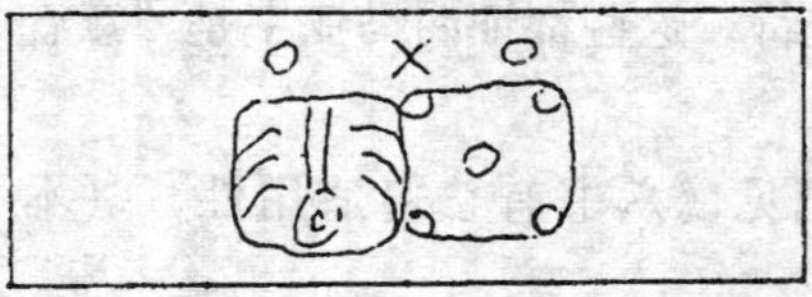

[CA]
[HOL] [KAN]
cahol－kan 新鲜食物
（一个语词；一上两下组合）

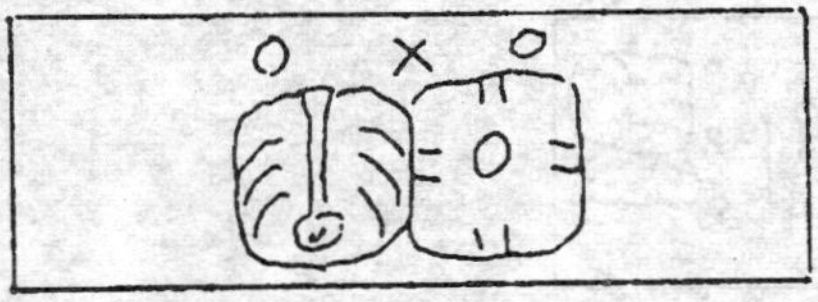

[CA]
[HOL] [KIN]
cahol－kin 新时节
(组合形式同上)

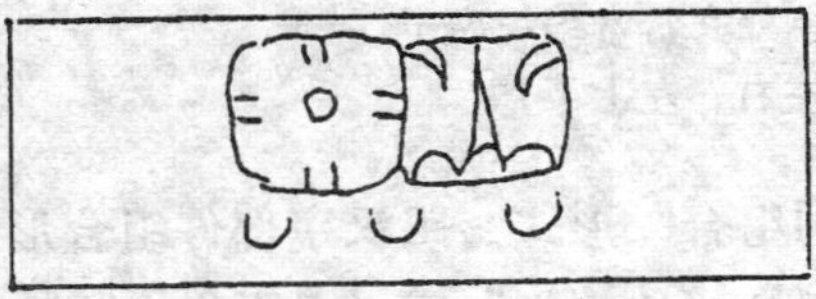

[KIN] [AK]
[定符]　　(定符无音)
kin－ak 雨季、雨水
(一个语词；两上一下组合)

[NAK] [CHAN] [TI] [PPA]
[NA]　[NA]
nak－chaan tippan. 晴天出现。
(两个语词；左上下；左上下)

[ZII] [MAL] [CHAB] [KIN]
[BA]　[NA]
ziimal chab kin. 太阳晒干土地。
(三个语词；左右；上下；上下)

[KIN][AK] [ICH][AH] [TI][CHAB]
[定符]　[IN]　[BA]
kin-ak ichinah ti-chab. 雨水润肥土地。
(三个语词；左右下；上下右；左上下)

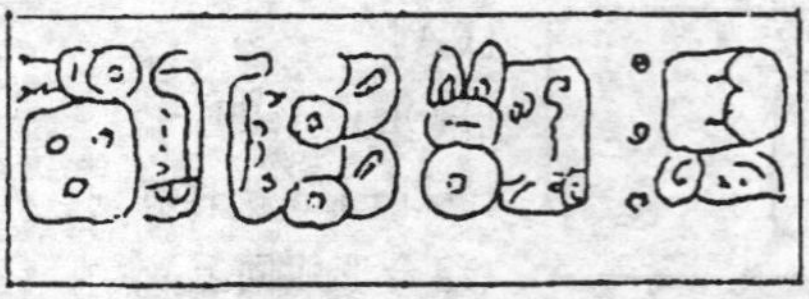

［PIC］［AH］ ［U］［PO］ ［ZAC］［CHUP］ ［OX］［OC］
［BIL］ ［PO］ ［AN］

picbilah u-pop zac-ch'up ox-ocaan. 处女常常编织席子。

（四个语词；上下右；左上下；左右；左上下）

上例说明：马亚字的“语词组合”形式，跟汉字部件组合形式相比，颇有相似之处。左右组合好比“细”字，上下组合好比“思”字，一上两下好比“符”字，两上一下好比“想”字，一左两右好比“陪”字，两左一右好比“部”字，一左重右好比“唱”字。

马亚字的拼音，有的参差不齐，有的省去一个元音，有的重叠最后辅音，有的意符不读音。定符当然不读音。可是拼音已经基本上能够表示或提示语词的读音。

（五）马亚字的历史地位

马亚字外形幼稚，内容成熟，使人惊奇。它是美洲唯一的本土自源文字，它是超过了形意阶段的意音文字。这说明马亚字在人类文字史中的地位。马亚人用人的头发制造毛笔，用无花果树皮制造纸张，以黑吼猴（代表部落的图腾）为文字之神。仅仅这几件事就足够说明马亚字的应用水平。马亚人在当时与世隔绝的美洲，创造出接近音节化的意音文字，并且跟世界其他早期文字有类似的造字和用字特点，可见人类文字有不约而同的共同发展规律。

参考：Iu. V. Knorozov：《马亚文》，苏联科学院出版社，1963。Iu. V. Knorozov：《古马亚文研究简述》，周有光译；《马亚文的释读》，丁西诚等译；文字改革出版社，1964。A. M. Tozzer：《兰大的尤加坦纪事》，美国麻省剑桥博物馆，1941。关于文字之神，见 National Geographic，vol. 176，no. 4，1989，p. 435。

（六）马亚字举例释读

（1）基本符号的释读（注音用“传统字母”）

A 1

音符 p (oo)，像头，加符号。比较：pool，pol 头。

A 2

音符 cim (cam)，像腭骨，加符号（死眼睛）。比较：cam 腭。

A 3

音符 k (e)，像张开的口（门牙、犬齿、舌头、喉咙）。比较：chii 口；co 牙齿。

A 4

意符 kuul (ku) 神圣的，像举起的手（祈祷手势）。比较：cu 肘；kuul 尊敬。

A 5

音符 ch' (a)，像举起而张开的手。比较：ch'a 取。

A 6

音符 k (a)，像拳头，加符号。比较：cab 手；kop 拳击。

A 7

音符 chuc (chac)，像拳头，加符号。比较：chuc 拳头。

A8

音符 mak (mach)，像朝下的拳头。比较：moch’手指；mach 抓住。

A9

音符 ch (e)，像紧握的拳头。比较：ce 紧握的；cep 紧握，用手指抓住。

A10

音符 ca，像大拇指分开的手。比较：ca 给。

A11

音符 nab，像向右的手掌。比较：nab，naab 手掌。

A12

音符 xib，意符 xib 男人。像脸，加符号。

A13

意符 chan (can) 蛇（用在 Kukulcan 的名字中）。像脸，加符号。

A14

意符 ch’abtan（用在 Buluc Ch’abtan 神名中）。像脸，加两个符号。

A15

意符 yeeb 小雨。像脸，加符号。

A16

音符 pp－，ppak，像脸，加符号（用在战神名字中）。比较：Pak－oc。

A17

意符 kavil（chabil)，像脸，加符号。

A18

意符 bol 一份食物。比较：bool 牺牲。像食肉兽的嘴脸，加符号。

A19

音符 oc，像兽类嘴脸（口边硬毛、圆眼睛、耳朵、毛皮）。比较：och 袋鼠。

A20

音符 tzoc（xoc），像兽类嘴脸，加符号。

A21

音符 tzocol（xocol），像兽类嘴脸，加符号。

A22

音符 z（ii），像兽头，加符号。

A23

音符 zii，像兽类嘴脸，加符号。

A24

音符 tzie，像兽类嘴脸（口边硬毛、兽眼），加符号。

A25

音符 men，像水兽（海牛?）。

A26

意符 tzom，ch'om 鹫头狮身兽。像蝙蝠的头，加符号。

A27

音符 aac（aak），像龟头，加符号。

A28

音符 kan，定符“食物”，像贝壳。比较：kan 贝壳。

A29

音符 cuc，像响尾蛇的响尾。比较：kukil－can 响尾蛇。

A30

音符 m（u），像尾巴。

A31

音符 e，像鸟卵。比较：e 鸟卵、细石。

A32

音符 kuk（ul）羽毛（用在 Kukulcan 神名中），像啄木鸟的羽毛。

A33

音符 ch'（e），ch'el，像龙舌兰。比较：chelen 龙舌兰。

A34

音符 kak，像新芽。比较：kuk 新枝。

A35
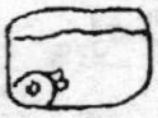
音符 pp－，pp（a），像幼芽。比较：ppum 幼芽；ppol 发芽。

A36

音符 ik，像辣椒串。比较：ic 辣椒；ich 果实。

A37

音符 nal（mal，mol），像玉米穗轴。比较：nal 玉米穗轴。

A38

音符 t（i），像植物，花。

A39

音符 pic（pec），像棉花。比较：pic 棉花。

A40

音符 o，像玉米果穗，加符号。比较：ox 除去玉米外壳。

A41

音符 an（aan），像叶子。

A42

意符 cek（ek）黑。像幼芽。

A43

音符 tah，像一捆树枝。比较：tah 束枝、火把。

A44

音符 c（a），像收割的草杆。比较：ca 割、截短；caac 剪枝、割。

A45

音符 ben，像房子（柱子、横梁、屋顶的支柱）。

A46

音符 ch（a），像屋顶的交叉梁木。比较：ch'etal 交叉。

A47

音符 h（a），像树叶的屋顶。比较：hoof 屋顶。

A48

音符 z（uu），像盛有液体的器皿。比较：zul 食物；zuleb 器皿。

A49

音符 cum（com），像细颈容器和沸腾液体。比较：cum 烧开水的壶。

A50

音符 bal，像盛有液体的器皿。比较：balan 满；bulub 器皿。

A51

音符 mac，像有液体的容器加上盖子。比较：mac 盖上。

A52

意符 cek chuah，像盛有液体的容器，加符号。比较：chu 小水壶。

A53

音符 ten，像背囊。比较：tem，chim，choon 袋。

A54

音符 ch（u），像搬运重物的工具。

A55

音符 n（a），像器皿盖子。

A56
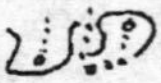
意符 ooch 食物。像盛有液体的容器。

A57

音符 bat（baat），像斧头。比较：bat，baat 斧头。

A58

音符 t（a），像黑曜石的刺烙针。比较：ta 黑曜石的薄板。

A59
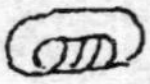
音符 om（um，hum），像燧石刀。比较：mo 燧石。

A60

音符 l（a），像吹筒箭和两个泥弹子。

A61

音符 te；意符 te 树。像投矛器。

A62

音符 maax，像盾。比较：maaxcinahba 保护、防卫。

A63

音符 zin，像织物。比较：zin 布。

A64

音符 buc（lem)，像衣服。比较：buc 衣服。

A65

音符 ah，像腰带。

A66

意符 ken 野猪。像手镯，加符号。

A67

音符 n－，像耳环。

A68

音符 bel（bal)，像一捆绳。

A69

意符 chac 伐木。像编织物，加符号。比较：chac 席子吊床。

A70

音符 zat，像织物的缨，打成结。

A71

音符 ac，像手镯。

A72

音符 um，像占卜小石。比较：am 占卜小石。

A73

音符 thul，像田地和沟渠。比较：thol 沟渠。

A74

音符 poc（pac），像灌溉了的田地。比较：poc 洗。

A75

音符 p（a），像水池。比较：paa 水池。

A76

音符 kal，意符 kal 二十。像井口（水池口）。比较：cal 井口。

A77

音符 ch'am，像洞穴、深渊。比较：ch'am 深坑；kom 谷、坑。

A78

音符（i）l，像火。比较：el 烧。

A79

音符 t（a），意符 chac（tac）红。像火堆。比较：toc 烧。

A80

音符 itz，像水流，在虚线椭圆中。比较：itz 露水。

A81

音符 in，图意不明。比较：hinah 种子。

A82

音符 chab（cab），像流水。比较：cab 蜜、流动。

A83

音符 vac（vah），像流体。

A84

音符 chup（chub），像流水。比较：chup 充满。

A85

音符 x (e)，像溢出的液体。比较：xe 流下。

A86

音符 toz（taz)，定符“雨”。比较：toz 灰尘；tazhaa 雨。

A87

音符 h-，-ah，像水滴加不明成分。比较：haa 雨。

A88
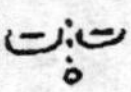
音符 hi，像水滴，加不明成分。

A89

意符 ppah（pah)，图意不明。

A90

音符 hel。比较：hel 旋转。

A91

音符 ol。比较：volol 线团。

A92

音符 tan。比较：tan 中心、中心点。

A93

音符 l (e)。

A94

音符 l (u)。

A95

音符 m (u)。

A96

音符 bil。

A97

音符 chan。

A98

音符 tun（t－），意符 tun 一年 360 天。

A99

意符 tun 声音。

A100

音符 b（a）。

A101

音符 k（u）。

A102

音符（－）l。

A103

音符 valac。

（2）语词的释读

B1

amacaan，anacaan 的变体：处于、在某处（动词 anac'hal 的分词）。

B2

amac'hi，anac'hi 的变体（anac'hal 的过去时）。

B3

ah achan，现代俗语 ah atan 已婚的，有妻子的。

B4
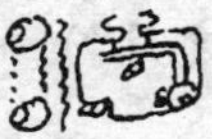
ah bol，料理蔬菜的人（“接受祭品的人”）。

B5

ah pa，打开东西的人。比较：pa 开。

B6

ah keh，月份的主人。比较：keh 月份。

B7

ah cimil，病人、将死的人。

B8

ah cuch，携带东西的人。

B9

ah che，现代语 ah ceh，猎人、射手。

B10
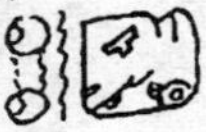
ah chuc，取物的人、占有者。比较：chuc 掌握。

B11

ak inal，喜雨、沃雨。

B12

akalhal，敌对。

B13

akalhi，曾是敌对。(动词 akalhal 的过去时)。

B14

achaan Chac，现代语 acan Chac，雷声（“Chac 的声音”）。

B15

aakaan，新鲜的、潮湿的（“新鲜果实之月”）。

B16

aakil，革新。

B17

aaknac，新的。

B18
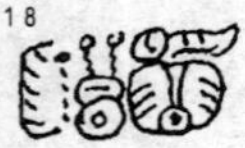
etpicaanhal，etppizaanhal 的变体：变成相同。

B19

Itzamna（神名）。

B20

itzamalthul，云雾职掌者。

B21

itzhal，变成露水。比较：itztal 滴出。

B22

itz chaan，现代语 itz caan 天空的露水。

B23

itz ch'up，成熟的少女。

B24

ichin（in），现代语 icin，猫头鹰。

B25

ichin（ich im），在水里、在深处。比较：im 深处。

B26

ichin，泉。比较：ichinah 洗身。又，ih 成熟（月份名）。

B27

ichinah，结出果实。

B28

olom，血。

B29

ox ocaan，有许多、常发生。比较：ocaan 有、在。

B30

ox pocmal，炎日。

B31

ox chuczah，多次猎获。比较：chuczah 抓住。

B32

otochah，装、放。比较：otochtah 居住。

B33

ooch in，“口福”（玉米的祭名）。

B34
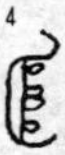
u，他的（物主代词前缀）。

B35

ul，现代语，hul 来。

B36

ulum，火鸡。

B37

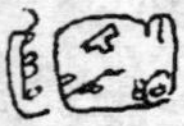

uchac（uchuc），可能。

B38

uuc ken，野猪。比较：kenil kaax 野猪。

B39

valac kinil，今天。比较：valacil hun haab 今天以后一年。

B40

vay，vaay 的变体：图腾、妖魔。

B41

vayah，蚂蚁（神话人物）。

B42

vayak，符号、预兆。

B43

Lahun Chaan（神名）。

B44

le，拉索、套索。

B45

yax ooch，新食物。

B46

yax kin，“新月”（月份名）。

B47

yax Chac，绿色的 Chac（神名）。

B48

yax chun，开始。

B49

yaxte，现代语 yaxche“绿树”（神话）。

B50

yaxcinah，yaxcunah 的变体：开始。

B51

yaxkanah，又读 yaxcunah 开始。

B52

babal，撕开、咬开。

B53

balte，现代语 balche 野兽。

B54
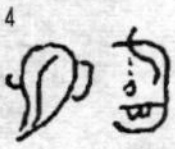
batah，用斧头工作。

B55
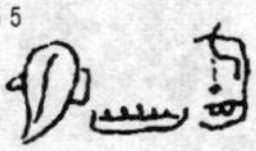
bat（u）cah，用火炬焚烧。比较：bat 火炬。

B56

behla be(n)hele，现在。

B57

bol，bool 的变体：一份食物、祭品。

B58

Bolon Octe，Bolon Yocte 的变体（神名）。

B59

bolon zuucab，大祭品。比较：zuucabtah 献祭。

B60

bolon kanan，必需的、贵重的。比较：kanan 必需的、贵重的。

B61

hunabah，完成。比较：hunab 整个的。

B62

mahal，现代语 nohol 南。

B63

mappaham，napahan 的变体：常常、惯于。

B64

mach，抓住、捉。

B65

machan，machaan 的变体：被抓住的东西；一把。

B66

maax，max 的变体：搏斗。

B67

molhal，集合。

B68

molkinah，又读 molcinah，收集。

B69

mok，击鼓。比较：moc 小铃铛。

B70

moo，金刚鹦鹉。

B71

muan，猫头鹰。

B72

mianil，“云雾”（月份名）。

B73
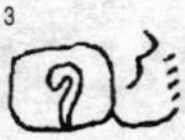
mul（muil），金字塔。

B74

mut，符号、图腾。

B75

muc，次数。

B76

muc，次数（变体写法）。

B77

much，蛙。

B78

nak chaan，现代语 nak caan 天然的遮盖物、天空。

B79

nicte，花。

B80

nuchib，现代语 nu'xib 老人。

B81

zac，白（月份名）。

B82

Zac Xib Chac（神名）。

B83

zac ch'up，处女、石女。

B84

zilah，牺牲。比较：tzil 分割。

B85

ziil，礼物。

B86

ziimal，使乾、晒枯。

B87

zihil，出生。

B88

zuubal，被牺牲。

B89

zuum，绳子。

B90

hahal，雨大而久。

B91

helaan，helan 的变体：更换了的东西。

B92

helil（helel），代替、轮班。比较：helel 替换。

B93

hii hom，秃鹰。比较：hii 鹞鹰；ch'om 兀鹰。

B94

hicham，现代语 icham 丈夫。

B95

hicham，现代语 icham 丈夫（变体写法）。

B96

Ho Vay，一年 365 日中的 5 天补充日（岁余），又神名。比较：vay 昼夜、一日夜。

B97

paa chab，现代语 paa cab 毁灭蜂巢。

B98

pak，增产蜜蜂、繁殖蜜蜂；油漆。

B99

pakah，得益、利益。

B100

pach，占有、侵占。

B101

picbilah，织。比较：pic 棉纺；bilah 拧、扭。

B102

pickin，peckin 的变体：蜥蜴。

B103

pop，poop 的变体：席子。

B104

poc，火。比较：poc 烧热。

B105

poc ik，热风。

B106

pocte，现代语 pocche 烧山下种。

B107

pocte，烧山下种（变体写法）。

B108

pocte，现代语 pocche 荒地、密林。

B109

ppat'hi，现代语 pat'hi 表现为（动词 pat'hal 的过去时）。

B110

ppen，被俘的奴隶。

B111

Tab，现代语 Ix Tab（女神名）。

B112

tah col，耕地。比较：tah colil 耕种玉米地。

B113

takah，取。比较：takpom 献香。

B114

takan，成熟的（果实）。

B115

te，现代语 che 树。

B116

tenil，次。比较：ten 次。

B117

ti，在、由、为。(另作音符 ti)

B118

tipp，出现、升出顶上。

B119

tippan，出现在他物之上。比较：tippan kin 出太阳。

B120

tozha，toozhaa 的变体：小雨。

B121

toc，tooc 的变体：燃烧。

B122

toc，烧（变体写法）。

B123

thul cuc，尾随、随。比较：thul chuc 追踪寻迹。

B124

can bolay，美洲豹。比较：bolay 猛兽。

B125

cekte，现代语 ekche“黑树”（神话）。

B126

Cek Xib Chac，现代语 Ek Xib Chac（神名）。

B127

Cek Chuah，现代语 Chuah（神名）。

B128

kek，现代语 kik 橡胶球、松香球（香）。

B129

coltah，耕耘。比较：colah 种田。

B130

cuil，金字塔。比较：cu 金字塔。

B131

cumchabah，现代语 cumcabtah 坐。

B132

cumcinah，坐。

B133

cut，开始。比较：cutal 开始。

B134

cuc katun，20 年的周期。比较：cucul 转。

B135

cucche，现代语 kokche 响板。

B136

cutz，火鸡。

B137

cuch，担子。

B138

kalel，夫人。比较：xikal，ixkal 正室夫人；colel 夫人。

B139

kam，接受。

B140

kamaan，kaman 的变体：得到。

B141

kante，“黄树”（神话）。

B142
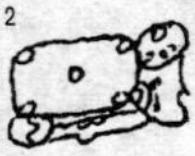
kantenal（神话人物）。

B143

Kan Xib Chac（神名）。

B144

Kan Chac（神名）。

B145

kinaan，统治者。比较：kin 统治。

B146

kinaan pocte，“烧林的统治者”（神名）。

B147

kinanhal，统治。

B148

kinil，时间。

B149

kinil，时间（变体写法）。

B150

kintun，旱。比较：kintun yaabil 大旱季节。

B151

kuul otoch，庙宇。比较：kuul na 神殿；yotoch ku 教堂。

B152

kuul kinil，节日。比较：kin ku 节日。

B153

kuk，啄木鸟（quetzal）。

B154

Kukchan，现代语 Kakulcan（神名）。

B155

kukalchan（变体写法）。

B156

kuch，兀鹰。

B157

tzul，狗。

B158

tzul chaan，天狗。

B159

tzuc，地方。比较：tzucub 省份。

B160

canucul，符号、规则。

B161

chaan，现代语 caan 天空。

B162

chab，现代语 cab 蜜蜂、土地。

B163

chabtan，ch'abtan 的变体：平安的、幸福的。

B164

chab（cheb），伐倒树木。比较：ch'ebcunah 推倒树木。

B165

chabil，日月食。比较：chabil kin 日食。

B166

chan kaknab，湖。比较：kaknab 海。

B167
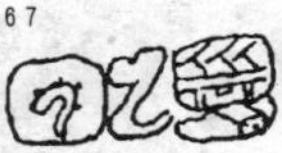
chan kuul otoch，小庙宇。

B168

chac，红（月份名）。比较：tooc 烧林。

B169

chac bolay，朱红色美洲豹。

B170

Chac Xib Chac（神名）。

B171

chacte，“红树”（神话）。

B172

chacte，“红树”（神话）。（变体写法）。

B173

Chac Chac，红 Chac（神名）。

B174

Chac Ch’el，现代语 Chac Ix Ch’el（女神名）。

B175

chac（神名）。

B176
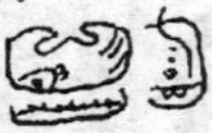
chacah，树名。

B177

che，现代语 ceh，鹿。

B178

chehi，灌溉。比较：ch’eh 水滴。

B179

chech，现代语 cech 祭品。

B180

chikinil，西。

B181

chikinil，西（变体写法）。

B182

chucul，砍山林。

B183

ch'acaan，砍倒了的。比较：ch'ac 用斧头砍；“砍树月”。

B184

ch'aah，取、拿。(chuch 森林的)。

B185

chucah，握、拿。

B186

ch'amac，狐狸。

B187

Ch'el，现代语 Ix Ch'el（女神名）。

B188

ch'elte，ch'ulte 的变体：湖。

B189

ch'up，妇女。比较：ch'uplal 妇女。

(3) 词组和句子的释读

C 1

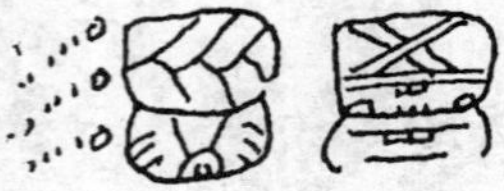

hahal chaan，雨天（字面：“下雨天”）。

C 2

itz chaan pat’hi，出现天露。

C 3

ox pocmal kin tum kinil，太阳烧尽一切的时候。

C 4

amac’hi chikinil Cek Xib Chac，黑 Chac 出现在西方。

C 5

amac’hi mahal Kan Xib Chac，黄 Chac 出现在南方。

C 6

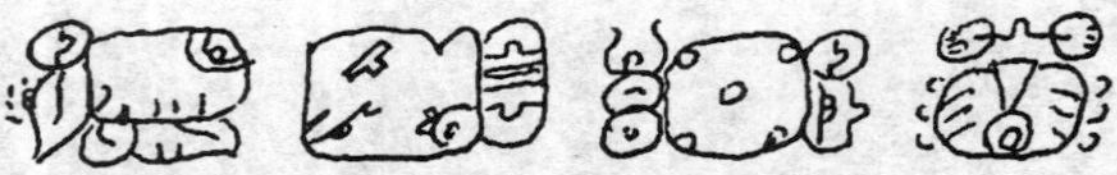

amacaan Chac ti kante mahal，Chac 出现在南方黄树上。

C7

amacaan ich coltah Chac cutz，在田地上的 Chac 把火鸡作祭品。

C8

amacaan kuul otoch Chac takan，在庙里的 Chac 把成熟的果子作祭品。

C9

u macaan Chac kinanhal chan kuul otoch，Chac 回到小庙宇里当家。

C10

cumcabah Zac Chac ooch in ti ch'abtan，白 Chac 在幸福时刻播种玉米。(字面："丰食"、"口福")。

C11

u toc ti chaan Chac bat（u）cah，Chac 在天空燃起火来。

C12

u poc ti chaan Can Moo Nal Kintun，金刚鹦鹉的火光在天空；旱。

C13

kamaan nicteil（Hun Tzek vaz cimil），结婚（字面：“迎接一朵花”）；颅骨的统治者；死亡的使者。

C14

kuch hich’am tzul valac men，狗——此时是秃鹰的丈夫。

C15

hichan ch’upken valac men，野猪——此时是妇女的丈夫。

C16

itz ch’up hicham u muc，狗——此时是少女的丈夫。

C17

muan u mut ch’ap u muc，猫头鹰——此时是妇女的图腾。

C18

tzul u mut ch'up ox ocaan，狗通常是妇女的图腾（字面：常常发生）。

C19

hii ch'om u mut ch'up behla，秃鹰——现在是妇女的图腾。

C20

hicham ch'up zac ch'up ox ocaan，已结婚的妇女常常是不生育的（字面："白女"）。

C21

u（Hun Tzek）u cuch ch'u al cimil，颅骨的主宰——垂死妇人的苦恼。

C22

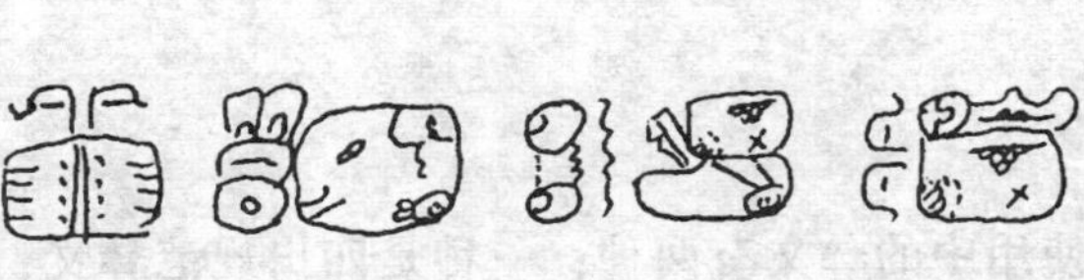

poc zac ch'up ah cuch pocte，处女（字面："白女"）是引火烧林的人。

C23

machan ken ch'aan ah che，猎人带走捕获的野猪。

C24

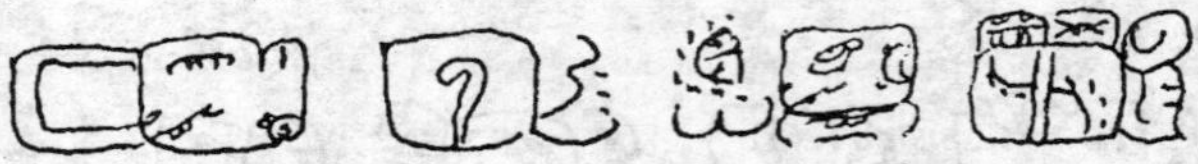

pak muil Itzamna helaan，接替（以前的神）的 Itzamna 给金字塔油漆。

C25

u pakah ziil Chac behla，Chac 赠送了他的礼物。

C26

u pak u chab Itzamna（ooch）in，多产的 Itzamna 的蜂窝。

六　彝　文

今天，使用中的彝文有两种：一种是四川规范彝文，另一种是云南规范彝文。四川规范彝文是“音节文字”，云南规范彝文是“意音文字”。本书把云南规范彝文列为人类“自源”创造的第五种意音文字。同时，它是汉语汉字以外，现在还在使用的第二种“自源”创造的意音文字。

（一）彝文的地区差异

彝族有人口650多万（1990）。居住在云南的人数最多，大约335万，主要在楚雄彝族自治州、红河哈尼族彝族自治州、以及宁蒗、峨山、路南、南涧等9个自治县。居住在四川的人数少于云南，大约150万，主要聚居在凉山（大凉山）彝族自治州。此外还有居住在贵州、广西等省。云南彝族人口最多，而居住比较分散。四川彝族人口少于云南，而居住最为集中。所以研究彝语和彝文都以四川大凉山为代表。

彝语属汉藏语系、藏缅语族、彝语支，分为六个方言和若干次方言，方言之间相互通话困难，没有形成民族共同语。

彝族有古代传下的老彝文，史称“韪书”、“爨文”，一向为本族宗教的经师毕摩所掌握。金石铭文和史书记载都开始于明代。现存彝文书籍的内容以有关宗教的居多，此外有历史、哲学、文学、医药等书，总数万册以上。名著有叙事长诗《阿诗玛》等。

由于居地分散，交通险阻，言语异声，文字异形，传统彝文各地不同，而且差别很大。四川凉山彝文近似篆书，多作长方直立形；云贵彝文，在篆书隶书之间，多作长方横卧形。同一字形，云贵与凉山约呈九十度的差异。每字一至七笔，笔画分为十种、二十种、或更多种，分类无定。彝文由“主干”和附加符号组成，主干称“部首”，分部各地不同。贵州《彝文字典》分119部；“云南规范彝文”《字汇本》（1991）分71部；云南《彝汉简明辞典》（1984）分25部；“四川规范彝文”（1979）分26

部。彝字字数，云南最多，有14200多字；四川有8000多字；贵州有7000多字；最少是广西，约800多字。异体甚多，最多一字有100多个异体。云南、贵州和广西由左向右竖行书写；四川大凉山和云南宁蒗从右向左横行书写。

（二）彝文的类型问题

传统彝文本来属于什么“文字类型”呢？这有三种说法：

1. 表意文字。“彝文发展初期也是和世界各国文字发展的规律相同，即由象形文字（表形）发展到表意文字（表意）”（马学良）。“彝文是表意类型的文字，因为它具有从形见义、因义知音的特点”（丁椿寿）。

2. 表音文字（音节文字）。“现存彝文中大多数符号，既不表达彝语的词或词素，也不表达彝语的音素，因此罗常培、李方桂等认为是音节文字”（陈士林）。“彝文既不是表达彝语的词或词素的表意符号，也不是表达彝语音素的音素符号，而是表达音节的音节符号，也就是音节文字”（李民）。

3. 意音文字（表意兼表音）。“传统彝文的类型是：主要具有表意特点、也具有表音特点的综合型文字”（武自立等）。“云南和贵州的彝文，一部分有固定的意义，另一部分同音假借；四川彝文不同，文字本义都已消失，同音词都用同音字书写；从整体看，彝文从表意文字逐渐向表音文字转化，它的类型是表意兼表音”（朱文旭）。

单看一个地区，上面三种说法各有各的道理。从全局来看，第三种说法可以概括各地的事实。一种文字在不同的地区有不同的发展状态，这是许多民族的常见现象。彝文处于从“意音文字”到“音节文字”的演变之中。云南规范彝文属于“意音文字”类型，四川规范彝文属于“音节文字”类型，这可以看作是彝文演变的新发展。

（三）彝文的结构和六书

彝文的“笔画”有10类、20类、更多类的不同说法。下面是10类的例子（根据武自立）：

点 横 竖 撇 横折 竖折 撇折 弧 圆 曲

笔画

例字

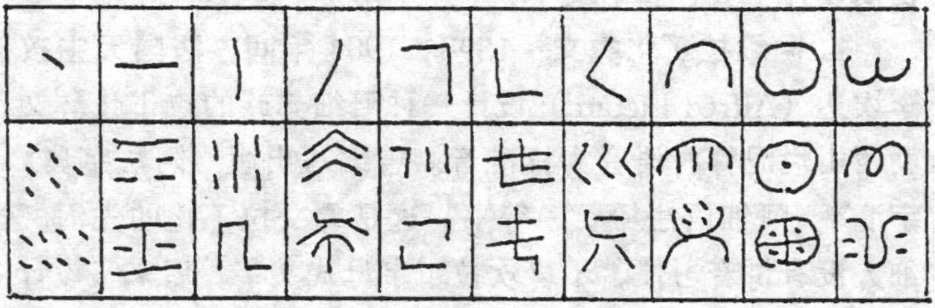

另一10类的说法是：“横、竖、反、侧折、正折、倒、一再折、方、圆”。

彝文基本上大都是独体符号，合体符号很少。符号的主要笔画（主干）称为“部首”（不是“意类”，跟形声字的“部首”性质不同）。部首数目各地不一。四川规范彝文有26部首，它们的符号和名称如下：

变部 去部 二部 一部 用部 空部 加部 八部 动部 母部 滑部 摇部 出部

业部 读部 个部 腰部 匹部 蛇部 转部 熊部 他部 齐部 捆部 椒部 犬部

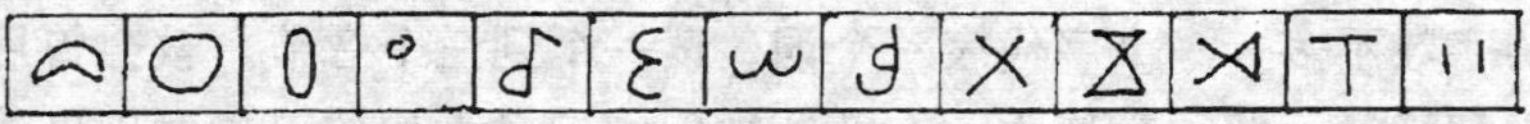

六书可以说明汉字的来源，也可以说明彝文的来源。彝文经过历史变化，多数字符难于找寻来源，可是一部分还是明显地可以用六书来说明的。彝文中的六书举例见“六书有普遍适用性”(本书166页)。

（四）教会彝文和拉丁化的尝试

基督教会是开拓中国少数民族文字的先驱，他们在20世纪初期设计了五种彝语文字：

1. 阿细拉丁化彝文：1898－1904年间，法国天主教传教士李埃达（Alfred Lietard）设计一种阿细彝族的拉丁化彝文，以弥勒西山烂泥箐村语音为标准音。曾编写出版《阿法字典》《法阿字汇》《阿细语法撮要》等书。这是彝文拉丁化的先河。当地阿细人没有拼音习惯，不喜欢拉丁字母式文字，后来又设计一种阿细彝语方块字。

2. 撒尼音节老彝字：1904－1905年间，法国天主教传教士保罗维亚尔（Paul Vial，中文名邓铭德）利用云南路南撒尼彝族的传统老彝文，整理出大约三四百字，设计一种撒尼音节老彝字。字符是固有的，音节化是新设计，这跟今天“四川规范彝文”的原理相同。1909年在香港出版《法倮字典》《天主教十戒》等书。

3. 阿细彝语方块字：1906－1907年间，保罗维亚尔在云南阿细地区（弥勒西山、路南冒水洞一带）设计一种彝文。以汉字原有部件为材料，有的拼形（会意），有的表音（假借），组成一种外界很少知道的“孳乳仿造”的彝语汉字型方块字。这种文字的字数不多，一个字代表一个词，读一个到三个音节。教会曾用它翻译过一些传教读物，有的地方用它记录古代传下来的创世诗史《阿细的先基》、哲理古训《诺哲》等。

4. 彝语柏格理字母：以上三种彝语文字都是天主教设计的。1917年英国新教传教士张尔昌以“柏格理字母”（Samuel Pollard设计的苗文）为基础，制订一种彝语表音文字（大写小写，正反颠倒，声韵双拼，方位标调），流传于彝族滇东北（禄劝、武定、寻甸）基督教会中，称为“彝语柏格理字母”，曾翻译《新约全书》和其他传教读物。

5. 彝语注音字母：教会还仿照“汉语注音字母”设计一套“彝语注音字母”。

二次战后50年代，中国掀起一个文字改革高潮。汉族设计汉语拼音方案，少数民族设计多种拉丁化民族新文字。彝族设计了拉丁化的“新彝文”。

这次拉丁化的尝试失败了。失败的原因之一是“方案一改再改”。第一套“新彝文”方案拟订于50年代初期，以四川大凉山彝语为基础，在当时是少数民族拉丁化运动的先驱。第二套“新彝文”方案，根据“汉语拼音方案草案”修改，试用不到二年。第三套“新彝文”方案（1958－1960），跟“汉语拼音方案”基本一致。不到十年，“新彝文”三易其稿，群众的学习信心动摇了。

1960年（三年灾害期间）“凉山彝族自治州人民代表大会”否定了“新彝文”，改为“汉文直接过渡”。“汉文直接过渡”失败，于是回到了老彝文。

“新彝文”的失败，表层原因是方案一改再改，深层原因是彝族和汉族一样，热爱本民族的传统文字，难于接受拉丁化的新文字。

(五）老彝文的规范化

四川省制订“四川规范彝文”，1976年试行，1980年经国务院批准正式推行。它从老彝文中选用819个字符（废除7000多个异体字），代表四川大凉山的彝语方言（北部方言）的分调音节，以圣乍话为基础方言，以喜德语音为标准音。这是民族形式的“凉山彝语方言音节文字”（参看“四川规范彝文”，本书342页）。

云南的彝族，支系多、方言多，难于采用统一的音节文字。云南的老彝文有14200多字，各地写法和读法都不一样，既有表意字，又有表音字，原来是一种“表意兼表音”的“意音文字”。1983年开始拟订“云南规范彝文”，从老彝文中选取“表意字”2300字，“表音字”350字，共计2650字。1987年云南省批准在云南彝族地区试行。“表意字”表示彝语的语词意义，各地可以读成各地的方音（“超方言”)。“表音字”用于书写彝语中的大量汉语借词。“云南规范彝文”是表意兼表音的“云南彝语超方言意音文字”。

云南彝文规范领导小组在《云南规范彝文表意字》的序言中说：“云南规范彝文是1982年云南彝族在昆明开会共同拟订的统一方案。云南彝族人口多、支系也多，语音差异很大，只好采用表意为主的超方言文字。1985年规范出1677字，继而又规范出583字，两次共规范了表意字2260字，书写彝语大体够用。另有一套表音字，书写汉语借词”（表意字后来增加到2300字）。

云南省彝文规范办公室《云南规范彝文＜借词表音方案＞说明》中说：“1985年规范出的第一批表意字和一套借词拼音（拉

丁字母)，经过多年试行，其结果，表意字群众非常欢迎，而借词拼音大多数反对。为此省民语委于 1991 年召开了规范彝文借词表音方案拟订会，进行专题讨论，最后取得一致意见：决定停止使用拼音，从老彝文中选用一批符号作为表音字，专用于汉语借词。现已规范出一套用彝文的表音字 350 字，供全省各彝族地区统一使用。”

《云南规范彝文字汇本》（1991）的前言中说：“云南省的规范彝文，于 1987 年经省人民政府批准后，已在楚雄州、红河州、玉溪地区、文山州、昆明市、思茅地区进行试验教学。这次印刷的表意字，加注了禄劝彝语的读音，仅供各地参考之用。待今后有条件时，再编印注有各方言读音的字汇本。”

云南规范彝文有“表意字”2300 个，“表音（音节）字”350 个，两共 2650 字（根据《云南规范彝文字汇本》，1991）。

云南表意字部首表

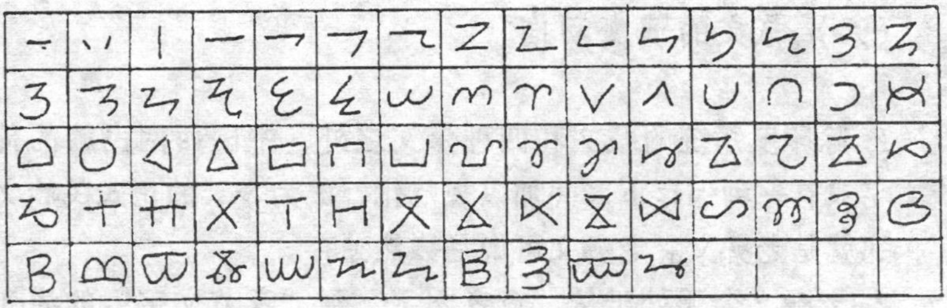

云南表意字举例

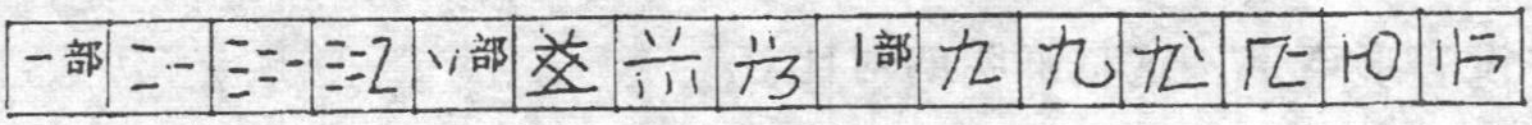

口　糠　北　　箍　过　屑　　九　集　矮　少　爬　胫

中 挨 媒 贴 锯 商 能 椒 傻 缠 蝇 乱 弓 队

云南音节字举例

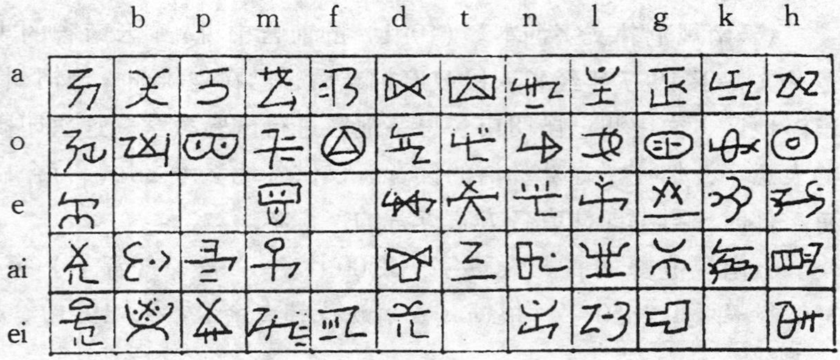

（六）彝文的演变动向

1. 除印度系统的藏文和四种傣文之外，中国西南民族的传统文字只有一种保存下来并加以规范化，成为今天的正式民族文字，那就是老彝文。老彝文可说是巍然独存。

2. 老彝文今天处于从“意音文字”到“音节文字”的演变过程中。老彝文有“表意字”和“表音字”，但是没有“形声字”或者只有极少几个“准形声字”。“意音化”不一定等于“形声化”这一现象值得注意。纳西东巴文有丰富的形声字而老彝文几乎没有形声字，这是鲜明的对比。

3. “意音文字”前进一步的自然发展有两条道路：一条是

“意符”和“音符”并用，另一条是全用“音符”。云南规范彝文走前一条道路，四川规范彝文走后一条道路。走哪一条道路，不决定于科学理论，而决定于当地人民的文化背景和文化环境。

4. 云南规范彝文跟正规日文相似。正规日文是表意字符（汉字）和音节符号（假名）的混合体。云南规范彝文是“表意字”和“表音字”的混合体。日文由于有了假名，可以限制汉字数目，法律和公文只用 1945 个常用汉字。云南规范彝文如果适当运用“表音字”，也可以限制“表意字”的数目。

5. 四川规范彝文跟日本全用假名的“假名文字”相似。彝文的“音节字”和日文的“假名”同样都是不能分析的音节字符。

6. 四川和云南有了规范彝文，贵州和广西还没有。有人主张设计云贵川桂四省统一的规范彝文。统一是好事，但是条件没有成熟的时候，勉强统一是难于成功的。彝文从传统状态向规范化前进，这是脚踏实地、因地制宜的文字改革，符合文字发展的渐进要求。彝文的经验告诉我们，文字的发展规律，只有在适合社会发展的条件下，才能成为发展的现实。

本文承彝族专家武自立先生、毕云鼎先生、姚昌道先生通信指正并提供资料，特此申谢！

参考：陈士林《彝语简志》1985；《四川规范彝文》载《中国少数民族文字》1992；《试论彝文的起源、类型和造字法原则问题》载《罗常培纪念文集》1984。陈朝达、胡再英编《万里彝乡即故乡》，陈士林先生著述及纪念文选集，西北工业大学出版社，1993。武自立《传统彝文》载《中国少数民族文字》1992；《规范彝文在凉山彝族地区的巨大作用》载《中国少数民族语言文字使用和发展问题》1993；武自立专家的通信资料。武自立、纪嘉发、肖家成《云贵彝文浅论》，载《民族语文》1980－4。朱文旭《彝文类型浅议》；毕云鼎《云南规范彝文概况》；载《文字比较研究散论》1993；毕云鼎专家的通信资料。马学良《彝文》；陈士林《彝语》；胡庆均《彝族》；载《中国大百科全书·民族》1986。马学良《再论彝文书同文的问题》载《民族语言教学文集》1988。凉山州编译局选编《彝族语言文字论文集》，1988。丁椿寿《彝文论》1993，四川民族出版社。李民《彝文》载《民族语文》1979：4。姚昌道专家的通信资料。云南路南彝族自治县文史研究室编《彝汉简明辞典》，云南民族出版社，1984。马黑木呷等编《汉彝词典》，四川民族出版社，1989。

七　六书有普遍适用性

引　子

六书不仅能说明汉字的造字和用字原理，同样能说明其他类型相同或相近的文字的造字和用字原理。“六书有普遍适用性”，这是比较文字学的重大发现。由此知道，世界各地的古今文字不是一盘散沙，而是一个有共同规律的人类文字系统。

中国有“六书”说（指事、象形、形声、会意、转注、假借）。西洋有“三书”说（意符、音符、定符）。“六书”着眼于来源。“三书”着眼于功能。从来源来看，圆圈形的篆书“日”字是象形，变成长方形的隶书“日”字依旧是象形。从功能来看，长方形的“日”字已经失去了表形功能，成为表意的“意符”。译名“日内瓦”中的“日”字，不能表意，只能表音，成为“音符”。作为部首的“日”字（日：昧），既不能表具体意义，也不能表具体读音，只有分化字形、区别字义的作用，成为“定符”（记号）。

“三书”和“六书”的关系是：“意符”相当于象形、会意、独立的指事字（如：一二三）。“音符”相当于假借，以及形声字中的声旁。“定符”相当于指事字中的点画符号（木：本末）、形声字中的形旁（部首）、汉字中某些区别记号（又：汉权）。成熟的文字都脱离了“表形”阶段，所以“三书”中不列“形符”（象形）。“三书”不仅适用于说明丁头字和圣书字，也适用于说明汉字。“三书”也有普遍适用性。

利用“六书”进行比较文字学的研究，不仅了解了汉字以外各种文字的结构，也提高了对汉字结构的了解，并且使“六书”原理得到丰富和发展。还能由此帮助完善文字类型学的研究，认清汉字在人类文字史上的地位。

“六书”有层次性。“象形”（表形）是第一层次。“会意”（表意）是第二层次。“假借”（表音）是第三层次。“形声”是会意和假借的结合。“指事”和“转注”属于会意性质。文字在早期主要运用“象形”和“会意”，中期主要运用“会意”和“假借”，晚期主要运用“假借”。“六书”能反映文字的发展水平。

在比较中可以看到，“会意”有两种。一种是两符合一，另一种是两符并立。汉字的“会意”采取两符合一（日月：明）。圣书字的“会意”有两符合一（腿刀：刺），又有两符并立（莎蜂：王）。“形声”也有两种。一种是多符合一，另一种是线性排列。汉字的“形声”采取多符合一（石草水甫寸：礴）。圣书字和丁头字的“形声”都采取线性排列（圣书字“hmt 女：妻”；丁头字“礻 a－sur：亚述”）。“假借”（表音化）的发展有两条道路。一条道路是“音节化”，另一条道路是“形声化”，而“形声化”中也有“音节化”。汉字采取“形声化”。彝文采取“音节化”。马亚字的“音节化”水平也很高，因此有人认为它是音节文字。诸如此类的文字学理解，都是比较文字学的新收获。

下面分析五种有代表性的古今文字（圣书字、丁头字、马亚字、彝文、东巴文）中的六书，并把它们跟汉字中的六书进行比较研究。

（一）圣书字和丁头字中的六书

圣书字有三种字体：碑铭体、僧侣体和人民体；下面举例用碑铭体。丁头字有两种字体：图形体和丁头体；下面举例少数用图形体，多数用丁头体，因为图形体例证太少。

象形

1. 圣书字中的象形字（上行圣书字碑铭体，下行古汉字对比）：

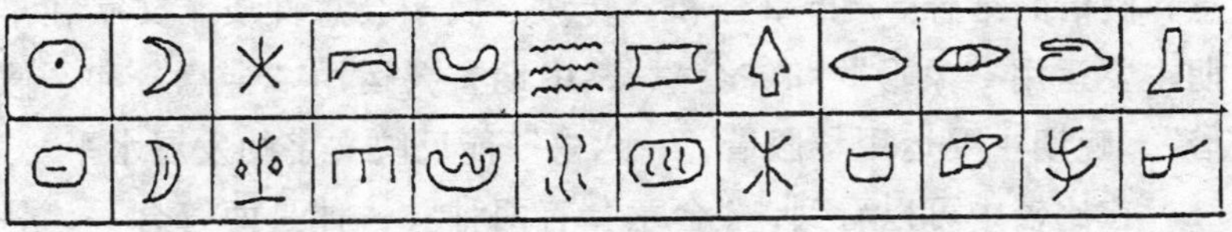

日　月　星　天　山　水　池　树　口　目　手　足

城　房　舟　罐　花　草　鸡　蛇　牛　书　男　女

2. 丁头字中的象形字（上行图形体和丁头体对照，下行古汉字对比）：

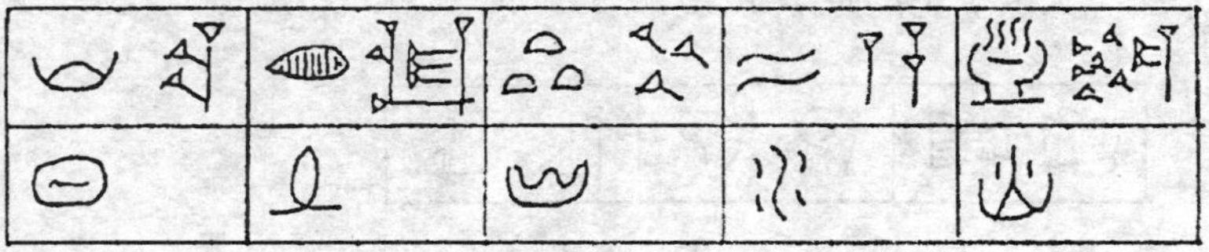

日　　　土　　　山　　　水　　　火

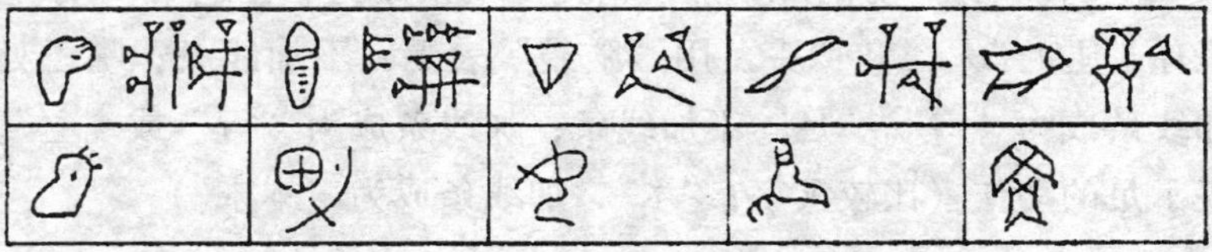

头　　　男　　　女　　　鸟　　　鱼

指事

1. 圣书字中的指事字：

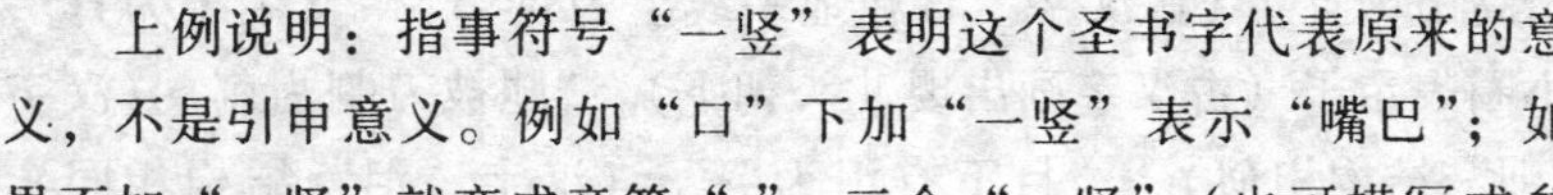

“一竖”　口　“r”　多数　“双斜”　双臂　“一叉”　破坏：hd 加×　分开：pss 加×

上例说明：指事符号“一竖”表明这个圣书字代表原来的意义，不是引申意义。例如“口”下加“一竖”表示“嘴巴”；如果不加“一竖”就变成音符“r”。三个“一竖”（也可横写或参差写）表示“多数”。“双斜”表示“重叠”（汉字有类似的重叠符号）。“臂形”下加“双斜”表示“双臂”。“一叉”表示“破坏”或“分开”。圣书字“破坏”是音符“hd”加“一叉”；“分开”是音符“pss”加“一叉”。

2. 丁头字中的指事字：

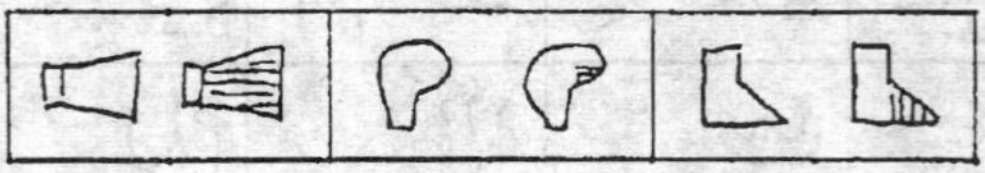

房　宅　头　口　足　行

上例说明：“房间”不加线条；加线条成为“住宅”，表示这里有人住。“人”和“头”用“脑袋”表示，不加线条；嘴巴处加线条成为“口”。“足”不加线条；加线条成为“行”或“立”，表示足的动作（比较汉字：“木”，加线条成为“本末”）。

会意

1. 圣书字中的会意字：

单个字符的会意字：

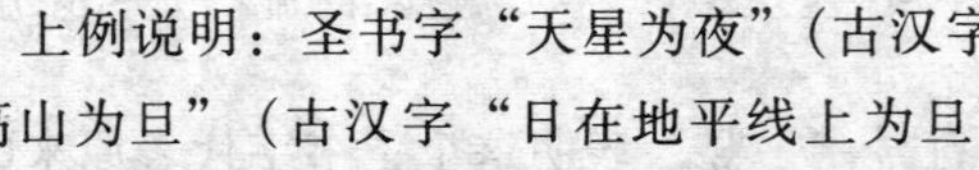

夜　旦　育　刺　哭　洗

上例说明：圣书字“天星为夜”（古汉字“日月为明”）。“日出高山为旦”（古汉字“日在地平线上为旦”）。“女生子为育”，小圈表示子（古汉字画出婴儿头朝下）。“腿被刀割为刺”（汉字“刖”结构相似）。“目下有泪为哭”（汉字“泪”结构相同）。“洗”为“水出自瓶，清洗泥足”。

两个字符并立结合的复合会意字：

书记　　国王　　人民　　军队　　妇女　　天子

上例说明："书记"（文具加人），使用文具的人（汉字"仕"结构相似）。"国王"（莎加蜂），莎草代表上埃及，蜜蜂代表下埃及，南北埃及之王。"人民"（男加女），下面三小竖表示多数。"军队"（兵加男），男人当兵。"妇女"（乳加女），乳下馒形表示阴性。"天子"（鸭加日），鸭表儿子，日表太阳神，太阳神的儿子是天子。

2. 丁头字中的会意字：

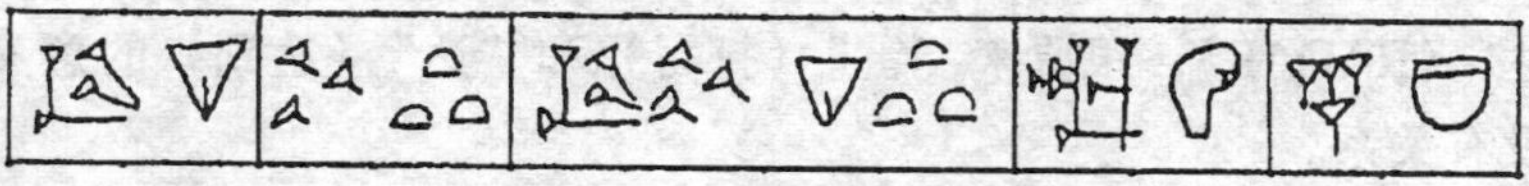

女（MI）　山（KUR）　　婢（GEME）　　口　　饭

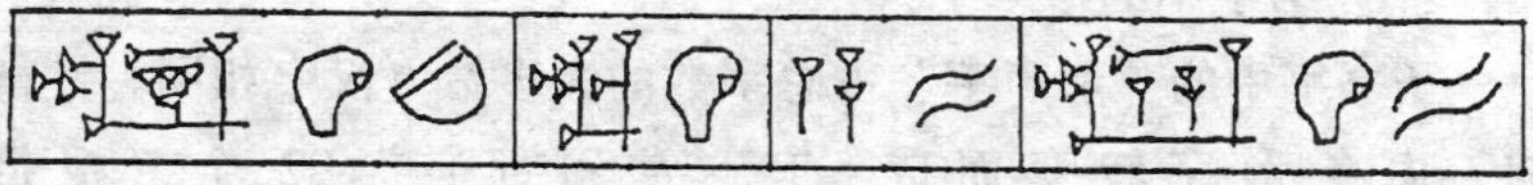

吃　　口　　水　　饮

上例说明：丁头体和图形体对照。"女"（MI）加"山"（KUR）为"婢"（GEME），婢女是山区来的女孩；"婢"的读音跟"女"和"山"的读音无关（汉字"明"的读音跟"日"和"月"的读音无关）。"口"在"饭碗"边表示"吃"。"口"在"水"旁表示"饮"。

假借

1. 圣书字中的假借字：

圣书字由假借而产生辅音符号，有单辅音、双辅音、三辅音。辅音符号实际读音都附带元音，不过不写出来。“单辅音”符号被称为圣书字的“字母”，有24个。（举例请看“圣书字”。）

2. 丁头字中的假借字：

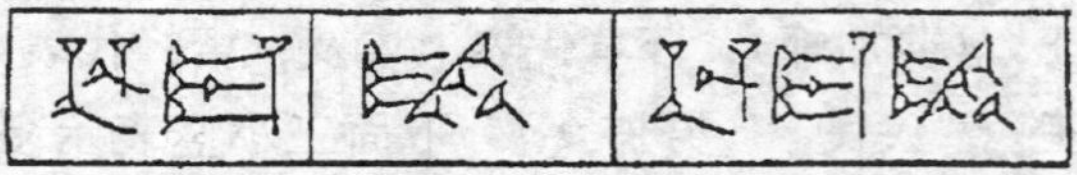

妻（DAM）　锁（GAR）　商人（DAM－GAR）

上例说明：“妻”（DAM）和“锁”（GAR）的原来意义没有了，只是借用它们的读音，组成名词“商人”（DAM－GAR）。比较：汉字中借“雷”（lei）和“达”（da）的音构成名词“雷达”（RADAR），跟原来“雷”（打雷）和“达”（达到）的意义没有关系。

形声

1. 圣书字中的形声字：

圣书字中的“形声字”占总字数的大多数（汉字相同）。“部首”由象形字转变而成。有“常用部首”92个（根据Gardiner）。“声旁”是单音节的“字母”和“多音节符号”。

部首“亻”　我（w＋亻）　儿子（sa＋亻）　职工（irr＋亻）　侍臣（smr＋亻）

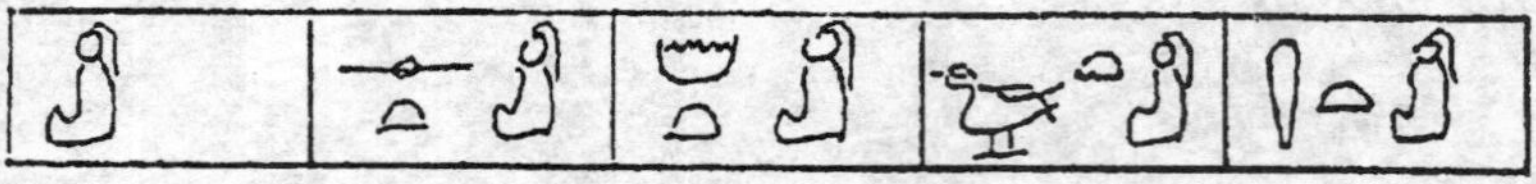

部首“女”　女人（st＋女）　妻子（hmt＋女）　女儿（sat＋女）　女婢（hmt＋女）

2. 丁头字中的形声字：

形声字是“部首”和“声旁”的复合（跟汉字相同）。丁头字的“部首”举例如下：

礻　星　山　月　氵　石　风　木　艹　鸟

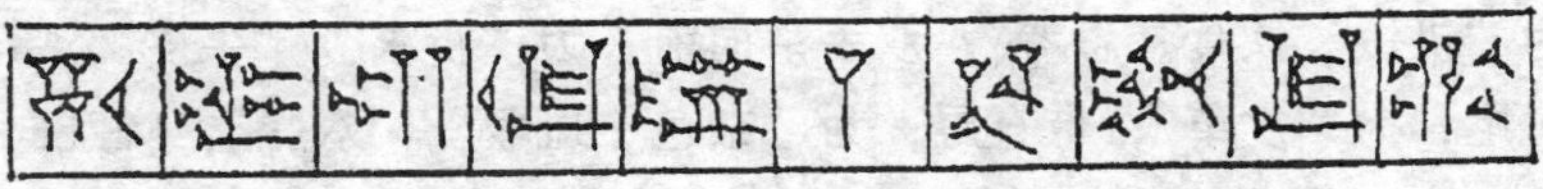

鱼　犭　阝　阝　亻　亻　女　骨　礻　皿

上例说明：“部首”放弃了原来的意义和读音，只表某种词义类别，或者仅仅有区分同音词的作用（跟汉字中的部首相似）。

部首和声旁结合成为“形声字”的方式：

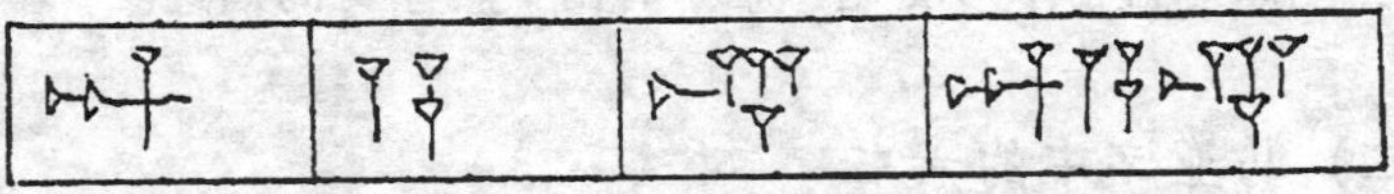

部首“礻”　声旁“a”　声旁“sur”　形声字“亚述”(Asur)

上例说明：部首“上帝”（相当于汉字部首“礻”），加声符“a”，再加声符“sur”，成为“Asur”（“亚述”，神名）；其中“上帝”（“神”、“日”、“天”）原来读音为“ilu”，用作部首不读音。比较：汉字“神”，部首“示”原来读音 shi，作为“部首”不读音，表音靠声旁“申”。

转注

1. 圣书字中的转注字：

“转注”如果解释为“字形略变、字义略异”，那么圣书字中也有“转注字”：

人　饥饿　祈求　皮革　杂色　行进　后退　喜悦　倒下　船舶　翻船

上例说明：“人”，坐着，一手向前，为“人”；一手指口，为“饥饿、饮食、思考”；双手举向前，为“祈求”。“牛皮”，带湾尾，为“皮革”；带直尾，为“杂色、斑驳”。“双腿”，脚趾向前，为“行进”；脚趾向后，为“后退、向后”。“人”，直立，举双手，为“高、喜悦”；头向下，倒置，为“倒下、颠倒”。“舟”，在水上，为“船舶”；倒置，为“颠倒、翻船”（比较古汉字：左右、司后、子巳、孑孓）。

2. 丁头字中的转注字：

丁头笔画掩盖了字形变化，难于看出“转注”的痕迹。

(二) 马亚字中的六书

中美洲尤卡坦半岛（现在墨西哥）遗留有古代土著民族马亚人创造的文字，称为“马亚字”，也可以用“六书”来解说它的造字和用字的原理。

象形

马亚字中有许多象形字，符号经过历史变化，多半无法知道原来画意。

金字塔	房子	美洲豹	花	头盖骨	火	雨	树叶	猫头鹰	鹦鹉
mul	otoch	bolay	nic	tzek	pok	ak	yax	muan	moo

上例说明：金字塔，中间是梯道，这种金字塔今天在马亚地区（墨西哥）还可以看到。房子，树叶盖顶，横梁和支柱。美洲豹，像食肉兽的嘴脸，露出牙齿。花，像四瓣的十字花，用虚线方框围住。头盖骨，像头盖骨。火，像火舌。雨，像水流下降，地面水淹。树叶，像树叶，有叶茎叶脉。猫头鹰，像它的头。鹦鹉，像它的头。

假借

假借字大都从象形变来，用读音，不用意义，表音化。

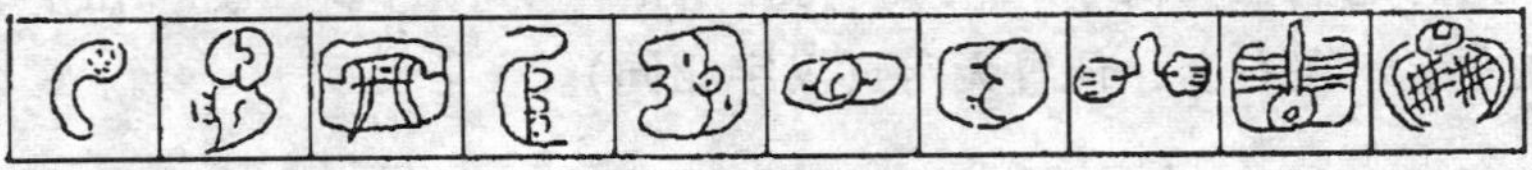

阳具	叶子	水池	勺子	龟头	眼睛	耳朵	双手	脊椎	罗网
a	a	i	u	aac	ich	oc	ma	tzu	vay

上例说明：以上这些字，原来是象形字，已经变成表音的假借字。

会意

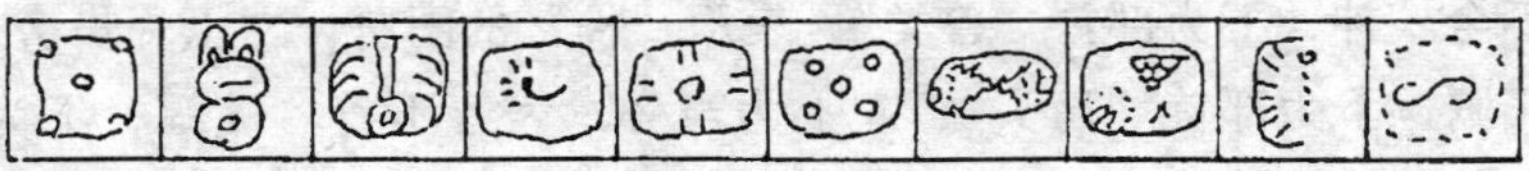

黄色	白色	绿色	道路	日，时	田	战争	季节	及，和	宣告
kan	zac	yax	be	kin	col	toc	cu	et	nuc

上例说明：四角用石堆定界的小块土地，土地黄色，表示“黄色”。玉米的秆茎白色，表示“白色”。树叶绿色，表示“绿色”。脚印表示“道路”，四周加方框。四瓣花朵，花开有时，花开向日，表示“时、日”；用实线方框，跟虚线方框有别。播种了的“田”，中间有下玉米种子的小坑。矛头，附加装饰符号，表示“战争”。天上有云雨，附加装饰符号，表示天时变化，新的“季节”来临。水滴，在半个方框中，有附加符号，表“及”、“和”等虚词，会意难明。横 S 形，像虫，加虚线方框，表示“宣告”等意义，会意难明。

形声

马亚字有许多形声字，用两三个符号（文）组合成一个复合体（字）。声旁表音不准确，或近似、或不全，或不能表音，表音只有近似性（汉字相同）。马亚字的声旁，可以在上、在下、在左上、在右上，位置无定（汉字相同）。

啄木鸟	响尾蛇	神	兀鹰	蝙蝠	女人	蚂蚁	天	坐	脸
yaxum	cuc－chan	vay	ch'om	tzotz	ch'up	vayah	chaan	nak	kin

上例说明：啄木鸟，上为部首“鸟”，表示鸟类，下为声旁 yax，表音不全。响尾蛇，下为部首“蛇”，上为声旁 cuc，表音不全。神，下为部首“兽类”，表示“神”的图腾，左上为声旁。兀鹰，下为部首“鸟头”，左上为声旁，表音不符。蝙蝠，下为部首（蝙蝠的头形），上为声旁 itz，只能提示部分读音。女人，部首是女人“面形”，中右有声旁 chup，跟女人 ch'up 读音相近。蚂蚁，下面的嘴脸是部首，原意不明，左上为声旁 vay，中右还

有一个声旁 ah，两个声旁组成复合声旁。天，上面图形是部首“天”，下面是声旁 cha，表音不全。坐，下面是部首“坐着的人”，上面是声旁 mo，表音不符。脸，部首“脸形”，右上角是声旁 kin。

指事

指事字失去了原有的意义和读音，只有指事作用。

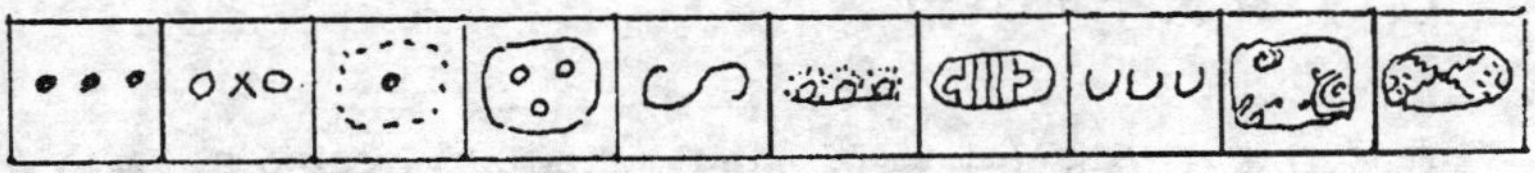

三	二	点子	三圈	虫	火焰	繁育	符号	神	狩猎
ox	ca	mo	bil	nuc	无音	n-,he	无音	无音	toc

上例说明：三，三个点子。二，两个小圈，中间有附加符号。点子，一个点子，外加虚线方框。三圈，方框围住。虫，像虫，不加方框。火焰，像火焰，无读音。繁育，有牺牲等意义。“符号”，无意义，无读音，用于区别字形。神，像脸形，中有“龙目”符号，表示“神”的图腾，无读音。狩猎，像矛头，表示“狩猎”、“战争”等意义。

转注

把符号反过来、倒过去，或者略作变更，成为另一个字，这是转注的一种方法。

在内	然后	更新	符号	青鸟
ich	ca	yaxhal	nuc	quetzal

上例说明：在内，符号原来横写，表示眼睛；改为竖写变成“在内、内边”等意义。然后，符号原来横写，表示“二”；改为竖写变成“然后”的意义。更新，这是复合符号，左边横写，右边竖写，两符结合表示“更新”等意义。虫形符号加虚线方框，表示“符号”等意义。青鸟，跟上例（啄木鸟）图形近似，二者分别在鸟形略异。

（三）彝文中的六书

彝族有古代传下的老彝文，史称“韪书”、“爨文”。彝文也可以用“六书”来解说。

象形

头^{1}　头^{2}　头^{3}　脸　梳　饭　蛋　鸭　鸟^{1}　鸟^{2}　鸟^{3}　胃　手　叶

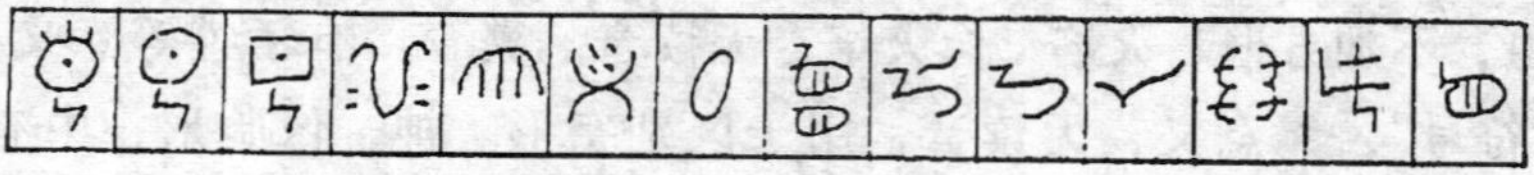

上例说明：“头”像人头（^{1}有发、^{2}无发、^{3}变方）。“脸”像人脸（突出鼻子）。“梳”像木梳。“饭”像一碗饭。“蛋”像蛋。“鸭”（鸭浮水上）。“鸟”（像飞鸟，^{123}逐步简化）。“胃”、“手”、“树叶”，近似实物。

会意

湖　雨　漏　浸　滴　浮　凫　孵^{1}　孵^{2}　孵^{3}　洒　献　走　傻

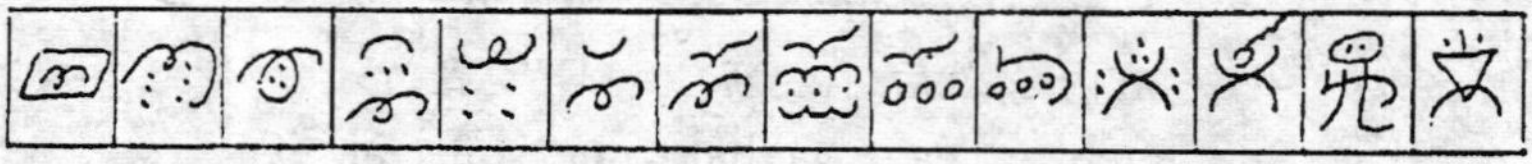

上例说明:“湖”(海),四周有岸,水在中央。“雨”,水从天降。“漏”,水在渗漏。“浸”,物在水中,上加盖子。“滴”,水字倒置,水滴流下。“浮”,水上有飘浮物。“凫”,野鸭浮水。“孵”,鸟在蛋上(^{123}逐步简化)。“洒”,饭粒洒出碗外。“献”,贡品味散碗外。“走”,两脚迈开,表示前I走。“傻”,心不灵则傻。会意字大都是合体字。

指事

地　符　上　下　位　符　左　右

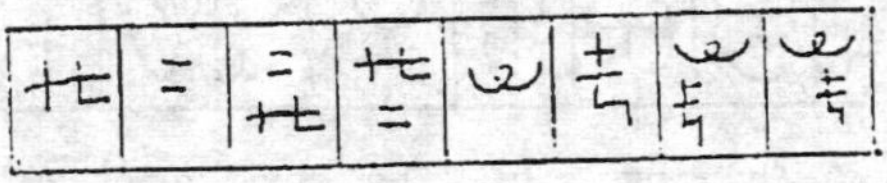

上例说明:“地”,上加两横为“上”字,下加两横为“下”字。“位”,左下加符号为“左”字,右下加符号为“右”字。“指事符号”依附于另一符号而表示意义。

假借

(甲)借彝字(“同音假借”或“近音假借”,借音改意)。

丘^1　丘^2　丘^3　木^1　木^2　木^3　翅^1　翅^2　翅^3　浮　蛋　哭　洞

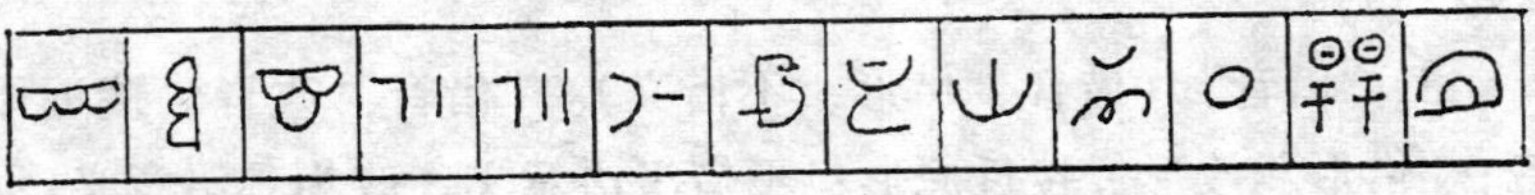

上例说明:“丘”pu(“田”,^{123}三体),意义借作“打开、价钱、祖先”。“木”sy(“柴”,^{123}三体),意义借作“死、杀”。翅^{1}ddu(贵州大方),意义借作“后、可能、脚迹”。翅^2(云南禄劝),意义借作“通同、脚迹、遗迹、有关、地洞、扫帚、一

堆”。翅^3（四川凉山），意义借作“出、做完、吃过、激怒、木杈”。“浮”bbe（水上有飘浮物），意义借作“山、壅”。“蛋”hla，意义借作“月亮、关牲口”。“哭”nge（两眼流泪），意义借作“摇、讨饭”。“洞”bo（山洞），意义借作“公畜、议论”。

（乙）借汉字（借古汉字，见鼎彝、钱币、《古泉汇》等）。

1.“借词”（形音义兼借）。借中有变。“借形”改形，接近原形；“借音”改音，接近汉音；“借义”不变，作为彝语。

一 二 三 四 五 六 七 八 九 十 百 千

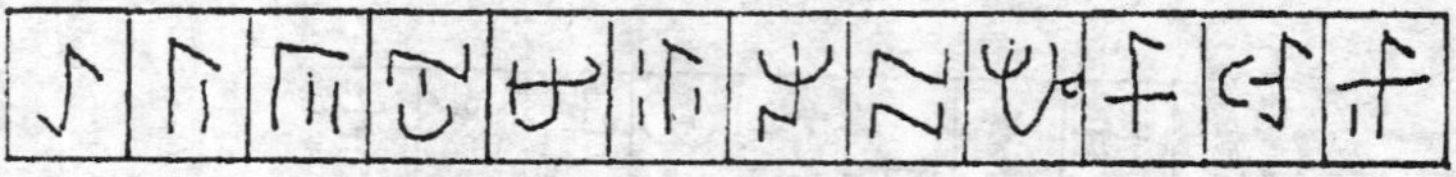

cy nyi suo ly nge fu shy hxi ggu ci hxie dur

2.“借形”（借形，不借音义）。“借形”改形，改读彝音，改表彝义。

（汉字） 五 井 生 田 吕 系 口 邑 木 朱 午 巳

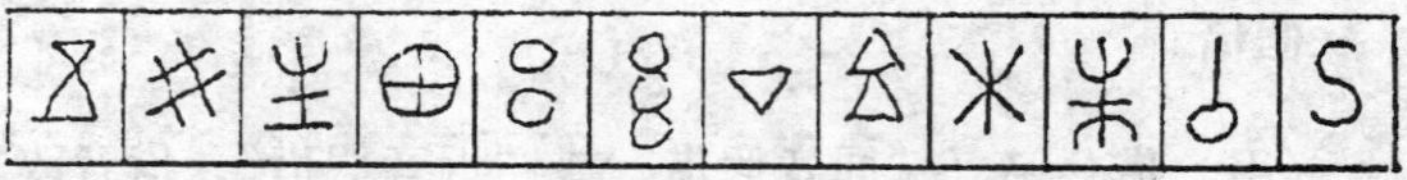

（彝音） ci ro ddie ly ggu zo te zo bbi mi fu li

（彝义） 齐 叉 制 象 惊 颠 时 觅 散 名 烧 卷

3.“借音”（借音、借形，不借义）。“借音”改音，接近原音；“借形”改形，接近原形；不借汉语意义，改为彝语意义。

五^1 五^2 五^3 五^4 九^1 九^2 九^3 二 箭 眼 匚 甲

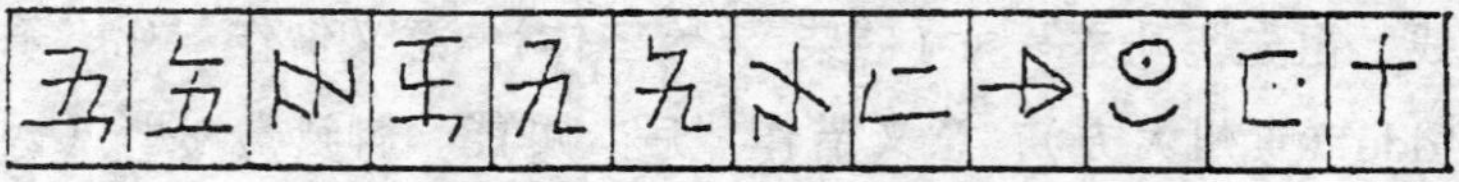

上例说明：这些字来源于古汉字，形体略变，读音各地不同，但都接近汉音；用作音符，意义任意改变。例如：借“五”ngo (^{1234}四体)，表示“鱼”(云南绿春、新平)，表示“我”(弥勒)，表示“借”(禄劝、武定)，表示“阴间”(双柏)，表示“猪嘴拱地”(路南、泸西)，表示“犁地”(贵州大方、毕节)。借“九”ge (^{123}三体)，表示“跪”(云南弥勒)，表示“土块”(罗平)，表示“里面、内”(禄劝、武定)，表示“摇摆、烟、雷”(贵州大方、毕节)。借“二”ni，表示“天”。借“箭”no，表示“多”。借“眼”nie，表示“看、黑”。又：借古汉字“匚”表示彝语“危”fo。借古汉字“甲”表示彝语“加”ge。

4.“借义”(借义、借形，不借音)。“借义”采用汉义；“借形”略改字形；不读汉音，改读彝音。

白^{1}　白^{2}　写　鱼　水^{1}　水^{2}　水^{3}　人^{1}　人^{2}　力^{1}　力^{2}　兵^{1}　兵^{2}

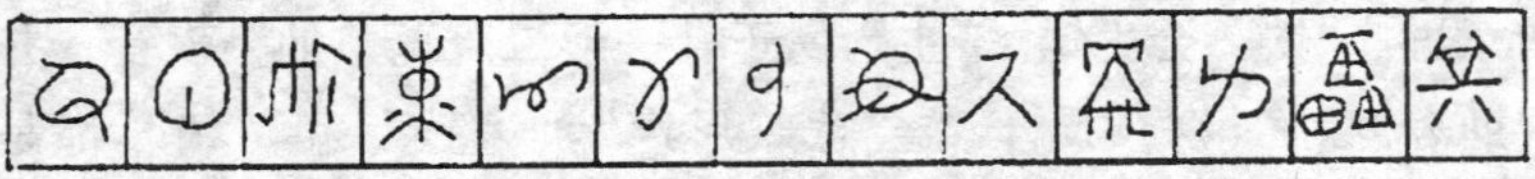

tu　bbur　hxe　yi　po　wo　mie

上例说明：“白、写、鱼、水”等字来源于古汉字，取义不取音，改读彝音。“水^{1}”(贵州大方，异体8个)；“水^{2}”(云南，异体5个)；“水^{3}”(四川，异体7个)。又，有的彝字，笔画太繁，改借简单的汉字，但又略变字形。例如：人^{1}(太繁)，改用汉字：人^{2}(用于“牧人”、“农人”等)。力^{1}(太繁)，改用汉字：力^{2}。兵^{1}(太繁)，改用汉字：兵^{2}。

“假借”主要是“借音”(表音化)。云南规范彝文中的“表音字”，四川规范彝文中的“音节字”，主要由“假借”(借音)而形成。

形声

一般认为，彝文是从“表意兼表音”逐渐变为表音的“音节文字”，没有“形声字”。丁椿寿《彝文论》（1993）认为彝文有形声字，但是为数甚少，处于萌芽期；彝文的形声字有三种：表音兼表义、一形二声、会意兼形声。

u	shup	shu	hep	sse	sse	sie	siep	siep	jji	zzup	jji
头 +	找 =	觅。	铁 +	锈 =	锈。	主 +	仙 =	主。	钱 +	粮 =	财。
表意	音意	形声	表意	音意	形声	表音	音意	形声	表音	表意	形声

上例说明：“觅、锈”属于“表音兼表意”。“头”有“看”的意思。“铁”会生锈。“主”属于“一形二声”。“仙”表音，并帮助表意。“财”属于“会意兼形声”。“钱”和“粮”都是“财”。

《彝文论》中举出“形声字”20例，但是其中的表意符号（部首）没有一个兼用于两个形声字中，这跟表示“意类”的“部首”可以通用于多个形声字完全不同。这样的形声字只能说是“准形声字”。

（四）东巴文中的六书

纳西族有传统的民族文字，主要用于书写民族宗教“东巴教”的经书，经师称“东巴”，文字称“东巴文”。东巴文的结构可以用“六书”来解说。

象形

鸟　　鱼　　叶　　花

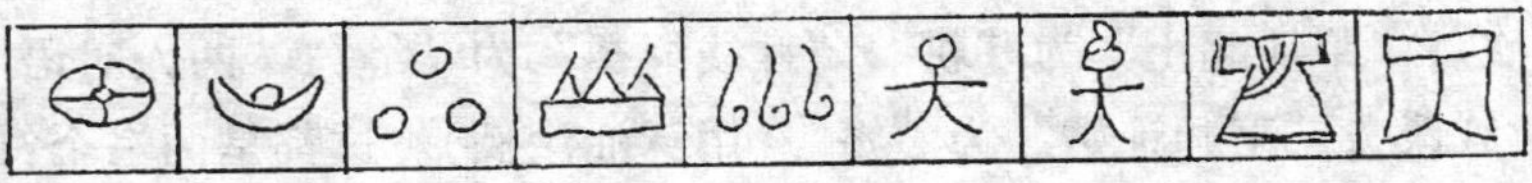

日　月　星　火　雨　男　女　衣　裤

指事

东巴文中的指事字有两种：一种是独立的指事符号（主要是数字），另一种是不独立的指事符号，附加在其他独立符号上表示意义。

（位置）上　中　下　分　罩　（声音）说　鸣

上例说明："小圈"表"位置"："山顶加圈"为"上、巅"；"圈心串线"为"中"；"脚下有圈"为"下、底"；"圈分左右"为"分"；"圈在盖下"为"罩"。"折线"表示"声音"："人吐线"为"说"："鸟吐线"为"鸣"。

会意

东巴文的"语词会意"跟汉字的"会意字"结构相似。

晴　阴　捕　涉　砍　耕　缝　谈　婚

上例说明："日丽于天"为"晴"；"浮云蔽天"为"阴"；"鹰爪捕鸟"为"捕"；"马蹄涉水"为"涉"；"斧头砍树"为"砍"；"犁地起土"为"耕"；"针线缝裙"为"缝"；"两人对语"为"谈"；"巫师证婚"为"婚"（用酥油涂额）。这都是两三个符号组合的"复合会意字"（比较汉字："日月"为"明"；"人言"为"信"；"小土"为"尘"；"一火"为"灭"）。

假借

"假借"：借原字的"音"，不借原字的"意"，这就是"表音化"。

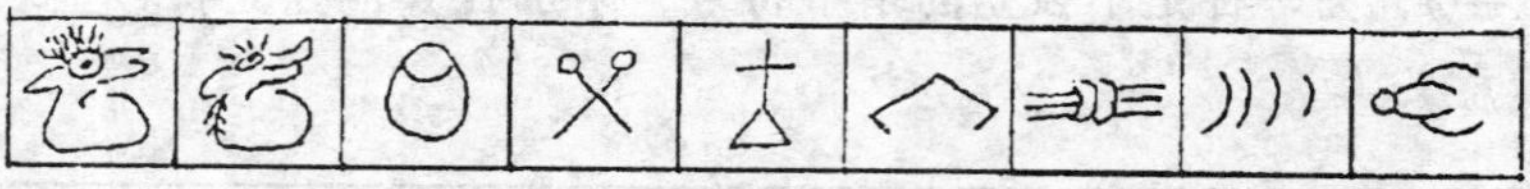

1. yu　2. bbu　3. tv　4. ji　5. chee　6. mee　7. zee　8. fv　9. ggee

上例说明：借用字音，改变字义。1. 原意"猴"，借表"祖先、人生、轻"。2. 原意"猪"，借表"姻缘、轮班、吻"。3. 原意"奶渣"，借表"踩踏、出钱、剥豆"。4. 原意"剪刀"，借表"小、怕、驮"。5. 原意"吊"，借表"这、破、堆柴"。6. 原意"天"，借表"万、疤"。7. 原意"拴"，借表"算"。8. 原意"毛"，借表"去"。9. 原意"嚼"，借表"真"。

形声

东巴文的"形声字"相当发达，由"部首"和"声旁"构成，“部首”表示意义类别（不表音），“声旁”表示读音（不表意，跟符号的原来意义无关）。“形声字”有的代表“语词”，有的代表或长或短的“语段”。代表“语词”的“形声字”跟汉字“形声字”相似。

岗　坡　do　岩　岩　ai　肝　肝　ser

东巴文“形声字”有常用“部首”40来个（用意义类别，不用读音）。例如：

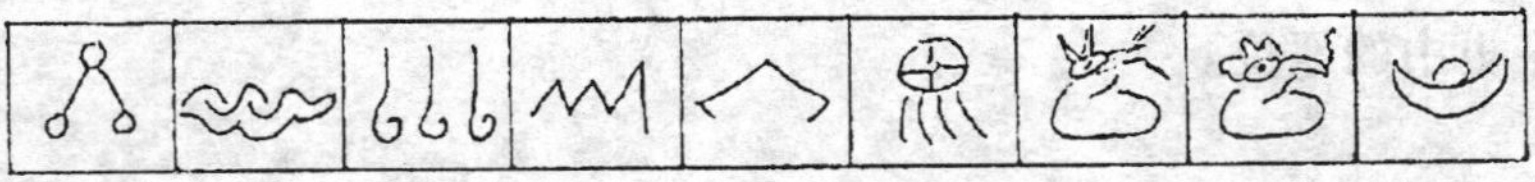

星　云　雨　电　天　光　鼠　鸣　月

东巴文“形声字”有常用“声旁”200多个（用读音，原义仅作参考）。例如：

ssee　mei　ssee　zzei　bba　ssee　ddi　xi　gu

柳　植物　青稞　麦　花　草　蕨　稻　生姜

转注

“转注”如果解释为“字形略改、字义略变”，那么，东巴文中也有“转注”字。

月　夜　饭　饿　人　卧　鬼　死

上例说明：“转注”有两种：一种是改变符号的方向，例如：“月”和“夜”，“饭”和“饿”（缺粮）。另一种是改变符号的画法，例如：“人”和“卧”，“鬼”和“死”。两种方法都是微小的“变形”。

结束语：“六书有普遍适用性”这一文字学理论的发现，表明“六书”不是汉字所特有；汉字是同类型的古典文字之一种，不是超越类型的文字。我们的视野扩大了，看到了汉字在人类文字史中的地位。

卷四

意音文字

（下）

一　汉字型文字综述

（一）汉语和非汉语的汉字型文字

汉字发源于黄河流域的中原地区。现存最早的汉字是甲骨文，出土于大约3300年前的殷都（史称殷墟，今河南安阳）。汉字承载着汉文化向四方传播，首先传播到长江流域和珠江流域的汉语方言地区，其次传播到边远的少数民族地区，再次传播到东亚的临近国家。这些地区和国家起先学习中原的汉语汉字，后来利用汉字书写当地的语言，形成汉语方言文字、少数民族文字和东亚国家的文字，组成一个汉字型文字的大家庭。汉字从“一种文字”发展成为“一个文字系统”。

汉族在各方言区，都有方言的口头文艺，包括说唱、戏曲等等。口头文艺有的有汉字书写的脚本，在师徒传授中作为备忘记录。这就形成了多种汉语的方言文字。不过大都处于草创状态，没有规范化。只有极少几本方言小说在清末民初印刷成书。在普通话（国语）教育的扩大中，方言文字的作用变成微不足道。香港在英国统治时期，广东话方言文字有当地一些报刊使用；香港归还中国之后，香港学校也将教授全国通用的白话文。

中国除汉族以外有55个少数民族。少数民族有的有自己开创的“自源”文字，由于受汉字的影响，来源不同而类型相同，成为“异源同型”的民族文字，例如彝族和纳西族的传统文字。

有的利用汉字书写自己的语言，成为非汉语的汉字型民族文字。汉字型民族文字大都只在记录民歌、民谣、民间故事和传统宗教中使用，难于发展成为现代文字，逐渐失去作用。但是，这些汉字型民族文字，蕴涵着丰富的文化传统，从文化史和文字学来看，有重要的学术价值。中国的少数民族是一个早期文化的史料宝库，正在得到各国学者的重视。

在国外，汉字传播到越南、朝鲜和日本，他们利用汉字书写自己的语言，成为各国的汉字型文字，而且都有进一步的发展。他们的汉字型文字在他们国内是通用文字，有传播和发展条件。他们的汉字型文字跟中国少数民族的汉字型文字，属于相同的文字类型，共同组成东亚的汉字文化圈。

（二）汉字的传播和发展阶段

汉字向汉族以外传播有四条主要路线。一条向南，传播到广西的壮族和越南的京族。一条向西南，传播到四川、贵州和云南的许多少数民族。一条向北，传播到契丹、女真和西夏。一条向东，传播到朝鲜和日本。在2000多年的传播当中，经历了四个发展阶段。

1. 学习阶段。汉字传播到非汉语地区，起初都是“原样移植”，大家学习汉语文言的儒家文献。《三字经》《千字文》《四书》《五经》曾经是东亚的公共教科书。长的一二千年，短的五六百年，许多民族和国家都以汉语文言作为公共的交际媒介，形成东亚的“同文时代”。学习阶段早的开始于秦汉，晚的开始于唐宋。

2. 借用阶段。熟悉汉语汉字之后，各民族和各邻国先后借用汉字书写自己的语言，于是汉字“归化”成为非汉语的民族汉字。“归化”的方法主要有三种：（1）“借词”（音意兼借），（2）

“音读”（借音不借意），(3)“训读”（借意不借音）。过去以为只有日本用这些方法，现在知道这些方法有普遍性。借用汉字书写各自的语言，是民族觉醒和文化上升的表现。可是，字形依旧而音意大变，东亚的“同文时代”从此结束了。

3. 仿造阶段。借用汉语汉字感到不方便和不够用，于是进一步仿照汉字的原理和形体，自造本民族专用的汉字。有的是“孳乳仿造”，利用原有汉字的部件，拼合成为新字，例如喃字和壮字。有的是“变异仿造”，只取汉字的造字原理，自造不同于原有汉字的形体，例如契旦大字和女真字。“汉字”的定义扩大了，非汉语的各种民族汉字加入了“汉字”的行列。

4. 创造阶段。在印度和蒙古等表音文字的影响下，有些民族和国家，为了便利表示本族和本国的语言特点，在形声和会意等造字和用字方法之外，开辟新的表音道路，创造出汉字型的“音节字母”和“音素字母”。起初跟汉字混合使用，后来离开汉字单独使用。例如：日本的假名、朝鲜的谚文、四川凉山的音节彝文等。汉字型字母的创造，是汉字历史的飞跃。

（三）汉字型文字的分类

就本文作者目前(1996)所得的资料来看，汉字型文字除通用的汉语汉字之外，有19种语言的30种文字。它们可以按语言系属分为：1. 汉藏语系：(1) 汉语(文字2种)；(2) 藏缅语族(语言6种,文字10种)；(3) 苗瑶语族(语言2种,文字4种)；(4) 壮侗语族(语言5种,文字5种)。2. 阿尔泰语系：契丹语(文字2种)；女真语；朝鲜语(文字2种)。3. 语系未定：越南语；日本语(文字3种)。又可以按文字来源分为：1. 孳乳仿造；2. 变异仿造；3. 汉字型字母；4. 异源同型(彝文、纳西文)。

汉字型文字综合分类表

（语言系属）	（孳乳仿造）	（变异仿造）	（汉字型字母）
1. 汉藏语系：			
（1）汉语			注音字母
汉语方言			江永女书
（2）藏缅语族			
白语	白文		
哈尼语	哈尼字		
彝语（3种）	彝语阿细字	*云南规范彝文	*四川规范彝文
纳西语（3种）		*东巴文	*哥巴文
			*玛丽玛萨文
傈僳语			傈僳字
西夏语		西夏字	
（3）苗瑶语族：			
苗语（3种）	板塘苗字		
	老寨苗字		
	古丈苗字		
瑶语	瑶字		
（4）壮侗语族：			
壮语	壮字		
布依语	布依字		
侗语	侗字		
仡佬语	仡佬字		
水语		水书	
2. 阿尔泰语系：			
契丹语（2种）		契丹大字	契丹小字
女真语		女真字	
朝鲜语（2种）			吏读
			谚文
3. 语系未定：			
越南语	喃字		
日本语（3种）			万叶假名
			片假名
			平假名

* 异源同型。

(四) 孳乳仿造的汉字型文字

1. 喃字和壮字

秦始皇三十三年（公元前 214）平定“岭南”，置南海、桂林、象等三郡（今广西等地），大批迁来中原移民。汉武帝元鼎六年（公元前 111）平定“南越国”，置海南、郁林、苍梧、合浦、儋耳、珠崖、交趾、九真、日南等九郡（今广西、海南、越南中北部）。秦汉时代汉语汉字就传播到今天的广西壮族和越南京族。他们长期使用汉语文言以后，借用汉字书写本地语言。大致在唐朝时候，他们开始“孳乳仿造”，用新造的本族汉字，补充借用的汉语汉字，成为越南的“喃字”（字喃）和壮族的“壮字”（字壮）。到了宋朝时候，喃字和壮字都在民间广泛流通。近年收集，得到喃字 2800 多新造字，壮字 4000 多新造字。他们的正式文字始终是汉语文言。喃字和壮字，形体近似，形制相同，地区比邻，她们是姊妹文字。喃字遗存著作有《金云翘传》等 1000 多种。壮字遗存著作有《刘三姐》等多种。举例如下：

（借词）　（借音）　（借意）　（新造）

喃字

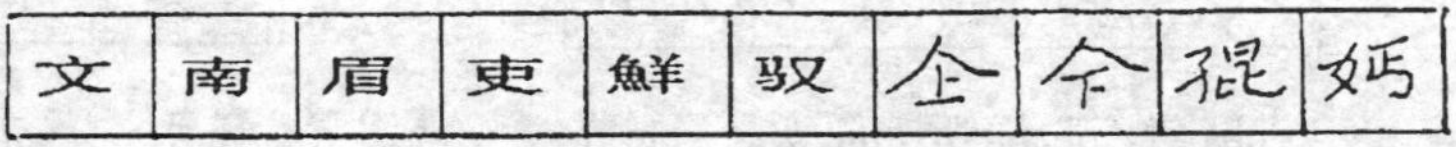

van	nam	may	lai	tuoi	ngua	trum	seo	con	gai
文	南	你	来	鲜	马	主	仆	子	女

壮字

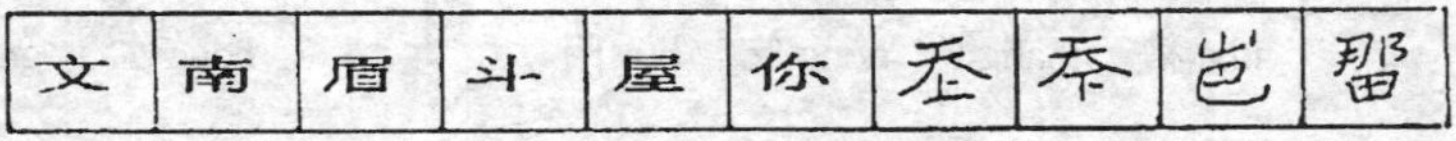

vwnz	namz	miz	daeuj	ranz	mwng	gwnz	laj	bya	naz
文	南	有	来	屋	你	上	下	山	田

2. 苗字和瑶字

苗族和汉族，从中国历史最早的传说时代起，就不断相互战争，又相互融合。黄帝战蚩尤（苗族始祖）于涿鹿（在今河北）。尧放三苗（苗族联盟）于三危。5000 年来，苗族大规模同化于汉族，苗族没有自创文字留下来。晚近发现，湘西苗族在清末仿造了三种汉字型苗字。1. 板塘苗字。清末苗族秀才石皇玺，家住湘西花垣县板塘村，自号板塘。他创造的“板塘苗字”，当地群众用来书写民间文学。除借用现成的汉字外，用“音读”和“训读”补充了五六百新字，编有《苗文字正谱》（被毁）。研究者从十多万字的苗歌手稿中整理出 470 多个苗族汉字。2. 老寨苗字。湘西花垣县麻栗场老寨村石成鉴等创造。50 年代，当地苗歌剧团用这种文字书写剧本。3. 古丈苗字。见于光绪丁未年（1907）刻板印刷的《古丈坪厅志》，不知何人所创。古丈县在湘西。汉字型苗字可能更早就存在，由于不被重视，甚至不被认为是文字，所以湮没无闻。三种苗字以及跟喃字和壮字的比较如下：

板塘

nba 猪　nhang 听　njie 知　nie 在

苗字

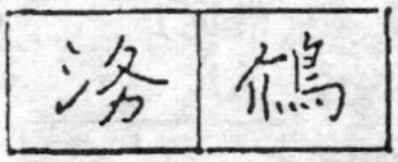

u 水　ga 鸡

老寨

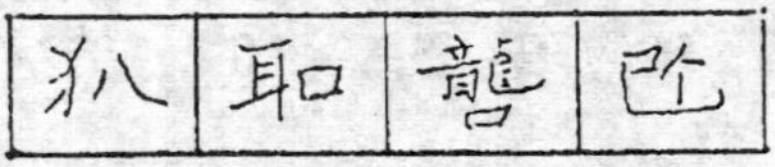

nba 猪　nhang 听　nong 吃　bur 咱

喃字

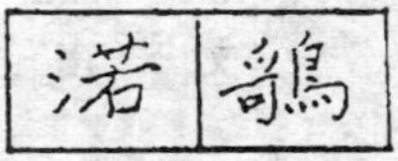

nouc 水　ga 鸡

古丈

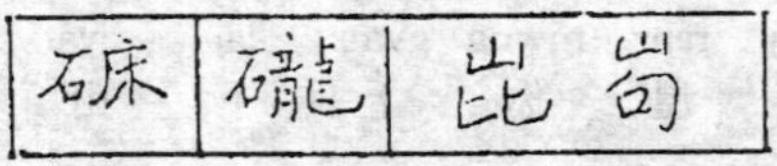

dang 转　shou 石　bi－ngeu 山

壮字

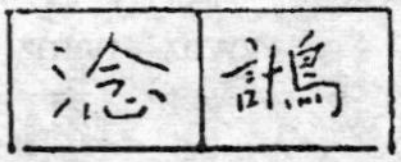

ruem 水　gaeq 鸡

瑶族有三种语言：勉语、布努语和拉珈语。苗瑶语族分为苗语支和瑶语支。瑶族的布努语属于苗语支，可见瑶族跟苗族的关系密切。瑶族也是古老民族，不断同化于汉族。湖南瑶族分为“过山瑶”和“平地瑶”，前者说瑶语，没有同化于汉族，后者说汉语，已经同化于汉族。瑶族民间流传汉字型“瑶字”，从现存写本《盘王牒》来看，记录年代最早是唐贞观二年（628），创始时期当然更早。瑶字举例：

（借用）　　　　　　（新造）

瑶字

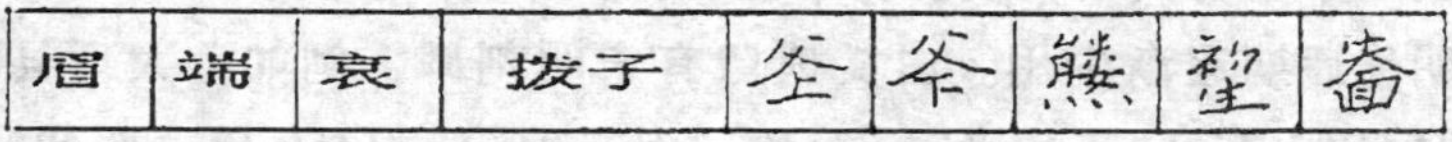

nei	ton	oi	bu－sei	fa	bdyi	iong	nun	nyai
你	男	爱	菠萝	父	母	熊	嫩	羞

3. 布依字和侗字

布依族有丰富的口头文学，由本族“魔公”（巫师）借用汉字记录下来，不足之处补充少量自造新汉字。这种文字称为“老文字”。历代相传，有民歌、故事、神话、预言、谜语、歇后语等多种形式。过去“老文字”应用甚广。但是，字形因人而异，因地而异，没有规范化。例如：

nau	ndaang	hau	bya	bya	nyin	yaang	mang	dum
说	身	饭	山	鱼	铜鼓	马刀	胖	淹

侗族善于诗歌，被誉为“诗的家乡，歌的海洋”。他们借用汉字书写诗歌，有《珠郎娘美》（电影“秦娘美”）等多种作品，

还有创始于19世纪的“侗戏”。侗字的特点是：借用现成的汉字，尚未见到创造的新汉字。借用以“借音”为主，“借意”很少。例如：

拿屋师道鸟（拿屋给咱住，“拿屋”为借意，“师道鸟”为借音）。

4. 白文和哈尼字

唐宋时代，云南乌蛮（彝族）蒙氏联合白族建立南诏国（649－902），后来白族段氏建立大理国（937－1253）。大理国借用汉字书写白语，成为汉字型“白文”（白字）。元代广为流通，明代后期逐渐少用。白文遗留有宋明刻碑，例如：大理县杨黻“祠记山花·咏苍耳境”（简称“山花碑”）（1450年，明代）。下面是有名的“山花碑”的一段：

五华侣你刖宵充，　　（五华楼高入晴空）
三塔侣你穿天腹，　　（三座塔尖穿天腹）
凤骮山高凤凰栖，　　（凤羽山高凤凰栖）
龙关龙王宿。　　　　（龙关龙王宿）

哈尼族有“哈尼方块字”（哈尼字），据说创始于民国初年。由哈尼“贝玛”（巫师）掌握，祀奉“龙巴门”寨神。内容有民歌、民俗、历史传说、祭祀经、创世诗史《奥色密色》等。从它的应用情况来看，创始时代可能远远早于民国初年。“哈尼字”借用汉字为主，创造新字为副。举例如下：

（借用）　　　　　　　　　　（创新）

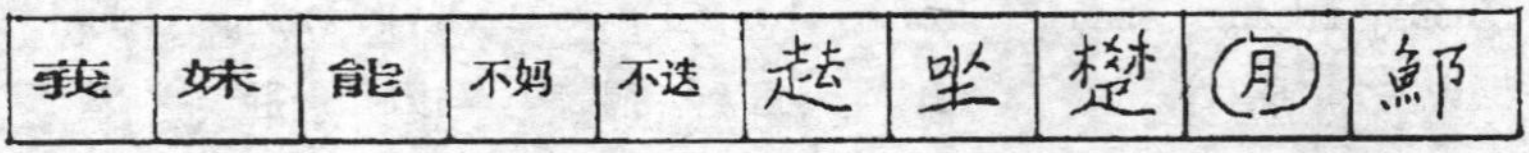

o	mei	neiv	beemao	buyiv	ssii	zo	cuv	baolhao	ngaoshao
天	地	鬼	太阳	诞生	走	双	耀	月亮	鱼

5. 仡佬字和彝语阿细字

仡佬字和彝语阿细字，是两种很少人知道的文字。

仡佬族有汉字型的“仡佬字”，是陈其光教授在 1989 年的新发现。仡佬族借用汉语汉字，补充自造汉字，有形声、会意等造字方法。下面举例是陈教授所提供：

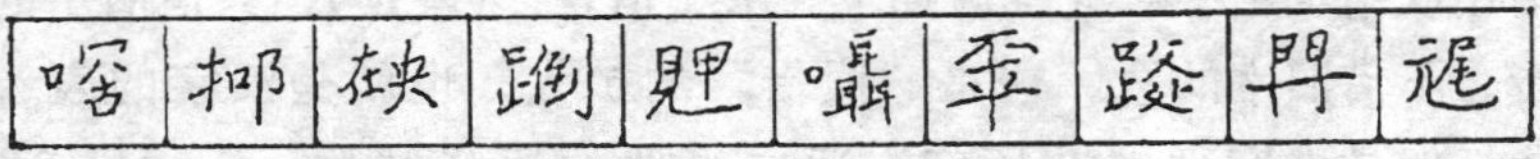

kau	k'au	ing	tau	zha	nie	ni	t'a	kang	tse
人	了	站	滚下	奶奶	红	偏	处所	杠	尾巴

彝族有多种文字。“彝语阿细方块字”（阿细字）是 20 世纪初年，基督教会给云南阿细地区彝族设计的汉字型文字。基本上一个“字”代表一个“词”，可以读一个到三个音节。会意为主，很少形声。曾翻译传教读物，有的地方用它记录古代传下来的创世诗史《阿细的先基》、哲理古训《诺哲》等。阿细地区原来没有老彝文，汉字型方块字受到人民欢迎，现在已经完全消失。下面的资料是彝族专家武自立先生所提供：

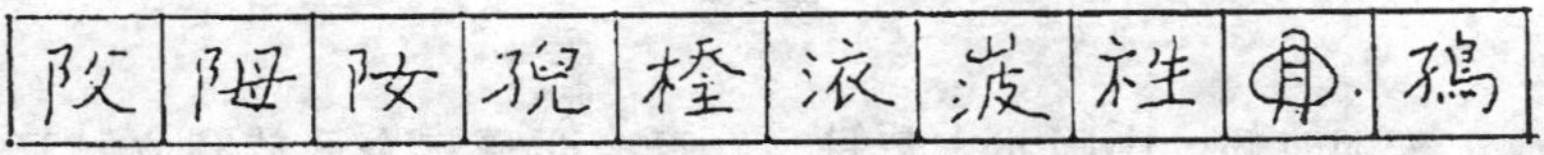

a-bba	a-mu	a-mai	sso	mu-se-po	yi	po	yi-sai	hlo-bbo	hie-sso
父亲	母亲	女儿	儿子	天主	水	山	神	月亮	鸟

6. 孳乳仿造的一般特点

“孳乳仿造”的汉字型文字的一般特点是：

(1) 孳乳仿造，早的开始于唐宋，晚的开始于元明。这时候，汉语汉字早已进入楷书时期，所以孳乳仿造都是继承楷书。

(2) 孳乳仿造大都是借用旧字和仿造新字的混合文字，起先主要是借用旧字，后来仿造的新字逐渐增多。

（3）孳乳仿造，基本上不造新的单体符号（“文”），而以现成的单体符号复合成为新的民族汉字（“字”），或者以现成的复合符号再次复合成为重叠的新字。

（4）借用旧字的方法主要是：a.“借词”，音意兼借，这是借用汉语词汇，补充本族词汇。b.“借音”（音读），只借旧字的音，不借旧字的意，这是“假借”的扩大，也就是汉字的表音化，但是借音要略改原音，适应当地的语音结构。c.“借意”（训读），只借旧字的意，不借旧字的音，读音打破原来一字一音的限制，汉字读音于是多音节化。

（5）仿造新字的方法主要是：a.造新形声字，利用原来的汉字或汉字的部件，结合成为部首和声旁的新复合体。b.造新会意字，结合两字，表示某一意义。

（6）孳乳仿造的文字，往往因人而异，因地而异，一音多字，一字多形，未能实行规范化。大都用于书写民间文艺和民间书信，难于成为现代教育的有效工具。

（五）变异仿造的汉字型文字

宋朝时候，中国北方契丹、女真、西夏三个民族建立“辽、金、夏”三个国家，创造契丹字（大字和小字）、女真字、西夏字，都是“变异仿造”的汉字型文字。此外，贵州水族的水书也是“变异仿造”的汉字型文字。

1. 契丹大字

唐末，契丹族首领耶律阿保机（辽太祖）以现在内蒙赤峰地区为中心，在公元907年建立辽国，又称契丹国。疆域向南扩展到今天的天津市和河北省霸县（包括今天的北京），跟五代

(907—960）和北宋（960—1279）对立，长达两个世纪以上。

契丹语属于阿尔泰语系。《五代会要》说：“契丹本无文纪，唯刻木为信。汉人之陷番哲，以隶书之半加减，撰为胡书。”《辽史》说：“（辽太祖神册）五年（921），始创契丹大字，诏颁行之；”又说：“回鹘使至，（太祖弟）迭剌相从二旬，习其言与书，因制契丹小字，数少而该贯。”前者称“大字”，后者称“小字”。《金史》：章宗明昌二年（1191）“诏罢契丹字”。从创始到废弃，历时 270 年（921－1191）。这里先谈“大字”，后文“字母文字”中另谈“小字”。

契丹大字采取汉字的格式，创造完全不同于汉字的形体，这是“变异仿造”。例如：

天　朝　万　顺　七十　九　岁　鸡　年

2. 女真字

女真族首领阿骨打（金太祖）1115 年建立金国，后来（金太宗）1125 年灭辽国，1126 年灭北宋，虏徽钦二帝。1153 年建都燕京（今北京），1214 年迁都汴京（今开封），统治淮河以北半壁江山一个世纪。1234 年为蒙古所灭。

女真语属于阿尔泰语系、通古斯·满洲语族，是满洲语的祖语。女真原来没有文字，初入中国，借用契丹字。金太祖命完颜希尹和叶鲁创制女真字，天辅三年（1119）颁行。《金史》说：“希尹乃依汉人楷字，因契丹制度合本国语，制女真字。”又说：“希尹依仿契丹字，制女真字。”熙宗天眷元年（1138）又创一种女真字，皇统五年（1145）颁行。前者称女真大字，后者称女真小字，仿照契丹的双文制度。现存女真字跟契丹大字形制相同，是女真大字（下文称“女真字”），女真小字尚未发现。女真字从创始到完全遗忘经历三个世纪。

女真字用汉字或契丹字为“基字”，增损笔画。分为“意字”（意符）和“音字”（音符）。“意字”又分为“完全意字”（词字）和“不完全意字”（词素字），后者不能独立成为语词。女真语是多音节语，一个字读一个到四个音节。都是单体的表意字，没有合体的会意字或形声字。字数不多，《女真译语》收 903 字，《女真文辞典》收 1373 字。它跟契丹大字一样，采取汉字的格式，不取汉字的形体，是“变异仿造”的汉字型文字。举例如下：

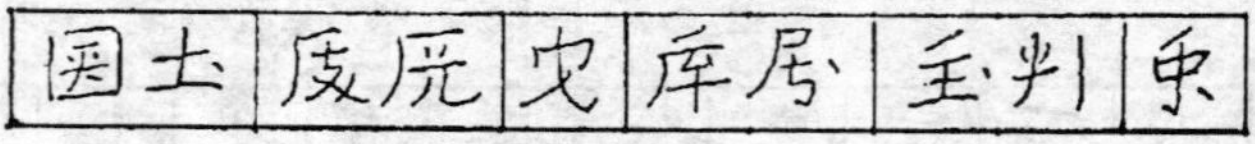

guru－un　bo－go　i　fuse－lu　de－je　o!
国　家　的　兴　起　呵！
（国家将兴！）

3. 西夏字

党项羌族拓跋氏，唐朝赐姓李。首领李元昊，1038 年（北宋仁宗宝元一年）建立大夏国，以现今宁夏和甘肃一带为基础，建都兴庆（今宁夏银川），跟宋朝和辽金鼎足而立。1227 年（南宋理宗宝庆三年），为蒙古所灭，历时 190 年。宋朝称大夏为“西夏”。

西夏语属于汉藏语系、藏缅语族。西夏原来没有文字。《宋史》说：“元昊自制蕃书，命野利仁荣演绎之；字形方正类八分，而画颇重复。”1036 年颁行。蕃书，西夏人称“国字”，后世称“西夏字”。

明朝时期，西夏人同化于汉族和其他民族，西夏字渐渐废弃不用，成为无人认识的古文字。从创始到完全遗忘，经过 300 年。

西夏字模仿汉字，也有“点、横、竖、撇、捺、拐、提”等笔画，也有“楷、行、篆、草”等字体，但是决不借用一个汉字，全部形体要从头新造。西夏字的结构：单纯字分为表意字（意符）和表音字（音符）。合成字分为会意字、形声字、其他合成字。西夏不学习契丹的“双文”制度。西夏字是“变异仿造”的汉字型文字。它的笔画繁复，最为突出。举例如下：

(1) 表意字（意符），只表意义，不表读音：

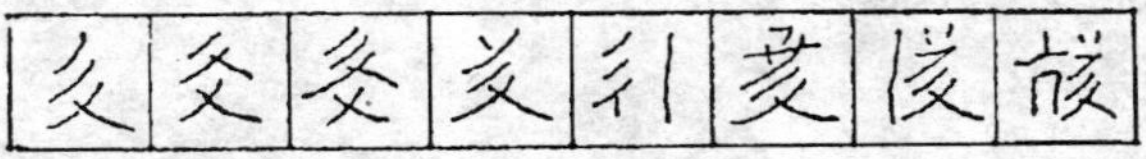

人　腰　虫　一　圣　皮　手　脚

(2) 表音字（音符），[　] 中汉字表示读音，不表意义：

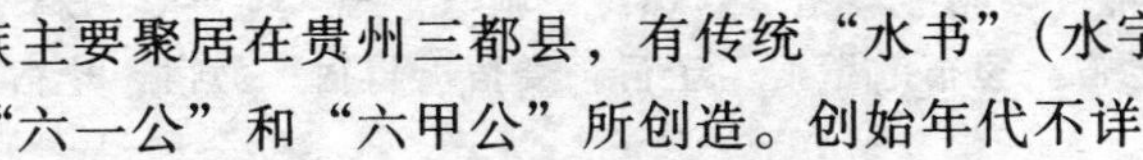

[吃] [折] [嵬] [下] [和] [都] [居] [壬]

4. 水书

水族主要聚居在贵州三都县，有传统“水书”（水字），传说是正神“六一公”和“六甲公”所创造。创始年代不详。各地字数不等，不算异体字大致有 200 多字。分为古体字、今体字和秘写字。古体字是早期写本的字体，用竹笔书写，又称竹书。今体字是晚近写本的字体，用毛笔书写。秘写字是巫师专用的秘密文字。按用途又分为普通水书（白书）和秘传水书（黑书）。前者用于预卜行事，例如出行、婚嫁、丧葬、动土之类。后者用于巫术，例如放鬼、拒鬼、收鬼。水书还用于书写诗歌、故事、传说、寓言等口头文学。在汉字型文字中，“水书”十分特殊：

（1）水书用篆书体，不用楷书体，跟四邻民族迥然不同。

（2）水书中有五十多个字跟甲骨文或金文相同或相似。自造新字大都是单体的图形符号，极少复合符号。它的发展水平低于甲骨文。

（3）水书的字形基础来自古代汉字，它是“借源”于汉字的民族文字。但是它把一些字形反过来、倒过去，因此被称为“反书”。

（4）水书是一种“卜筮文字”，它的表达方法是表形和表意，文字类型属于“形意文字”。

水书举例：

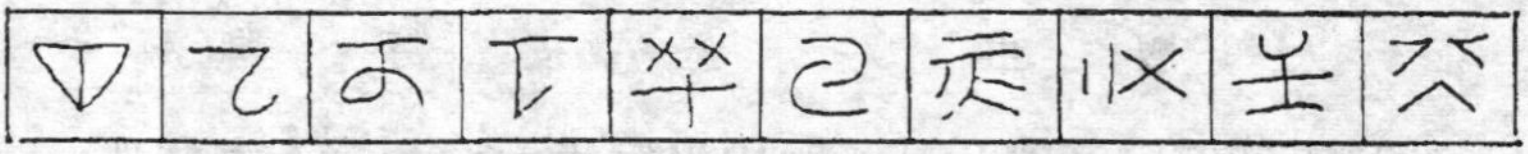

ta:p^{7}	jet^{7}	pjeng^{3}	tjeng^{1}	mo^{6}	ti^{1}	qeng^{1}	cin^{1}	nim^{2}	tui^{5}
甲	乙	丙	丁	戊	己	庚	辛	壬	癸

鼠	燕	猪	鱼	螺	狗	雉	鸡	鸦	猴
虚宿	危宿	室宿	壁宿	奎宿	娄宿	胃宿	昴宿	毕宿	觜宿

5. 变异仿造的一般特点

（1）辽金夏三国都跟宋朝敌对，反对跟汉族书同文。但是，文化的渗透力不能用武力来抵当，他们反对跟汉族书同文而又不得不仿造汉字型文字。所能做到的只是采取“变异仿造”而不采取“孳乳仿造”。

（2）变异仿造的方法是：采取汉字的格式，改变汉字的面貌。一般都模仿楷书的笔画形式和方块组合，但是在具体的字形上要有独特的设计，避免跟汉语汉字雷同。

(3) 变异仿造，都缺少学习和借用的先行阶段。辽金夏都是在没有文化教育的先行条件下，依靠军事崛起，匆促创造文字，因此所创造文字都比汉字落后。

(4) 辽金夏三种语言，彼此大相径庭，但是不约而同，采用了汉字形制。这说明一个民族采用什么样的文字形制，决定于文化的影响，不决定于语言的特点。

(5) 变异仿造有两种。一种是新造汉字全部写成跟母体汉字不相雷同。另一种是新造汉字虽然变形而仍旧能认出母体汉字的关系。辽金夏的文字属于前者。水书属于后者。

(六) 汉字型字母文字

1. 日语假名字母

中国晋朝时候（公元3－4世纪），日本开始正规地学习汉语文言。汉字传播的四个发展阶段（学习、借用、仿造、创造），在日本比较清楚。日本的“学习阶段”经历500多年。后来民间借用汉字书写日语。公元759年编成和歌集《万叶集》，其中用作字母的汉字称为“万叶假名”。从此日文进入“借用阶段”。日本也仿造一些日本汉字，称为“国字”或“倭字”，大致有120多个，其中少数几个进入了中国字典。这是短暂的“仿造阶段”。日本不像越南那样大量仿造汉字，而是从借用汉字进入创造字母的“创造阶段”。

中国佛教在公元538年从百济传入日本。奈良和尚读佛经，在汉字旁边注音、注义，起初用整个汉字，后来简化楷书，形成“片假名”。妇女们识字不多，借用汉字作为音符，记录诗歌，书写家信，在盛传草书的平安时代（794－1192），简化草书，形成“平假名”。日语音节很少，这是创造音节字母的有利条件。但是从汉字传入日本到日本假名成熟，经过了 1000 年。假名原来只能注在汉字旁边，不能进入正式文字。第 10 世纪流行汉字和片假名的混合体，第 13 世纪流行汉字和平假名的混合体。假名成为正式文字的构成部分。

明治三十三年（1901）规定假名 47 个（两套）。假名是音节字母，拼音很不灵活，不得不补充附加写法：用附加符号（两点、小圈）表示“浊音”和“半浊音”；用缩小的字母表示“促音”和“拗音”；补充一个“拨音”字母（韵尾鼻音）；此外一再调整正词法。写法烦琐了，但是能够正确拼音了。

二次战后，日本实行文字平民化，1981 年规定常用汉字 1945 个，法律和公文用字以此为限。日文从汉字中夹用少数假名，变成假名中夹用少数汉字。今天，正式日文仍旧是汉字和假名的混合体。全用假名的“假名文字”不是正式文字。现代日文包含汉字、片假名和平假名三种成分，是“三合一”的汉字型“语词和音节”的混合文字。举例从略。

2. 朝鲜的吏读和谚文

汉末和三国时代（公元 2－3 世纪），汉字传入朝鲜。朝鲜学习《四书》《五经》，使用汉语文言，长达一千七八百年。朝鲜新罗时代（中国唐朝），开始借用汉字书写朝鲜语言，形成两种民间文字。一种是借用汉字读音，不考虑汉字的意义，书写民歌民谣，名为“乡札”（乡歌）。另一种是，实词用汉字意义，虚词用汉字的读音，书写公文和其他实用文书，名为“吏读”。渐渐“乡札”不流行，而吏读从 7 世纪一直用到 19 世纪末叶，但是正式文字始终是汉语文言。朝鲜创造了一些简化汉字，称为“口诀字”，为数不多。

朝鲜李朝的“谚文厅”在1446年（中国明朝正统十年）制定字母，在《训民正音》一书中公布，群众称为“谚文”。谚文公布后500年内，推行极不顺利。16世纪一度禁止使用，只有和尚和妇女继续使用，被称为“妇女字”。可是，字母易学易用，不胫而走，慢慢地被知识分子所接受，形成汉字和谚文的混合体。这种混合体到19世纪变成通用文字。

二次战后，北方（朝鲜）废除汉字，全用谚文（增加为40个，19个辅音，21个元音）；南方（韩国）仍用混合体，但是“教育用字”减少到1800个。

谚文的笔画极像汉字，并非源出汉字。谚文是音素字母，数目很少，但是不取假名那样的线性排列，而把一个音节的几个字母叠成“音节方块”，适应汉字的方块格式。结果是字母少而“音节方块”很多。15世纪使用“音节方块”5000多个，现代需要3500多个，是一种大字符集文字。举例从略。

3. 汉语注音字母

3000年来，汉字积累到6万以上，但是缺少一套字母。清末掀起“切音字”运动。辛亥革命之后，1918年公布有史以来第一套汉语字母“注音字母”（1940年改名“国音符号”）。这套字母的特点是：（1）字母用古汉字而加以简化；（2）字母基本上代表音素（21个辅音，8个元音），有8个复合韵母（共计37个字母），所以是一种“音素·音节”字母。举例从略。

4. 汉语江永女书

湖南江永县，以“上江圩乡”为中心，有一种在妇女中间流传的汉语方言文字，传女不传男，称为“女书”。90年代还有一两位髦耋妇女能够使用，正在趋于消亡。

女书有1200多字，常用600多字，80%跟汉字有形体关系，写成斜方形的书体风格。一字一音节，是一种汉字型方言音节文字，没有规范化。新近的研究认为，“女书”是江永“平地瑶”的妇女文字。“平地瑶”是汉化的瑶族，说汉语方言，不说瑶语，但是还保留着瑶族遗风。“女书”的语言是汉语，民族是瑶族。

下面是“女书”《梁山伯与祝英台》中的一句。（原文直排，这里改为横排）：

有 缘 千 里 来 相 会，无 缘 对 面 不 相 陪。

5. 傈僳字

傈僳族居住在云南怒江和澜沧江一带，这里是中国西部的边陲，崇山峻岭，交通险阻，因此文化的曙光来到很晚。

这里的维西县，有一位名叫汪忍波（1900－1965）的傈僳族农民，创制一种汉字型傈僳字，被称为“傈僳音节字”。这种文字流通于维西县的傈僳族中间。汪忍波自己编写的识字课本《傈僳语文》有1330字，其中重复的300多字。此外，在流传写本中还有21个有用的字。去除重复，总共是961个音节字。

傈僳音节字举例（形体有的近似汉字，意义不同）：

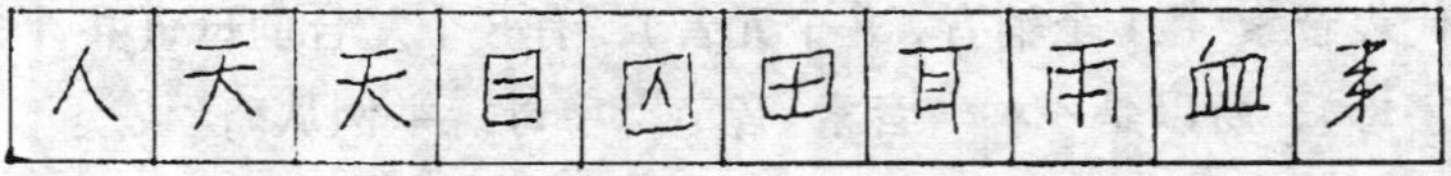

似汉字	人	天	天	目	四	田	耳	再	血	来
傈僳音	zy	han	jjor	ddvt	ddo	qair	ssair	mot	svt	sir
傈僳意	剁	送	说	进	出	神	雨	老	血	还

6. 契丹小字

契丹大字前面讲过，这里讲契丹小字。

契丹小字是拼音文字。字母(“原字”)像简化的汉字楷书。字母是音节性的，但是拼音时候抛弃不需要的音素，成为音素性的元音或辅音，方法类似“反切”。1至7个字母叠成一个“方块”，表示一个语词。字母叠合，先左后右，两两下移，多层重叠，末一字母如为单数，写在中间。这跟朝鲜谚文的叠合法相似。

契丹小字的特点是：(1)笔画不能分析成音素，相同于假名，不同于谚文；(2)不作线性排列，而作方块叠合，相同于谚文，不同于假名；(3)一音多符，尚未形成规范化的字母表。

契丹小字举例：(根据《契丹小字研究》)，原来直行书写，这里改为横行)。

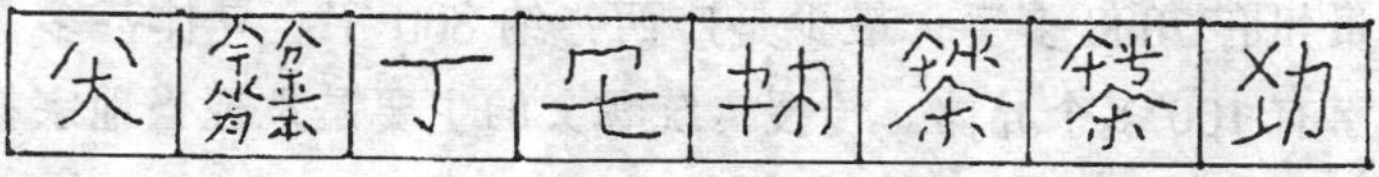

天　重熙　廿　四　岁　次　乙　未

7. 汉字型字母的一般特点

(1)汉字型字母的用法有三种情况：a.只作注音工具，例如汉语注音字母；b.作为文字的构成部分，例如日本假名；c.成为独立的文字，例如朝鲜北方的谚文。

(2)汉字型字母分为两类。一类是音节字母，例如假名、傈僳字、女书。另一类是音素和准音素字母，例如谚文是音素字母，契丹小字是准音素字母，注音字母是半音素字母。

(3)汉字型音节字母难于规范化。达到规范化的只有：假名、谚文、四川规范彝文。

(4)音素和准音素字母,为了适应汉字格式,要求组成音节方块。契丹小字如此,谚文也如此,这显示了汉字型的传统力量。

（七）异源同型的民族文字

1. 彝文

彝文是独自创造的“自源”文字，并非“借源”于汉字。彝文和汉字从历史发展来看，有许多共同的特点，是“异源同型”的文字。古代传下的老彝文，史称“韪书”、“爨文”。

根据史书记载和金石铭文，彝文大致创始于唐而发展于明。也可能在唐以前很早就有彝文，到唐代进行了整理。

彝文由“主干”和附加符号组成，主干称“部首”，分部各地不同。彝字数量，云南最多，有 14200 多字；四川有 8000 多字；贵州有 7000 多字；最少是广西，约 800 字。异体甚多，最多一字有 100 多个异体。传授传统彝文的主要是掌握当地宗教的经师，称为“毕摩”。

(1) 四川规范彝文

四川省制订“四川规范彝文”，1976 年试行，1980 年经国务院批准正式推行。它从老彝文中选用 819 个字符，取其音，去其意（废除 7000 多个同音字），代表四川大凉山的彝语方言（北部方言）的分调音节，以圣乍话为基础方言，以喜德语音为标准音。这是民族形式的“凉山彝语方言音节文字”。举例如下：

b p bb nb hm m f v

A

(2) 云南规范彝文

云南的彝族，支系多、方言多、难于采用统一的音节文字。云南的老彝文有 14200 多字，各地写法和读法都不一样，既有表意字，又有表音字，原来是一种“表意兼表音”的“意音文字”。1983 年开始拟订“云南规范彝文”，从老彝文中选取“表意字”2300 字，“表音字”350 字，共计 2650 字。1987 年云南省批准在云南彝族地区试行。“表意字”表示彝语的语词意义，各地可以读成各地的方音(“超方言”)。“表音字”用于书写彝语中的大量汉语借词。“云南规范彝文”是表意兼表音的“云南超方言意音文字”。下面是云南规范彝文《字汇本》(1991) 中开头三个部首的“表意字”：

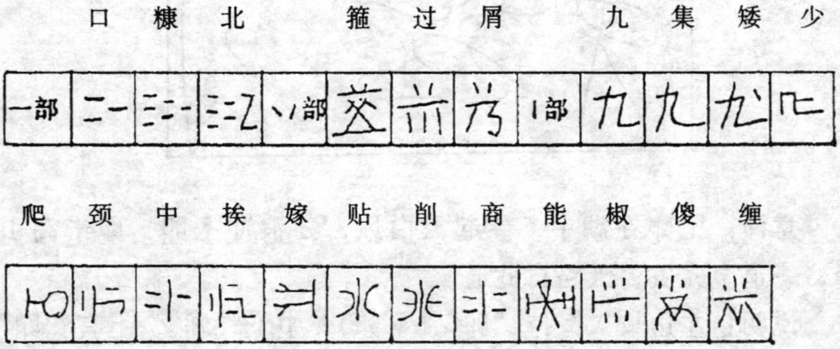

2. 纳西文

纳西族以云南丽江纳西族自治县为聚居中心。他们有三种文字：东巴文、哥巴文和玛丽玛萨文。

(1) 东巴文

纳西语称东巴文为“木石痕迹”，大致起初是刻写在木石上的，创制时期大约在 12 到 13 世纪（元朝）。文字由宗教经师“东巴”掌握，称为“东巴文”。它是纳西族的“自源”文字，不是汉字的衍生文字，但是由于受汉字影响，部分字符类似古汉字。文字的形制接近早期的汉字，跟汉字是“异源同型”。

东巴文类似连环画，表形为主，表意为副，偶尔有几个音符，是一种“形意文字”，不能按照语词次序无遗漏地书写语言，要由经师在阅读时候口头补充。后来受晚起“哥巴文”的影响，内部产生了音节符号，正在从“形意文字”向“音节文字”演变。

东巴文遗留文献2万多册，内容有宗教经典、医药占卜、历史传说、诗歌格言、风俗习惯等多方面的记录，具有文化史和文字学的价值。举例如下：

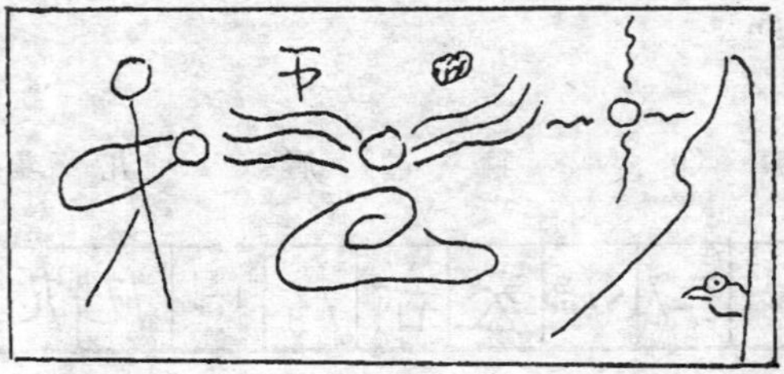

意译：抛卵在湖中，卷起黑白风，狂浪冲圣卵，卵击高山峰，一道金光发，天路自此通。

说明：左边“人”持“卵”（拿卵）。中下“湖”，上有“卵”（抛卵入湖）。中左“风”，上为音符“白”（左吹白风）。中右“风”，上有黑点表“黑”（右吹黑风）。右边“山”，内含鸡头形为音符“撞”（撞向山崖）。右中上“卵四面发光”（金光灿烂）。

（2）哥巴文

“哥巴文”也是书写东巴教经文的文字。它是“东巴文”的衍生文字，大致创造于20世纪初期。“哥巴”是徒弟的意思，“徒弟文字”是从“师傅文字”（东巴文）脱胎出来的。“师傅文字”是形意文字，“徒弟文字”是音节文字。后来“徒弟文字”

反过来影响“师傅文字”，使“东巴文”中也产生了音节符号。

哥巴文很像汉字小篆，有一小部分采取简单笔画的汉字，较多的来自东巴图画文字而加以简化，此外另造许多新的符号。哥巴文书写的经书只有几百本，比东巴文少得多，使用范围也小得多。举例如下：

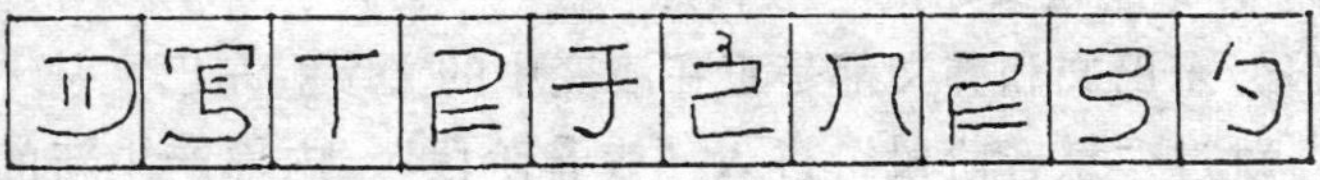

衣　单　连　不　裂，冬　风　不　凉　了。

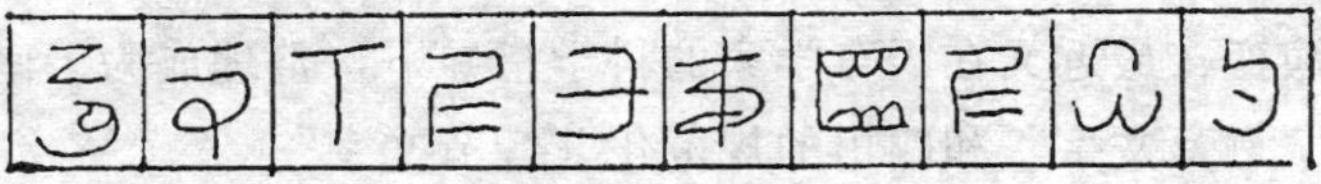

帽子　连　不　裂，夏　雨　不　怕　了。

(单衣不裂缝，冬风不冷了；帽子不裂缝，夏雨不怕了。)

(3) 玛丽玛萨文

“玛丽玛萨文”流行在云南维西县拉普公社一带纳西族中。他们是200多年前从“木里拉塔”地方（四川盐源县）迁来的。起初没有文字，后来从“东巴文”中选用部分符号，作为音节文字，记录自己的方言。“玛丽（木里）玛萨（摩梭）”的意思是，从“木里”迁来的“摩梭人”(纳西人)。常用符号有105个，举例如下：

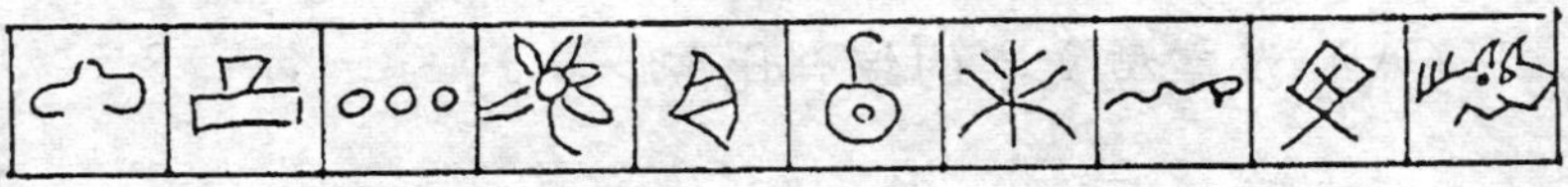

mv天　do地　kw星　ba花　phie叶　ly果　ndzer树　zhi蛇　pa蛙　zhuae马

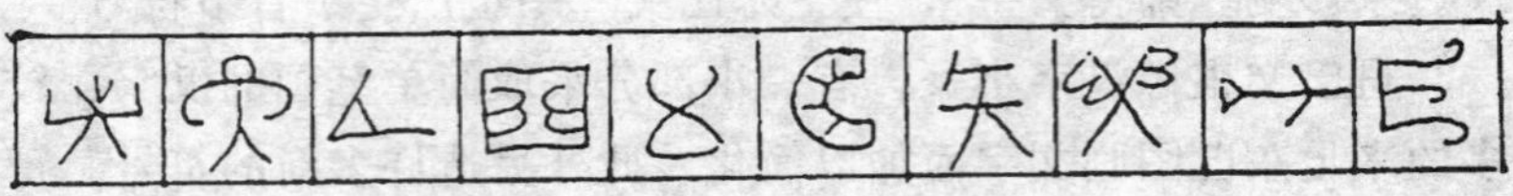

no 你 nga 我 ma 不 dzye 跑 tho 推 dzyu 有 ndzi 吃 mbi 飞 khae 射 ka 好

3．异源同型文字的一般特点

（1）东巴文和彝文都是正在演变中的文字。东巴文从“形意阶段”跳过“意音阶段”进入“表音阶段”，内部产生新的音节符号，并且在异地的本民族中衍生出音节文字“哥巴文”和“玛丽玛萨文”。彝文原来正在不同地区从“意音文字”向“音节文字”演变，最近又在语言学家的科学指导下，整理成为云南的规范化“意音文字”和四川的规范化“音节文字”。

（2）从“意音文字”向“表音文字”前进有两条道路：“形声化”和“音节化”。彝文在云南和四川的规范化彼此不同，实际是音节化的步骤有快慢。东巴文衍生哥巴文是明显的音节化。相比之下，孳乳仿造的文字（喃字、壮字等）都走形声化道路，步骤完全不同。

（3）从“自源文字”可以看到从“图符”到“字符”的演变过程。东巴文基本上还处于图符阶段，哥巴文已经从图符变成字符了。彝文也是字符。但是都是篆书体而未能形成方便书写的楷书体。“借源文字”（孳乳或变异）一开始就采用书写方便的楷书体，这是自源文字望尘莫及的。

（八）汉字型文字的综合比较

19 种语言的 30 种文字可以归纳为三大类型：第一类，符号有明显的图形性，符号代表的语言是篇章或语词，还不能完备地按照语词顺序书写语言，表达方法主要是表形兼表意。(例如水书、早期东巴文。) 第二类，符号是篆书或楷书，符号代表语词(词字) 和音节 (词素字)，表达方法主要是表意兼表音。大多数汉字型文字属于这一类。第三类，符号是字符或字母，字母代表音节或音素，有的跟汉字混合使用 (例如日文、朝鲜文)，有的独立成为文字 (例如女书、傈僳字、哥巴文、四川规范彝文)，表达方法主要是表音。

汉字型文字的特点，上面已经分组比较，这里再作综合比较。总的来看，汉字型文字有如下的基本倾向：

1. 孳乳仿造为主，变异仿造为副。孳乳仿造的文字出于受汉文化影响较深的民族。他们是：壮、越、苗、瑶、布依、侗、白、哈尼、仡佬、日、朝。变异仿造的文字出于跟汉族敌对或受汉文化影响较浅的民族。他们是：契丹、女真、西夏 (敌对)，彝、纳西 (异源)、傈僳 (地处边远)。江永女书大致出于"平地瑶"妇女，不是出于汉族妇女。

2. 楷体为主，篆体或草体为副。楷体书写方便，跟汉族可以沟通。不取楷体是例外，只有：四川规范彝文用篆体 (异源)，日本平假名用草体 (历史风尚)，水书半篆半楷 (巫术神秘)。

3. 形声化为主，音节化为副。孳乳仿造基本上采取形声化，这是汉语汉字的影响，也因为部件原来熟悉，读音容易。受汉文化影响较浅的民族，包括"平地瑶"妇女，对部件原来不熟悉，自然采取音节化 (哥巴、玛丽、傈僳、女书)。

4. "方块潜意识"强烈。所谓"方块字"，不仅包括方形的印刷楷体，也包括可以写进方格子里的笔画圆化的篆体。"一串豆芽菜不像文字"，这是方块潜意识的自然流露。汉字在不知不觉中培养了这个根深蒂固的方块潜意识。因此，音素化的谚文字母也要叠合成为方块，使简易变成繁复。契丹小字也是无形中受了这个潜意识的束缚。纳西文字原来不受方框框的限制，发展到音节化之后，也都变成可以纳入方框框的符号了。

学术界对汉字型文字的了解是逐步前进的。起初只注意到很少几种汉字型文字，主要是越南的喃字，后来慢慢发现更多的汉字型文字。起初对汉字型文字有蔑视和鄙视的倾向，甚至否认它们是文字，后来慢慢改变看法，知道它们是珍贵的古文化遗产。起初把少数民族的自创文字，看作彼此无关的分散个体，后来慢慢产生整体观念，知道它们属于同一个体系，需要综合研究，这样就萌芽了“广义汉字学”。从少到多、从鄙到珍、从散到整，这是对汉字型文字的认识发展过程。

二　孳乳仿造的汉字型文字

（一）壮字，（二）喃字，（三）苗字，（四）瑶字，（五）布依字，（六）侗字，（七）白文。（八）哈尼字，（九）仡佬字，（十）阿细彝字

（一）壮字

1. 壮族和壮语

壮族，中国人口最多的少数民族，1982 年统计，有 1300 多万人。各地自称不同，有布爽、布依、布越、侬安、土佬、高拦等 20 多种自称。“壮”是“布爽”的转译。50 年代规定统一称“僮族”；“僮”字难写难读，1965 年改为“壮”字。“壮族”是汉语的称谓。

壮族居住集中，主要在广西壮族自治区、云南文山壮族苗族自治州，少数分布于广东、湖南、贵州、四川等省。

壮族是古代越人的一支发展而来，跟周秦的西瓯、骆越，汉唐的僚、俚、乌浒，宋以后的僮人、俍人、土人等有密切渊源。

公元前221年，秦始皇统一六国之后，派大军50万进驻岭南；公元前214年，秦军战胜西瓯，统一岭南，设置桂林、南海、象3郡。中原迁来大批汉人“与越杂处”。公元前207年，秦将赵佗（河北正定人）建南越国，自称南越武王。公元前111年，汉武帝平定南越，在岭南设置南海、苍梧、郁林、合浦、儋耳、珠崖（前2郡在今海南省）、交趾、九真、日南（前3郡在今越南）等9郡。公元前106年，岭南归交趾管辖，后改隶南海（今广州）。所谓岭南，现在分属广西、广东、海南和越南。

壮族先民在今广西宁明、龙州、凭祥、崇左、扶绥等地的断崖陡壁上，绘制许多崖画，仅在明江、左江沿岸就有60多处。画面有人形、兽形、圆圈等图形。

壮语属汉藏语系、壮侗语族、壮傣语支。分南部和北部两个方言。北部方言分7个土语，南部方言分5个土语。

壮族有古老的传统“方块壮字”，不便现代使用。1957年制定拉丁化壮文方案，1982年略作修订。以北部方言为基础方言，以武鸣语音为标准音。拼音壮文已经印上人民币。

2.方块壮字

秦汉统治壮族地区，壮族学习汉语汉字，参加科举考试，跟汉族相同。壮族使用汉语汉字1000年以后，采用汉字书写壮语，成为“方块壮字”，简称“壮字”，又称“生字、土俗字”。广西上林的唐碑上，汉字中间夹有壮字。壮字读音很多跟隋唐相同，或许创始于唐代。

南宋范成大（1126－1193）在桂林做官时候写的《桂海虞衡

志》中说："边远俗陋，牒诉券约，专用土俗字，桂林诸邑皆然。"可见壮字在宋代广泛流通。明代举人韦志道，壮族人，用壮字写壮语诗歌，传诵一时。明末以后应用渐少，只在民间偶尔使用。壮族能歌善唱，有"欢、诗、比"等名称，都是山歌的意思。流传的有名壮歌《刘三姐》就是用壮字写的。此外壮字著作有各种歌谣和故事写本。

3. 壮字的形制

传统壮文是一种孳乳仿造的汉字型文字。有的全部借用现成汉字，有的夹用部分自造壮字。壮字歌本的写法，大都借用汉字十分之七八，自造壮字十分之二三。晚近收集到的壮字大约有4000多字。(下面举例取自张元生《壮族人民的文化遗产：方块壮字》，省略调号。)

(1) 全部借用现成汉字的传统壮文，主要有两种读法：音读和训读。

a. 音读法：取汉语的读音，或近似汉语的读音。

	丕	恩	火	腾	暗	周	斗	耐	迪	偷
标音：	pai	qan	ho	tang	nga:m	cau	tau	na:i	tvk	tau
汉译：	去	个	苦	到	刚	就	来	弱	是	门

	委使	则介	落耐	马栏	介内
标音：	qwi-si	sak-ka:i	tok-na:i	ma-ra:n	ka:i-nai
汉译：	穷苦	一样	灰心	回家	这些

b. 训读法：借汉字的意义，读壮语的语音。

	屋	好	风	虎	说	走	看	哭	我	你
标音：	ra:n	dai	rum	kuk	nau	pla:i	kau	tai	kau	mvng
汉译：	屋	好	风	虎	说	走	看	哭	我	你

种米	去圩	死饿	去学	吃酒

标音：dam－hau　pai－ham　ra:i－qjv:k　pai－ha:k　kvn－lau

汉译：种稻　赶集　饿死　上学　喝酒

还有前一字音读、后一字训读，或前一字训读、后一字音读等等结合方式。

下面是一首壮歌中的一段：

母	寡	带	子	孤，	当	内	河	朵	漂；

标音：me　ma:i　ta:i　lvk　kja　ta:ng　dav　ta　tu　piu

汉译：寡妇　带　孤儿，　好像　河里　朵　浮萍；

两	三	个	多	邀，	去	圩	桥	贩	米。

标音：so:ng　sa:m　pau　to　qjiu　pai　hav　kjiu　pu:n　hau

汉译：两　三　个(人)　相约，　去　双桥(地名)　贩　米。

(2) 壮族以汉字或其偏旁为材料，自造壮字，较多用形声法，此外还有各种造字法。

a. 形声法：以整个汉字，或其部首或声旁，作为新造壮字的部首或声旁。

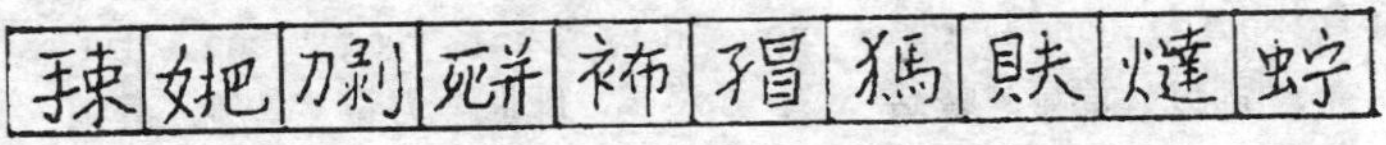

标音：cuk　pa　pa:k　ping　pu　ba:u　ma　fau　da:t　neng

汉译：捆　伯母　劈　病　衣服　少年　狗　富　热　虫

b. 口旁法：以"口"为部首，另加声旁，造成新的"标音字"。

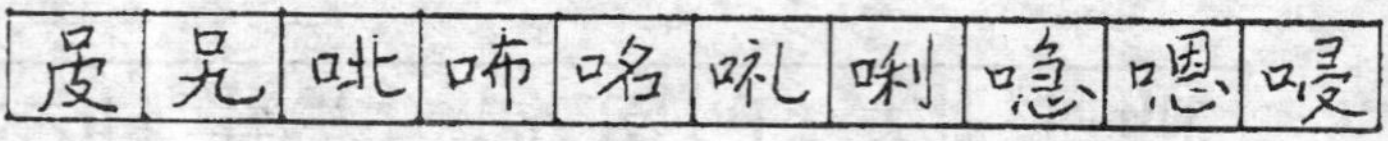

标音：	pai	kau	pak	bo	mvng	dai	rai	kop	qan	co:m
汉译：	哥	我	累	泉	你	得	畲地	蛙	个	栖

c. 两声法：两个汉字都作声旁（音符），组成一个壮字。

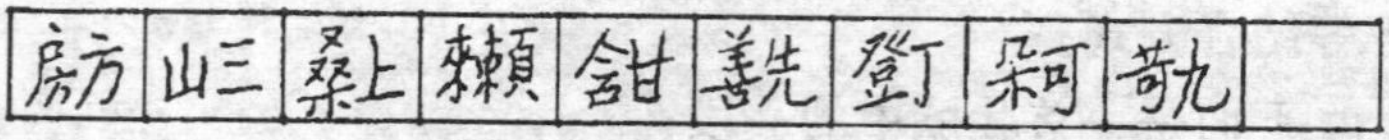

标音：	fa:ng	sa:n	sa:ng	ra:i	kom	sen	teng	qjo	kau
汉译：	鬼	白米	高	倒	低头	从前	打中	躲藏	看

d. 两形法：两个汉字都作形旁（意符），组成一个壮字。

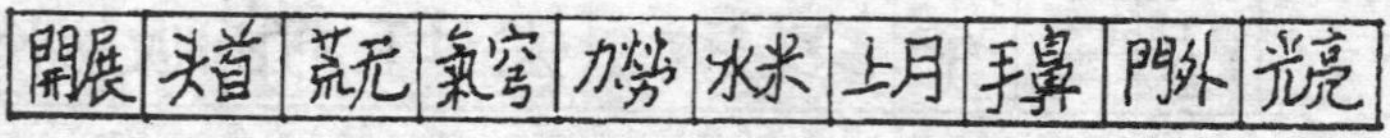

标音：	be	rau	fv	ho:i	jik	mo:k	kvn	sang	ro:k	ro:ng
汉译：	展开	头	荒凉	雇工	懒	猪食	上面	擤	外面	光亮

e. 反切法：两个汉字，一取声，一取韵，合成一个壮字，根据壮语读音，不用汉语读音。

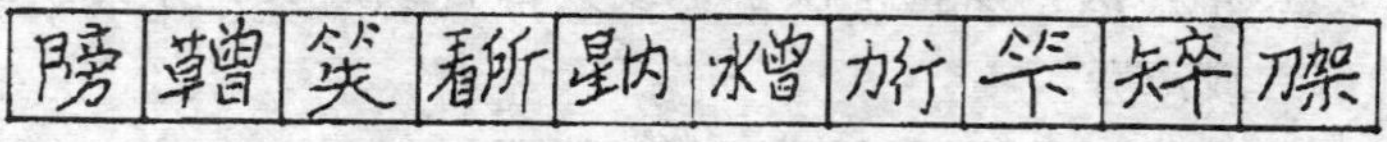

标音：	ba:ng	jang	rat	qjo	dai	rang	reng	rong	rvt	ka
汉译：	部分	荒草	蘑菇	看	星星	肚胀	力量	鸟笼	萎缩	杀

f. 简化法：两个汉字，简化其一，合成一个壮字；这种简化，早于汉字简化方案。

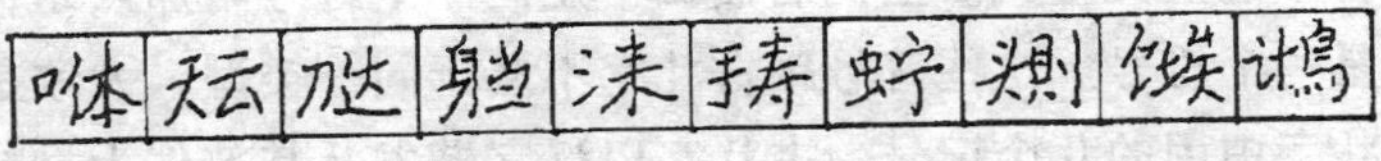

标音： tai　bvm　ta:t　da:ng　mja:i　cau　neng　sak　nga:i　kai

汉译： 哭　天　削　身体　口水　装　细菌　碰撞　早饭　鸡

不用说，方块壮字是由群众随便写成的，不是先有设计，然后写定的。所以只有一部分壮字可以看出其中无意形成的规律，其他壮字看不出有什么造字的规律。汉语汉字的所谓六书也是如此。壮字有许多“一字多形、一字多音；一音多字，一音多义”的现象，而且重床叠屋，比汉语汉字还要繁复。这也是孳乳仿造的汉字型文字的共同特点。

4. 古壮字字典

1989 年广西民族出版社出版《古壮字字典》，这是对壮族古文化研究的重大贡献。字典“收集流行于壮族地区的古壮字共 10700 个，其中选择使用较普遍、结构较合理的 4918 个推荐为正体字，其余同音同义异形的字列为异体字”。引用资料包括创世史诗《布洛陀》《布伯》，英雄史诗《莫一大王》等名篇。附图有“《布洛陀》古壮字钞本”图片。

序言说：“古壮字大致有如下四大类：一、象形字，二、会意字，三、形声字，四、借汉字。”下面举例中，标音符号有无法打字的，用近似字母代替，并省略调号。

序言中的象形字举例有五个：

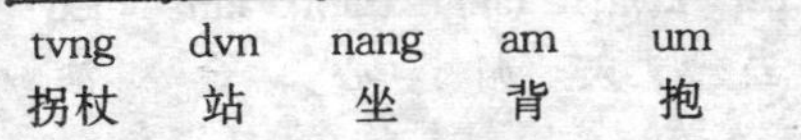

标音： tvng　dvn　nang　am　um

汉译： 拐杖　站　坐　背　抱

字典中这样的字只有凤毛麟角极少几个，它们没有象形功能，不能望文生义。上例后面四个是同一个符号附加点划，基本上是一个符号。这些符号跟古壮字不属于同一类型，大致是夹在古壮字中用的几个记号。古壮字以汉字楷书及其部件为材料，楷书早已超过象形时期，古壮字不可能有象形一类。

序言中的会意字、形声字和借汉字的举例如下：

会意字：　　　　　　　　形声字（1）左形右声：

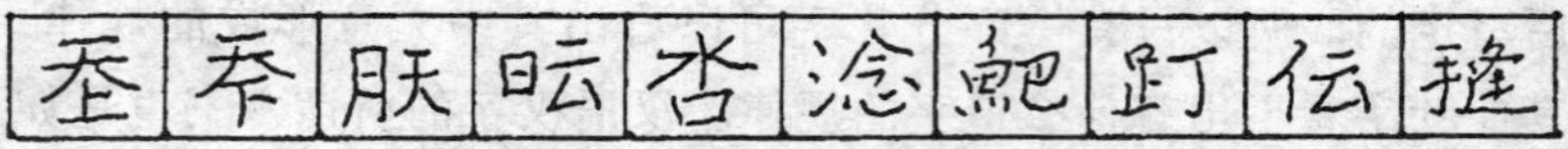

kvn	la	dv:n	ngon	bo	ɤam	pja	tin	wun	fvng
上	下	月	日	泉	水	鱼	足	人	手

（2）右形左声：　　　　　　（3）上形下声：

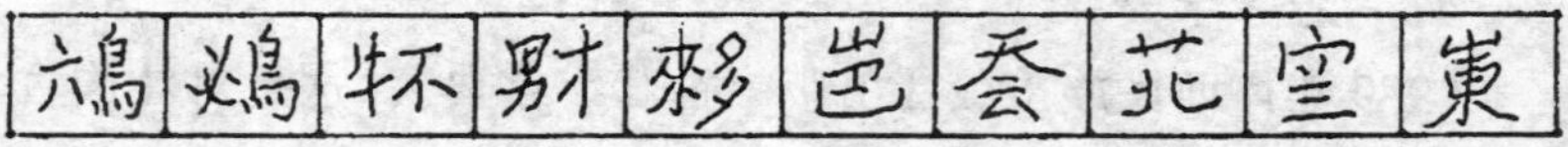

ɤok	pit	wa:i	tha:i	la:i	pja	bvn	pjak	ɣa:n	dong
鸟	鸭	水牛	男	多	山	天	菜	家	林

（4）下形上声：　　　　　　（5）外形内声：

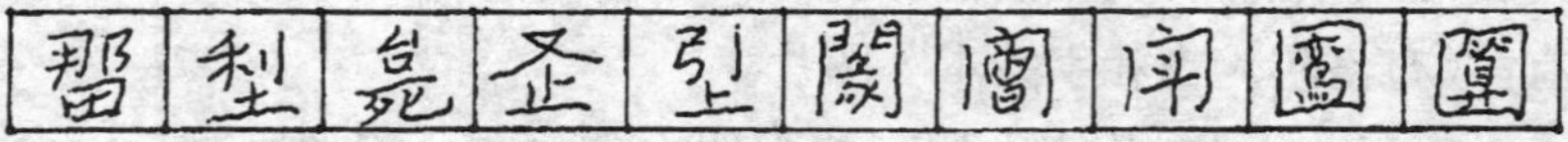

na	ɤei	ta:i	jou	hvn	ɤuk	kjang	tou	lu:n	thu:n
田	地	死	在	上	闺房	关紧	门	圆形	园子

借汉字（1）借音：　　　　（2）借音义：

眉	貧	斗	丕	关	灯	心	金	油	坡
mi	pan	tau	pai	kwa:n	tang	thim	kim	jou	po
有	成	来	去	丈夫	灯	心	金	油	坡

字典中说：壮字实物最早见于唐代。唐永淳元年（682）澄

洲刺史韦敬办《澄洲无虞县六合坚固大宅颂》碑中有壮字，现存上林县麒麟山。宋代除范成大的记载外，还有庄绰《鸡肋篇》、周去非《岭外代答》等书也谈到当时民间流行壮字，应用范围很广，包括文书、讼状、票据、合同，都用壮字。

参考：张元生《壮族人民的文化遗产：方块壮字》，载《中国民族古文字研究》，中国社会科学出版社，1984。《古壮字字典》（初稿），编者韦汉华、韦以强、苏永勤、吴壮燕、陆瑛、黄英振、覃承勤、蔡培康、潘其旭，广西民族出版社，1989。

（二）喃字

1. 越南的语言和文字

越南的主体民族是京族。京语，越南全国的通用语言，又称越南语，属于汉藏语系、壮侗语族，另一说属于澳斯特罗－亚细亚语系、孟－高缅语族、越－芒语支。

越南和广西，在历史上从秦始皇时代起，就有汉字文化传入。越南比广西离开中原远一些，可能得到汉字文化晚一些。考古发现，广西多春秋战国遗物，越南多汉墓，这也反映中原文化的传入有先后，但是开始的时间相差不大。在使用汉语汉字大约1000年之后，他们都利用汉字书写本民族的语言，在壮族成为壮字（字壮），在越南成为喃字（字喃）。

越南宁平省发现1343年刻有20个村庄名称的喃字石碑。后来又在永富省安浪县塔庙寺发现1210年的“报恩寺碑记”，其中有22个喃字。可见越南在陈朝（1225－1400）以前已经有喃字。相传陈朝人阮诠创造喃字，仿韩愈作《驱鳄鱼诗》，赐姓韩，改名韩诠。这个传说证明喃字在陈朝已经通行，这时候相当于中国的南宋。喃字近来收集得到2000多字。

越南有几个短暂时期，以喃字为正式文字，跟汉语汉字并行，多数时期只用于民间，不作为正式文字。正式文字一般都是汉语汉字。越南称汉语汉字为“儒字”。喃字写本现存1000多种，名著有长诗《金云翘传》。

越南原以朝代名为国名，经过前黎朝（980- ）、李朝（1009-1225）、陈朝（1225－1400）、后黎朝（1428－1787）、阮朝（1802－），到1802年（清嘉庆7年）定国号为越南。1884年沦为法国的“保护国”。1885年法国在越南南方推行拉丁化拼音文字，后来扩大传播到越南全国。这种拼音文字是法国神甫罗德（Alexandre de Rhodes，1591－1660）所设计，1945年越南独立以后作为法定文字，称“国语字”，废除汉字。

越南南方在公元192年建国，初称林邑，7世纪称环王，9世纪称占婆城（Champa），简称占城。占城语属马来－波利尼西亚语系（Malayo－Polynesian），2－3世纪采用南印度的格兰他字母，8世纪形成占城字母。越南南方古代属于印度字母文化圈。

2. 喃字的形制

喃字的形制，跟壮字相同，都是利用现成汉字或其部件组成新的本族汉字，作为借用汉语汉字的补充。喃字是一种孳乳仿造的汉字型文字，大致借用汉字十分之七八，补充喃字十分之二三。借用汉字的方法有：（1）借词，形音义全借；（2）音读，借音改义；（3）训读，借义改音；其他。新造喃字的方法有：（1）造会意字；（2）造形声字；（3）其他。

（下面举例，主要取自王力《汉越语研究》，王力文集第18卷，但是标音用近似的字母，代替打字机缺少的符号，并省略标调。）

（1）借用现成汉字：

a. 借词。形音义全借，读音适应越语音节格式。（壮字比较）

	文	南	玉	才	史	形
越南读音：	van	nam	ngoc	tai	su	hinh
壮语读音：	vwn	nam	nya	cai	si	hing

b. 音读。借音改义，利用汉字的读音，或近似读音，书写越南的语词。

	碎	沛	别	茹	埃	些	朱	浪	英	箕
越音：	toi	phai	biet	nha	ai	ta	cho	rang	anh	kia
越义：	我	是	知	家	谁	咱	给	说	兄	彼

	恬	能	悲	空	没	谟	半	件	尼	特
越音：	dien	nang	bey	khong	mot	mua	ban	kien	nay	dyac
越义：	兆	常	今	不	一	买	卖	讼	这	能

c. 训读。借义改音，保留汉字的意义，或接近原义，改读越南的语音。

	鲜	乘	驭	捐
越音：	tuoi	thua	ngua	ton
越义：	鲜	剩	马	花费

（2）新造越语喃字

a. 新造会意字

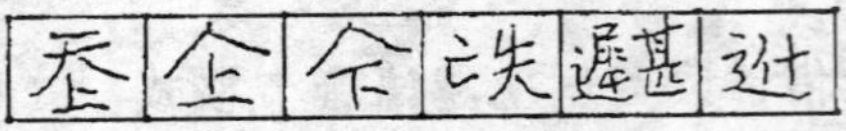

越音：	giai	trum	seo	met	chey	myai
越义：	天	头目	奴仆	丢失	迟	十

b. 新造形声字

①原有部首，原有义类：

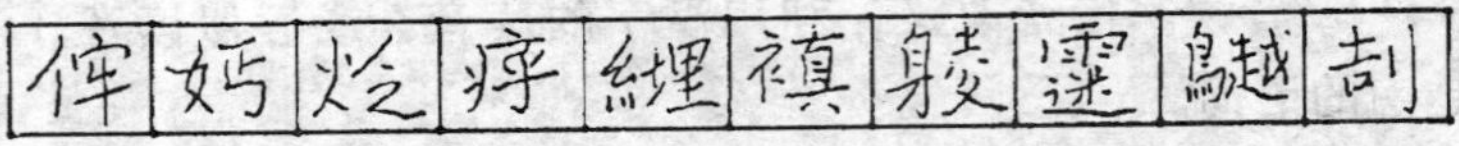

越音：	lao	gai	bep	ho	may	chan	lyng	mey	vit	cat
越义：	老挝人	女儿	厨	咳	缝	被子	背	云	鸭	割

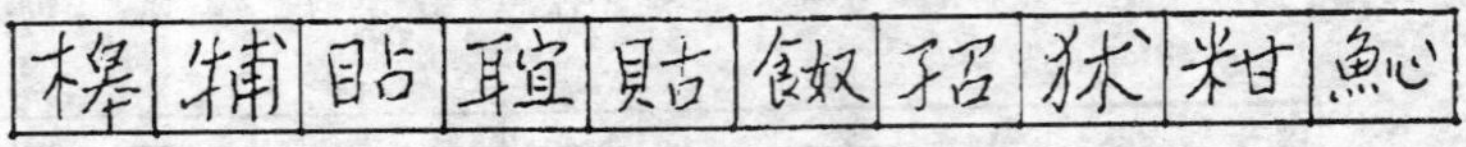

越音：	cau	bo	xem	nghe	cua	no	chau	chuot	cam	tom
越义：	槟榔	黄牛	视	听	财	饱	侄	鼠	饭	虾

②新立形旁，新定字义：

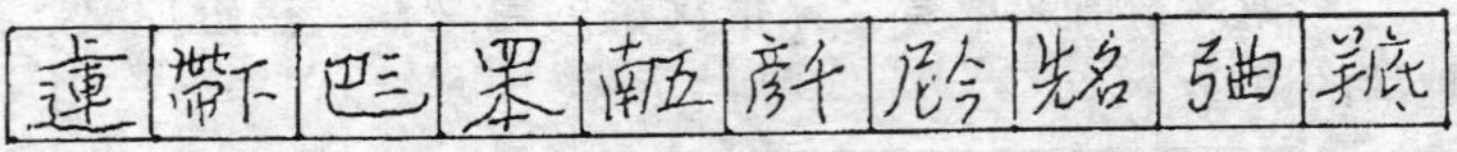

越音：	tren	zyai	ba	bon	nam	nghin	nay	ten	cong	ze
越义：	上	下	三	四	五	千	今	名	曲	羊

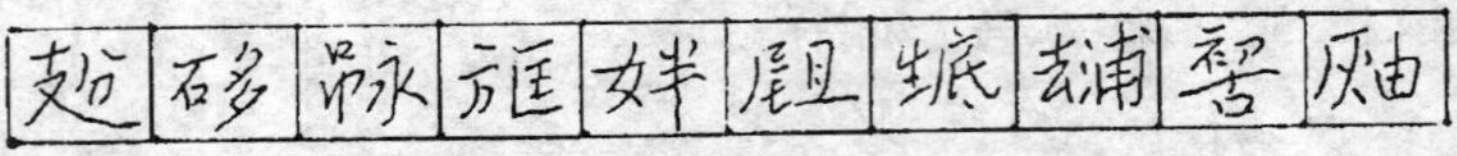

越音：	chia	da	vieng	vuong	nya	va	de	bo	xya	gio
越义：	分	石	弔	方	半	且	娩	抛	古	灰

③声旁简化的“省声”形声字：

来源：(豺走)(扇决)(耳腮)(水均)(廪多)(岁碎)(碍人)(事途)(去侈)(里淡)
越音：chay quat tai ao lam tuoi ngyai tha di zam
越义：走 扇 耳 池 多 岁 人 事奉 去 里
(此外,喃字中还有许多简化字,其中一部分跟今天中国大陆的简化字相同。)

④口旁表音字：

越音：va han hen gai an ngon
越义：并 仇 劣 寄 食 味美

此外，喃字还有各种不规则的用字和造字方法，从略不述。

喃字和壮字的兴起，标志着越南京族和广西壮族的一个文化上升时期。喃字和壮字树立孳乳仿造汉字型文字的先例，影响后来中国西南许多少数民族也创造孳乳仿造汉字型文字，形成汉字文化圈的重要组成部分。

参考：王力《汉越语研究》“仿照汉字造成的越字”，《王力文集》第18卷，山东教育出版社，1991。

（三）苗字

1. 苗族的新旧文字

苗族有旧文字4种：汉字型苗字3种；教会大字母“老苗文”1种。50年代创制苗语方言的拉丁化新文字4种。这里先谈旧文字，后面再谈新文字。

苗族，人口503万（1982），主要分布在贵、云、川、两湖、两广等省，是人口较多的少数民族之一。在黔东南和湘鄂川黔的交界地带，有较大的聚居区。贵州苗族最多，有258万人。

苗语属于汉藏语系、苗瑶语族、苗语支，分三大方言：湘西（东部）方言、黔东（中部）方言和川黔滇（西部）方言；川黔滇方言又分七个次方言。苗语音节分声调，声调表示意义，声调系统跟汉语相同。苗族与汉族杂居，多半能说汉语，苗语中汉语借词很多。

2. 汉字型苗字

人们常说：“历史上苗族没有自己的文字。”连苗族自己也这样说。其实不然。

苗族是一个古老的民族，历史上跟汉族有极长时期的往来，怎么会不受汉族影响而创造文字呢？我一直这样想，最后终于得到了“汉字型苗字”，而且不止一种，竟有三种，每种都有民歌和传说等手写本流传在民间。

我所看到的最早的苗文记载是赵丽明、刘自齐写的《苗族歌圣石板塘》，载《贵州民族研究》1981年第一期，以及1983年出版的《苗族简史》，其中提到“板塘苗文”。后来赵刘二位做了实地调查，写出《湘西民间方块苗文简析》；赵丽明又写成《板塘苗文字汇》第一稿。这些在当时都是手稿，还没有发表，我有幸先睹。

苗族在历史早期是否创造过文字，有待进一步考证。现在已经知道他们在近代创造了三种“汉字型苗字”：（1）板塘苗字，（2）老寨苗字，（3）古丈苗字。

（1）板塘苗字：清末苗族秀才石板塘（1863－1928）所设计。他原名石皇玺，乳名石豹，故居湘西花垣县板塘村，自号“板塘”。他造的文字被称为“板塘苗字”。板塘苗字除音意兼借的“借词”以外，有“音读”、“训读”和自造的新字（约五六百个）。他曾编写《苗文正谱》（字典），有钞本二部，一部散失于解放战争，一部被毁于文化大革命。调查者从十多万字的苗歌写本中整理出470多个单字。

（2）老寨苗字：这是湘西花垣县麻栗场老寨村石成鉴等人，在50年代初期，为了成立苗歌剧团、编写苗歌剧本，陆续创造的汉字型苗字。调查者到当地的时候，剧团还在活动，苗字还在使用。我怀疑：他们的创造可能有更早创造的老底子作为基础。

（3）古丈苗字：这种苗字见于光绪丁未年（1907）木刻印刷的《古丈坪厅志》，不知创造者为何人。这种苗字在1907年之前流行，到如今已经一个世纪。古丈也在湘西。

汉字型苗字，跟壮字和喃字相同，主要借用现成汉字，不足之处补充新造汉字，少数新造字形也跟壮字和喃字相同，可能受了它们的影响。借用方法是“借词”、“借音”（音读）、“借意”（训读）：补充方法是利用汉字部件造成形声字、会意字和形体全新的新字。一字一音，表示一个语词或语素。板塘苗字中，形声字占四分之三。

苗字跟其他汉字型文字有同样缺点：字无定量、字无定形，因人而异、因地而异，使用不便，流传不广，因此被人们忽视，甚至不认为是文字。但是，苗字在少数苗人中间还在使用，对文字学和文化学是宝贵的资料。

苗字举例：

（1）会意字：

（leu 淌）（nqi 红）（vai 睡）（vae 瞌睡）（da－zho 六月）

（2）形声字：

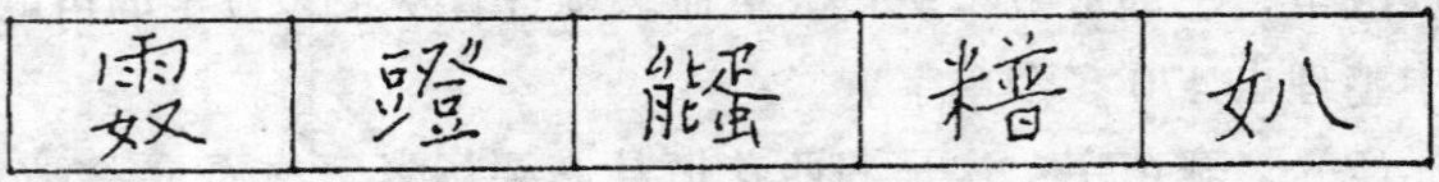

（ny 雨）（dae 豆）（nyeu 蛋）（npu 粑粑）（pa 妇女）

（3）数字：

板塘

老寨

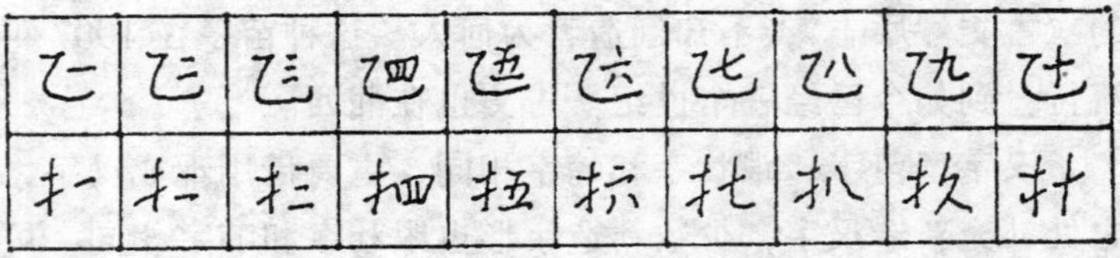

（4）苗字唱本举例（借用现成汉字，补充新造汉字）：

《二十四孝》：夏日里用扇子把枕席扇凉，让娘爷身子凉爽，好睡觉。

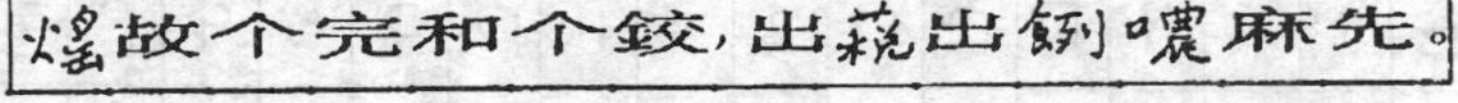

《开辟演义》：用泥巴烧制锅子和鼎罐，炒菜煮饭吃熟食。

3. 滇东北“老苗文”

1904 年，英国传教士柏格理（Samuel Pollard）到贵州威宁石门坎苗族地区传教。在汉族传教士和苗族知识分子的协助下，他创制一种声韵双拼苗文，书写石门坎语言，现在称“滇东北老苗文”，又叫“柏格理苗文”或“石门坎苗文”。字母是大写拉丁字母的变体，跟 1840 年英国传教士埃文斯为加拿大爱斯基摩基督教徒创制的文字相比，有 11 个字母完全相同。“老苗文”推行于贵州威宁，云南彝良、昆明郊区等地的教会。

老苗文声韵双拼，每一音节用一个大字母表声母，一个小字母表韵母，小字母写在大字母的上方、右上方、右侧、右下脚，表示不同的声调。曾经翻译《圣经》和《赞美诗》，出版《苗语基础课本》《花苗新课本》等。熟悉这种老苗文的有 5 万人。（“老苗文”之外，贵州一部分苗族曾用一种“注音符号式”的苗文。）

“老苗文”举例：（表音跟今天标准不合之处，不注音）

（1）大字母（声母 32）：

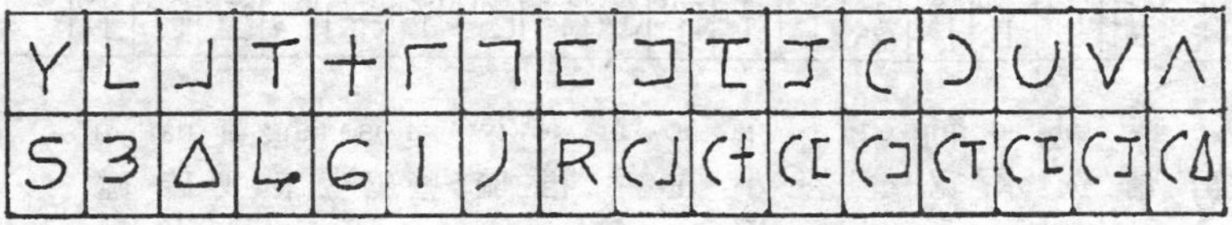

（2）小字母（韵母 37）：

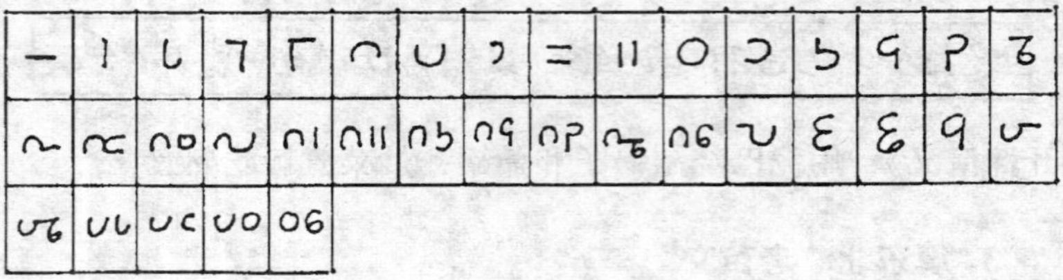

（3）音节拼写法：（方格下的拉丁字母是声母或韵母；汉字代表老苗文的意义。）

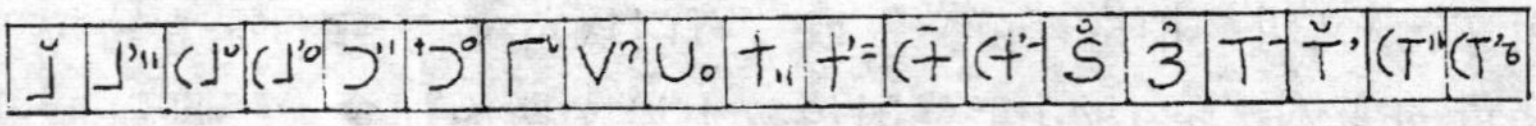

b	p	nb	np	m	hm	f	v	w	z	c	nz	nc	s	r	d	t	nd	nt
满	锅	雪	雕谢	信	晚饭	快	近	箭	够	烤	洗脸	洗衣	线	守	厚	松	布	楼

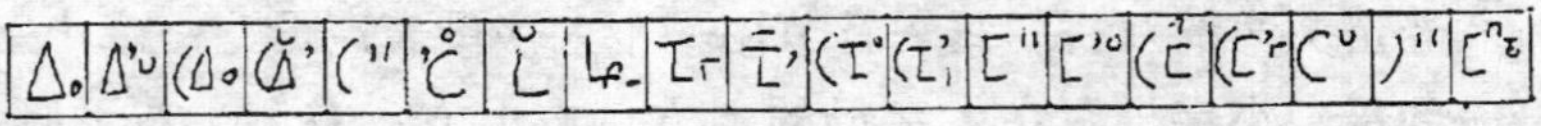

dl	tl	ndl	ntl	n	hn	l	hl	dr	tr	ndr	ntr	zh	ch	nzh	nch	nr	sh	j
笑	脸	滴	名	吃	听	短	年轻	背	拆	胸	清	饱	衣	盐	撕	事	小	牵

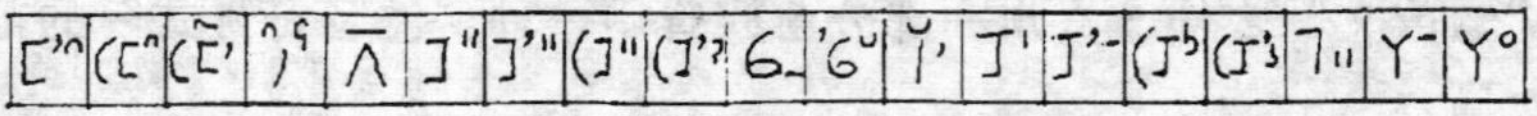

q	nj	nq	x	y	g	k	ng	nk	ngg	hngg	hx	gh	kh	ngh	nkh	h	a	o
扫	爬	泼	海	要	针	鞋	歌	串	崽	坛	净	鸡	教	草	渴	喝	二	肿

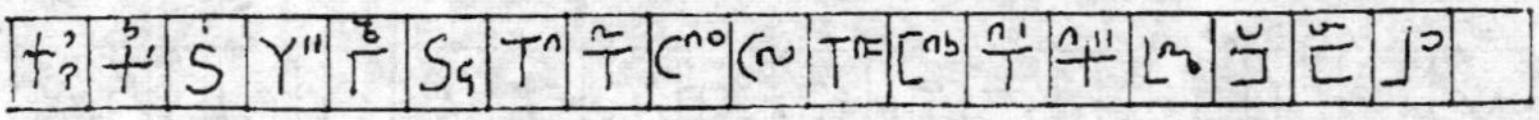

e	w	ai	ao	ang	eu	i	ia	io	iu	ie	iw	iai	iao	iang	u	ua	yu
剪	请	选	水	宽	缝	答	小	在	牛	裙	骑	些	鸡鸣	粮	我	砖	睡

苗族没有形成民族共同语，各地方言差别较大。汉字型苗字和“老苗文”都不能适应现代需要。1956年“苗族语言文字问

题科学讨论会”议定制订三种拉丁化苗文（用26个拉丁字母，不用新字母或变形字母）：（1）湘西苗文，（2）黔东苗文，（3）川黔滇苗文；此外把“老苗文”改革成为：（4）滇东北苗文。(参看“四种苗文声韵母表”，本书416页)

本文承赵丽明教授提供资料，特此申谢！

参考：赵丽明、刘自齐《苗族歌圣石板塘》载《贵州民俗研究》1981-2；又，二人合作手稿《湘西民间苗文简析》。赵丽明《板塘苗文字汇》手稿。龙伯亚、李廷贵《苗族简史》1983。王辅世等《苗语简志》，民族出版社，1985。向日征《湘西苗文》；王春德《黔东苗文》；王德光《川黔滇苗文》《滇东北苗文》《滇东北老苗文》，载《中国少数民族文字》，中国藏学出版社1992。张金文、张宗权《湘西苗文试点概述》载《少数民族语言文字使用和发展问题》1993，出版社同上。

（四）瑶字

1. 瑶族和瑶语

瑶族有人口213万（1990），以“大分散、小聚居”的布局，分布在华南五个省区的100多个县市。中心地区是广西的北半部，这里居住着瑶族人口的百分之六十以上。广西以及跟广东、湖南、贵州、云南的比邻地区，连成一片辽阔的崇山峻岭，这就是瑶族的山寨家乡。

瑶族历史悠久，在汉族记载中，隋唐以前统称为“蛮”，隋唐以后称“蛮瑶”；宋元时代成为南方的重要民族之一。瑶族跟汉族和其他民族杂居，在同一山区，瑶族往往占据最高的山地。

瑶语分为三种语言，都是汉藏语系，但是语族和语支不同：

(1) 勉语（苗瑶语族、瑶语支），占人口的一半，自称“勉”，住广西金秀、龙胜、湖南江永、云南河口等地。(2) 布努语（苗瑶语族、苗语支），自称“布努”，住广西都安、巴马等地。(3) 拉珈语（壮侗语族、侗水语支），自称“拉珈”，住广西金秀等地。同一民族用三种不同的语言，不是三种不同的方言，这种现象是不多见的。这是极长时期“大分散、小聚居”的结果。

由于瑶族语言分歧，又大都能讲汉语，所以瑶族学校以前用汉语汉字。80 年代，瑶族语文工作者拟订拉丁化的“瑶文方案”（草案），试行瑶语和汉语的双语文教学。

2. 民间的汉字型瑶字

瑶族民间流传一种汉字型“瑶字”，书写本民族的歌谣和传说。从现存的写本《盘王牒》来看，记录年代最早是唐贞观二年（公元 628 年）。汉字型瑶字，各地写法不一，没有规范化。它是既表语词、又表音节的“意音文字”。

汉字型瑶字举例：

(1) 假借（音读）：利用汉语汉字，读成相应的瑶族语音，不取原来意义，例如：

眉（mei 你）。端（ton 男）。哀（oi 爱）。

拨子（bu－sei 菠萝）。沙乐（sa－lo 纱罗）。

(2) 仿造：利用汉字或汉字部件，“孳乳仿造”，叠合成为新瑶字。仿造的新瑶字大约有 50 多个，其他借用原有汉字。

a. 新造形声字，例如：

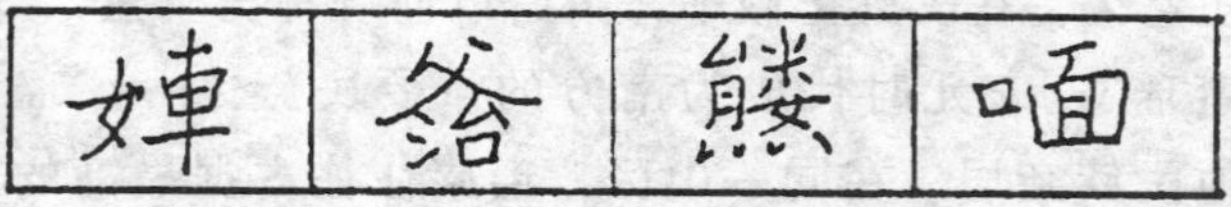

（xa 妇女）　（ndyi 母亲）　（iong 熊）　（dao 图）

b. 新造会意字，例如：

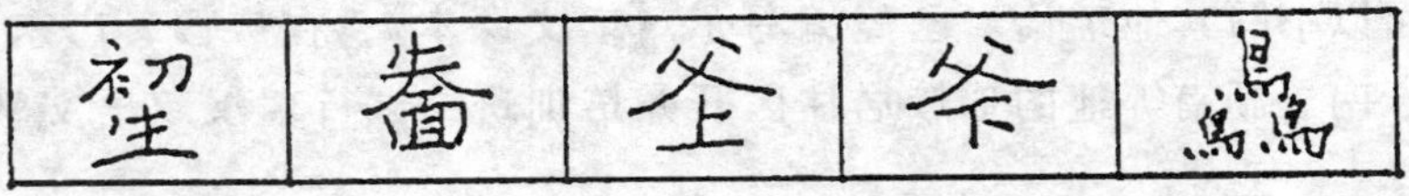

（nun 嫩）　（nyai 羞）　（fa 父）　（ndyi 母）　（sieu 轰）

c. 讹变字(书写错误,积非成是)：

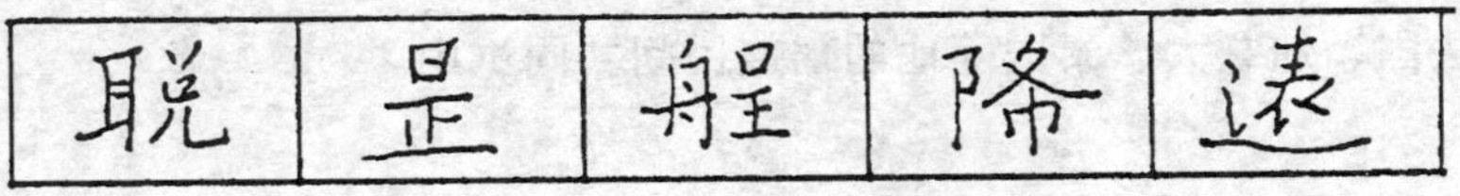

（maan 晚）　（dyei 是）　（ndang 船）　（gaang 降）　（win 远）

汉语汉字中，历代都有讹变字产生，使用既久，积非成是，这是汉语汉字增殖的一种常见现象，不仅是瑶字中间有此现象。

汉字型瑶字，是一种以整个汉字和汉字部件作为材料的“孳乳仿造”的汉字型文字，目前已经不再使用。

3. 瑶族和“女书”的关系

湖南江永县有一种“女书”，妇女专用，男人不闻不问。大概创造于明末清初，几百年来不为外界所知。50 年代开始传出消息，80 年代成为学术研究的问题。它书写江永县的汉语土话，有符号 1200 来个，常用的 600 来个，80% 跟汉字有形体关系。它是“变异仿造”的汉字型汉语方言音节文字。

江永县是瑶族和汉族的共居地区，瑶族汉化，汉族瑶化。瑶族居住在平地的称“平地瑶”，说汉语；居住在高山的称“过山瑶”，说瑶语。女书可能是当地说汉语的“平地瑶”妇女所创造，它是瑶族文字而书写汉语方言。

4. 拉丁化的瑶文方案

1982 年，瑶族语文工作者根据 50 年代的瑶语调查，拟订一套“瑶文方案”（草案），书写瑶族的“勉语”，如果加以变通也可以书写其他瑶语。已经编写了《瑶文课本》，在广西、广东、云南、湖南等地的瑶族居住区开办培训班，试行瑶汉双语文教学。

瑶族是一个跨国界的民族，海外有50万瑶族。1983年，美国瑶族也拟订了拉丁化的瑶文方案。1984年中国和美国的瑶族协商统一了字母的拼写法。现在这个统一的拼写法已经在美国、法国、加拿大、泰国等地的瑶族民间共同试用。

本文承毛宗武教授指正并提供资料，特此申谢！

参考：毛宗武教授通信资料。毛宗武、蒙朝吉、郑宗泽《瑶族语言简志》1982。盘承乾《瑶族：从刻木记事到双语文教学》中国教育报，1995-09-02。周有光《女书：文化深山里的野玫瑰》1995改写稿。

（五）布依字

1. 布依族和布依语

布依族，文献记载一般称为“仲家”，有人口212万（1982），主要居住在贵州省西南的盘江流域，1956年设置黔南布依族苗族自治州（首府都匀），1983年设置黔西南布依族苗族自治州（首府兴义）。布依族家乡有桂阳市南的花溪、镇宁白水河上的黄果树瀑布等有名风景区。秦汉时期，布依族建立“夜郎国”，藐视汉族，被讥为“夜郎自大”，但是今天的布依族文明而谦虚。

布依语属于汉藏语系、壮侗语族、壮傣语支，分为三个“土语区”：（1）临近南北盘江的地区以及贵州与广西交界地区是

“第一土语区”；(2) 第一土语区的北面直到桂阳市的郊区是“第二土语区”；(3) 第一区的西北、第二区的西面，是“第三土语区”。

2. 布依族的汉字型老文字

布依族民间有丰富的口头文学，由本族的“魔公”(巫师)借用汉字记录下来，汉字不足之处，补充少量新造汉字，成为布依族民间的“老文字”。这是一种汉字型“孳乳仿造”的民族文字。用字和造字方法如下：

(1) 借用汉字(下文注音，省略调号)：

a. 借词(音义兼借)，例如：

三(saam 三)　　四(si 四)　　送(son 送)
马(ma 马)　　要(au 要)　　儿(lek 儿)

b. 音读(借音改意)，例如：

纳(na 田)　　打(da 河)　　蛮(mbaan 村)
卜、甫(bo 父)　　米、乜(me 母)　　更(gen 吃)

(2) 仿造汉字(利用汉字部件创造新字)：

a. 形声字：

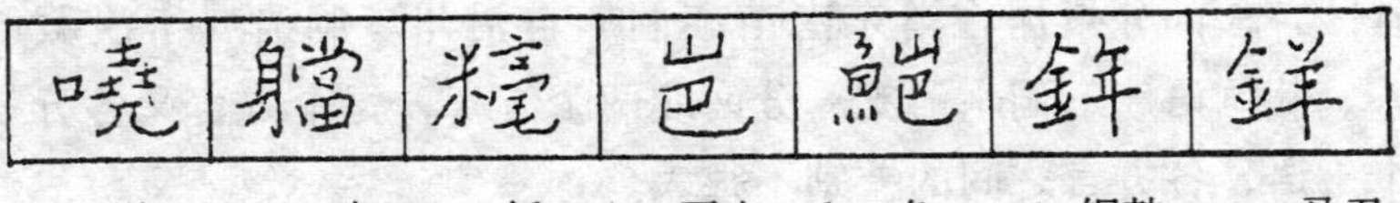

nau 说　ndaang 身　hau 饭　bya 石山　bya 鱼　nyin 铜鼓　yaang 马刀

b. 会意字：

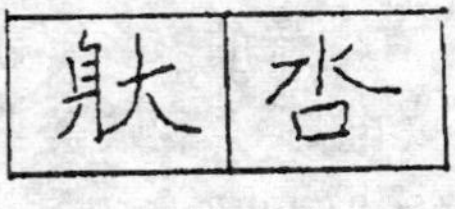

mang 胖　dum 淹

汉字型的布依族“老文字”记载着历代相传的口头文学，包括民歌、故事、神话、寓言、谚语、谜语、歇后语等多种文艺形式。民歌种类有古歌、叙事歌、情歌、酒歌、劳动歌等，歌唱方法有独唱、对唱、齐唱、重唱等，曲调有“大调”、“小调”。文艺形式丰富，说明过去这种“老文字”使用较广。但是因人而异，各地不同，规范化水平低，使用不便，难于发展成为实用的现代文字。

本文承喻翠容教授提供资料并指正，特此申谢！

参考：喻翠容《布依语简志》1980。喻翠容《布依文》，载《中国少数民族文字》1992。喻世长《布依语》，载《中国大百科全书·民族》1986。张志英、李知仁《布依族》，同上。汛河编著《布依族风俗志》1987。

（六）侗字

1. 侗语和侗字

侗族，人口 142 万（1982），居住在贵州、湖南、广西三个省区，大部分聚居在黔东南苗族侗族自治州。侗语属于汉藏语系、壮侗语族、侗水语支；分南北两个方言，每个方言又各分三个土语，各方言之间的差别不很大。

侗族跟汉族杂居，多半能说汉语，北部地区汉语更通行。小学低年级用侗语，高年级用汉语。

侗族民间有汉字型老侗文（方块侗字），用于书写口头文学，晚近又制订了拉丁化新侗文。侗族善于诗歌，有“诗的家乡，歌的海洋”的美名。侗字写本有《珠郎娘美》（电影“秦娘美”）《莽岁》《三郎五妹》等，还有创始于 19 世纪的“侗戏”。

2. 汉字型老侗文

侗族知识分子学习了汉文汉字以后，用汉字书写侗族的诗歌，这样就形成汉字型的“老侗文”。方法主要有三种：

（1）音读（借用汉字的声音，改表侗语的意义），例如：

消（xao“你们”）　鸟（nao“住”）　师（sai“给”）

高锦（gao-jeen“山头”）

（2）训读（借用汉字的意义，改读侗语的声音），例如：

风（leem“风”）　挑（dab“挑”）

（3）反切法（“拼音法”，用两三个汉字拼读成一个音节），例如：

尼亚（nya“你”）　达姆（dam“柄”）　其阿姆（qam“走”）

用反切法读汉字，接近把汉字作为“音符”。这种方法在汉语方言中也有例子。例如：吴语的“𠬤”（fen）是吴语的“勿”（fe）和“曾”（zen）的反切合音；北京土话中的“甭”（beng）是“不”（bu）和“用”（yong）的反切合音。这两个方言字已进入汉语字典。不同的是，汉语方言字把两个字挤进一个方框里，成为一个新字。而汉字型的侗文把几个字线性排列，向表音化前进了一步。

3. 拉丁化新侗文

1957年制订拉丁化“侗文方案”（草案），1958年又经过专家论证加以肯定。拉丁化新侗文以南部方言为基础方言，以榕江县车江公社侗话的语音为标准音，有声母32个，韵母72个（其中单韵母9个），声调9个，完全用26个拉丁字母拼写。

拉丁化新侗文和汉字型老侗文对照举例（新侗文音节末尾为标调字母）：

Aol yanc saip daol nyaoh.

拿　屋　师　道　鸟。

（拿　房　给　咱　住。）

上例说明：“拿、屋”是借义（训读）；“师、道、鸟”是借音（音读）。

Naengc jaix qaenp jeml geml Jusdongh.

看 哥 重 其母 克母 九洞。

（看 您 重 金 盖 “九洞”。）

上例说明：“其母”（黄金）、“克母”（盖过）是拼音反切字。“九洞”地名。

Jenc pangp eis dah saislongc nyenc pangp.

山 高 不 过 心肚 人 高。

（山 高 比 不 过 人 的 志 气 高。）

上例说明：“心肚”（志气），双音节合成词，连写。

4. 侗字的补充

下面根据赵丽明《汉字侗文与方块侗字》作一些补充。侗族很少造新字，但是并非完全不造。收集到100多个汉字型侗字，下面引用30个，其中18个是“口”部或“亻”部，这是新造侗字的标记。

1	2	3	4	5	6	7	8	9	10	11	12	13	14	15

ma	ȵep	pjin	ɕe	ŋep	neŋ	pia	khwan	ȵa	ȵa	ȵak	taŋ	tho	hu	pu
来	诺	鳖	舍	藏	逃	岩	宽	河	你	沼泽	水塘	土坑	佛	父

16	17	18	19	20	21	22	23	24	25	26	27	28	29	30

sa	man	kwai	aŋ	the	seu	heem	to	ɬan	e	ɕa	pa	sap	tan	kud
祖母	天	良	颚	扯	愁	喊	唱	吃	他们	沙	鱼	捉	根	草标

上例说明：[1]形声，来义马声。[2]疑“诺”变异。[3]疑“鳖”上部变异。[4]疑“赦”变异。[5]会意，身藏门内。[6]会意，外走为逃。[7]会意，叠山为岩。[8]会意，多天为宽。[9]音读，方音。[10]音读，偏旁同音假借。[11]音读，入声，偏旁同音假借。[12]会意。[13]会意。[14]疑“佛”变异。[15]偏旁音读，类似形声。[16]偏旁“掃”省。[17]偏旁训读。[18]偏旁训读，乖乖为良。[19]偏旁音读。[20]偏旁音读。[21]音读，偏旁“愁”省。[22]音读，方音。[23]音读。[24]音读。[25]训读。[26]偏旁借词，音义兼借。[27]偏旁音读。[28]偏旁“捉”省。[29]偏旁音读。[30]上口下大，来源不明。

语句举例：

wan ti the ca ma ce tao i tan kua.

皇 帝 㑩 下 马，敉 倒 一 身 寡。

（皇 帝 扯 下 马，舍 得 一 身 剐。）

有的字，训读以后，又同音假借，改表别的意义。例如：“路”，训读 khwen（路），同音假借改表“完成”。“雨”，训读 pjen（雨），同音假借改表“羽毛”。

古人用汉字记录侗语。例如：《龙胜厅志》：伶语（侗语）“吃饭曰拣考，吃酒曰拣窖，吃肉曰拣南”。《庆远府志》：僚语（侗语）“吃饭曰饘饫，饮酒曰饘考，食肉曰饘难”。

参考：梁敏《侗语简志》1980。王均《侗文》《侗语》，载《中国大百科全书·民族》1986。张民《侗族》，载同上。张均如《侗文》，载《中国少数民族文字》1991。张柏如《江永女书与百越文化的关系》，载1991年全国女书学术考察研讨会文集《奇特的女书》。赵丽明《汉字侗文和方块侗字》，载《中国民族古文字研究》，天津古籍出版社，1992。

（七）白文(汉字型白文)

下面文章是白文专家徐琳教授（女，白族）《关于白族文字》（1996）的摘录：

白族是我国西南少数民族中文化比较发达的民族之一。在唐、宋两朝，曾跟乌蛮蒙氏共同建立南诏国，后又自建段式大理国。现有人口140多万，分布在云南西部大理白族自治州（80%白族在此）和邻近的丽江、维西、怒江、保山、楚雄等地。此外，在贵州、广西、湖南有十多万人。白语属汉藏语系、藏缅语族，彝语支。

南诏和大理立国500多年，汉文是官方使用的书面语。现存汉文碑刻例如：

公元766年南诏王阁罗凤立于南诏国门的《德化碑》，

793年异牟寻与唐剑南节度使韦皋的书信，

794年异牟寻与唐使崔佐时的誓文，

898年的南诏《文字卷》（日本京都藤井有邻馆收藏），

1220－1224年间大理国古幢石雕上的《造幢记》等。

南诏国的知识分子掌握汉文之后，利用汉字给白语注音、或在汉字上加偏旁制造白文新字，书写自己的民族语言。因是汉字型的，称“方块白文”。用白文书写的文献有：《封民之书》（封即白），还有地方历史传说《白古通》《玄峰年运志》等。明代杨慎谪到云南保山的几十年间，钻研地方史籍，通白文，删正上述二书而译为《滇载记》，原书失传。

白文书籍，由于元、明、清各朝怕白族恢复白国，到处搜查，付之一炬，致使后人无法见到原来的白文全貌，只能在不多的汉文文献和碑刻中略知一斑。

现存白文碑刻有：

大理三十七部会盟碑（971 年，北宋开宝年间）。

大理国王段政兴资（1147 - 1172）铸观音铜像背部发愿文 43 字（南宋隆兴年间）。

洱源县邓川云路山石窦香泉“段信苴宝摩崖碑记”，全文 402 字，刻于 1370 年（明洪武二年；“段”是姓，“宝”是名，“信苴”是尊称，意为“王子”）。

大理喜洲圣源寺白族人杨黼撰“词记山花·咏苍耳境”碑（“山花碑”），全文 528 字，刻于 1450 年（明景泰元年）。

大理喜洲弘圭山杨安道书“故善十杨宗墓志”（“杨宗碑”），全文 347 字，1453 年立（明景泰四年）；又，“故善十赵公墓志”（“赵公碑”），全文 620 字，1455 年立。

“处士杨公同室李氏寿藏”碑阴“山花一韵”（“杨寿碑”），全文 56 字，1481 年立（明成化十七年）。

“史城芜山道人健庵尹敬夫妇预为冢记”（汉文）碑后附咏“白曲”一诗(“尹敬碑”)（白语五言古诗，约 200 字），1703 年立（清康熙四十二年）。

还有大量的大本曲、吹吹腔、白祭文、民歌等，保留在民间艺人、阿阇黎经师和乡村父老手中。

汉字型白文的结构：

1. 音读汉字（借音不借意，读音近似汉音），例如：双（田地的量词：合四亩多），角（田地的量词：约合二亩），波（祖父，阳性词尾），息波（曾祖父），娘（咱们），豆（指示代词：这），阿（数词：一），阿朵（那个，谁）。

2. 训读汉字（借意不借音），例如：是，天地，天花，坛主，灵魂，黄泉路，云山路（读音不同汉语，注音省略）。

3. 汉语借词（意同音近），例如：文化，学习，考试，报纸，电影。

4．自造新字，例如（声调从略）：

（1）会意字：

ca　gv　zo　nii　yoge

早饭　坐　上坡　进入　垢秽

（2）形声字：

（亻旁）　　　　（口旁）

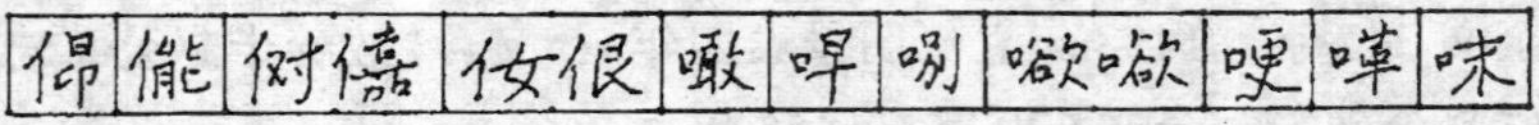

nga　ne　duija　nivnii　ga　zo　bier　ssussu　ge　ner　me

我们　你的　伴侣　女人　说　讲　问　蝉鸣声　厚　量词间　语助词

（并列合体）　　　　（上下合体）

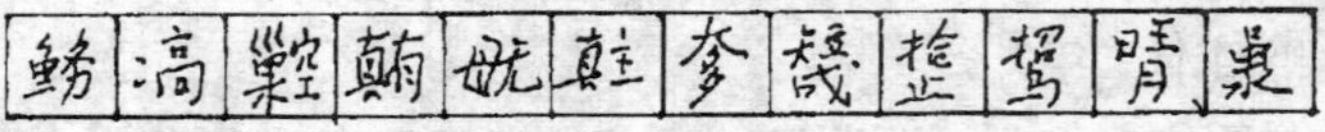

ngv　go　kv　ze　mu　ze　do　ce　zi　zo　nga　xui

鱼　两　巢　有　没有　主人　大　短　十　鸟　月　水

白文举例（徐琳汉译）（注音从略）：

（1）杨黼《山花碑》（第四联）

夺西天南国趣陶，　　（南国美景胜西天，）
占东土北阙称谱，　　（东土北阙尽纳福，）
秀雀翫景鸣嚅嚅，　　（华雀尝景叫喳喳，）
蝉吟声啾啾。　　（蝉吟声斯斯。）

金乌驳散天上星，　　　　（朝阳驱散天上星，）
玉兔打开雷面雾，　　　　（新月冲破空中雾，）
黄鸳白鹤阿双双，　　　　（黄鸳白鹤一双双，）
对飞喀啄啄。　　　　　　（对飞叫啄啄。）

杨安道《杨宗碑》(前一段)

你侣玉叶杨家，名宗。生在蒙城喜赕城南仙村丘矣。息波名杨祥通，息夜名药师玉。波名杨通名，夜名杨满珠。父难名杨观音庆，母难名夜息。生二子，大难名应，小难名宗，敝是波杨矣。

（译文）这位属玉水杨氏世家，名叫宗。出生在南诏喜洲城南的仙村里。曾祖父名叫杨祥通，曾祖母名叫药师玉。祖父名叫杨通名，祖母名叫杨满珠。父亲吆名叫杨观音庆，母亲吆名叫夜息。生两个男孩，大的叫应，小的叫宗。他就是宗公先生了。

(参看："白文"，本书 422 页)

（八）哈尼字

1. 哈尼族和哈尼语

哈尼族，人口 125 万（1990），主要居住在云南红河和澜沧江之间的山岳地带，以红河哈尼族彝族自治州为集中居住区，此外有墨江、元江、江城、普洱等哈尼族自治县。有名的普洱茶就是哈尼地区的产品。这里在明朝初年曾设置“和尼府”。哈尼族可能跟彝族同源于古羌人。

哈尼语属于汉藏语系、藏缅语族、彝语支，分为三个方言：(1) 自称哈尼和雅尼的说“哈雅”方言；(2) 自称碧约和卡多的说“碧卡”方言；(3) 自称豪尼和白宏的说“豪白”方言。方言之间的差别比较大，彼此难于通话。

哈尼族前后有三种文字：（1）民间的汉字型哈尼方块字，（2）基督教会设计的变形哈尼罗马字，（3）新近制订的拉丁化哈尼新文字。

2. 汉字型哈尼方块字

汉字型“哈尼方块字”，据说创始于民国初年，流传于墨江哈尼族自治县的癸能、碧溪一带，记录“豪白”方言。它是一种“孳乳仿造”的汉字型民族文字。由巫师“贝玛”掌握，祀奉“龙巴门”寨神。用毛笔手写，字序从上而下，行序从右而左，跟旧式中文相同。内容有民歌、民俗、历史传说、祭祀经、创世史诗《奥色密色》等。

汉字型“哈尼方块字”主要借用原有汉字。借用不足，用汉字部件装配成新的哈尼方块字，这样的新造字为数不多，在汉字流传发展阶段中主要属于“借用”阶段。汉字型哈尼方块字的形制如下（注音用拉丁化哈尼新文字）：

（1）音读汉字（读音接近汉语，表示哈尼语的意义，跟汉语意义无关；基本上一个汉字读一个音节，把汉字当作音节符号）。例如：

莪(oq“天”)　　妹(meil“地”)　　靠(kaol“庄稼”)
能(neivq“鬼”)　　挞(dav“上、昇”)　　乎(haoq“地方”)
厄(eel“水”)　　奴(naol“后面”)　　迭(div,deivq“生、活”)
卧(hhuvq“回去”)　　货(haol“山”)　　打腊(davlal“昇”)
不妈(beelmao“太阳”)　　不迭(bulyivq“诞生”)
述么(shuqmul“启明星”)　　数从,送从(solcoq“三丛”)

（2）自造新字（用汉字原有部件搭配成为新的哈尼字），例如：

bao'lhao	ngaoqshaoq	ssiiq	zol	cuvq
月亮	鱼	走	对、双	照耀

说明：哈尼方块字中，既有“同词异写”，例如“数从”又写“送从”，都读 solcoq（“三丛”），其中“数”和“送”读音相同。又有“同字异读”，例如“不妈”beelmao（“太阳”），“不（人）迭（生）”bulyivq（“诞生”），其中前后两个“不”字读音不同。这种混乱现象是一切汉字型文字所共同。

（3）哈尼方块字文献举例：

下面是《不妈月妈迭》（太阳月亮生）开头几个句子。（第一行哈尼方块字；第二行哈尼新文字；第三行汉文按词对译。基本上都用现成汉字，只有两个新造字：竜憢。）

竜 落 不 妈 迭。述 六 不 都 货 不 命 迭。
no loq beelmao divq. shuq loq beel duvhol beel mil divq.
白天(助)太阳生。　早晨(助)太阳出山太阳(助)生。

不 卧 送。不 勿 阿 受。不 都 憢 都。不 楚
beel hhoqsol. beel wuqaolsheel. beel duv noduv. beel cuvq
太阳神灵。　太阳颜面金黄。　太阳出日子出。　太阳照耀

妹 高 烧。莪 夫 莪 命 六。妹 夫 妹 落 六。
meilgao shao. oq fu oq mil luq. meil fu meil loq luq.
大地送。　天看天（助）明。　地看地（助）明。

（全段意译：白天太阳诞生，早上太阳出现在东山。太阳的

神灵，太阳的颜面是金黄的。太阳升起白天来，金色的阳光照耀大地。天空清朗，大地明亮。）

3. 变形哈尼罗马字

基督教会曾为哈尼族设计一种变形罗马字，书写“卡多”次方言，在思茅、西双版纳、红河等地的教会中使用，流传不广。

4. 拉丁化哈尼新文字

1956年对哈尼语作普遍深入的调查，1957年制订拉丁化《哈尼文字方案》（草案）。这个草案包括两种方言文字：“碧卡”方言文字和“哈雅”方言文字。但是，“碧卡”方言文字（以碧卡方言为基础方言，以墨江县菜园碧约话的语音为标准音），没有推行。

推行的是“哈雅”方言文字（以哈雅方言的“哈尼次方言”为基础方言，以绿春县大寨哈尼话的语音为标准音）。“哈尼次方言”人口超过雅尼次方言和豪白方言的总和，并有较大的聚居区。1984年对方案进行调整和修改，有声母22个，韵母20个，介母2个，声调4个，完全用26个拉丁字母，称为“哈尼文”。（参看：“哈尼文”，本书423页）

本文承王尔松教授指正并提供资料，特此申谢！

参考：李永燧、王尔松《哈尼语简志》1986。王尔松《哈尼族文化研究》1994；又，王尔松通信资料，1994。李永燧《哈尼语》《哈尼文》，载《中国大百科全书·民族》1986；《哈尼语概说》，载《民族语文》1997－2；《哈尼文》，载《中国少数民族文字》1992。刘尧汉《哈尼族》载《中国大百科全书·民族》1986。

（九）仡佬字

仡佬族，古称“葛僚”，西汉夜郎国的主体民族之一。人口53000（1982），居住贵州省安顺等地。语言属汉藏语系、族支未定。过去，妇女有“统裙”和“凿齿”风俗。原来认为仡佬族没有文字，教育用汉语汉字。

陈其光教授在1989年发现，仡佬族有汉字型文字，借用汉字，补充自造汉字，有形声、会意等性质的造字方法。陈教授的发音人王国权，有一篇用汉字记录的仡佬语材料《刀朵刀》（三月三），里面有如下的自造汉字，由陈教授抄录保存：

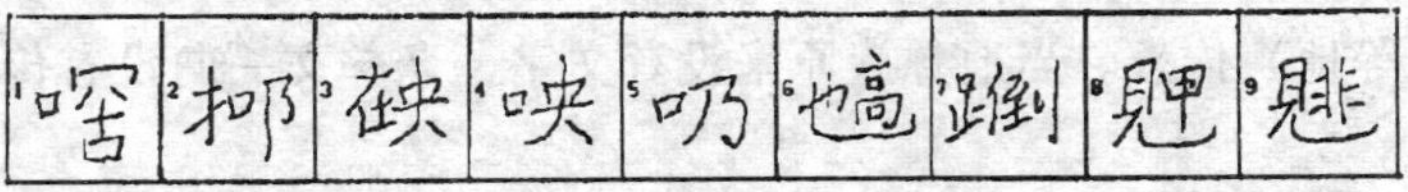

字音：	kau^{35}	k'au^{31}	ing^{55}	ing^{55}	ne^{31}	kau^{35}	tau^{31}	zha^{13}	p'au^{33}
字义：	人	了	站	站	们	秃山	滚下	奶奶	飞

字音：	nie^{31}	viau^{53}	viau^{53}	ni^{55}	t'a^{35}	kang^{35}	kang^{35}	tse^{33}	ts'u^{35}
字义：	红	八	八	偏	处所	杠	杠	尾巴	共

上例说明：从^{1}到^{10}，是形声性质。从^{11}到^{17}，是会意性质。^{18}是“楚”字讹变，假借表音性质。形旁（部首）有随意性。一字多形，字无定形，这是汉字型文字的共同现象。这些自造汉字都是“孳乳仿造”。

陈教授发现仡佬族的汉字型文字这件事，使我们想像，可能还有其他少数民族也有汉字型文字，而尚未发现。

本节承陈其光教授提供资料，特此申谢！

参考：《仡佬族》，《中国大百科全书·民族》，1986。贺嘉善《仡佬语简志》，民族出版社，1983。陈其光：通信资料，1996－07。

（十）阿细彝字

“阿细彝字”是一种孳乳仿造的汉字型意音文字。

20世纪初，法国天主教会到云南彝族阿细地区（阿细、路南等地）传教。当地彝族原来没有文字，老彝文一向没有传来此地。

起初，1898－1904年间，法国传教士李埃达（Alfred Lietard）为当地设计一种拉丁化的阿细新文字，编写了《阿法字典》《法阿字典》《阿细语法撮要》等书。但是当地彝族没有拼音习惯，不喜欢这种外来的文字。

后来，法国天主教传教士邓铭德（Paul Vial）又来传教，在1906－1907年间，为阿细彝族设计一种汉字形式的彝语方块字，被称为“阿细彝字”，受到当地彝族的欢迎。这种彝字为数不多，一个字代表一个词，读一个到三个音节，有会意字，有形声字。教会曾用它翻译传教读物，并记录古代传下来的创世诗史《阿细的先基》、哲理古训《诺哲》等。可惜在“镇反”、“土改”时候，全部付之一炬。遗存资料难于觅得，现在无法知道详细的情况。

阿细彝字样品：

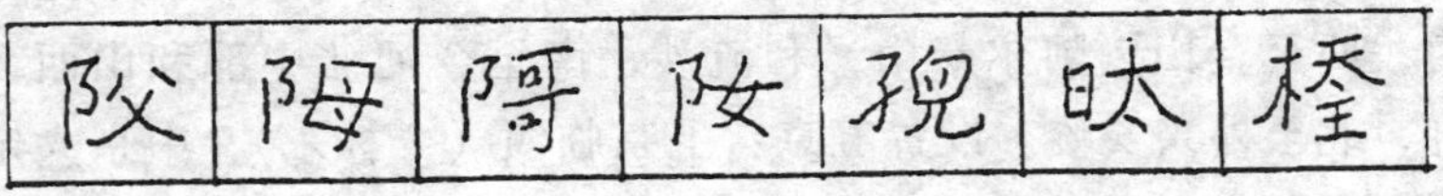

a-bba	a-mo	a-mu	a-mai	sso	li-cyi	mu-se-po
父亲	母亲	哥哥	女儿	儿子	太阳	天主

hlo-bbo	hie-sso	ye	yi	po	si-sai	yi-sai
月亮	鸟	鸡	水	山	树木	神

说明：上面 14 个例子，开头 9 个是会意性质，后面 5 个是形声性质。这些都是合体字。

本文资料是彝族专家武自立先生所提供，特此申谢！

三　变异仿造的汉字型文字

（一）契丹大字，（二）女真字，（三）西夏字

（一）契丹大字

1. 契丹语和契丹字

唐末，契丹族首领耶律阿保机（辽太祖）以现在内蒙赤峰地

区为中心，在公元 907 年建立辽国，又称契丹国。疆域东至于海，西至金山（阿尔泰山）和流沙，南至今河北中部和山西北部，北至外兴安岭。设置五京：上京临潢（今林东），中京大定（今宁城），东京辽宁，西京大同，南京析津（今北京）。跟五代（907－960）和北宋（960－1279）对峙，长达两个世纪以上。1125 年灭于女真族。直到今天，俄语中称中国为“契丹”。

契丹语属于阿尔泰语系，与蒙古语族比较接近，尚未确定语族。汉语借词很多。宋代洪迈在《夷坚志》中讲一个笑话，说契丹人把“鸟宿池中树，僧敲月下门”，读成“月明里和尚门子打，水底里树上老鸦坐”。契汉两语的“语法”和“词序”不同。

《五代会要》说：“契丹本无文纪，唯刻木为信；汉人之陷番者，以隶书之半加减，撰为胡书”。《新五代史》说：“汉人……作文字数千，以代刻木之约。”《辽史》说：“(辽太祖神册）五年(921)，始创契丹大字，诏颁行之”；又说：“回鹘使至，（太祖弟）迭剌相从二旬，习其言与书，因制契丹小字，数少而该贯”。前者称“大字”，后者称“小字”。契丹文是“双文”制度。

辽国灭亡之后，契丹字还在有限范围内使用近一个世纪。金初借用契丹字。《金史》说：章宗明昌二年（1191）“诏罢契丹字”。从创始到废弃，历时 270 年（921－1191）。但是契丹文的典籍一本也没有留传下来，只有宋人王易的《燕北录》中收录五个契丹字。明清时期，成为无人认识的古文字。直至 20 世纪 20 年代发现辽代刻碑文字，才进行考古研究，晚近释读，渐次突破。

2. 契丹大字的形制

契丹字的文献几乎全部湮灭。1951 年辽宁锦西县西孤山出土《萧孝宗墓志》，考证是契丹大字；后来又发现《耶律习涅墓志》《耶律祺墓志》等，得到大字 2000 来字，其中已经释读的有

100 来字。契丹大字是表意为主、表音为副的汉字型词符文字。

在这之前，1922 年内蒙巴林右旗辽庆陵发现辽主《兴宗和仁懿皇后哀册》《耶律仁先墓志》《耶律宗教墓志》《阜新海棠山墓志残石》《金代博州防御使墓志》等，考证是契丹小字。（契丹小字是一种特殊的表音文字，另文讨论。）

契丹大字很像汉字，笔画也与汉字一样，书写格式跟传统汉文相同。但是自造字形，除少数例外，都不同于汉字。这是“变异仿造”而不是“孳乳仿造”。

契丹大字大都是单体的表意字（意符），没有发现合体的会意字或形声字。但是，其中有表音字（音符）。契丹大字是表意为主，表音为副的“意音文字”，不是“纯”表意文字。

契丹语是多音节语，一个契丹大字表示一个或几个音节。它跟汉字的关系有如下几种情况：

(1)“借词”：借用汉字的形、音、义，吸收汉语的词汇。例如：“皇帝、太后、太子、王、道、守、金、山”等。

(2)“训读”：借用汉字的形和义，读契丹语的音。例如：“一、二、三、四、五、十、月、日”等，意义相同而发音不同。

(3)“音读”：借汉字的音、不借汉字的意，这样的“音读”例子极少。契丹大字“牙”与汉字“家”的中古音类似，但意义不同；契丹大字“舟”与中原音类似，但意义不同。这是两个少见的“音读”例子。借汉字而变形、但是还能看出原来面目的“变形字”，为数极少。

“训读”和“音读”是孳乳仿造的造字和用字方法，不适用于变异仿造的契丹大字。极大多数契丹大字是新创的字形，类似汉字而又不是汉字。这就是“变异仿造”。

附录：《已识读的契丹大字举例》（根据清格尔泰“关于契丹文字的特点”）。

已识读的契丹大字举例

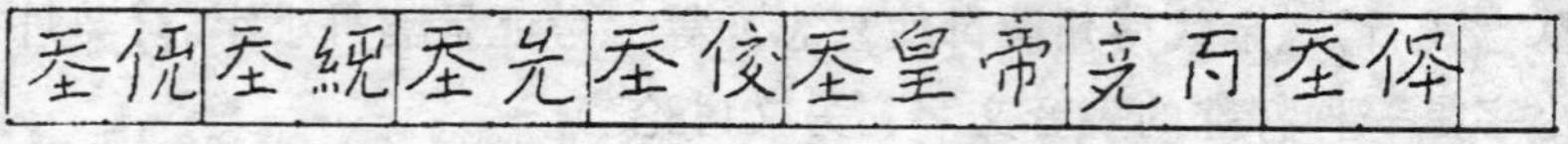

天重熙　天统和　天赞　天庆　天皇帝　应历　天辅

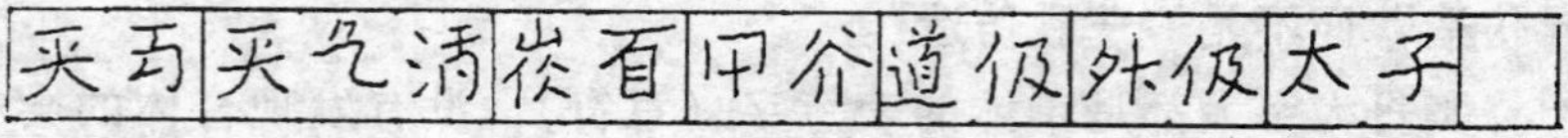

大康　大安　咸雍　清宁　道宗　圣宗　太子

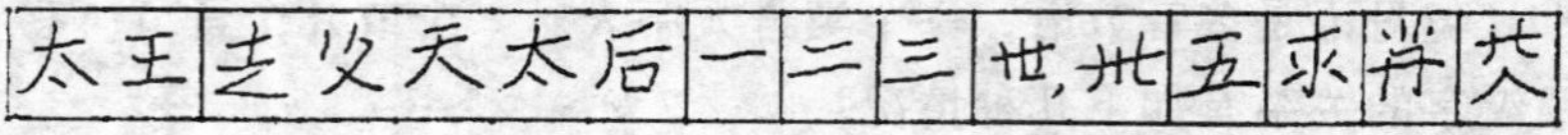

大王　仪天太后　一　二　三　四　五　六　七　八

九　十　廿　三十　四十　六十　七十　甲乙、木　丙丁、火　戊己、土　庚辛、金　壬癸、水　子鼠

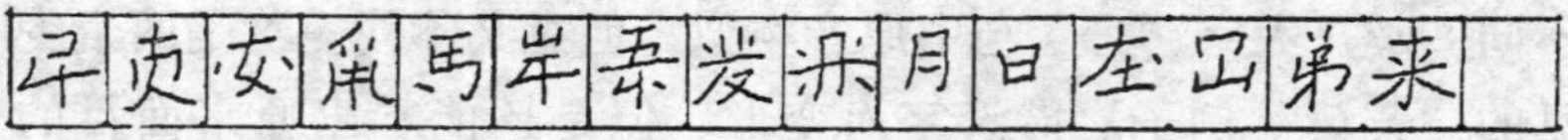

丑牛　寅虎　辰龙　巳蛇　午马　未羊　申猴　酉鸡　年　月　日　逾越　都督

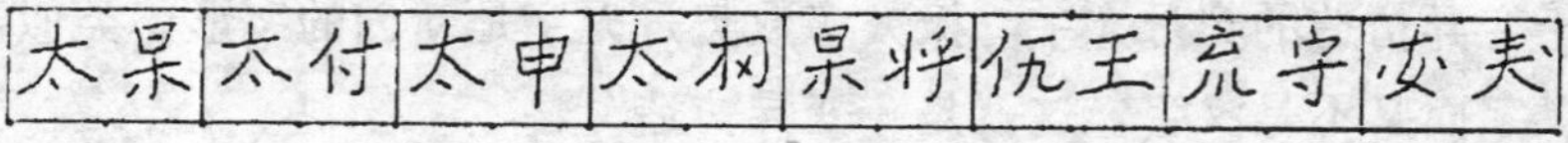

太师　太辅　太保　太尉　使相　郡王　留守　副使

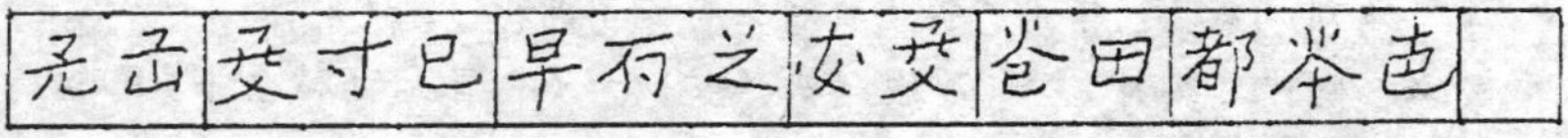

郎君　乙室己　国舅　公　帐　都招讨

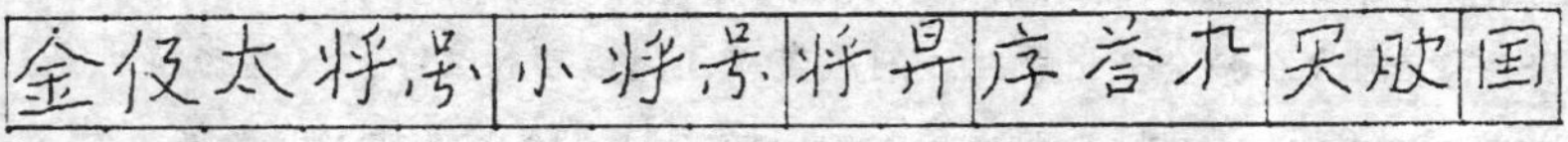

金吾大将军　小将军　将副　节度使　契丹　国

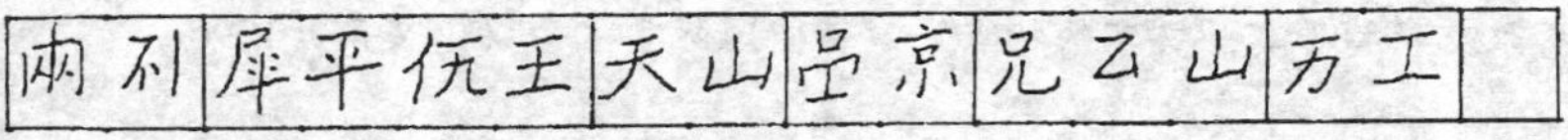

辽　平西郡王　天山　西京　嘉鹿山　万幸

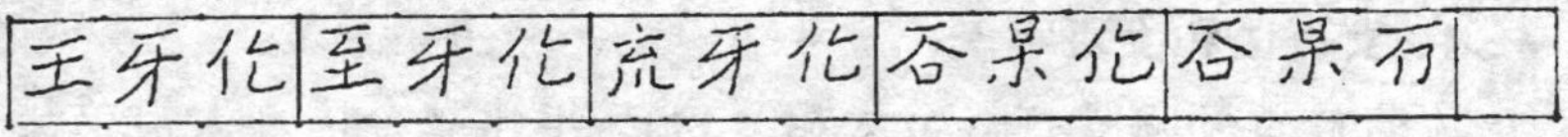

王家奴　韩家奴　刘家奴　药师奴　药师女

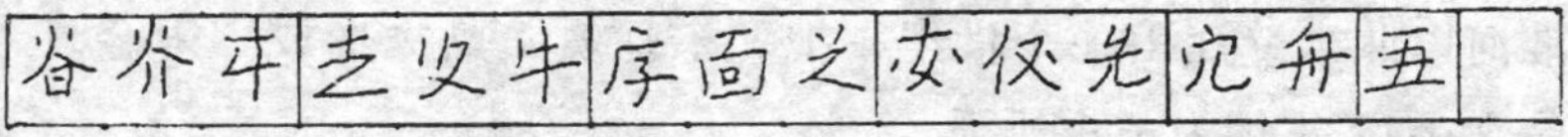

直鲁姑　仪牛　习尼里　正臣　郑九　岁

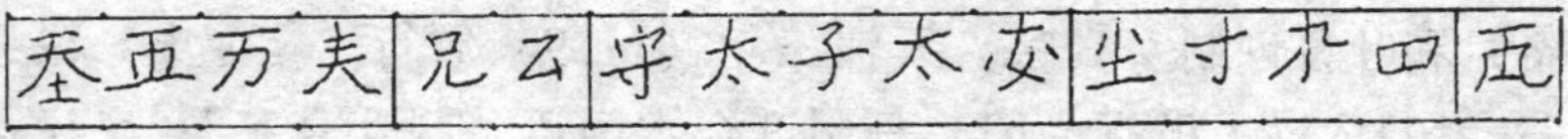

天朝万岁　撰　守太子太傅　铭曰　正

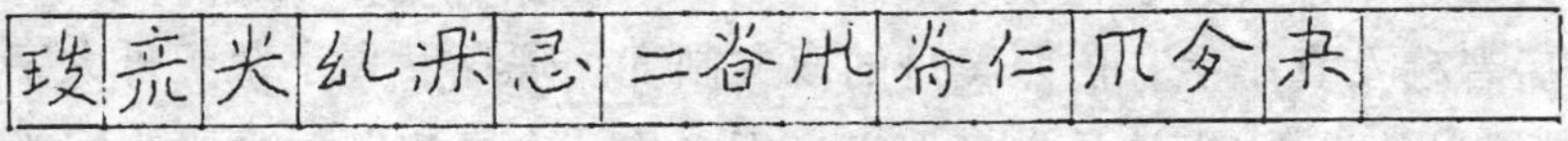

时　印　元　天年　忠、念　儿子　夫人　故　耶律

本节承刘凤翥教授指正并提供资料，特此申谢！

参考：陈述《契丹》，陈乃雄《契丹文》，《中国大百科全书·民族》1986；陈乃雄《契丹文》，《中国大百科全书·语文》1988，中国大百科全书出版社。刘凤翥等《契丹字研究概况》，《中国民族古文字研究》1984，中国社会科学出版社。刘凤翥《契丹文石刻》，《中国大百科全书·考古》1986，中国大百科全书出版社。刘凤翥《辽代语言和文字》，《博物馆研究》1984：2－3。又，刘凤翥的通信资料。于宝林《略论契丹文的解读方法》，《中国古文字研究》1984，中国社会科学出版社。清格尔泰、刘凤翥、陈乃雄、于宝林、邢复礼等《契丹小字研究》1985，中国社会科学出版社。清格尔泰《关于契丹文字的特点》，《韩国国际学术会议论文集》1996。

（二）女真字

1. 女真语和女真字

女真族首领阿骨打（金太祖）1115 年建立金国。太祖弟吴乞买（金太宗）1125 年灭辽国，1126 年灭北宋，虏徽钦二帝。1153 年建都燕京（今北京），1214 年迁都汴京（今开封），统治淮河以北半壁江山一个世纪，把“宋辽夏”鼎立变成“宋金夏”鼎立。1234 年为蒙古所灭。

女真语属于阿尔泰语系、通古斯·满洲语族，是满洲语的祖语。女真原来没有文字，初入中国，借用契丹字。金太祖命完颜希尹和叶鲁创制女真字，天辅三年（1119）颁行。《金史》说：“希尹乃依汉人楷字，因契丹制度合本国语，制女真字”；又说：“希尹依仿契丹字，制女真字”。20 年后，熙宗天眷元年（1138）又另创一种女真字，皇统五年（1145）颁行。前者称女真大字，后者称女真小字，仿照契丹的双文制度。现存女真字跟契丹大字形制相同，应当就是女真大字（下文称“女真字”）。女真小字尚未发现。

蒙古灭金以后，中原女真人不再用女真字，东北女真人继续使用 200 年，后来成为无人认识的文字。从创始到完全遗忘经历三个世纪。晚近解读成功。

女真字资料几乎全部失传。后来发现刻有女真文的碑铭，主要有:《大金得胜陀颂碑》(约 1500 字，1185 年立，在吉林拉林河石碑崴子)、《女真进士题名碑》(约 1100 字，1224 年立，在河南开封)、《奴儿干永宁寺碑记》(约 700 字，1413 年立，在俄罗斯境内黑龙江口特林地方)、《庆源郡女真国书碑》(约 500 字，原在朝鲜咸镜北道庆源郡，金熙宗皇统以前所刻)。此外还有少量文字见于其他碑铭、印章、铜镜和手写残页。明代永乐年间编辑的《华夷译语》中有《女真馆来文、杂字》(即《女真译语》)，是女真字和汉字的双语字汇，给后世解读提供了线索。

2. 女真字的形制

女真字用汉字或契丹字为“基字”，增损笔画。起初借用汉字有些保留原形，例如“日、月、一、二”等，后来更改字形，不再原样照抄。但是借用契丹字，仍旧少量原样照抄。有“借意”(训读) 和“借音”(音读) 等借用方法，类似日文。由此增损而成的女真字，分为“意字”(意符) 和“音字”(音符)。“意字”又分为“完全意字”(词字) 和“不完全意词”(词素字)，后者不能独立成为语词。

女真语是多音节语，一个字读一个到四个音节。每字一笔到十笔，近形字多。都是单体的表意字，没有合体的会意字或形声字。女真字数目不多，《女真译语》收 903 字，《女真文辞典》收 1373 字。

3. 女真字举例

(1) 语句:(根据《女真语言文字研究》，音标用拉丁字母代替)

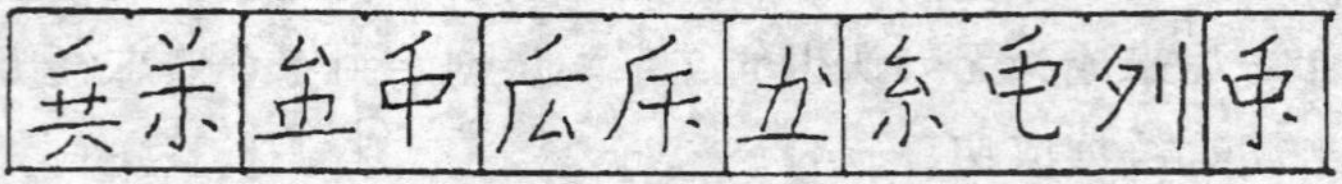

mi－ni tshao－xa tu－gi ere ete－eri－in o!

我的 军 云 这个 如何 呵！（我军如云）

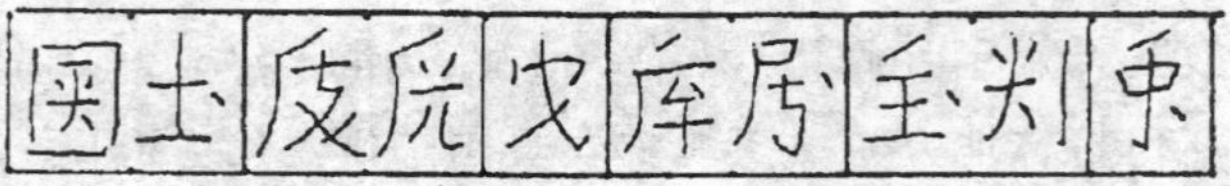

guru－un bo－go i fuse－lu de－je o!

国 家 的 兴 起 呵！ （国家将兴）

（2）女真字的来源和用法

A. 以“汉字”为“基字”：

a.“训读”，借意不借音（字形变异仿造，借汉语意义，读女真语音）：

inenggi	bia	emu	dzhuwe	ilan	abuxa	guru	fan	uli
日	月	一	二	三	天	国	南	北

furi	edu	tanggu	tumen	ninggu	ujewun	dzhuwa	dzhua	dou
西	风	百	万	六	九	十	夏	弟

b.“音读”，借音不借意（字形变异仿造，借汉字读音，[ ]只说明来源）：

shang	dai	tai	gin	fu	cci	xe	gung	ci
[上]	[大]	[太]	[京]	[府]	[其]	[何]	[工]	[犀]

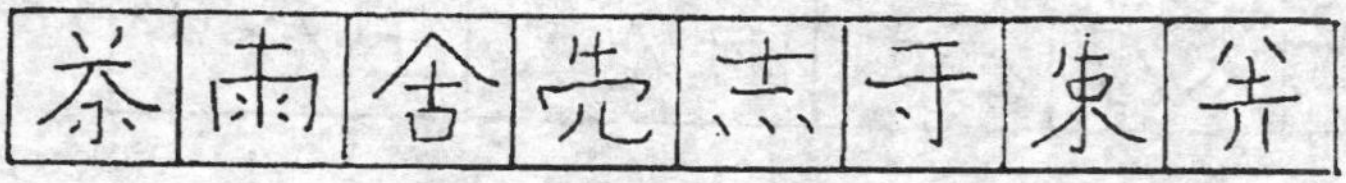

sa	i	sha	shira	dzha	i	dzhul	atshi
[茶]	[雨]	[舍]	[先]	[志]	[于]	[朱]	[赤]

B. 以“契丹字”为“基字”：有的用作“意字”（意符），有的用作“音字”（音符）。

a. “意字”（意符），又分：“完全意字”和“不完全意字”：

（a）“完全意字”（词字），能独立成词：

xoni	tixe	amin	enin	xexe	xaxa	na	duxa	ere
羊	鸡	父	母	女	男	地	门	这个

（b）“不完全意字”（词素字），不能独立成词，必须结合词缀等成分才能成词：

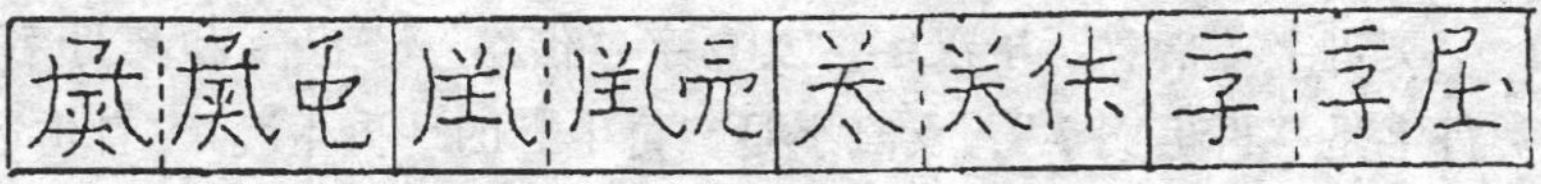

mede	mederi	xa	xagan	tu	tuti	mer	merge
（海）	海	（帝）	皇帝	（出）	出	（意）	意

b.“音字”（音符），一般是单音节符号，只代表声音，本身不含任何意义。有的原来有本身意义，但是用作“音字”之后，完全失去本身意义，“词字”变为“词素字”。下面是“音字”组成的语词：

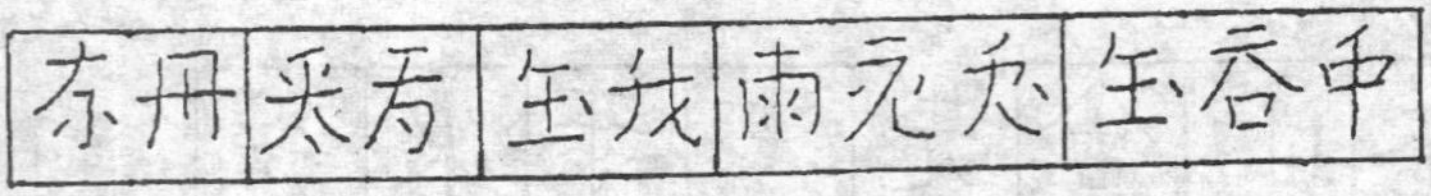

ajang	sege	ufa	imara	umiaxa
蜡烛	岁	面条	山羊	虫

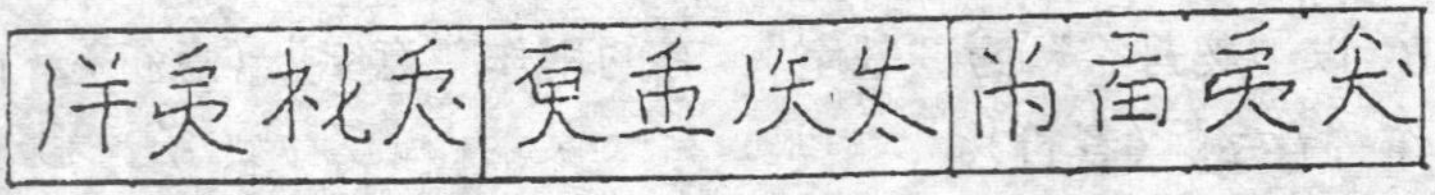

gashaciara	keshigeburu	xudashamai
侵犯	忧	卖

4. 女真字的发展过程

女真字的发展过程，大致“完全意字”（词字）创造在先，“不完全意字”（词素字）产生在后，又为书写词尾和无字可表的语词，发展出许多“音字”（音符）。女真字只有1000来个，多数常用语词是用“音字”拼写的，这说明女真字的表音功能相当发达。从整体来看，女真字是一种有音节化倾向的“意音文字”。

契丹字“借意”于汉字，女真字“借意”于汉字和契丹字。契丹字是“再生文字”，女真字是“再生”的“再生”。二者仿造汉字，都是“变异仿造”，不取“孳乳仿造”。从“六书”看，女真字只有“假借”一书，“假借”的目的是：（1）作为造字的字形基础；(2) 造成的“意字”又借作表音的“音字”。从“三书”看，女真字有“意符”和“音符”，没有“定符”。

本节承金启宗教授指正并提供资料，特此申谢！

参考：金光平、金启宗《女真语言文字研究》1980。金启宗《女真文字研究概述》，载《中国民族古文字研究》1984。金启宗《陕西碑林发现的女真字文书》。金启宗《女真文》，载《中国大百科全书》民族卷和语言文字卷，1986－1988。蔡美彪《女真字构制初探》，载《内蒙古大学学报：哲学社会科学版》1984-2。

(三) 西夏字

1. 西夏语和西夏字

党项羌族拓跋氏，唐朝赐姓李。首领李元昊，1038 年（北宋仁宗宝元一年）建立大夏国，以现今宁夏和甘肃一带为基础，建都兴庆（今宁夏银川），跟宋朝和辽金鼎足而立。1227 年（南宋理宗宝庆三年），为蒙古所灭，历时 190 年。宋朝称大夏为“西夏”。

西夏原来没有文字。《宋史》说：“元昊自制蕃书，命野利仁荣演绎之；字形方整类八分，而画颇重复。”1036 年颁行。蕃书，西夏人称“国字”，后世称“西夏字”。

西夏语属于汉藏语系、藏缅语族。西夏字在大夏建国前夜（1036 年）开始推行。西夏设蕃字院和汉字院，负责撰写西夏与宋朝以及其他邻国往来的表奏。在西夏境内，西夏文和汉文同时流行。

西夏字出版物很丰富，保存到今天的有几百万字的图书，超过同时期汉族以外的其他任何民族。直到元朝中叶，宁夏和甘肃一带的西夏人还使用西夏字。明清时期，西夏人同化于汉族和其他民族，西夏字渐渐废弃不用，成为无人认识的古文字。从创始到完全遗忘，经过 300 来年。北京的居庸关有六体文字石刻，其中一种是西夏字。

西夏遗下多种字书。根据韵书《同音》的记载，西夏字有 6133 字，但是晚近详细计算只得 5651 字，加上短缺的字共计 5800 多字。字书中有《番汉合时掌中珠》（1190），是一部“夏汉”双语词汇，成为后世解读的钥匙。

2. 西夏字的形制

西夏字模仿汉字，也有“点、横、竖、撇、捺、拐、提”等笔画，也有“楷、行、篆、草”等字体，但是决不借用一个汉字，全部形体都要从头新造。

西夏字分为“单纯字”和“合体字”。“单纯字”有的是“单体符号”（包含一个最小的“笔画结构”），有的是“复体符号”（包含两个或几个“笔画结构”）。“单纯字”不一定是“单体符号”。（《同音研究》索引中列“部首”398 种，部首笔画从 1 画到 13 画。）

“单纯字”分为：A.“表意字”（表示西夏固有词义的“意符”）；B.“表音字”（在音意合成字中作“音符”）。“合成字”分为：A.“会意”合成字（会意字），这是主要的造字方法；B.“音意”合成字（形声字），比会意字少；C.“反切”合成字（声韵相拼，注音专用）；D.“部件互换”合成字（对转字）；E.“部件重叠”合成字。

3. 西夏字举例

（1）单纯字

A. 表意字（意符），字形跟意义无关，不能望文生义。

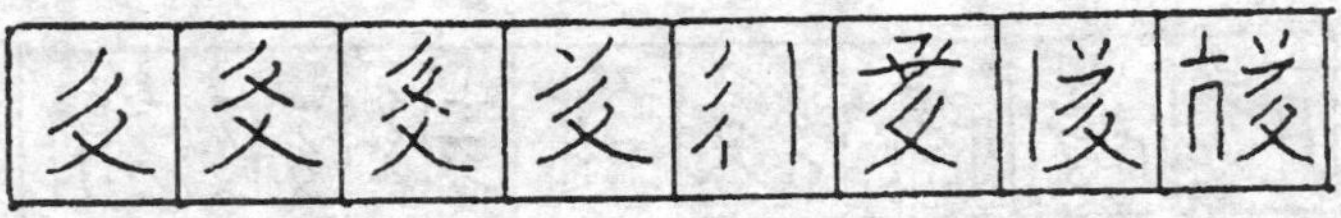

人　腰　虫　一　圣　皮　手　脚

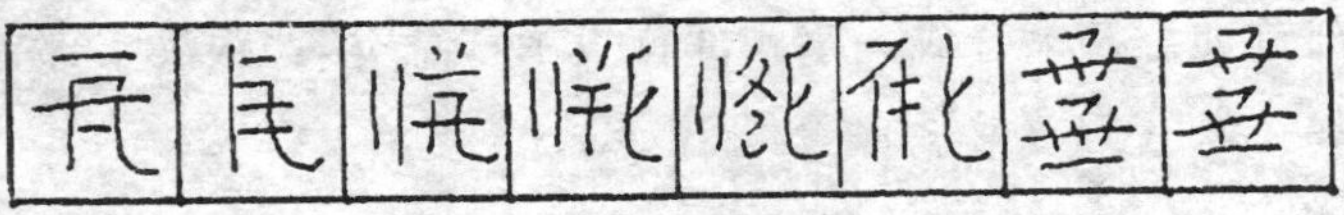

半　上　来　牛　不　马　女　实

B. 表音字（音符），都是音节符号，［］中汉字表示读音，不表意义。

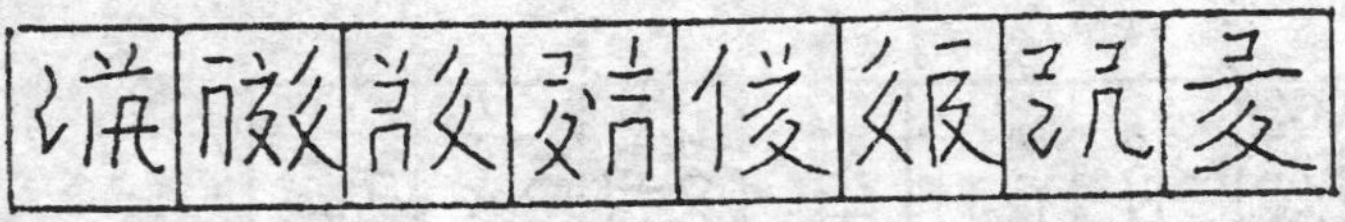

［吃］［折］［鬼］［下］［和］［都］［居］［壬］

(2) 合成字

A. “会意”合成字（会意字）。

a. 两字会意，合成一字，合成时候常有省略。

水 + 土 = 泥。　黑 + 白 = 明。　宽 + 阔 = 广。

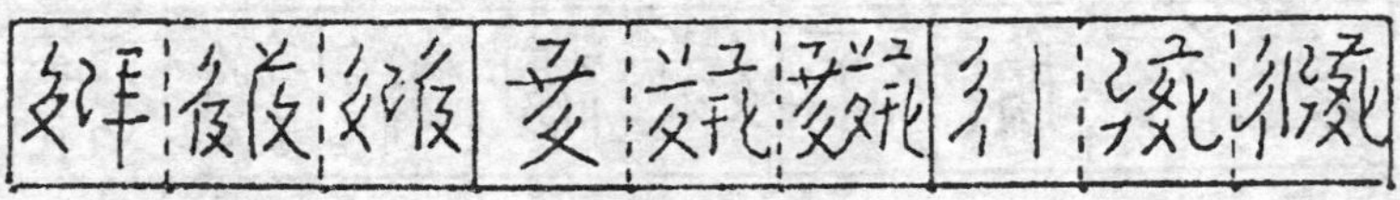

心 + 恶 = 害。　皮 + 衣 = 裘。　圣 + 泽 = 雨。

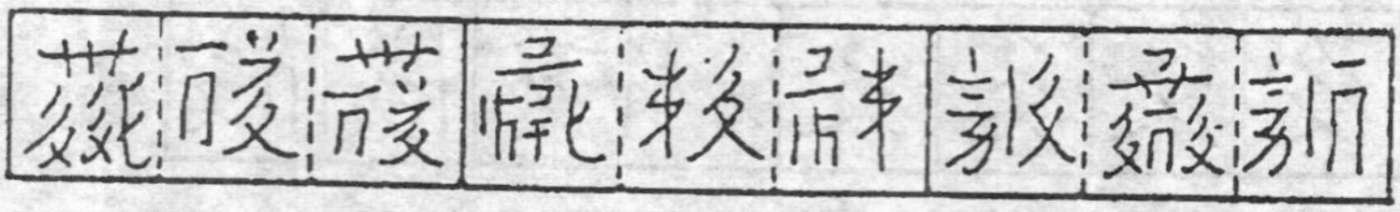

木 + 雕 = 凿。　　女 + 嫁 = 婚。　　腹 + 空 = 饥。

b. 部首加意符，合成一字；部首表示“意类”，跟汉字部首作用相似。

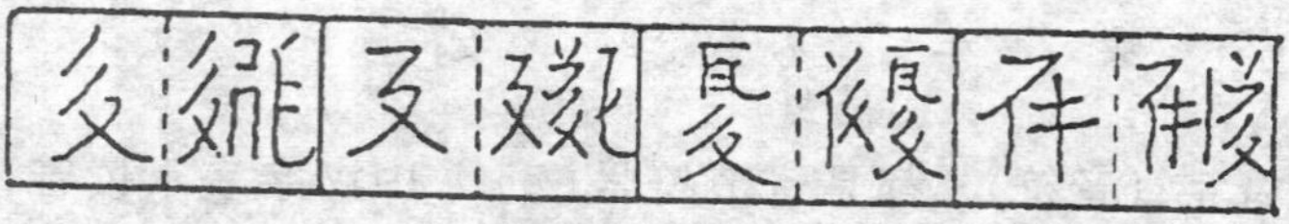

（亻）　我　（犭）　猪　（鸟）　鹊　（马）　辔

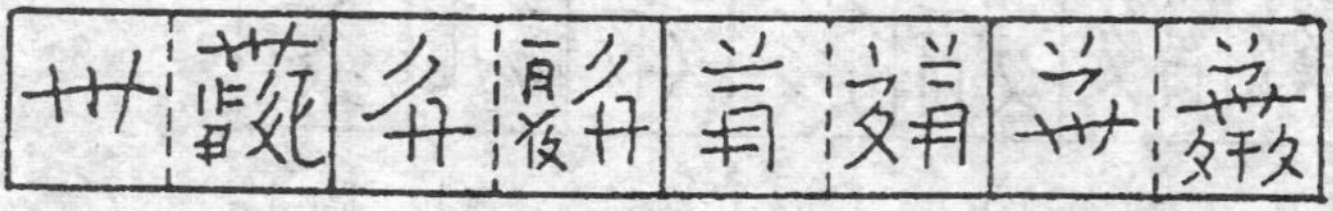

（木）　松　（艹）　椒　（菜）　茄　（钅）　铁

B. “音意”合成字（形声字），［ ］中是“声旁”（音符），另一字是“形旁”（意符），两旁都可部分省略。

［嵬］+ 人 = 悟。　　［嵬］+ 鸟 = 禽。　　［嵬］+ 火 = 焰。

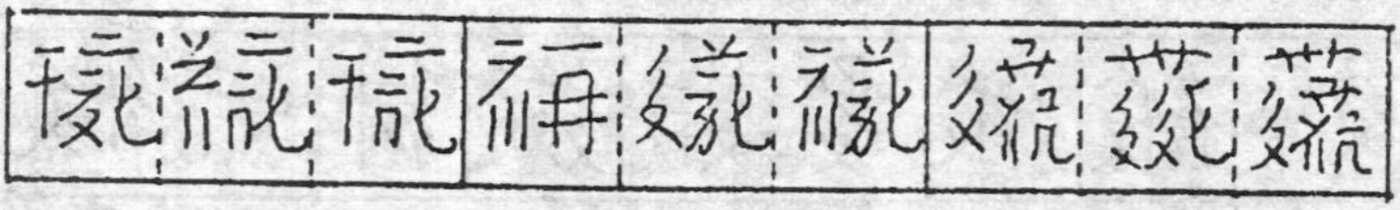

［吃］+ 做 = 匠。　　［那］+ 看 = 察。　　［乙］+ 木 = 荑。

［勿］＋厌＝恨。　［块］＋牛＝角。　［余］＋味＝尝。

C．“反切”合成字，这是西夏独创的表音法，用于“借词、人地名、佛经”等注音。

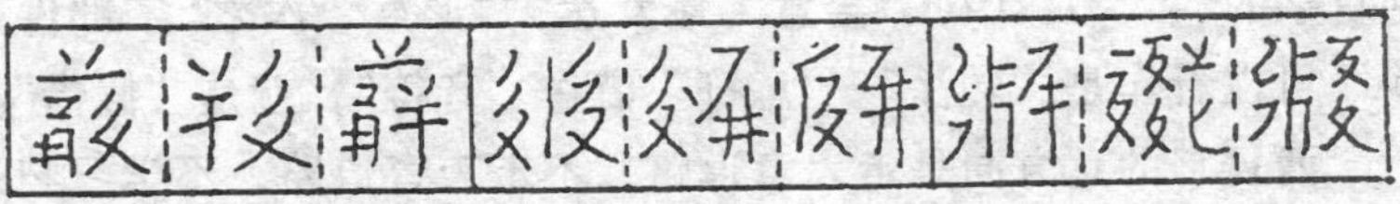

［名］＋［耶］＝绵。［都］＋［南］＝灯。［斯］＋［烟］＝先。

D．“部件互换”合成字(“转注”)，左右互换或小部分互换。

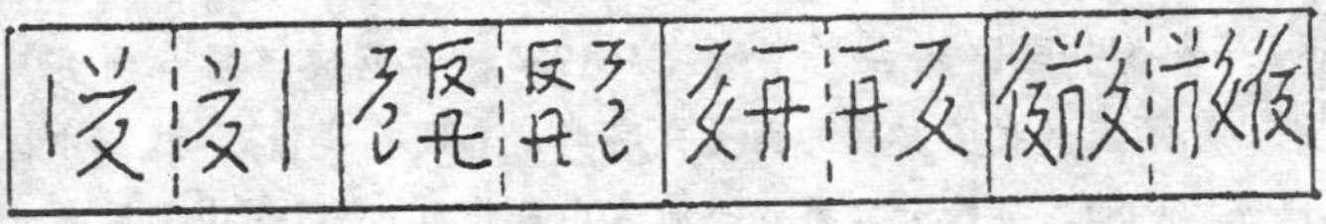

指～趾。　煮～熬。　悔～改。　诽～谤。

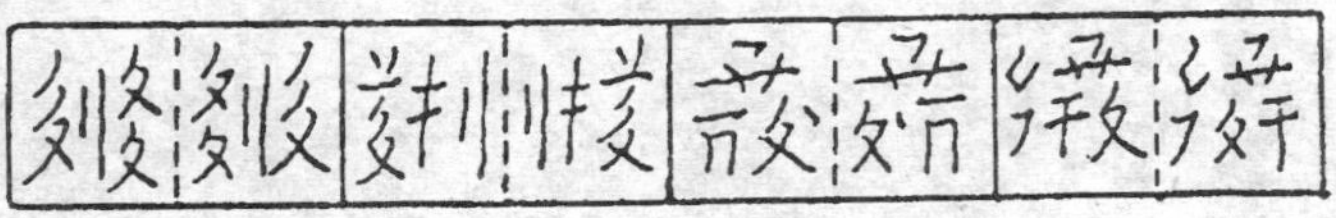

姻～缘。　砍～断。　藏～匿。　水～鱼。

E．“部件重叠”合成字（类似汉字“双、林、朋”等），有的在中间加一竖。

聚　唇　双　分　中　畦　边　立

4. 西夏字中的六书

西夏字“借意”于汉字，是一种“再生文字”，当然没有“象形”，也没有“指事”。但是西夏人重视学习汉字的六书。在西夏字的“六书”中，“会意”最发达，“形声”次之。“部件互换”可以看作是“转注”。“意符”借作“音符”，就是“假借”。

西夏字的总方向是走表意道路，不走表音道路，不学习契丹或女真的“双文”制度。西夏接受汉文化，不接受回鹘文化。

本节承史金波教授和聂鸿音教授指正并提供资料，敬此申谢！

参考：王静如《西夏字》，载《中国大百科全书·民族》1984。史金波《西夏文概述》，载《中国民族古文字研究》1984。李范文《同音研究》，1986。丘邦湖、陈炳应《我国发现的西夏文字典“音同”残篇》，载《中国民族古文字研究》1984。吴蜂云《番汉合时掌中珠校补》，载《中国民族古文字研究》1984。

卷五

表音文字

（上）

一　表音文字的特点比较

表音文字有三个层次：音节文字，辅音文字和音素文字。

表音技术的出现，早于表音文字的产生。意音文字中既有表意技术，又有表音技术。意音文字比表音文字早2000年，也就是表音技术比表音文字早2000年。

意音文字中的表音技术有两个层次：

1.“代替表音”，就是同音代替的假借字。

2.“结合表音”，就是意音结合的形声字。

在文字的发展程序上，代替表音出现早些，结合表音出现晚些。这在比较不同水平的“形意文字”中可以得到例证。例如，在水平较低的形意文字“水书”中没有形声字；在水平较高的形意文字“东巴文”中有较多的形声字。

（一）音节文字

音节文字有两个层次：字符音节文字和字母音节文字。

1.字符音节文字：以“字符”表示音节，一个音节可以有多个字符，没有经过规范化。例如：江永女书，傈僳字，哥巴文，玛丽玛萨文。

2.字母音节文字：以“字母”表示音节，一个音节只能有一个字母，经过了规范化。例如：日本假名，四川规范彝文，埃塞俄比亚的Amharic音节文字。

音节字母有整体音节字母和分析音节字母，分析音节字母又有变形音节字母和分音音节字母。

1. 整体音节字母：辅音和元音合体，字母不能分开成为音素，不能“望文生音”，各个字母需要单独学习。例如：日本假名，四川规范彝文。

2. 变形音节字母：字母主要表示辅音，把元音作为辅音的附属物，用辅音字母的微小变形来表示；辅音相同就写成形体基本相同，只有小部分形体不同，这样便于类推认读，但是书写不能分开。例如：Amharic 音节字母。

3. 分音音节字母：音节字母由音素字母叠合形成，音素字母是音节字母的结构材料，从音素字母可以分辨音节所包含的音素。例如：朝鲜谚文。朝鲜谚文有三个层次：基本符号是音素字母，叠合方块是音节字母，字母和汉字的混合体是意音文字。从音节字母层次来看，谚文有 2000 多个叠合方块，是一种“大字符集”文字；音素字母是分音符号，而阅读单位是叠合的音节字母。因此，谚文在“音节文字”中有它的一席地位。日文只有两个层次：从“假名文字”来看是音节文字，从假名和汉字的混合体来看是意音文字。谚文比日文多一个音素字母层次。

（二）辅音文字

辅音文字有广狭二义。

狭义：早期的辅音文字，真的只写辅音，不写元音。这种文字创始于北方闪米特人，主要是迦南人和腓尼基人。他们的语言是辅音复杂、元音简单，辅音重要、元音次要，使用辅音文字是方便的。典型的现代“辅音文字”是阿拉伯文，它保留着古代不表元音的特点。这是狭义的辅音文字。

广义：广义的辅音文字是从狭义辅音文字传下来的各种文字，它们已经加上了附加符号，表示原来不表示的元音。有的能够依靠附加的小点子、小线条、小字母，完备地表示元音。但是文字学者仍旧把它们归入“辅音文字”。这好比汉字中的“象形字”，太阳变窗户，月亮变书架，牛剩一只角，鸟生四条腿，仍旧称为“象形字”。

广义的辅音文字有两个系统。一个是阿拉马字母系统，另一个是印度字母系统。

从阿拉马字母系统传下来的文字，现在有阿拉伯字母式的各种文字。在中国有维吾尔文、哈萨克文、柯尔克孜文（后文以维吾尔文作为例子，代表另两种文字）。它们都有许多附加的小符号。

从印度字母传下来的文字现在有许多种。在印度以外，有南亚和东南亚各种国家级的文字。印度字母的表音功能相当完备。但是，仔细看看印度字母文字及其衍生文字，它们有辅音文字的明显的共同特点。主要是：辅音为主，元音为副；辅音有字母，元音只有符号；辅音表示完备，元音表示不完备；辅音书写省略少，元音书写省略多，等等。在中国，有藏文、傣文（四种）。

（三）音素文字

音素（音位）文字创始于希腊。希腊文的祖先腓尼基文是辅音文字。音素文字是辅音文字的后裔。现在全国性的音素文字有：1. 希腊文，2. 斯拉夫字母文字，3. 拉丁字母文字。希腊文已经没有繁衍能力。斯拉夫字母文字曾经在前苏联势力范围内一度繁衍。拉丁字母文字现在处于全盛时代。

现代拉丁字母文字分为两类：

1. 纯粹用26个现代拉丁字母，不加符号、不补充新字母。办法是，利用“双字母”等字母复合技术。这种技术在最早的拉丁字母古物“金扣针”上已经有了。复合字母以两三个（最多四个）字母结合代表一个音素，合起来是一个音素，分开来是几个字母。字母数目不增加，音素数目增加了。这一类以英文为代表。越来越多的国家采用这种文字，因为它方便电脑处理。中国的少数民族新文字，大都属于这一类，在设计中有许多新的技术创造。这是一种“七巧板技术”。俄文中的“Ю”是“I”和“O”结合而成的，但是中间加了一道短横把两个字母连成一体，这样就增加了一个字母。在前苏联，一个民族增加三两个新字母，几十个民族就造成一个庞大的综合字母表。

2. 字母上附加符号，或者增添新字母，适应音素较多的语言。这一类以法文为代表。从法国殖民地独立起来的国家，多数采用这种文字。汉语拼音也用上加符号表示声调。这个办法有缺点，但是如果用字母标调，缺点可能更大。“国语罗马字”就是因为字母标调不方便而废除的。

15世纪开辟新航线和发现新大陆以后，开始拉丁字母的“全球化”。今天，拉丁字母又成为信息网络的国际通用符号。信息化时代需要“书同字母”。

近来，拉丁字母的使用技术出现一些新的现象。

一种新现象是，字母代号大量出现。IBM，TV，MTV，CD，ROM，等等。有人说，表音文字就要让位于代号的表意文字了，这是“30年河东、30年河西”的演变规律。有人希望代号能够代替拼音文字，一直发展到汉字成为全世界通用的国际代号文字，代替一切拼音文字。这是“科幻”式的遐想。

另一种新现象是，在26个字母之外，利用通用字母键盘上其他各种符号，使符号扩大数目。例如，E-mail地址，互连网络地址，用上了“@，&”等等符号。这的确是一种“突破”。可是不必担心，这不会打破作为正式文字的拉丁字母表。

二　字母学纲要

（一）引言

1. 什么是字母学?

字母是人类创造的最平凡的、又是最伟大的发明。字母学是研究字母的起源、传播、演变和应用的科学。

人类的文字胚芽大概种因于一万年以前，也就是农业化的开始时期。这一万年的前一半五千年是文字胚芽发育时期，也就是“原始形意文字”时期。后一半五千年，在古代国家形成和商业初步兴起以后，是文字成熟和发展时期，也就是“意音文字”和“字母文字”时期。“人类文字学”包括如下的部门:

(1) 形意文字学——研究原始的形意文字。

(2) 意音文字学——研究古典的意音文字。

(3) 字母文字学（字母学）——研究音节字母、辅音字母和音素字母。

人类创造过无数种“形意文字”，只有少数几种在“文化摇篮”中发育成熟，达到能够完备地按照语词次序书写语言，成为“意音文字”。其中最著名的是：西亚两河流域的丁头字、北非尼罗河流域的圣书字，东亚黄河流域的汉字，以及中美洲的马亚字。

在“意音文字”的母胎中孕育了两千年以后，也就是在距今三千几百年前，“字母”终于默默地诞生于大地。从此以后，“字母”逐步传播开来，分布到全世界的每一个角落，形成“字母的世界”。

2. 字母学的实用价值。

人类已经不能一天离开字母。“字母学”是具有历史学性质的科学，又是有重大实用价值的应用科学。例如，新兴国家创制文字必须应用字母。在信息化时代，字母在信息网络中的作用更是重要。如果没有字母，现代国际活动就要停摆。作为一种应用科学，“字母学”是应用语言学的一个构成部分，它要结合语言学、历史学、考古学、社会学和各种技术科学，从而充分发挥作用。

（二）字母的起源

1. 人类文字的编年史。

研究字母的起源，必须先研究“人类文字的编年史”和“人类文字的分类学”。如果历史资料古今分不清，当然谈不上研究起源问题。例如有人说，文字是先有表音、后有表意的。只要排比一下历史资料的先后就可以知道：事实刚好相反。关于人类文字的编年史，这里不能详谈考古事实，只能略谈“人类文字史示意年表”中的要点：

（西亚、北非、地中海）

公元前 3500 年：丁头字，圣书字。

前 1100 年：比拨罗字母。

前 900 年：希腊字母。

前 700 年：拉丁字母。

后 500 年：阿拉伯字母。

后 650 年：斯拉夫字母。

（南亚，中亚）

前 600 年：婆罗米字母。

后 600 年：天城体字母。

后 650 年：藏文字母。

（东亚）

前 1300 年：甲骨文。

前 240 年：小篆。

后 900 年：日本假名。

后 1200 年：越南喃字。

后 1446 年：朝鲜谚文。

后 1918 年：注音字母。

（美洲）

后 328 年：马亚字。

2. 字母的祖先。

人类学中有一个“失去了的环节”（missing link）：猿和人之间的中间环节还没有找到。文字学中也有一个“失去了的环节”：意音文字和字母之间的中间环节还没有找到。

地中海东部的岛屿（克里特岛、塞浦路斯岛等）和东岸的陆地（叙利亚－巴勒斯坦，西奈半岛）是世界上最早的字母产生地区。字母的始祖大概诞生于此，可是还没有找到。这里出土许多种古代字母，大都残缺不全，多半尚未解读，它们之间的传承关系有待考证。其中有一种，在已经解读的各种字母中年代最古（公元前 1100 年），出土于地中海东岸的“比拨罗”地方（在现今黎巴嫩）。它是一块墓碑铭文，叫做“阿希拉姆”墓碑。这种字母大约起源于公元前 1700 年前后，成熟于公元前 1500 年前后。学者们认为它虽然不是字母的始祖，肯定是字母的高祖，命名为“比拨罗”字母。今天世界上的所有字母，大都直接或间接“传承”于它，少数“借意”于它而自定符号形体。

“比拨罗”（Byblos）是一个面临地中海的海口，在古代大大有名。西欧文字中的“圣经”（Bible）、“纸张”（paper）、“纸草”(papyrus)，“图书馆”（bibliotheque）等词都来源于这个地名，可见这个地点的重要。它在古代是一个文化和商业的发达口岸。

3. 字母诞生的地区和时代。

字母为什么诞生在地中海东岸？字母为什么诞生在距今 3500 年之前？

地中海东岸是一条文化走廊，它的东北有两河流域的丁头字文化，它的西南有尼罗河流域的圣书字文化。这一东一西两个古代最发达的文化中心，早在 5500 年前就有成熟的文字。但是这两种文字都是复杂而繁难，只有当地王国的职业文人，用毕生精力来学习，方才能够掌握。

“比拨罗”一带的人民，古代称为“腓尼基人”，主要是海上的贸易商人。他们需要简单的记账文字，在小小的货船里用来记账，没有工夫“十年窗下”学习繁难的丁头字或圣书字。于是，借用一些原有文字的零件，加以随手的简化和改变，用来记录商品和计算数目。年深月久，你造我改，你改我用，就渐渐形成了有系统的字母。这时候相当于中国的甲骨文时代。

凑巧的是，圣书字中间原来就有“表声符号”，相当于汉字的“声旁”。这种表声符号，表示辅音（声母）是稳定的，表示元音（韵母）是可变的，不稳定的。在腓尼基人的语言里，辅音（声母）是区别意义的主要条件，元音（韵母）是区别意义的次要条件，元音因语法而不断变化。借用圣书字的“声旁”原理，最适合于书写腓尼基的语言。学者们认为字母开始是“借意”于圣书字，比较可信。但是字母形体不一定来源于圣书字。“比拨罗”字母以及它的许多后裔字母，包括今天的阿拉伯字母，都是只有辅音字母，没有元音字母，辅音读法稳定，元音读法因条件而变化。这种字母兼有音节和辅音的性质，被称为“辅音字母”。

两河流域和尼罗河流域的文化，经过2000年的发展和传播，已经达到烂熟程度，渐渐趋向衰落。这时候，地中海东部的海上岛屿和东岸地区，手工业发达，航海进步，商业繁盛，人民富庶，发展出最早的商业文化。字母是商业文化的产物。它是在奴隶帝国的繁难文字中抚育了2000年然后发生的文字突变。字母从意音文字中脱胎出来是历史的必然，字母产生于地中海东岸是历史的偶然。2000年的漫长孕育，字母实在是得来不易！

（三）字母的传播

1.字母的大家庭。

人类创造的许多种形意文字和意音文字，是在地球上不同的地点各自独立创造的，也就是“多元地”产生的。字母可不同。字母是从一个源头创造以后，向四面八方扩散开来，也就是“一元地”产生、“分支地”传播的。为什么如此呢？因为：

字母的创造非常困难，经过了二千几百年的孕育，方才得到一个凑巧的偶然机会诞生下地。但是一旦诞生以后，由于它“易学便用”，不胫而走，无孔不入，不断扩散，所向披靡，受到一切需要字母的民族的欢迎。

在古代的西方（西亚、北非），宗教是文化的主要支柱。最古的宗教中心就在产生字母的地区。犹太教、基督教、伊斯兰教，以及由此分化出来的其他各种宗教，同出一源，都是以“叙利亚－巴勒斯坦”为发源地。“字母跟着宗教走”。宗教传到那里，字母也传到那里。宗教传遍全世界，形成一个“字母的大家庭”。

字母的传播有三个主要方向：

向东，成为阿拉马字母系统和印度字母系统；

向南，成为撒巴字母系统；

向西，成为迦南－腓尼基、希腊和拉丁字母系统。

2. 阿拉马字母系统和印度字母系统。

(1) 阿拉马字母系统。

阿拉马人（Aramaens）一早居住在叙利亚和两河流域，以大马士革为中心。公元前7世纪末，他们的语言和字母成为当地的通用语文，后来又成为波斯帝国的官方语文之一，并且成为从埃及经小亚细亚到印度这条漫长的国际商路上的通用语文。

阿拉马语是当时以色列的白话，也就是耶稣基督的口语。《福音书》的原始记录是用阿拉马文写下的。在一千几百年间，它在广阔的地区演变成为各种字母。这些地区原来是丁头字的领域。简易的阿拉马字母逐步地、完全地代替了繁难的丁头字。

A. 波斯帝国瓦解以后，阿拉马字母分化成为各种闪米特语的字母：

a. 希伯来（方形）字母。1948年以色列建国，使已死的希伯来语文复活，定为“国语”。

b. 阿拉伯字母。伊斯兰教《古兰经》的文字。阿拉伯国家和非阿拉伯的伊斯兰教国家和地区（包括中国的新疆）都用它作为文字。

c. 叙利亚字母。古代叙利亚信奉基督教，用叙利亚字母。这个宗教的东支名叫“聂思脱里教”，公元635年（唐贞观九年）传来中国，在长安树立“大秦景教流行中国碑”，现存西安的碑林。

d. 巴尔米拉字母。

e. 曼代字母。

f. 摩尼字母。摩尼教在公元 694 年（唐武则天延载元年）传入中国，后来成为西域（今新疆）回纥人（维吾尔族的祖先）的宗教。

B. 此外，又成为各种非闪米特语的字母：

g. 印度的佉卢字母。印度早期有两种字母。其中一种源出于阿拉马字母，叫做佉卢字母。

h. 早期波斯字母。有两种传承于阿拉马字母：巴拉味字母和阿维斯泰字母。后者是袄教（拜火教）的圣经文字。

i. 粟特字母。

j. 早期突厥字母。

k. 早期匈牙利字母。

l. 回纥字母。回纥人在信奉伊斯兰教以前，用这种字母。

m. 蒙古字母。蒙古族采用回纥字母，1310 年加以修订，成为蒙古字母，一直沿用至今，在中国内蒙古流通。

n. 满洲字母。1599 年以蒙古字母为基础，创制满洲字母。

o. 亚美尼亚字母。公元 400 年左右制订字母，沿用至今。

p. 乔治亚字母。

阿拉马字母的传播非常广阔，西自地中海东岸的叙利亚，东至中国东北的满洲，横跨一个亚洲。它书写了五种宗教的经典：犹太教、基督教、伊斯兰教、摩尼教、袄教。它在中国留下了维吾尔族的阿拉伯字母、蒙古字母和满洲字母。

(2) 印度字母系统。

公元前 7 世纪，印度创制“婆罗米”字母。它大致是“借意”于阿拉马字母而自造形体。后来传承演变，成为印度内外多种字母。公元4－5世纪，印度文化繁荣。笈多字母分化出悉达字母，后者又分化出天城体字母。公元7世纪以后，演变出许多种传至今天的字母。

A. 在印度国内，有14种成为今天全印度和各邦的法定文字。它们是：

全国通用的法定文字3种：

a. 梵文字母，书写“文言”梵文。

b. 乌尔都字母，伊斯兰教徒用。

c. 印地字母，书写作为全国共同语的印地语。

印度雅利安语各邦的法定文字7种：

d. 马拉蒂字母，用于马哈拉施特拉邦，包括孟买市。

e. 古吉拉特字母，用于古吉拉特邦。

f. 旁遮普字母，用于旁遮普邦，是锡克教的文字。

g. 克什米尔字母，用于克什米尔邦。

h. 孟加拉字母，用于孟加拉国和印度的西孟加拉邦，包括加尔各答市。

i. 阿萨姆字母，用于阿萨姆邦。

j. 奥里亚字母，用于奥里萨邦。

达罗毗荼语各邦的法定文字4种：

k. 泰卢固字母，用于安得拉邦。

l. 坎纳达字母，用于卡纳塔克邦。

m. 马拉亚拉姆字母，用于喀拉拉邦。

n. 泰米尔字母，用于泰米尔纳德邦，也通行于新加坡的印度族。

印度的文字有三个层次：全国的，各邦的和民间的。民间的从略。

B. 印度字母在印度以外的传播。

大约在公元前525年，印度兴起佛教，相当于中国的春秋后期。印度字母跟着佛教传到中亚、南亚和东南亚，成为地区广阔的字母系统。它们是：

在印度的南面和北面：

a. 僧伽罗字母，用于斯里兰卡。

b. 代夫字母，用于马尔代夫。

c. 尼泊尔字母，相同于梵文字母。

d. 藏文字母，用于中国西藏。

e. 勒佳字母，用于锡金，现归并于印度。

在印度的东面和东南亚：

f. 缅甸字母。还有古代的孟文字母和标文字母。

g. 泰文字母，用于泰国。

h. 寮文字母，用于老挝。

i. 云南傣文字母，有4种：傣哪文、傣仂文、傣德文、金平傣文。

j. 高棉字母，用于柬埔寨。

k. 占城字母，用于古代越南南方。

l. 卡味字母，用于古代印尼爪哇。

m. 巴塔字母，用于古代苏门答腊。

n. 布吉字母，用于古代苏拉威西。

o. 他加禄字母，用于古代菲律宾。

印度字母在2000年间演变成60种以上的字母，书写过五大语系的35种以上的语言和方言。印度不仅创造了字母，还创造了数字。现在误称的“阿拉伯数字”，原来是印度的创造。数字中的“○”也是印度的创造。

3. 撒巴字母系统。

字母在地中海东岸诞生以后，有一支向南方传播，成为撒巴字母系统。它的后裔很不发达，现在只有一种还在使用。那就是埃塞俄比亚的“阿姆哈拉字母”。这种字母非常特殊。它是今天唯一的作为国家法定文字的“纯音节文字”。日文的“假名”音节字母是夹在汉字中间使用的，不是“纯音节文字”。

4. 迦南－腓尼基、希腊和拉丁字母系统。

今天黎巴嫩和以色列一带，古代居住着北方闪米特人，包括迦南人、腓尼基人、希伯来人等。最早用字母的是迦南人。迦南字母分为两支：早期希伯来字母和腓尼基字母。早期希伯来字母跟后期的“方形”希伯来字母是不同的字母。前者属于迦南字母系统，后者属于阿拉马字母系统。

腓尼基人是古代有名的海上商人。他们忙碌地运销货物，同时无意中运销了字母。在这样运销的许多种字母中，有被看作是字母高祖的“比拨罗”字母。用它书写的“阿希拉姆”墓碑，现存黎巴嫩贝鲁特博物馆。

希腊文化是西洋近代文化的源头。希腊字母是今天欧洲各国字母的母亲。希腊字母来自腓尼基。希腊字母的名称跟腓尼基相同。可是这些名称在希腊语里是没有意义的，只是在腓尼基语里才有意义。大致公元前 11 世纪时候传到希腊，最早的遗物属于公元前 9 世纪。

腓尼基语辅音稳定而元音易变。希腊语元音丰富而稳定。腓尼基字母只有辅音字母而没有元音字母。用腓尼基字母书写希腊语很不方便。怎么办呢？希腊借用腓尼基的几个字母，改为元音字母：A（alpha），I（iota），U（upsilon），E（epsilon，eta），O（omicron，omega）。这个小小的改变发生了重大作用。它使“辅音字母”变成了“音素字母”，既能表示辅音，又能表示元音。字母制度从此完备了。希腊字母传播出去，成为许多种字母，其中两种作用最大。一种是斯拉夫字母，一种是拉丁字母。

(1) 斯拉夫字母（西立尔字母)。

斯拉夫字母形成于公元 9 世纪。它是东欧信奉“希腊正教”(东正教）的斯拉夫民族所用的字母。传说，兄弟二人创造了两种体式：格拉哥里式和西里尔式。后来，“西里尔式”（Cyril）流传下来，成为通用的斯拉夫字母。这种字母的形体对希腊字母做了相当大的改变，成为俄罗斯、乌克兰、白俄罗斯、保加利亚、塞尔维亚等国的文字。蒙古共和国也采用这种字母。

(2) 拉丁字母。

在东欧，有一条字母分界线：从芬兰的东边，经过波兰和罗马尼亚的东边，穿过前南斯拉夫的中部，到阿尔巴尼亚东边。分界线以西，信奉“天主教”，用“拉丁字母”。分界线以东，信奉“东正教”，用“斯拉夫字母”。

拉丁字母不是直接从希腊字母传承下来的。中间经过一个媒介：公元前 8 世纪在意大利形成的“埃特鲁斯坎字母”。拉丁字母形成于公元前 7 世纪，经过几百年的默默无闻，到公元前 1 世纪的罗马帝国时代，才活跃起来。

拉丁字母是罗马帝国书写“拉丁文”的字母，又称“罗马字”。由于罗马帝国的扩张，由于文艺复兴时代西欧各民族文字的拉丁化，由于西欧帝国主义席卷美、非、亚三大洲，由于现代信息交流需要一种各国公用的字母，“拉丁字母”已经成为事实上的“世界字母”。

3000 年来的字母传播史是丰富而复杂的。以上所谈只是略述要点，窥其一斑而已。

(四) 字母的演变

字母在传播的过程中，不断发生演变，有外在的形体演变，有内在的结构演变，还有字母演变的总趋势。

1. 外在的形体演变。

（1）行款和走向。

在横格的线条上，书写字母可以靠近线条的上面，所谓“蹲坐式”；又可以靠近线条的下面，所谓“悬挂式”。阿拉伯字母、斯拉夫字母和拉丁字母都是“坐”在线条上面的，而印度字母系统的各种字母都是“挂”在线条下面的。前者是“乌鸦栖树”，后者是“蝙蝠悬梁”

“蹲坐式”不希奇。“悬挂式”要略加说明。

印度字母系统，为了强调“悬挂”的特点，在字母头上加上一条横线，成为“T”字形状。在没有格子的纸张上如此写，在有格子的纸张上也是如此写。这条“顶线”跟字母结合，成为不可分离的构成部分。梵文字母、印地字母、孟加拉字母等都是如此。

藏文字母来源于印度，当然也有“顶线”。有趣的是，藏文字母楷书体有顶线，称为“有头字”；草书体省略了顶线，称为“无头字”。

同样是“横行”而“走向”不同。有的从右而左，例如阿拉伯字母。有的从左而右，例如斯拉夫字母和拉丁字母。还有一行向右，一行向左，有如老牛耕地，称为“牛耕式”。向右的时候，字母面向右（例如“F”）；向左的时候，字母面向左(“F”的两条横线要改为向左)。拉丁字母在古代也曾经有过“牛耕式”时期。

此外，还有从上而下的“走向”，例如蒙古字母。蒙古字母在字母的中央有一条“中线”，笔画有的挂在中线左边，有的挂在中线右边，一路向下，好像倒挂的柳条。

（2）圆化和方化。

字母有“圆化”和“方化”的变化。在大写拉丁字母中，圆化的有 CGOQSU 等，方化的有 EFHLMNZ 等。小写拉丁字母几乎都是圆化的，手写体更是明显。一般地说，楷书倾向方化，草书倾向圆化。在光滑的平面材料上书写，楷书草书都容易发生圆化。

有名的“方形字母”是以色列的“希伯来字母”，被称为“方块字”。有名的“圆形字母”是“缅甸字母”，一路圈儿圈到底。

印度字母，北方“方化”，南方“圆化”。从奥里萨邦的北边开始，画一条向西的线，连接安得拉邦和卡纳塔克邦的北边，这是印度字母的“方圆分界线”。此线以北字母“方化”，此线以南字母“圆化”。有趣的是，奥里亚字母的“顶线”受了圆化影响，变成一个大的半圆圈，罩在字母的头顶上，而区别字形的笔画反而缩小成为很小的结构。

（3）同化和异化。

字母形体有雷同现象，叫做“同化”。区别雷同，要变化形体或者附加符号，叫做“异化”。这在阿拉伯字母最为特出。许多字母由于同化而必须用加点法（加一点，两点，三点）来分辨。“同化”有时来自语音变化，有时是书写习惯造成的同化。

（4）简化和繁化。

字母大都是简化的结果，它们在使用中又进一步简化。“简化”是一切文字的共同趋向。拉丁字母先有大写，后有小写。大写已经很简，变成小写简了又简。例如：B 简成 b，H 简成 h。

“简化”的反面是“繁化”。例如：从“诶塞俄比亚字母”变成“阿姆哈拉字母”时候，增加了装饰线。字母的繁化现象只是偶然出现。

2．内在的结构演变。

(1) 音节字母的形成。

音节字母的形成过程只有日本“假名”最为清楚。日本的和尚和妇女，识字不多，为了要阅读佛经，为了要跟家人通信，利用汉字的读音，给佛经注音注意，书写家常生活语言。这样就第一步形成用“现成汉字”作为音节符号的“假名”(“万叶”假名)。第二步，简化汉字笔画，成为“简化字”的“假名”。第三步，整理假名，统一字形，规定序列（五十音图)，成为“规范化”的“假名”。第四步，从汉字外面的注音符号变成“进入文字”的音节字母。

“假名”形成于第9世纪。日本创造“假名”的有利条件是：a. 当时有了从印度传来的字母知识。b. 日本语的音节简单，容易创造音节字母。朝鲜所以没有创造音节字母，而在很晚时候(1446) 才创造音素字母（谚文)，原因之一是语言的音节过于复杂。

(2) 音节字母和辅音字母的异同。

按照逻辑，应当先有音节字母，后有辅音字母。辅音字母实际也是音节字母；不同的是：音节字母的元音固定，辅音字母的元音不固定。在日本创造“假名”前2000年，闪米特人由于语言中的元音数目少而不稳定，创造出来的字母自然地元音是不稳定的，这就形成所谓的“辅音字母”。他们读字母是连带元音读成音节的，自己不会感觉到这是什么“辅音字母”。

今天世界上只有两种音节字母用作全国性的正式文字，那就是日本的“假名”和埃塞俄比亚的“阿姆哈拉字母”。汉字本身不能分析声母和韵母，因此“假名”是“混沌型”的字母，不能分别表示辅音或元音。“阿姆哈拉字母”是“分析型”。它以辅音字母为基础，加上表示元音的小符号，跟字母结为一体，形成

“音节字母”。例如：“假名”用五个各不相同的字母表示 ka，ki，ku，ke，ko。“阿姆哈拉字母”用一个辅音字母表示 k，加上附带五个小变化的“尾笔”，表示 ka，ki，ku，ke，ko，把辅音字母不写出的元音写了出来。

(3) 从辅音字母到音素字母的演变过程。

“辅音字母”传到希腊以后，希腊人把其中几个字母改为专门表示“元音”的“元音符号”，其余的字母改为专门表示“辅音”而不再附带“元音”的“辅音符号”。这样就完成了“音素字母”的创造。这是字母发展史上一件大事。发生这个变化的条件是：a. 希腊语言里元音丰富，需要元音字母。b. 希腊文化在当时处于上升发展时期，高出于其他民族，已经有高度的分析能力。

保守的“阿拉伯字母”一直不肯采用“元音字母”制度，只是勉强在字母上下“加点加符”，表示“元音”。“加点加符”不进入字母表，只是一种文字外面的补充记号。这样的字母，虽然也表示了“元音”，但是在字母分类上仍旧属于“辅音字母”。“阿拉伯字母”传到新疆维吾尔族和哈萨克族以后，晚近在字母表中增加了“元音字母”。

3. 字母演变的总趋势。

字母演变的总趋势是：从“字母异形”到“书同字母”。

字母诞生后开头的 2000 年中，字母传到一个民族，就变成一种新的字母，有时大同小异，有时完全不同。为什么呢？因为：(1) 手工书写，容易发生“异化”。(2) 交通不便，文字交流极少。(3) 有些民族要求突出自我存在，故意改变字母形体，形成所谓“民族形式”字母。

在后来 1000 年中，情况逐渐改变。“字母异形”改为向“书同字母”发展。“字母跟着宗教走。”同一个教会用同一种字母，创造不同的民族文字。“语言异声而字母同形”。例如：天主教用拉丁字母，东正教用斯拉夫字母。印刷术的推广，以及最近100年来使用打字机，增加了“书同字母”的需要。电脑时代更要求字母的国际标准化。

由于历史条件不同，印度字母系统的各种文字都是“字母异形”，彼此无法通用。拉丁字母各种文字，都是“书同字母”，通用方便。阿拉伯字母系统也基本上“书同字母”，可是由于书写法各有特点，彼此通用不很方便。

现在的字母，可以分为“一国独用字母”和“多国通用字母”两类。拉丁字母、斯拉夫字母和阿拉伯字母，都是“多国通用字母”。用拉丁字母作为正式文字的国家现在近两百个，占全世界国家总数的四分之三。作为全国性法定文字的“一国独用字母”现在有：希腊字母、以色列的“希伯来字母”、印度系统的各种字母、日本的“假名”，以及埃塞俄比亚的“阿姆哈拉字母”。

（五）字母的应用

字母的应用面很广，几乎无所不在。如果有一天忽然不用字母，全世界的办公室和学校极大部分都将关闭。关于字母的应用这里略述大端：

1. 创制文字方案。

二次大战以后，新兴100多个独立国家，它们新创制或新选择的全国性法定文字无例外地都是字母文字。创制文字方案，对新兴国家是一件头等大事，需要考虑如下的问题：

（1）字母的选择。

首先考虑的是，选择一种现成字母，还是创造本国独用字母。创造本国独用字母可以完全适合本国语言特点，但是，“创造”字母不难，“同意”字母极难。中国在50年代曾经尝试创造多种“民族形式”字母，没有一种得到大众的同意。所谓“民族形式”是长期应用然后产生的社会心理，新创字母不可能很快产生这种心理。“国际形式”经过长期应用，就能变成“民族形式”。英文字母是英美的“民族形式”，可是它来源于拉丁文。

多数人民信奉伊斯兰教的国家（索马里、马来西亚等），独立后创制文字遇到选择字母的问题。在拉丁字母和阿拉伯字母之间摇摆了一阵，最后选择了拉丁字母。重视国际文化交流，把宗教传统放在第二位，是现时代的先进思潮。

(2) 字母的对音。

根据语音体系，安排字母跟音素（音位）的匹配，叫做“对音”。首先需要有字母的“国际音域”作为基础。“国际音域”是各个字母在世界各国实际代表音素的总情况，分为：a. 基本音域，b. 变通音域，c. 特殊用法。要尽可能使用“基本音域”，然后考虑使用“变通音域”，万不得已时候才设计“特殊用法”。

现代拉丁字母只有26个，对音素复杂的语言，往往不够使用。补充的方法是：a. 用双字母，b. 加符号，c. 创造特别字母。特别字母应用不便，要谨慎从事，以免造成不良后果。

拉丁字母一方面不够用，一方面又有多余。例如：汉语感到缺少表示“基欺希”的字母，同时又空放着QX等字母不用。后来借用JQX表示“基欺希”，解决了矛盾，但是跟英文习惯不合。字母不够，能不能用“国际音标”？不行。因为这对打字、电信等等技术，都不方便。

(3) 正词法问题。

在中国，《汉语拼音方案》解决了“音位对音”，没有解决“正词法”。后来又发表《汉语拼音正词法基本规则》。

马来西亚和印度尼西亚两国大家用“标准马来语”作为国语，可是“正词法”有“英国式”和“荷兰式”的不同。经过多年的磋商，终于在1972年统一了“正词法”。这是国际间的一件语文大事。

(4)“译音方案”和“音位方案”。

拼音文字方案，往往起初由外国人在不很了解本国音位体系的情况下，按照外国的拼写习惯设计的。这样的方案叫做“译音方案”。后来本国人根据本国音位体系的科学知识，重新制订方案，脱离某些外国的拼写习惯。这样的方案叫做“音位方案”。由此，发生新旧矛盾。

日本有新旧矛盾：旧的译音方案叫“黑奔式”，新的音位方案叫“训令式”。中国有新旧矛盾：旧的译音方案叫“威妥马式”，新的音位方案叫“汉语拼音方案”。朝鲜有新旧矛盾，还有南北矛盾。这些都是需要根据字母学来研究解决的问题。

2. 通信技术和信息处理。

现代的视觉通信技术日新月异：电报、电传、传真、电子书信、网络交通等等。这里不谈通信技术的多种内容，只想说明一点：如果没有字母，特别是拉丁字母，现代通信技术是不可能如此发达的。

如果没有字母，最早的电报可能发明吗？如果没有字母，后来的电传技术可能发明吗？如果没有字母，多媒体信息网络能够发展吗？进一步研究字母学，对视觉通信技术的发展将有促进作用。

电子计算机原来是用来作“数学运算”的，后来发展为“处理文字信息”。起初，计算机只能处理“字母文字”，而且限于“拉丁字母文字”。后来可以处理其他字母文字，最后可以处理非字母的“汉字”。人们高兴地说，“可见汉字神奇”!

如果没有字母引路，计算机能处理汉字吗?今天输入汉字，主要有两种方法:“拆字编码法”和“拼音变换法”。“拆字编码法”把汉字的笔画和部件变成“字母代码”或者“数字代码”，然后输入。如果没有字母和数字，汉字只能用“大键盘”来输入，这是已经淘汰了的方法。“拼音变换法”输入拼音字母，计算机自动转变成为汉字输出，这更明显地依靠字母。

机械打字机的发明，如果没有字母是不可能出现的。电子打字机（语词处理机）是机械打字机更进一步的发展和提高，这也是字母文化的产物。

信息处理包含许多技术。例如“检索”文献，需要依靠字母的序列。“大海捞针”，一捞就得。汉字旧有的序列法都不方便，现在利用拼音字母的序列法（音序法），帮助解决“检索”问题。人名检索、地名检索，情况相同。

3. 字母和科技术语。

科技术语不仅主要用拉丁字母书写，而且用拉丁字母作为“代号”。例如：H（氢），O（氧），C（碳），N（氮）等等。希腊字母已经退居为“一国独用字母”，失去了多国通用字母的作用，但是仍旧保持着科技代号的重要地位。如果没有字母，没有字母代号，科技术语将发生严重困难。

数学运算和科技公式不能离开字母。例如：代数、几何、微分、积分、机械制图，等等，离开字母几乎无法进行。

哲学家说，拉丁字母和阿拉伯数字是科学技术得以发展的重要条件。字母有开拓科学思惟的作用。离开字母，人类将退到玄学时代去。

4. 双语双文时代。

现时代是一个“双语双文”时代。本国共同语用来进行本国的社会联系；国际共同语用来进行国际交往。这叫“双语言”生活（diglossia）。本国文字用来继承本国传统文化；拉丁字母文字，主要是英文，用来进行科技和文化的国际交流。这叫“双文字”生活（digraphia）。个人也好，国家也好，离开“双语双文”就必然落后于现时代。在有了《汉语拼音方案》之后，“字母学”已经成为中国文化的组成部分，成为中国现代青年应当具备的有用知识。

三　音节文字综述

“音节文字”在人类文字发展史上处于承前启后的重要地位。今天世界上用音节文字作为国家正式文字的有：埃塞俄比亚、日本和朝鲜。此外还有一些国家的少数民族使用音节文字。

下面叙述的古今中外音节文字有：（一）字母音节文字（字母已经规范化）：1. 埃塞俄比亚的阿姆哈拉文，2. 日本的假名，3. 朝鲜的谚文，4. 四川凉山的规范彝文。（二）字符音节文字（字符尚未规范化）：5. 云南纳西族的哥巴文，6. 云南维西县的傈僳音节文字，7. 湖南江永县的女书，8. 契丹小字。（三）其他音节文字：9. 加拿大的克里音节文字，10. 美国的切罗基音节文字，11. 西非的凡伊音节文字，12. 西非的巴蒙音节文字，13. 塞浦路斯音节字母，14. 波斯音节丁头字。

1. 埃塞俄比亚的阿姆哈拉文

东非的埃塞俄比亚（Ethiopia）是文明古国，它的“阿姆哈拉文”(Amharic)是今天世界上唯一作为全国性法定文字的“纯”音节文字。

公元前 4 世纪（中国春秋后期），埃塞俄比亚（Axum 王国）从红海对面阿拉伯半岛传入南方闪米特系统的“撒巴字母”(Saba)。起初书写撒巴语言，经过 800 年，到公元后 4 世纪，书写本地语言，成为“葛爱兹文”（Ge'ez），演变出埃塞俄比亚音节字母。再过 1000 年，到公元后 14 世纪，成为阿姆哈拉文。传说，葛爱兹文是 Frumentius 创造的，他幼年到过印度，模仿印度字母表示元音的方法，创造了辅音和元音结合的音节字母。

现行阿姆哈拉文有 37 个辅音（33 个单辅音、4 个复辅音）和 7 个元音。用 33 个基本符号代表附带元音“a”的音节。基本符号附加微小的笔画变化代表跟其他 6 个元音（u，i，ā，ē，e，o）组成的音节，以及复辅音（单辅音加 w）跟元音组成的音节。一共有 251 个（或 247 个）音节字母。（举例见后面日本假名的比较中。）

早期的字母都是“辅音字母”。今天还在使用的辅音字母主要是阿拉伯字母。辅音字母从广义来看是音节字母的性质，从狭义来看跟音节字母有区别。音节字母明确写出辅音和元音结合的音节整体。辅音字母写明辅音而不写明元音，阅读时候要根据上下文认定元音。例如：KuTuB（书本）、KaTaB（书写）、KaTaBa（他已经书写）、KuTiBa（它已经被书写），都写成“KTB”，要根据上下文来区别读音和意义。

创造辅音字母的时候，人们不知道音节可以分成辅音和元音。晚期的阿拉伯文，在辅音字母上面附加小字母表示元音（用 alif，waw，ya 三个小字母表示长元音 a，u，i）或者字上加点表示 a－e，字下加点表示 i－y，中间加点表示 u－o。阿拉伯社会不接受音素字母，只接受作为“注音”的附加符号。

阿姆哈拉音节字母等于是把附加表示元音的小符号跟辅音字

母连接起来。连接起来的优点是明确表示了元音，缺点是字母数量大增。

“音素字母”是希腊的创造,罗马字母继承希腊。音节字母用一个符号代表一个音节。音素字母用一个、两个或更多符号代表一个音节。音节字母可以整体认读,字母多而拼音不灵活。音素字母必须分析认读,字母少而拼音灵活。阿姆哈拉音节字母是综合思惟的产物。希腊、罗马和后来的西方字母是分析思惟的产物。

2. 日本的假名

正式的日文是“汉字和假名”的混合体，纯粹的“假名文字”不是正式日文。日文是“语词·音节文字”，换言之，是“半”音节文字，不是“纯”音节文字。

日文有 47 个假名字符（各分“平假名”和“片假名”两体），书写现代日语不能完备地表示一切音节，需要补充表达法：(1) 增加附加符号（双点、小圈）表示浊音（ば）和半浊音(ぱ)。(2) 使用小型字母表示“促音”（りっ）和“拗音”（きゃ，きゅ，きょ）。(3) 补充鼻尾字母（ん）表示“拨音”(－n)。(4) 规定长音写法（とを，とお，と－）。这些补充的表达法说明：音节字符表音缺乏灵活性。补充的表达法使某些字符代替音素符号。

书写中文的汉字在中国晋朝（3－4 世纪）传入日本，经过 400 年,到中国唐朝(7 世纪)演变出书写日语的汉字式音节字符,起初用原来的汉字形体(万叶假名),后来简化成独特的形体(简化假名)。这是汉字历史上向表音化前进的重大步骤,在人类文字发展史上相当于公元前 15－11 世纪西亚腓尼基创造辅音字母。

阿姆哈拉音节字母以辅音字母（撒巴字母）为基础，是一种“体内分音”的“合成字母”。日本假名以语词符号（汉字）为基础，是一种没有“体内分音”的“整体字符”。假名需要各个认读，不能分组认读。阿姆哈拉字母可以分组认读，每组有一个代表共同辅音的基本笔画，认读一个，带动一组。

创造假名的时候，日本不了解音节可以分析成为辅音和元音，或者虽然了解而当时不能接受这种分析。创造阿姆哈拉字母时候，埃塞俄比亚已经知道音节可以分为辅音和元音，但是不能接受音素字母，于是把辅音字母改变为音节字母。

书写中文的汉字可以分为两类：一类是表示语词的“意符”，另一类是表示音节的“音符”（音节性字符）。书写“虚词”的汉字是“音符”或“准音符”，跟日文假名的性质相似。不过中文里的“音符”还没有跟“意符”明确分工，往往“意音”兼职，难于在字典里认定。中文没有像日文那样走上音节化（或半音节化）的道路。

假名从文字以外的注音符号变成文字以内的音节符号，使日文能够大量减少汉字，这是汉字历史上的一大进步。中国的“注音字母”和“拼音字母”都是文字以外的注音符号，不是文字的构成部分。

日、埃两种音节符号比较举例

（根据：《世界字母简史》）

		日K	埃K	日S	埃S	日T	埃T	日N	埃N	日H	埃H	日M	埃M
a	ア	カ	ከ	サ	ሰ	タ	ተ	ナ	ነ	ハ	ሀ	マ	መ
i	イ	キ	ኪ	シ	ሲ	チ	ቲ	ニ	ኒ	ヒ	ሂ	ミ	ሚ
u	ウ	ク	ኩ	ス	ሱ	ツ	ቱ	ヌ	ኑ	フ	ሁ	ム	ሙ
e	エ	ケ	ኬ	セ	ሴ	テ	ቴ	ネ	ኔ	ヘ	ሄ	メ	ሜ
o	オ	コ	ኮ	ソ	ሶ	ト	ቶ	ノ	ኖ	ホ	ሆ	モ	ሞ

从上表可以看出，埃塞俄比亚的阿姆哈拉字母比日本假名有条理、有系统。如果用音素字母，上例中35个音节只要11个字母就够了。

3. 朝鲜的谚文

朝鲜“谚文”从基本符号来看是音素字母，从阅读单位来看是音节文字。它是独一无二的“音素·音节”文字。“汉字谚文混合体”是“音素·音节·语词文字”。

汉末（2-3世纪）汉字从中国传入朝鲜；晋朝（3-4世纪）汉字从朝鲜传入日本。日本得到汉字比朝鲜晚200年。日本在9世纪（中国唐朝后期）形成假名。朝鲜到1446年（中国明朝正统十年）颁布谚文(《训民正音》)，比日本晚500年。中国在1918年公布“注音字母”，比朝鲜又晚500年。日本离中国较远，受汉文化影响较浅，创造字母最早。朝鲜离中国较近，受汉文化影响较深，创造字母较晚。汉字的故乡中国创造字母最晚。“远则易变，近则难改”，这是一条文字发展的规律。

日语的音节少，基本音节只有50个，设计音节字符比较容易。朝鲜语的音节多而复杂，设计音节字符比较困难，合成的常用音节有2000个以上。音节结构的复杂性延缓了朝鲜音节字母的创造。为了克服音节复杂的困难，朝鲜创造音素字母谚文，结合成为音节字符，以少驭繁，是高水平的技术。

假名线性排列，学用方便。谚文不取线性排列而取方块叠合，内容音素而外形音节，虽然音素化了，仍旧是一种“大字符集”。这是受了汉字的束缚。

汉字传到日本产生音节字符，传到朝鲜产生音素字母，这是表音化的两个逻辑步骤。汉字的传播演变，符合文字发展的一般规律。

阿姆哈拉文从辅音字母变成音节字母，有“体内分音”。谚文从音素字母合成音节方块，也有“体内分音”。阿姆哈拉文形成于 14 世纪，谚文颁布于 1446 年，二者创始时期相近。这时候语音学的音素知识早已成熟。

朝鲜谚文字母表

辅音字母结构：

发音部位	基本字母	加划字母		变形字母
牙	ㄱ [k]		ㅋ [kh]	ㄹ [r]
舌	ㄴ [n]	ㄷ [t]	ㅌ [th]	
唇	ㅁ [m]	ㅂ [p]	ㅍ [ph]	
齿	ㅅ [s]	ㅈ [tc]	ㅊ [tch]	
喉			ㅎ [h]	ㆁ [ng]

元音字母结构：

部位	基本字母(1 笔)		初生字母(2 笔)	再生字母(3 笔)
阳		圆唇	ㅗ [o]	ㅛ [jo]
		不圆	ㅏ [a]	ㅑ [ja]
阴	ㅡ [w]	圆唇	ㅜ [u]	ㅠ [ju]
		不圆	ㅓ [e]	ㅕ [je]
中	ㅣ [i]			

从上表可以看出，谚文有高度的分析性和逻辑性。

4. 四川凉山的规范彝文

四川凉山的“规范彝文”是中国少数民族彝族的一种正式的方言音节文字。它不是全体彝族的民族文字，它是地区的民族方言文字。少数民族制定正式的方言音节文字，在今天是罕见的现象。

彝族主要居住在中国西南的川贵云桂等省。1980 年正式推行“四川规范彝文”，有 819 个音节字符，代表四川大凉山的彝语北部方言（43 个声母，10 个韵母，4 个声调）。字符是从大量传统彝文字符中选择出来的。这是“意音文字”走向“音节文字”。同时云南彝族整理了传统彝文，1987 年试行“云南规范彝文”，有 2300 个表意字，350 个音节表音字，共用字符 3650 个。这是“意音文字”的规范化，没有改变文字的体制。

彝族在 50 年代由专家设计了拉丁化的新彝文，在 1951 年到 1960 年间试用，但是社会不接受没有民族特色的音素文字，终于在 80 年代回归历史传统。

凉山规范彝文的音节字符举例

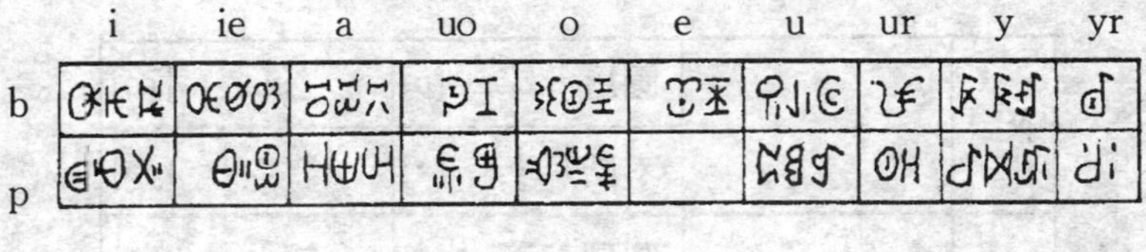

上表说明：每一彝语音节有三种（或不到三种）写法，表示不同的声调。

凉山音节彝文跟日本假名既相似、又不同。二者都是“整体字符”，没有“体内分音”。彝文音节字符超过 800，比日文“五十音图”繁复得多。假名已经笔画化、标准化。彝文是篆书体，没有笔画化，接近汉字小篆。

云南规范彝文中的“音节表音字”跟日文的“假名”相似，都是意音文字中的音节字符。但是，彝文的“音节表音字”没有像假名那样发生书体特殊化，不便跟一般字符区别开来。

云南规范彝文跟中文相比，也是既相似、又不同。中文是意音文字，有隐含的音节性字符。云南规范彝文也是意音文字，有明确的音节字符表。

彝文跟阿姆哈拉文相比，更加显出“体内分音”的好处。如果凉山彝文 819 个音节字符采用“体内分音”，基本形体的总数可以大量减少，并且可以分组学习。

5. 云南纳西族的哥巴文

纳西族居住在滇川藏的比邻地区，以云南丽江纳西族自治县为聚居中心。他们书写“东巴教”经书的“东巴文”是一种“形意文字”，其中除有表达章节和语词的图形符号以外，还有音节字符。从“东巴文”又发展出一种音节文字叫做“哥巴文”，同样书写“东巴教”的经书。

“哥巴文”有音节 250 个，常用音节字符 686 个，每个音节有 1 个到 10 个同音异体字；音节中有 40 多个缺乏专用的音节字符。哥巴音节文字还不很成熟，但是已经能够基本上按照语词次序书写语言。

哥巴字符，有的是东巴文的简化，有的是汉字的简化，大多数是自创的形体；成为音节字符以后，一概抛弃了原来意义。“哥巴”是“徒弟”的意思；“徒弟文字”来源于“师傅文字”(东巴文)。

纳西族和彝族都居住在云南和四川。他们的语言都属于汉藏语系、藏缅语族、彝语支。凉山音节彝文和哥巴文，原来都是一音多字、一字多形，没有规范化。凉山音节彝文在 1980 年规范化之后成为正式文字。哥巴文没有规范化，也没有成为正式文字。纳西学校用汉语汉字，同时用拉丁化纳西新文字。

彝族散居各地，文字因地而异，意音文字（云南）和音节文字（凉山）异地并存。纳西东巴教没有统一的教会组织，各地经师自由创造文字，形意文字（东巴文）和音节文字（哥巴文）同时并用。凉山彝文的形体接近汉字的篆书。哥巴字符的形体接近汉字的早期隶书。

哥巴文的音节字符举例

（根据方国瑜《纳西象形文字谱》）

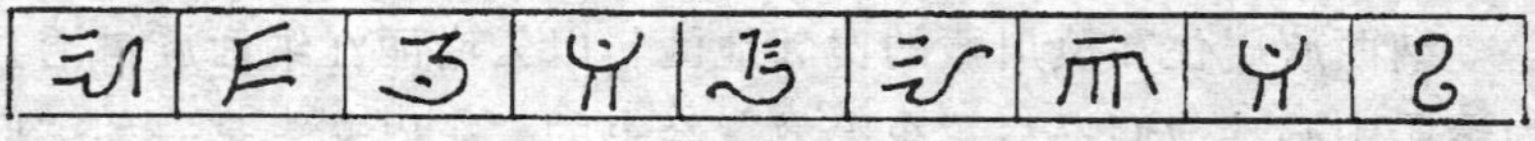

hee 雨　me 不　lee 来　nee(助)　gu 毡　jji 房　gai 前　nee(助)　tv 搭

（译文：还未下雨先搭毡棚。）

纳西族除“东巴文”之外，还有一种“玛丽玛萨文”，也是音节文字，有 105 个字符，在云南维西县应用。这好比彝族除云南彝文和四川彝文之外，还有贵州彝文。

6. 云南维西县的傈僳音节文字

傈僳族主要居住在云南怒江傈僳族自治州。维西县的傈僳族，多半信奉基督教，有教会设计的大写字母声韵双拼傈僳文（“老傈僳文”）。维西县的农民汪忍波（1900－1965）反对外来文字，民族感情使他决心以一人之力创造出一种民族文字，被称为“傈僳音节文字”。在 50 年代，维西县有 1000 多人使用这种文字。它有 1300 多个字符，除去重复，总共是 961 个音节字符，没有规范化，但是能够书写傈僳语言。

凉山彝文、哥巴文和傈僳音节文字，都属于广义的“汉字型”。不同的是：凉山彝文的形体几乎没有受汉字的直接影响，它是“异源同型”的汉字型，不是汉字的仿造。哥巴文有一小部分来自汉字，它受了汉字的影响，但是基本上它不是汉字的“变异仿造”。傈僳音节字受汉字的影响比较明显，虽然形体上能看出的直接关系并不很多，它是“变异仿造”的汉字型文字。文字的“民族形式”往往不自觉地来自别的民族。

傈僳音节字符举例

（根据《傈僳族的文字演变》）

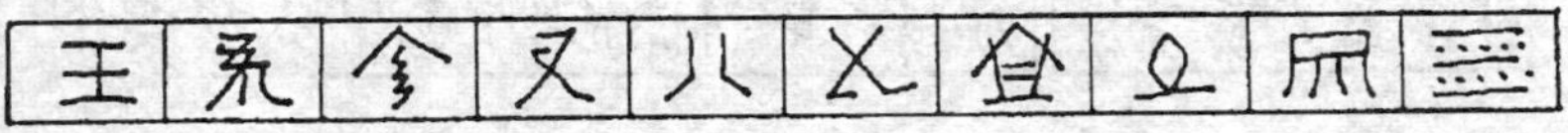

sa 三　la 来　ggar 赶　gua 叉　seit 行　jjei 走　co 楼　o 头　eo 裙　to 书

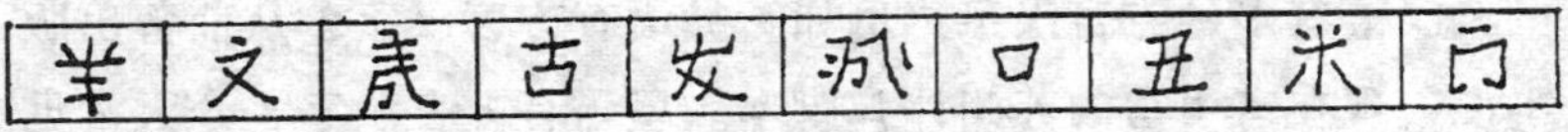

si 神　zzot 确　cat 盐　caiq 尖　cait 减　ci 十　zair 谣　zi 算　zi 唆　ziq 嘴

上例傈僳音节字符中有少数跟汉字相似，但是形体、读音和意义都发生了变异。从整体来看，它有明显的汉字风格，是一种“变异仿造”的汉字型文字。

7. 湖南江永县的女书

湖南省江永县妇女中流传一种妇女专用文字，非常奇特，称为“女书”。这种文字有基本结构 120 来个，组成字符 1200 多个，一般通用 600 多个，是一种音节文字。字符 80％源出汉字，但是经过变异，形成特殊的笔画风格，是“变异仿造”的汉字型文字。她书写当地汉语方言，有人认为是当地说汉语的瑶族(“平地瑶”）妇女所创造。瑶族民间另外有书写瑶语的汉字型意音文字，晚近又制订了拉丁化的拼音新瑶文。

女书举例

（根据赵丽明《中国女书集成》）

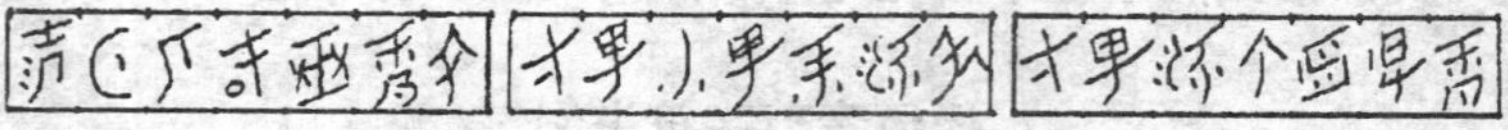

厅 屋 之 中 挂 绣 球。大 姐 细 姐 来 梳 头。大 姐 梳 个 盘 龙 髻。

细 姐 梳 个 凤 穿 阳。唯 有 三 姐 梳 得 好，两 头 狮 子 抢 绣 球。

汉语有多种方言汉字。例如：吴语有方言汉字，从前曾出版小说，现在有手写的苏州评弹脚本。粤语有方言汉字，今天常见于香港的报纸和杂志。它们都是意音文字、不是音节文字，都是孳乳仿造、不是变异仿造，而且都不是妇女专用。江永女书大不相同，她是妇女专用，音节文字，变异仿造。这个现象如何解释呢？如果是说汉语的瑶族妇女所创造，那么问题就不难探索了。

从文字学来看，女书跟傈僳音节文字比较接近。二者都是尚未规范化的音节文字，都是变异仿造的汉字型文字。不同的是：傈僳音节字符变异程度很大，女书变异程度比较小。女书的奇特之处在社会学方面，不在文字学方面。

8. 契丹小字

唐宋时代，契丹族在中国北方建立辽国，以今天的北京为“南京”。公元921年创制“契丹大字”（意音文字），不久又创制“契丹小字”（表音文字），都是变异仿造的汉字型文字。

“契丹小字”有大约378个“基本字符”，称为“原字”，很像笔画简单的汉字。一个至七个“原字”组成一个方块，一般代表一个单音节词或词素，基本上属于音节文字性质。已经解读出140多个“原字”的音值。“原字”在拼读时候要用“反切”方法读成音节。

契丹小字音值举例

（根据《世界字母简史》）

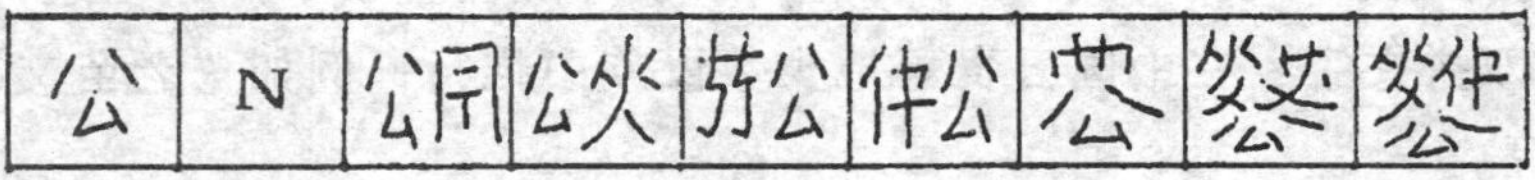

（原字）（音值）（n－）（n－）（－n）（－n）（－n）（－n）（－n）

（对译汉字）　宁　内　院　院　观　元　元

从对译汉字可以解读“原字”的音值。“原字”在拼读时候，一字留声去韵，一字留韵去声，两个字符拼成一个音节，类似汉字注音的“反切”方法。汉族古代的“三十六字母”也是音节字符而用作音素符号，不过只表声母（辅音），没有韵母（元音）。“原字”比“反切”进了一步，它还可以用三个字符拼成一个音节，这就接近音素字母了。

谚文和契丹小字都用基本符号叠合成为音节方块，这一共同特点引人注意。谚文是用音素符号叠合成为音节方块；叠合方式是先左后右，先上后下，可以两符一层，上下两层。契丹小字的

“原字”（基本符号）是音节字符，拼切时候临时丢弃音节中的元音或辅音，成为代用的音素符号；叠合方式是，先左后右，两符一层，层层下降，至多四层。二者有如此相似的特点，是否谚文的创制受了契丹小字的影响?

9. 加拿大的克里音节字母

加拿大本土民族“克里人”（Cree）用一种由英国传教士James Evans在1840年创造的音节文字。有12个基本符号，变化方向，表示48个基本音节，再加上小字母和小点子表示尾辅音和双辅音，可以书写多种美洲本土民族的语言。它实际是“音节加音素”，容易学习，各地克里人几乎人人能读，并且被其他本土民族所采用。(见《克里音节字母表》，本书303页)

克里字母后来演变成为“柏格理字母”（Samual Pollard）。他用大字母表声，小字母表韵，小字母的位置表示声调。这种“双拼文字”在中国云贵等地少数民族中推行，例如“老苗文”等。

10. 美国的切罗基音节文字

美国本土切罗基族（Cherokee）有一位名叫塞霍亚（Sequoyah，1765－1843）的有志之士。他没有上过学校，但是决心要为本族创造文字。起初用一个图形代表一种事物，结果图形多得不得了。后来他发现语言中的音节是重复出现的，于是根据音节创造符号。经历12年之久，在1821年创造成功86个音节字母。他借用部分英文字母，另外改造和创造许多字母，改变英文字母的读音，使它成为音节符号，例如规定H读mi，Z读no，D读a，B读si等。这种文字使用了150多年，遗留下许多有趣的文献。

克里字母和切罗基字母都是北美本土民族的音节文字。两个民族都居住在音素文字国家里,但是由于本民族的文化背景不

克里音节字母表

(根据美国 Waxhaw 字母博物馆)

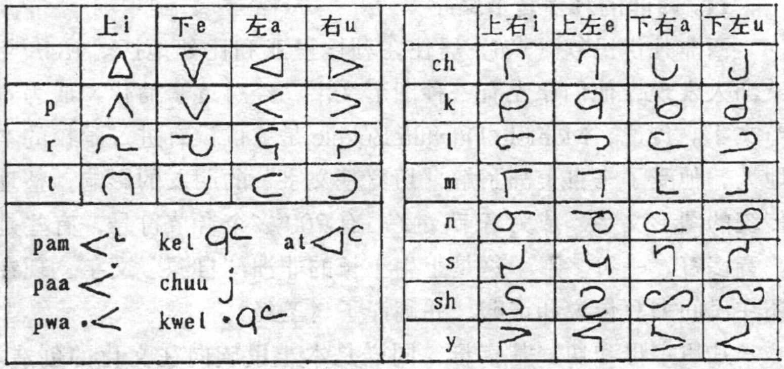

切罗基音节字母举例

(根据美国 Waxhaw 字母博物馆)

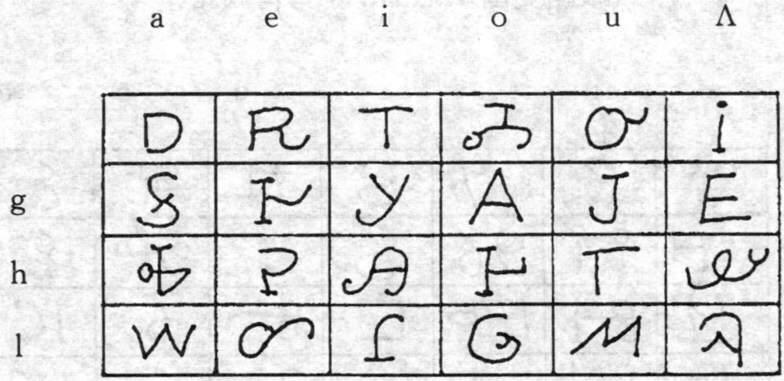

同，不接受英文形式的音素文字，而创造了音节文字。四川彝族不接受拉丁化新文字，从传统文字中整理出来民族形式的音节字符，这也同样是民族文化背景在文字创制中发生了作用。

11. 西非的凡伊音节文字

西非凡伊民族（Vai）居住在利比里亚和比邻地区。1848 年欧洲人发现，他们原先有一种图形文字，经过逐步简化，成为音节文字。传说，Momolu Duwalu Bukele 是一位没有进过学校的本地人，他受了来自美洲了解“切罗基文字”的朋友的影响，整理传统的图形文字，成为音节文字。有 200 多个音节符号，有些是一音多符、一符多形。这是土生土长的非洲“自源”文字，现在还在民间书写传说和记账，并翻译了《圣经》。

凡伊字母和切罗基字母，同样是本土民族向往文化的创造。切罗基字母是在外来文化影响下的创新。凡伊字母是在传统文字的基础上的更新。二者都说明一个共同的愿望：不甘心直截了当接受西方文化，于是努力发挥自我的创造精神。

凡伊音节字母举例

（根据美国 Waxhaw 字母博物馆）

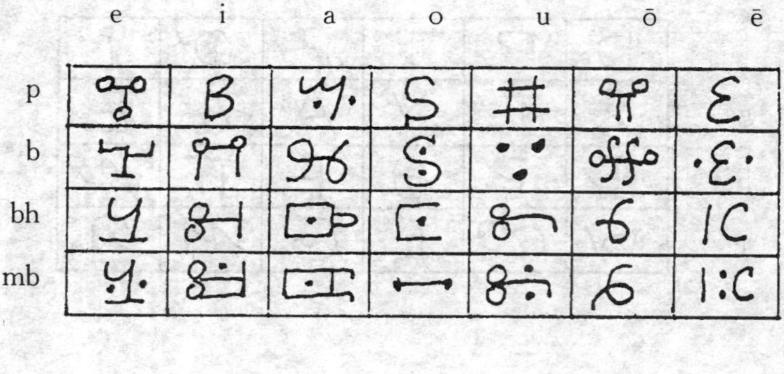

12. 西非的巴蒙音节文字

西非喀麦隆（Cameroon）原来是“巴蒙王国”（Bamun）。国王“诺亚”（Njoya）做梦上帝叫他创造文字。他在 1895 年命令臣民画出各种事物的图形，创造了一种图形文字，后来逐步简化，成为音节文字。虽然文字的“意念”来自外界，可是文字的形体出于自己创造，这也是一种非洲的“自源”文字。国王设立学校，招收学生数百人，用“巴蒙文字”写公文、书信和故事，并翻译《圣经》。这种文字在 1897 年有 466 个图形符号，后来到 1918 年简化成为 72 个音节符号。国王 1933 年死后逐渐不用。

巴蒙音节字母举例

（根据美国 Waxhaw 字母博物馆）

早期（大约 1897 年）的图形文字举例：

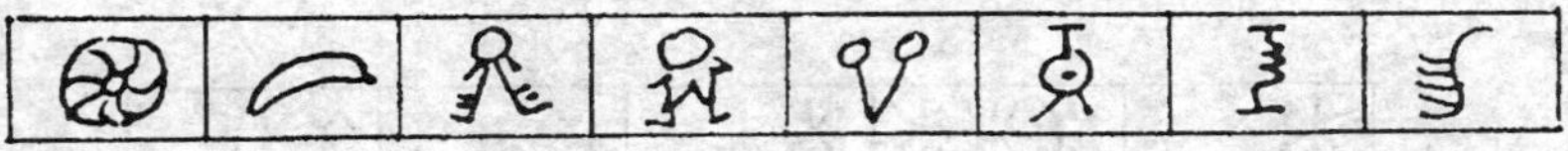

ngom	myi	membaa	mamgbie	li	vom	ngue	nyam
太阳	月亮	人	名字	眼睛	肚子	蛇	马

后期的字符演变举例：

意义	巴蒙语	读音	1907	1911	1916	1918
国王	mfan	fo, f				
工作	fe	fe, f				

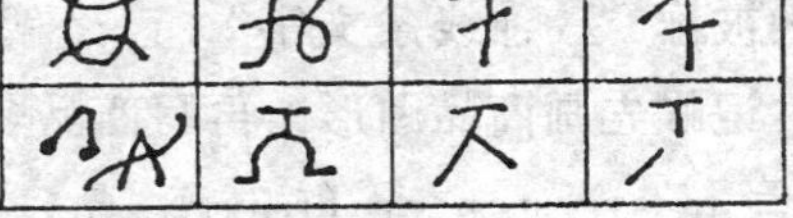

巴蒙字母和凡伊字母都是从图形表意文字演变成为音节文字，又都是西非国家的本土民族在音素文字的统治下保持并改进传统文化的创举。从这两个民族在19世纪对西洋文化的反应，我们看到非洲也曾经有过抵制外来文化的思想。

13. **塞浦路斯音节字母**

地中海东部的塞浦路斯岛（Cyprus），在青铜器时代是冶金中心，文化发达。这里发现一种“塞浦路斯”音节字母，使用于公元前6-3世纪，铭文属于这个时期的中叶（中国战国时期）。符号的音值已经解读，原文的语言尚未破译。有55个音节，每个音节有三两个同音符号。有开音节符号和元音符号，拼音时候要把音节符号当作因素字来阅读。例如，sa-ta-si-ka-ra-te-se要读成Stasikrates。

塞浦路斯音节字母举例

（根据Diringer《字母》）

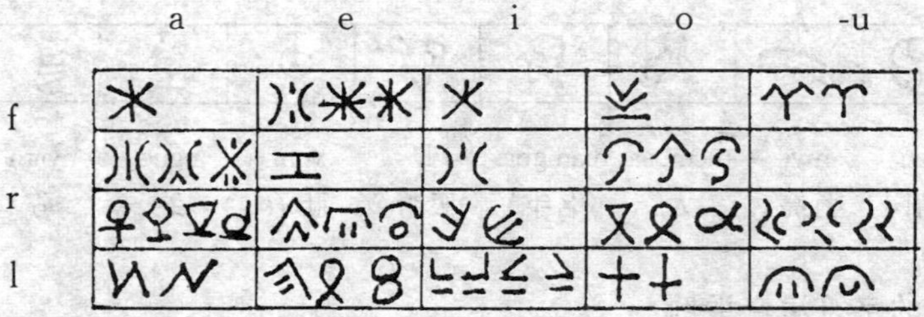

塞浦路斯岛西面有一个克里特岛（Crete），也发现两种古文字。一种被称“B种线条文字”，已经解读，是音节文字。文献是帐单，记帐先画商品图形，再写商品名称。例如：先画“三脚鼎”，再写te-ri-po-de（tripod，鼎）。

14．波斯音节丁头字

两河流域的丁头字，在 3500 年间，逐步从语词文字演变成为音节文字。公元前 6 世纪（中国春秋时代）传到波斯，成为“波斯音节丁头字”。它有 41 个字符，除 4 个语词符号（王、州、国、神）和一个标点外，有 36 个音节字符。其中有 3 个元音字符（a，i，u）和 33 个辅音跟元音结合的字符。2500 年前的波斯音节丁头字有高度的规范化水平。

波斯音节字符拼读举例

（根据《世界字母简史》）

da-a-ra-ya-va-u-sha，　kha-sha-a-ya-tha-i-ya，　va-za-ra-ka.

（翻译：“大流士，大王”；原文词序：“大流士，王，大”）

波斯音节丁头字跟日文假名性质相似，虽然外形迥然不同。二者同样是整体的音节字符，不能分析音素，也没有表示相同辅音的基本笔画。波斯语的音节构成比较复杂，用音节字符当作音素字母来拼读，拼写冗长，读音费事。例如：国王名字“大流士”（英译 Darius）只有三个音节，可是用 7 个音节字符来拼写。这好比日本假名的“促音”和“拗音”：りっしゅう（立秋），不读 li-tsu-shi-yu-u，要读 lissyū。

15．音节文字的历史地位

上面简单地叙述了 14 种音节文字，可以代表古今中外音节文字的历史。

音节文字的一个共同特点是符号数目比语词文字大量减少，但是比起音素文字来又显得太多了。有的音节文字有足够的符号书写全部音节，例如阿姆哈拉文、凉山规范彝文。有的音节文字要补充特别拼写法书写复杂的音节，例如假名、克里文。

音节文字另一共同特点是不能像语词文字那样有某种超语言性，另一方面又不能像音素字母那样通用于许多不同的语言。语言的音节结构相互差别很大，语言的音素（音位）结构相互差别较小，这就限制了音节字母的使用范围。

音节文字是从语词文字到音素文字的中间环节，它是从表意到表音的一次飞跃，在人类文字史上发挥过重大的推进文化的作用。

四　汉字型音节文字

（一）字符音节文字

1. 江永女书

“女书”是中国文化深山里的一朵野玫瑰，她长期躲避了世俗眼光，直到她即将萎谢的最后时刻，才被文化探险者所发现。这个发现，带给学术界的不仅是一阵惊奇，而且是一系列有待深入研究的问题。

（1）女书的发现

湖南省江永县妇女中间流传一种文字，妇女创造，妇女使用，传女不传男，男人不闻不问、不学不用，被称为“女书”。已经存在几百年，直到50年代外界才知道，80年代才作为学术问题进行研究。“反右运动”把最初的研究者划为“右派”，女书研究被迫停止。“文化大革命”把女书当作“妖书”，把认识女书的妇女当作“妖婆”。80 年代，认识女书的妇女不敢对前去的调查者承认她们认识女书。现在，这样的顾虑已经消除，可是认识女书的耄耋老妇很快就要绝迹了。

日本的假名，初期主要由妇女使用，男人不屑学习，被称为“女书”。朝鲜的谚文是国王颁布的，但是当时的男人不屑使用，也曾被称为“女书”。后来，简便的“女书”流行开来，成为文字的主体。日本和朝鲜的所谓“女书”，跟江永女书大不相同。江永女书是真正的妇女专用文字，直到最后衰亡，男人没有过问。

(2) 女书的形体

女书形体略似汉字、又并非汉字，外形不是正方，而是斜方，作“多”字形。不识者认为字如蚊形，称为“蚊脚字”。写在纸扇上或纸张上，直行书写。有五种基本笔画：点、斜、竖、弧、圈。笔画组成的结构大约有 120 来种，有的“独体”，有的“合体”，结构方式跟意义无关。符号总数大约有 1200 个，一般通用 600 多个，80%跟汉字有形体关系，少数跟汉字有意义关系，但是用作表音符号，失去了原来的意义（赵丽明《女书与汉字》1995)。它不是自出心裁的“自源”文字，而是模仿汉字的“借源”文字。

(3) 女书所写的语言

江永县有三种语言：西南官话、汉语土话和瑶语。汉族住城镇的说西南官话，住乡村的说汉语土话。瑶族住平原的称为“平地瑶”、说汉语土话，住山区的称为“过山瑶”、说瑶语。女书书写当地消江流域的汉语土话，以江永白水村为例，有声母 20 个，韵母 35 个，声调 6 个，不计声调有 400 多个言节（赵丽明《中国女书集成》1992)。女书一个符号代表一个音节，“音节相同而意义不同”，是单音节的“音节文字”。部分一符多音，一音多符。

(4) 女书的功用

女书作品是一种“歌堂文学”。内容主要是描写妇女的生活。文体大都是七字韵文。每逢节日，女友相聚，共同“读唱”女书，“读纸、读扇”，唱到伤心处，同声痛哭！诉说苦情，净化心中的郁结，是女书的特殊功用。女书还用来祭神、记事、通信、结拜姊妹、新娘贺三朝、焚化殉葬。由于焚化殉葬，女书作品有许多没有留传到后代。

歌堂文学在汉族妇女中也曾流行。清末民初，我见到我的母亲喜爱歌堂文学。在卧室里一人读唱，在客厅里跟女友共同读唱。歌堂唱本现在不容易看到了。电视剧《孟丽君》的最初底本就是歌堂唱本，女人创作，为女人扬眉吐气。不过汉族没有妇女专用文字，而我见到的歌堂读唱，都是规模很小的，可能是汉族歌堂文学的尾声了。

(5) 女书的流行地域

女书流行中心在江永县的上江圩乡。流行地域大致方圆200多公里，是湘粤桂三省的接壤之处。长沙马王堆汉墓出土两张军事地图《舆地图》和《军阵图》，描绘的就是江永县和它的四周。这里是汉族和少数民族在历史上长期争夺的边地。从唐宋到元明，瑶族逐渐离去，汉人逐渐迁入。住在平原的“平地瑶”同化于汉族。

(6) 女书的创造者

今天，江永县的居民中有瑶族12万人，占全县人口的52%以上；在有名的瑶族故地“千家洞”有瑶族将近8000人，占当地人口的97%。江永县是以瑶族为主的瑶汉共居地，瑶人汉化，汉人瑶化。认识和使用女书的妇女大多数是“平地瑶”，例如女书能手义华年。女书的应用具有浓厚的瑶族妇女习俗色彩。例如读纸读扇、焚化殉葬等都是瑶族妇女的经常行事。女书的创造者大致是说汉语的“平地瑶”妇女（廖景东《试论女书与平地瑶的关系》1995）。

“平地瑶”说汉语，这种汉语受了瑶语的影响，跟西南官话有差异，跟湘方言也有差异，但是仍旧是汉语的一个小方言，跟山区“过山瑶”的纯粹瑶语不同。女书从民族来看是少数民族文字，从语言来看是汉语方言文字，这就是女书不同于其他汉语方言文字的缘故。

（7）女书的创始年代

女书创始于何时尚无定论。最早的史志记载是1931年的《湖南各县调查笔记》，其中说到“歌扇所书蝇头细字似蒙古文”。女书内容谈到的故事，最早属于道光（《林大人禁烟》）、咸丰（《长毛过永明》）、同治（《珠珠歌》）等时期，各有一篇文章。较多的文章谈到清末民初的故事，这时候女书的文辞也比较成熟了。女书实物例如“读纸”、“读扇”等，最早可以追溯到咸丰年间。明末清初没有学习女书的记载，到20世纪30年代女书的传授已经停止，到90年代行将绝灭了（宫哲兵《女书时代考》1995）。根据以上资料，女书的创始不可能早于明末清初。传说宋代王妃造女书，还有更早的创始传说，都没有可信的证据。

（8）何以外界长期不知？

女书为什么能够流传几百年？又为什么一直不为外界所知？可能有两个原因。第一，女书是“音节文字”，妇女们容易传习，所以能够流传几百年。第二，女书书写本地土话，外地人难于看懂，加上焚化殉葬，遗物较少。女书是近亲女友之间的交际工具，没有扩大交流的需要。加上此地一向交通困难，处于半隔绝状态，所以外界不容易知道。特殊的封闭环境保护了特殊的秘传文字。

(9) 女书的类型比较

汉字型文字分为两类："孳乳仿造"和"变异仿造"。"孳乳仿造"利用原有汉字部件，如壮字、喃字、布依字、白文、侗字、苗字、哈尼字等。"变异仿造"模仿汉字造字方法，如契丹字、女贞字、西夏字、傈僳字等。女书是"变异仿造"的汉字型文字。

女书和傈僳音节字同样是音节文字，都是"变异仿造"。傈僳音节字书写傈僳语，形体离汉字略远；女书书写"平地瑶"的汉语土话，形体离汉字较近；二者都没有规范化。女书和日文假名也同样是音节文字；现代假名是"变异仿造"，已经规范化；古代的"万叶假名"是"孳乳仿造"，没有规范化。

女书是汉语方言文字，但是跟其他汉语方言文字不同：其他汉语方言文字都是"孳乳仿造"，大都只补充少量新造汉字，而女书是"变异仿造"。其他汉语方言文字都是"意音文字"，而女书是"音节文字"。其他汉语方言文字不分男女，而女书为妇女所专用。其他汉语方言文字没有少数民族的影响，女书受到瑶族的影响，不仅在语言上有影响，在使用习惯上也有影响。民族影响是女书跟其他汉语方言文字不同的原因所在。从类型来看，女书是变异仿造的汉字型汉语方言音节文字，但是没有规范化。

(10) 瑶族的另一种汉字型文字

瑶族还有另一种汉字型瑶语文字，称为"方块瑶字"或"瑶字"，用于书写民间歌谣和传说。这是不同地区的瑶族文字，孳乳仿造的"意音文字"，不是变异仿造的"音节文字"。从写本

《盘王牒》来看，记录年代最早是唐贞观二年（公元628年），比女书早得多。它跟江永女书没有关系。一个民族散居各地，交通不便，长期不相往来，分别创造几种不同的文字，是常见的现象。

参考：宫哲兵主编《妇女文字和瑶族千家峒》1986。赵丽明、宫哲兵《女书：一个惊人的发现》1990。谢志民《江永女书之谜》1991。宫哲兵编《女书：世界唯一的女性文字》。赵丽明编《中国女书集成》1992。史金波、白滨、赵丽明编《奇特的女书：全国女书学术考察研讨会文集》1995；其中有：廖景东、熊定春《试论女书与平地瑶的关系》；赵丽明《女书与汉字》；赵丽明、邓阳彩、张正清《城步大瑶山妇女使用的符号文字的调查经过及讨论》；宫哲兵《女书时代考》。

女书样品（摘自《中国女书集成》，注音从略，见本书314页）：

2. 傈僳音节字

傈僳族，人口48万（1982），主要居住在云南怒江傈僳族自治州。这里是中国西部的边陲，崇山峻岭，交通困难。傈僳族受地理和历史条件的限制，在中国许多民族中间，产生文字比较晚。可是在20世纪，先后创制了四种文字：框格式傈僳文，大写字母傈僳文，汉字型傈僳音节字和拉丁化傈僳新文字。

傈僳语属于汉藏语系、藏缅语族、彝语支，分为怒江、永胜和禄劝三个方言。怒江方言人口最多。

（1）框格式傈僳文

1913年，英国基督教传教士王慧仁，根据云南省楚雄州武定、禄劝一带的傈僳方言，以武定滔谷村语音为基础，制订一种“框格式”的拼音傈僳文。随着宗教传播到四川凉山州的会东县。有30个辅音字母，25个元音字母（单元音12，复元音

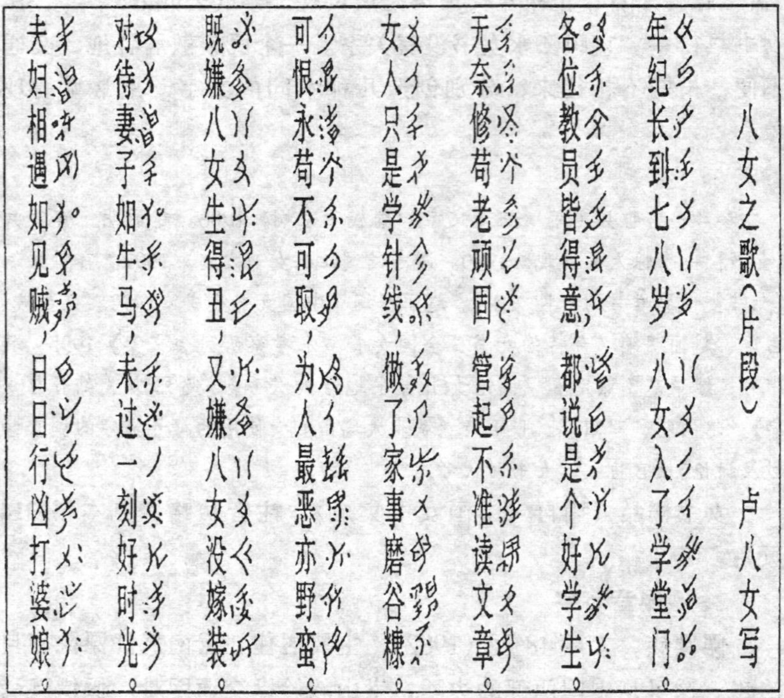

13)，声调 3 个或 4 个。字母形式仿照滇东北的框格式苗文，是大写拉丁字母的正写、反写、倒写和变形，再加上一些附加符号。每个音节组成一个方框格式，所以称为“框格式”。字母分大小，大字母为声母，小字母为韵母；小字母写在大字母的上面、右上角、右下角，表示不同的声调。框格式傈僳文的出版物有《路加福音》1917，《使徒传》1928 等，都是教会读物。举例如下：

（ngo^{55}鱼）

（ngo^{33}我）

（ngo^{31}五）

(2) 大写字母傈僳文

1914 年，缅甸克伦族基督教讲道者巴托，用变形的大写拉丁字母，制订另一种拼音傈僳文，经英国传教士富雷塞（J. O. Fraser）加以修订，称为“大写字母傈僳文”，又称“圣经文字”或“老傈僳文”。语言根据滇缅边境的傈僳口语，后来传播到中国怒江流域碧江、福贡、泸水、腾冲、盈江、梁河和滇北永胜等地的傈僳族教会。出版物有《圣经》、《教理问答》以及幼儿识字课本等书。

大写字母傈僳文有 30 个辅音大写字母（20 个正写，10 个反写或倒写），10 个元音大写字母（5 个正写，5 个反写或倒写），6 个声调符号（用标点符号），4 个特定标点。例如：

LO. （lo^{55}放牧）	LO, （lo^{35}溢出）	LO. . （lo^{44}投掷）
LO. , （lo^{33}轻）	LO; （lo^{42}够）	LO: （lo^{31}两）

(3) 汉字型傈僳音节字

在两种教会傈僳文创制不久之后，云南省维西县一位名叫“汪忍波”（1900 - 1965）的傈僳族农民，创制一种汉字型傈僳字，由于主要是音节性的字符，被称为“傈僳音节字”。这种文字流通于维西县（以叶枝为中心的康普、巴迪等四个乡）的傈僳族中间。汪忍波自己编写的识字课本《傈僳语文》有 1330 字，其中重复的 300 多字。此外，在流传写本中还有 21 个有用的字。去除重复，总共是 961 个音节字。

傈僳音节字的形制类似汉字，大多数符号是新造的独体字，一小部分（约 50 多个）似乎是汉字的变形。笔画接近带有草书意味的隶书。有：点、横、竖、撇、捺、折、钩、曲线、弧线、圆圈等笔画。符号中少数略有象形或会意意味，少数以相近的形体表示相近的音义。有同字异音，同音异字。音节文字的共同特点是，同一个符号在不同语词中代表相同的音节，只有固定的读音，没有固定的意义，字符原来有无意义无关宏旨。傈僳音节字是一种“变异仿造”的汉字型音节文字。汪忍波用他创造的文字记录下许多“祭天古歌”和传说，共有各种体裁的写作30多本。

维西县在汉字文化圈的边缘，再往西面跨出一步就是属于印度文化圈的缅甸了。维西县周围虽然建有好些喇嘛寺，可是汪忍波没有仿照藏文或缅甸文创造文字，这说明他没有受印度文化的影响。傈僳字可能是汉字文化圈中最后一种新创的汉字型文字了。在50年代，大约有1000多人认识这种文字。举例：

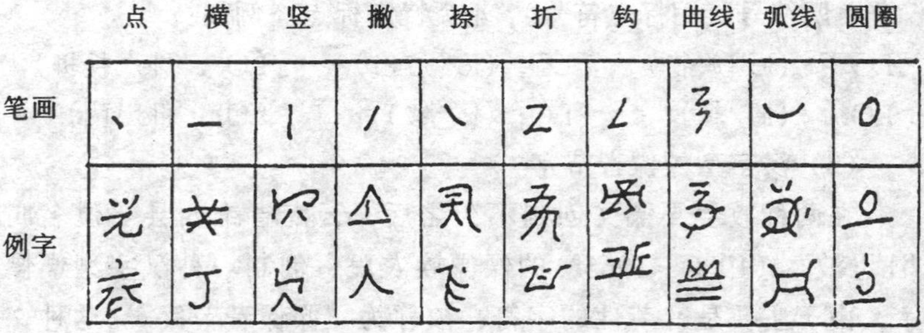

(4) 拉丁化傈僳新文字

以上三种傈僳文字中，只有大写字母老傈僳文的作用较大，已经在傈僳族基督教徒中通行。50年代决定：“老文字继续使用于宗教生活，另创新文字应用于经济和文化建设。”

1957年，以云南省“怒江傈僳族自治州碧江县的傈僳话为标准音”，制订了“新傈僳文方案”。有辅音33个，元音16个，声调6个，采用分词连写的正词法。1962年规定“新老傈僳文并用，主要推行和发展新傈僳文”。下面是四种傈僳文的比较：

傈僳音节字	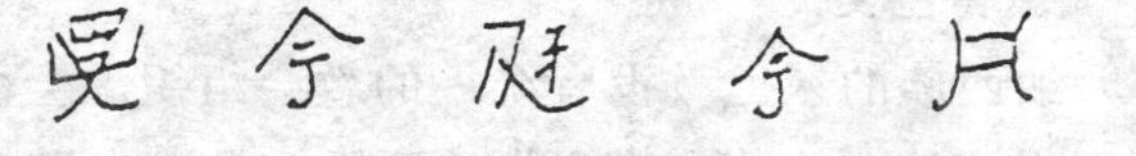				
格框式傈僳文	Λ=	L'	C'n	L'	S'
老傈僳文	Y∀;	LO.	ƆՈ;	LO.	SU..
新傈僳文	yair	lol	chir	lol	su
	猪 (放	放牧 猪	羊 放	放牧 羊	者 人)

推广新傈僳文的地区主要是怒江傈僳族自治州和大理白族自治州。怒江方言是人口最多的方言。1983年新傈僳文开始进入学校。怒江傈僳族自治州教育局决定，小学一二年级学新傈僳文为主，适当加授汉语文；三四年级以汉语文为主，适当加授新傈僳文，实行“双语文教学”。

本文承傈僳族木玉璋专家指正并提供资料，特此申谢！

参考：徐琳、木玉璋、盖兴之《傈僳语简志》1986。徐琳《傈僳语》，《傈僳文》，载《中国大百科全书·民族》1986。木玉璋、段伶《傈僳语概况》，载《民族语文》1983－4。木玉璋《老傈僳文》，《新傈僳文》，载《中国少数民族文字》1992；《傈僳族音节文字及其文献》，载《中国民族古文字研究》，天津古籍出版社，1991。

3. 哥巴文

纳西族的东巴教没有统一的教会组织。会念经就可以自由给别人祈祷。许多“东巴”（经师）是业余职业。原来书写东巴经的“东巴文”（“象形文字”）之外，后来产生一种简易文字，同样书写东巴经，名叫“哥巴文”（“标音文字”）。“哥巴”是“徒弟”的意思，“徒弟”文字是从师傅文字衍生出来的。

大多数地方写经用东巴文，不用哥巴文；少数地方两种文字并用，或者主要用东巴文，掺用少量哥巴文；此外有许多地方念经全凭口语，不用文字。东巴文历史悠久，经书很多，共约 2 万册，单是丽江就有 1400 多册。哥巴文历史短，经书不多，只有几百本。

可是，徒弟文字青出于蓝。东巴文主要表形兼表意，是章节－语词文字。哥巴文完全表音，是音节文字。符号总数减少了，从 2000 多个减少为 600 多个。符号形体简化了，原来繁复的图符，变成简单的字符。符号大都取自东巴文，少数取自汉字，都经过变异和简化，不用原来意义，只作音节符号。跟汉字相比，形体很像从甲骨文一下子变成了小篆。

方国瑜《纳西象形文字谱》中有“纳西标音文字简谱”（“简谱”，表示收录不全）。其中收录哥巴文的音节 250 个，每个音节不止一个符号，常用音节符号有 686 个，又收录常用词汇 2000 多条。有 40 多个音节缺乏专用符号。一音多符，一符多形，哥巴文还没有走上规范化的道路。它是音节文字，但是没有一个稳定的音节字母表。纳西语依靠声调区别意义，而哥巴文不表示声调。

下面是哥巴文的“迎神经”：

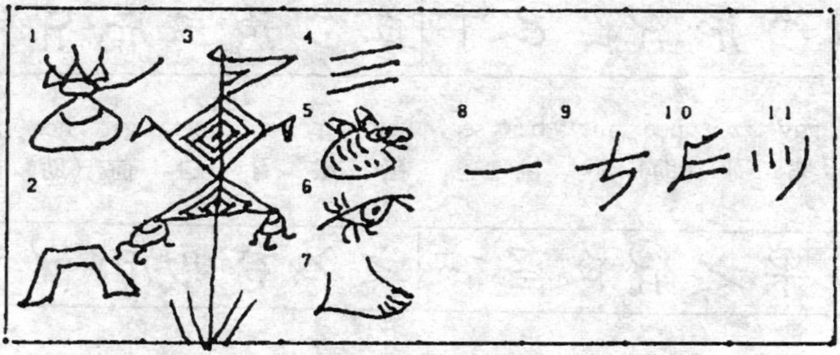

上面是“迎神经”的封面标题，左面一半写东巴文，右面一半写哥巴文。这跟汉字楷书石碑的碑头写篆书，颇为相似。

左面东巴文从上而下竖写：[1]biu－[2]gge“东巴的”（东巴经）。[3]祭风神树，不读音。[4]her－[5]la－[6]lee－[7]kee“祭风道场”。右面哥巴文从左而右横写：[8]ddu－[9]dee－[10]o－[11]mei“阳神起是的”（迎接阳神）。简称 ddu－dee“迎神经”。经文举例：

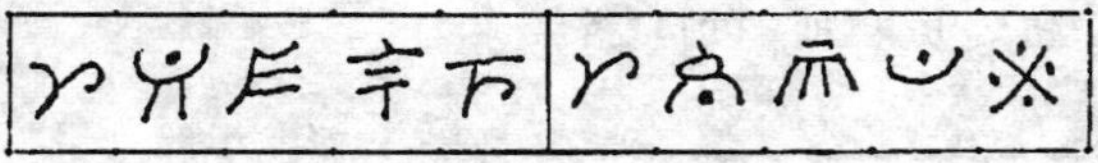

bber nee me tai see, bber ko gai nee cer.
牦牛（助）不 撞 还，牦牛 角 前（助）砍。

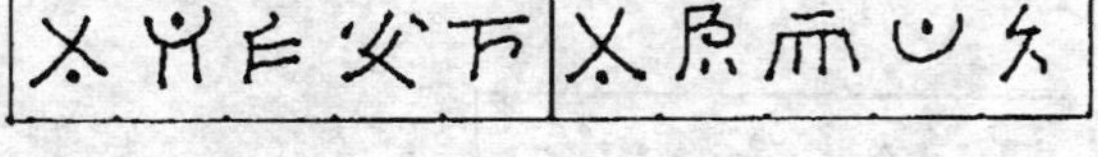

la nee me ca see, la zzai gai nee qer.
虎（助）不 咬 还，虎 牙 前（助）断。

（译文）还没被牦撞，应先砍牦角。还没被虎咬，应先断虎牙。

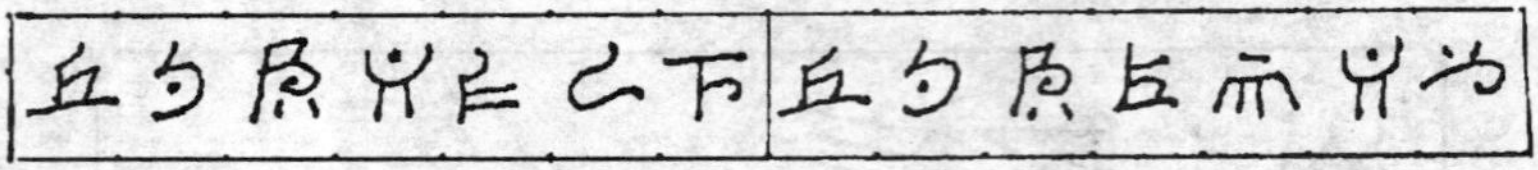

bbu ggv zzai nee me bei see, bbu ggv zzai oer gai nee la.
猪 熊 牙（助）不 挑 还，猪 熊 牙 白 前（助）打。

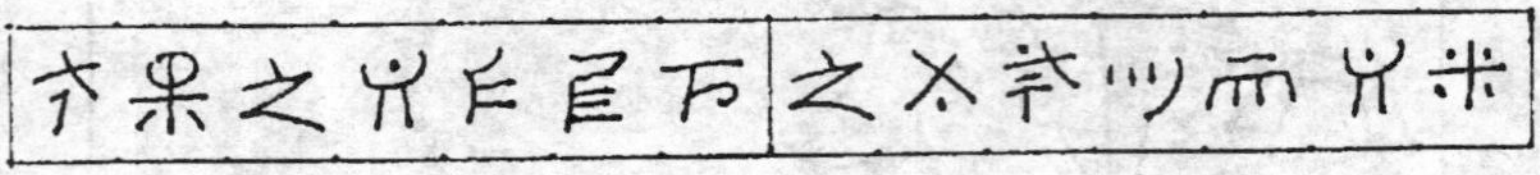

ggv bbee ssee nee me mai see, ssee la sher mei gai nee cer.
冤 仇 （助）不 斗着 还，仇 手 掌 的 前（助）割。

（译文）没被猪熊獠牙挑，应先敲断猪熊牙。没被仇人斗冤前，应先砍掉仇手掌。

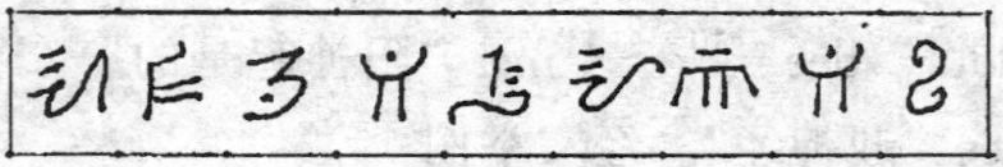

hee me lee nee gu jji gai nee tv,
雨 不 来（助）毡 房 前（助）搭。

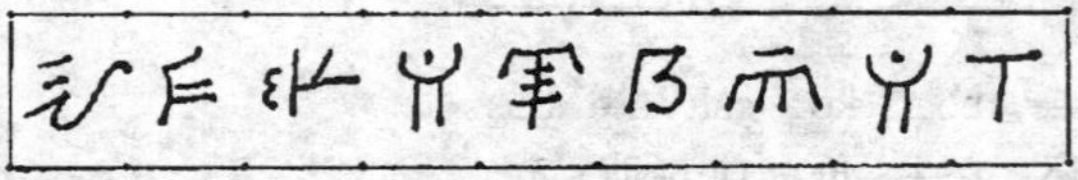

jji me i nee zzo ba gai nee zo,
水 不 发（助）桥 宽 前（助）修。

her me tv nee bbu sha gai nee da.
风 不 刮（助）墙 高 前（助）拦。

(译文) 未下雨前应先搭毡棚。未发洪水应先修大桥。未刮狂风应先筑高墙。

参考：方国瑜《纳西象形文字谱》“纳西标音文字简谱”，云南人民出版社，1981。和即仁、姜竹仪《纳西语简志》“哥巴文”部分，民族出版社，1985。

4. 玛丽玛萨文

纳西族有一部分人在大约 200 年前从“木里拉塔”地方（在今四川盐源县）迁移来到云南维西县，自称“玛丽玛萨”。他们居住在维西县的“拉普公社”一带，只有百余户人家，1000 多人口。“玛丽玛萨”是“木里摩梭”的变音，意思是“从木里（玛丽）地方迁来的摩梭（玛萨）人”。

他们迁来的时候没有文字，后来从东巴经师学会了东巴文（“象形文字”），从其中取出一部分符号，用来书写自己的方言，并作记事、记帐、通信之用，称为“玛丽玛萨文”。这是纳西“东巴文”在衍生“哥巴文”之后，又衍生出来的第三种文字：“纳西方言音节文字”。

玛丽玛萨文有常用符号 105 个。符号脱胎于东巴文，原来都有固定的意义，但是经过变形和简化，不用原来的意义，只作音节符号。纳西语不止 105 个音节。他们书写语言当然还要补充其他符号。

纳西族是一个总人口不到 30 万的民族，居住在崇山峻岭的边缘山区，竟能自力创造三种文字，可见他们向往文化的强烈愿望。只是没有科学的帮助，自创文字难于达到成熟的水平。

参考：和即仁、姜竹仪《纳西语简志》，“玛丽玛萨文”部分，民族出版社，1985。

玛丽玛萨文105个常用符号（根据《纳西语简志》）：

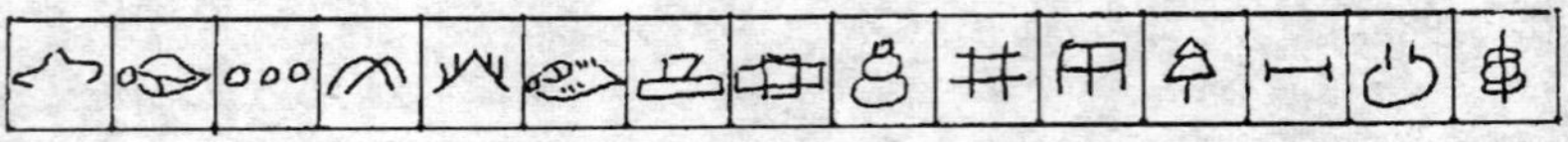

mv	jji	gee	bbei	bbu	hee	ddo	zzo	hei	ggu	lee	ta	bbo	ge	zzee
天	水	星	雪	峰	海	地方	桥	佛	仓库	田	塔	圈	坛	佛铃

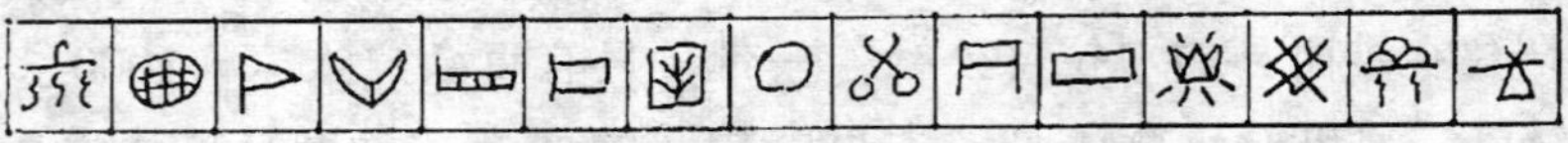

zhai	mu	tiei	ko	chu	ku	bv	kua	ji	do	ggee	mi	hai	m	shu
对联	簸箕	旗子	角	尺	门	瓶子	碗	剪刀	木版	片	火	金	银	铁

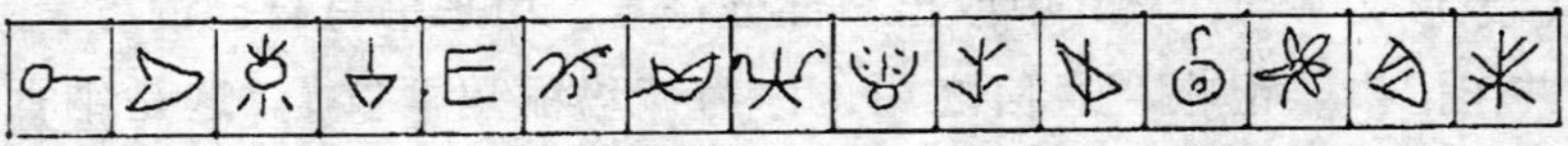

gu	co	gv	lei	sa	xi	xhe	ssee	niei	sso	zzei	liu	bba	pie	zzer
针	犁	蒜	茶	麻	稻	烟	草	籼	青稞	麦	果	花	叶	树

bber	ree	mai	ba	nee	mei	sei	ruai	xu	oee	cee	lv	co	hee	ma
牦牛	蛇	尾	蛙	心	母	岩羊	马	绵羊	牛	山羊	翅膀	象	牙	油

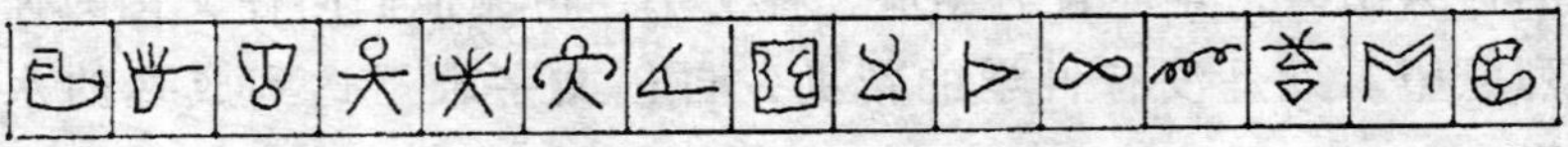

kee	la	pi	sso	no	nga	ma	jje	to	dai	nia	chee	to	uei	jju
脚	手	臂	男	你	我	不	跑	推	粘	揉	吊	捶	推	有

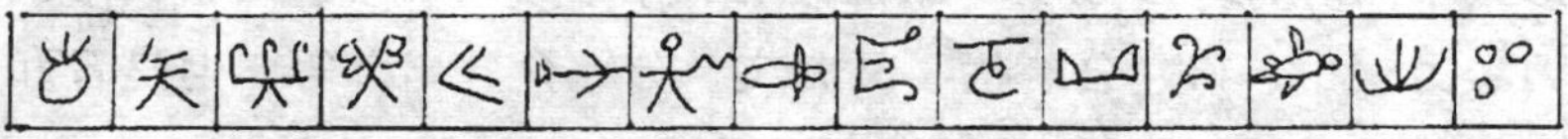

bbo	zzee	jei	bbi	bei	kai	rho	dda	ga	na	po	ddee	nii	su	lu
分	吃	钩	飞	碰	射	惊	浮	好	黑	白	一	二	三	四

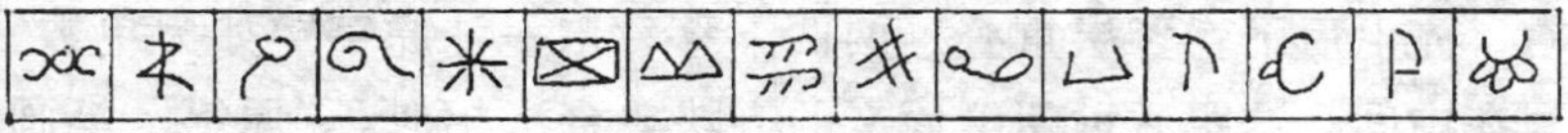

ngua	chuai	sher	hu	ggv	cee	pv	kv	li	to	biu	bbee	a	bbeeko	er
五	六	七	八	九	十	价	年	里	节	升	半升	阿	1/4升	铜

5. 契丹小字

契丹族采用“双文制度”，既有主要表意的“契丹大字”，又有完全表音的“契丹小字”。(契丹大字见前文。)

为什么有了大字还要小字？理由可能有两点：(1) 文化的影响。契丹一方面受汉文化影响，另一方面受回鹘文化影响。大字是模仿汉族的表意汉字，小字是模仿回鹘的拼音文字。(2) 语言的影响。清格尔泰说：契丹语是一种黏着语，多音节词较多，附加成分较多，用汉字类型的文字，不但需要有形音义结合的表示实体词的多音节字，还需要有表示语法意义的表音字。(如日文的汉字加假名，韩文的汉字加谚文。) 这类文字从发展到完备，非短期所能完成。在契丹大字还没有发展完备时候，契丹族又接触到了拼音文字的回鹘文。于是受到启发，在汉字形体的基础上，创制基本上是表音的契丹小字。

(1) 契丹小字的形制

契丹小字是表音文字，表音原理受回鹘影响，拼音方法类似汉字的反切。

小字的基本符号称“原字”，形式模仿汉字，跟回鹘字母的形式不同。有些“原字”跟汉字相同，例如“一、十、大、天、刀、力、小、口、公、伏、又、文、分、介、出”等，但是音和义毫无关系。

一个“原字”由五笔左右构成。一至七个“原字”组成一个“方块”（或长方），表示一个音节或语词。“原字”叠合，先左后右，先上后下，多层重叠，两两下移，末一“原字”如为单数，写在中间。这跟后世朝鲜谚文的方块叠合法相似。“原字”笔画不能分成音素，相同于假名，不同于谚文；不作线性排列，而作方块叠合，相同于谚文，不同于假名。契丹小字的文献全用“原字”拼写，没有夹进“大字”。这像今天朝鲜（北方）纯表音的谚文，不像韩国（南方）的汉字和谚文混合体。

小字中已经分解出“原字”500来个，经过契丹文和汉文的对比，构拟出“原字”的音值150来个。一部分“原字”代表整个音节（例如“皇、后、府、太”等）。大部分音节是由几个“原字”拼写出来的。跟契丹语接近的满语和蒙语分别有1400和1300个音节。契丹语的音节不会很少，用500来个音节字是不够书写语言的。可见契丹小字不是“音节文字”。

“原字”的字母性质可能属于比较文字学上所说的“音节·辅音字母”一类，包含简单的元音字母，以及可以丢音的音节字母。辅音字母本身都带有元音，但是在拼音时候可以丢掉不需要的元音。美洲马亚文、波斯丁头字等的早期的拼音方法都是如此。汉字的“反切”也是利用音节汉字作为拼音字母，随时丢掉不需要的韵母或声母。清格尔泰说：“原字从拼音方法来看，似乎是介乎音节文字和音素文字之间。”这就是“音节·辅音字母”的特点。

契丹小字一符多音、一音多符，还没有规范化。

（2）契丹小字举例（原来直行书写，这里改为横行）。

A.“原字”（根据《契丹小字研究》中的原字表，首尾各取12字）

B. 语词（有的语词相当于两个汉字，例如“重熙”、“耶律”）

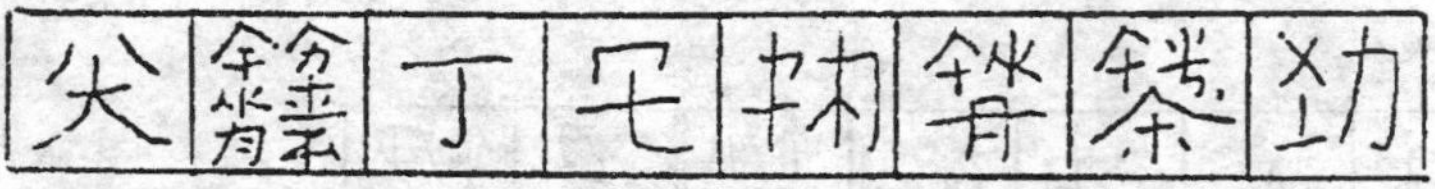

天　重熙　甘　四　岁　次　乙　未

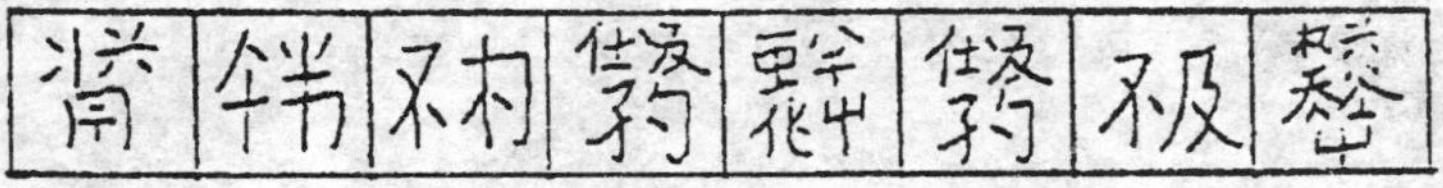

兴　宗　神　圣　仁　圣　大　孝

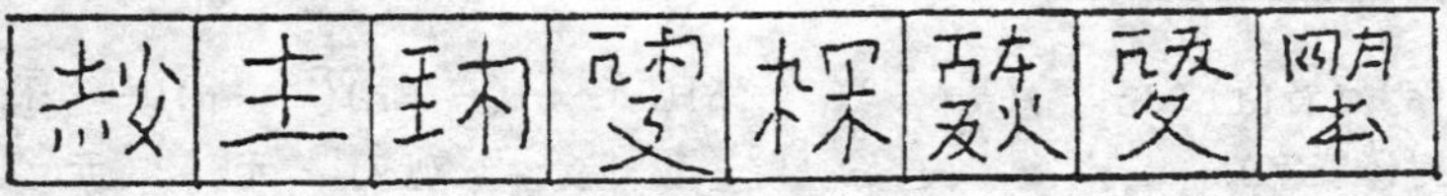

文　皇　帝　哀　册　耶律　固　撰

C.“原字”的拼音方法：

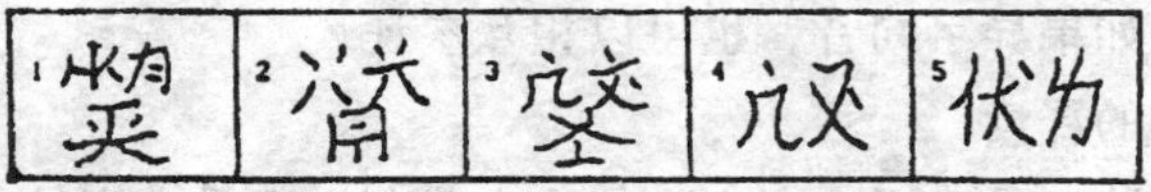

上例说明：[1]兰 l－a－an→lam（a 重叠）。[2]兴 x－i－ing（i 重叠）。[3]兼 k－ie－em→kiem（e 重叠）。[4]金 k（e～i）-m→kem～kim（加 e 或 i）。[5]狗 n（e～o）－x（i）→nex（i）～nux（i）（加 e 或 o）。

D. “原字”音值的构拟

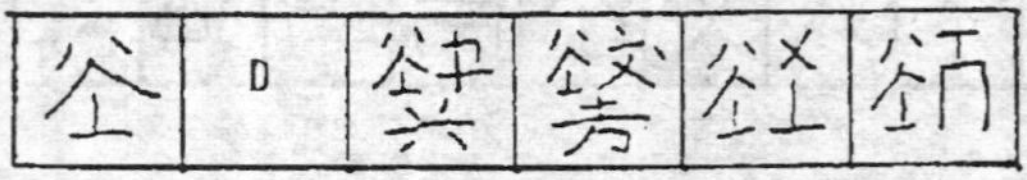

（原字）（音值）（d－－）（d－－）（d－－）（d－－）

（对译汉字）　大　殿　点　德

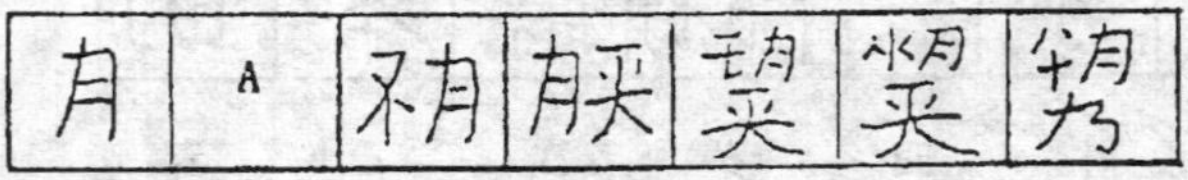

（原字）（音值）（－－a）（a－－）（－a－）（－a－）（－a－）

（对译汉字）　马　安　山　兰　三

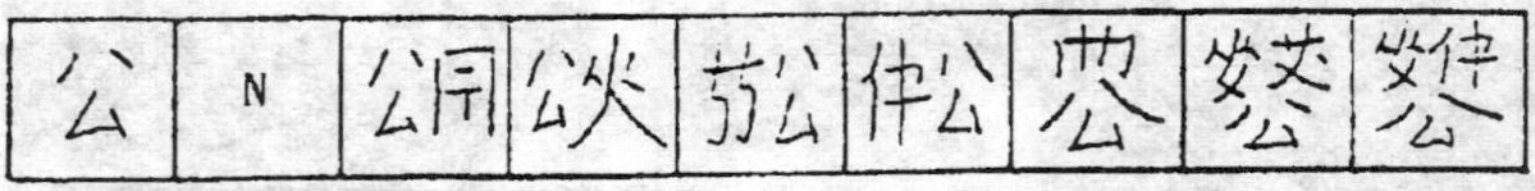

（原字）（音值）（n－－）（n－－）（－－n）（－－n）（－－n）（－－n）（－－n）

（对译汉字）　宁　内　院　院　观　元　元

上例说明：比较“原字”和“对译汉字”中音素的地位，以及运用其他比较方法，从而得到相同“原字”的相同“音值”。契丹大字或小字如果异字同音，也可以相互参证。

（3）契丹字的释读

契丹字的释读，是晚近古文字学的重大收获。契丹大字的释读，线索少，难度大，不容易深入。它可能是一种表意功能重要、表音功能微弱的“意音文字”，意符为主，音符为副，音符用于虚词和无字可写的语词。

契丹小字的释读成果，说明它是汉字型文字中最早分析音素的纯字母文字，比朝鲜谚文早 400 多年。释读小字是两种契丹字释读工作中的主攻方面，这方面已经得到突破性的成功，震动了国际学术界。

附录：《已释读的契丹小字（原字）举例》（根据“契丹小字研究”1985）。

已识读的契丹小字（原字）举例

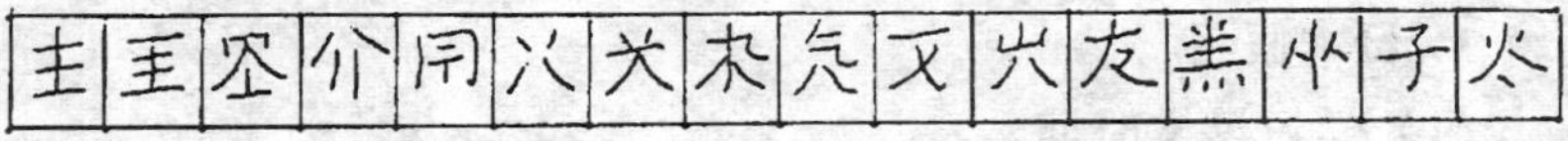

ɣuaŋ　ti　tai　ɣou　iŋ　x　i　tʃ’　aŋ　ʃ　iu　tʂi　faŋ　l　tʃ　uŋ

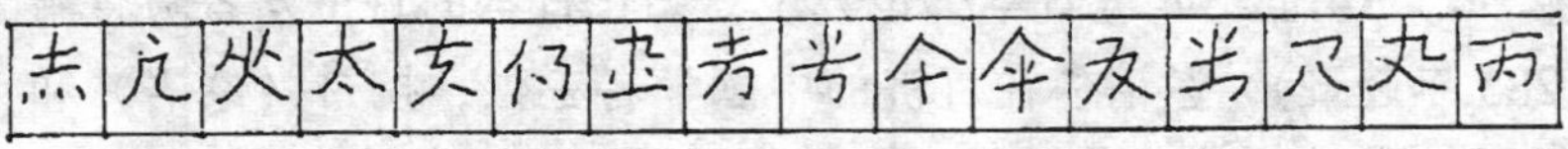

uaŋ　k　uei　uŋ　tʂ　t’　k’　en　iau　s　ts　u　uŋ　ta　au　iou

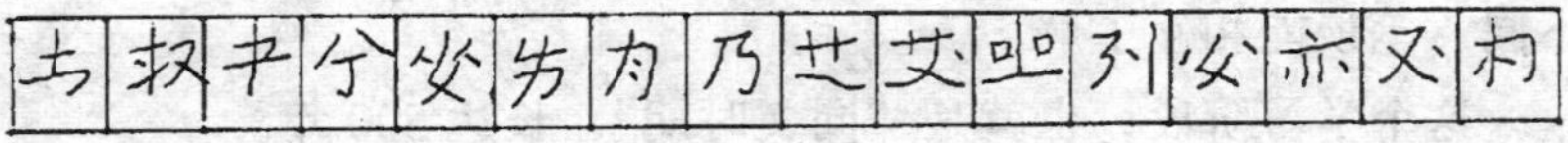

ou　k’　ai　fu　ŋ　t’　a　am　si　ue　en　ɣ　un　iun　m　ən

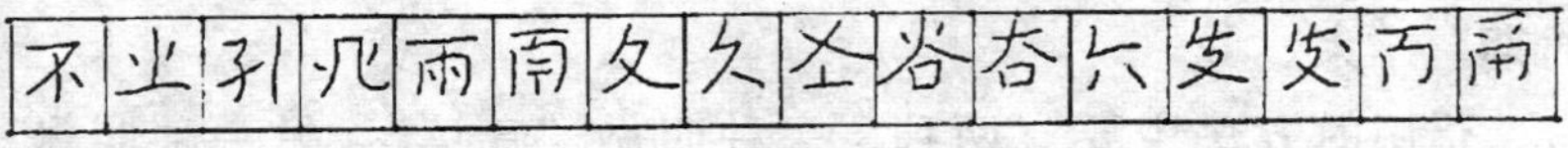

ɣa　p’　tʃ　ʂi　in　tʂ’　u　t　em　i　i　t　lu　lu　i　tʂ’a

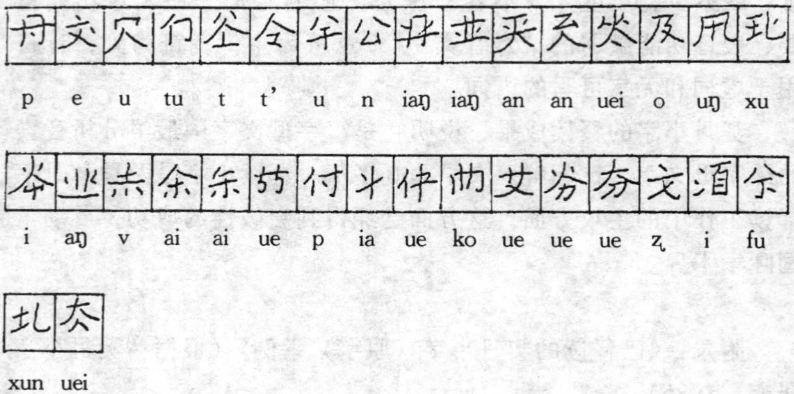

（二）字母音节文字

1. 日本假名

（1）学习汉文时期

日本正式学习汉语汉字的文言文，大致开始于中国晋朝时候（公元 3－4 世纪）。《日本书记》说，归化日本的百济学者阿直崎（285 年赴日），邀请住在百济的中国学者王仁，携带《论语》和《千字文》到日本，后来做皇太子的老师。日本学习儒家经典，跟中国完全一样。这样，中国和日本就成为“同文之国”，口语不同，笔谈能相互了解。

这个学习阶段，也就是“同文时期”，长达 500 年。

（2）借用汉字时期

日本熟悉汉字之后，开始借用汉字书写日语。从此，“同文时期”结束。

借用的方法主要有两种，一种叫做“音读”，另一种叫做“训读”。“音读”借用汉字的读音，作为表音符号，不管汉字的意义。例如“人”读作“nin”或“jin”（日本仿照古代汉语的读音)。“训读”借用汉字的意义，不管汉字读音，读成日语的说法。例如“人”读作“hito”。这两种借用汉字的方法，原来认为是日本所独有的，后来知道其他民族也是如此，“音读”和“训读”有普遍性。

公元759年，日本编成一部全用原有汉字书写的日本“和歌”集子，叫做《万叶集》。这标志着借用汉字书写日语的成熟。这里面的“音读”汉字，被称为“万叶假名”。假，假借、借；名，名字、字。假名，借用的汉字。

(3) 仿造日本汉字

为了书写日语的需要，日本仿造了大约120来个日本专用汉字，补充借用中国汉字之不足，称为“倭字”，又称“国字”。其中有一两个进入了汉语辞典，例如，“辻”（十字路口，多用于日本姓名)。这种仿造的日本汉字为数不多，没有像越南的“喃字”那样构成一个“仿造本族汉字”的文字发展阶段。

(4) 创造音节字母

假名从全用现成汉字的“万叶假名”，发展成为不同于现成汉字的“现代假名”。

假名不是有计划地设计的，无意中产生了重叠的两套：“片假名”和“平假名”。

佛教在538年从百济传入日本。奈良和尚读汉语汉字的佛经，在汉字旁边注音、注义，写虚词、词尾，起初用整个汉字，后来简化楷书，取其片段，形成“片假名”。

妇女们识字不多，借用汉字作为音节符号，写日记、故事、诗歌，给汉字注音、注义，在盛行草书的平安时代（794－1192)，简化草书，形成“平假名”。日本当时把平假名称为“妇女字”，不登大雅，男人不用。

这是创造汉字型音节字母的新阶段。

起初，随便用不同的汉字代表相同的音节，后来统一用字，做到一音一字，使“字符”变成“字母”。起初，用现成汉字，后来简化汉字，不仅方便书写，还要使假名有独特的面貌，区别于通用汉字，彼此不混。

但是，音节字母拼音不灵活。用假名书写日语，有些音节写不出来，需要设计书写的补充方法。方法是：

A. 增加附加符号，用“两点”表示浊音，用“小圈”表示半浊音（室町时代的1392年开始分写清浊）。例如：“分布”ぶんぷ（bunpu），其中ぶ附加两点表示hu→bu（浊音），ぷ附加小圈表示hu→pu（半浊音）。

B. 使用小字母（字母缩小一些），表示“促音”（短音）和“拗音”（近似汉语的齐齿呼）。例如：“立秋”りっしゅぅ（rissyū），其中小字母“っ”表示前面是促音，小字母“ゅ”表示拗音（跟前面辅音拼合成音，不是独立音节）。

C. 补充鼻尾字母，表示音节末尾的鼻音，日本称为“拨音”。例如：上例“分布”一词中的字母“ん”（－n），表示音节末尾的鼻音。鼻音字母不是音节字母，而是后来补充的音素字母。这个假名中的例外（日本人也不知道它的来源），使假名变成不是纯粹的音节字母。

D. 规定长音写法。例如：上面“秋”しゅう中的“う”，表示这个音节是长音。

假名的拼写法（假名遣）也逐步改进。从（a）“历史假名遣”（以1695年契冲《和字正滥抄》为依据），改为（b）“现代假名遣”（依据1946年日本内阁训令），以及（c）“表音假名遣”。例如：“水道”（suidō）：（a）スヰドウ，（b）スイドウ，（c）スイド－。“现代假名遣”是今天一般通用的写法，按照口

平假名的演变

（根据《广汉和字典》）

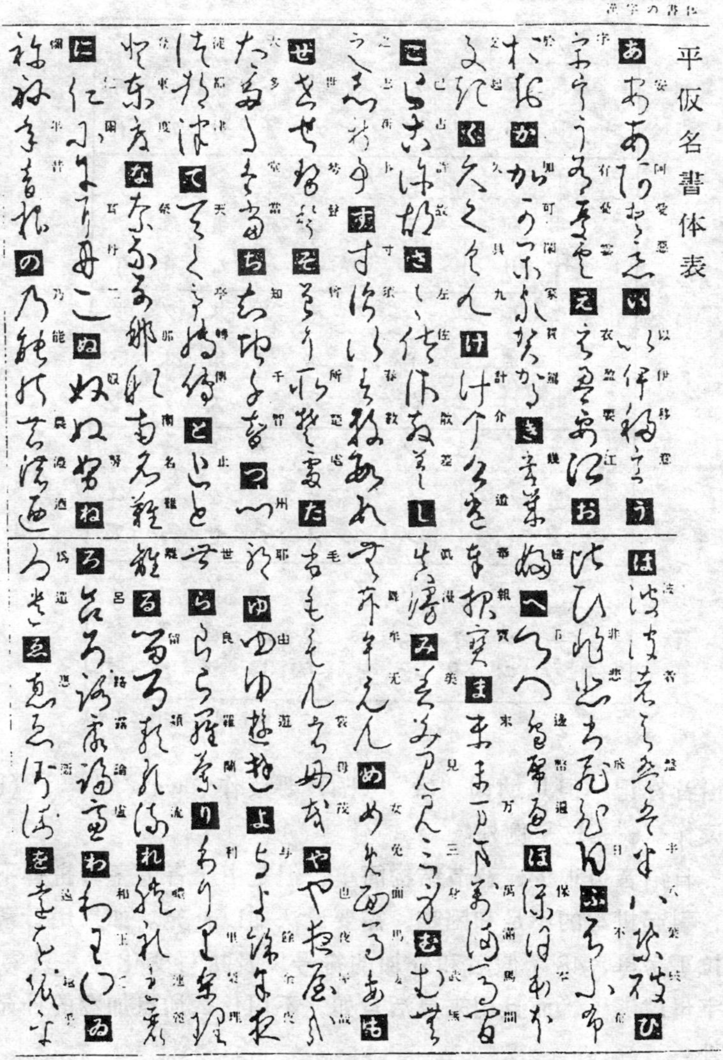

片假名的来源

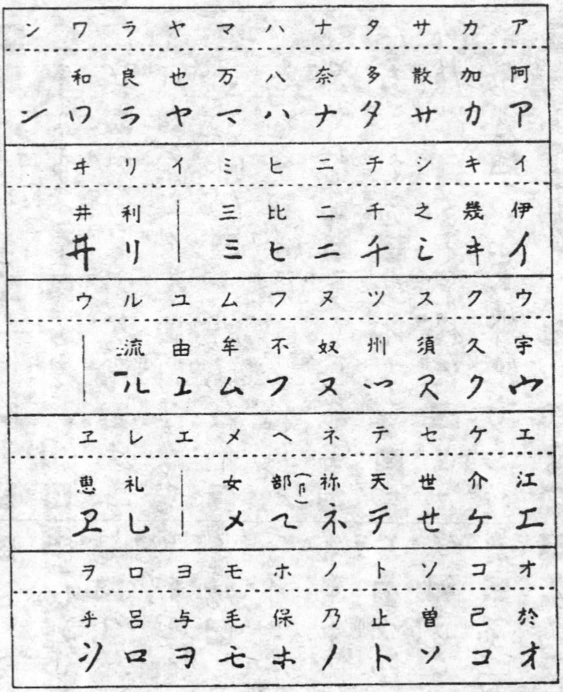

片仮名（ンの字源は不明）

语语音标记，但是助词“は”（ha）要读作“wa”，“へ”（he）要读作“e”。这是例外。

日语音节很少，音节结构简单，但是由于音节字母拼音不灵活，引起拼写的不足和困难，需要设法加以补充。如果用音素化的拉丁字母，48个假名和外加的符号以及拼写变化等，只要19个字母就够了，而且用来灵活自如，不用什么加点加圈的补充和例外。

2. 朝鲜谚文

(1) 朝鲜族和朝鲜语

朝鲜族的根据地是朝鲜半岛，但有 176 万人（1982）居住吉林省，是中国少数民族之一。1952 年成立延边朝鲜族自治州，1958 年成立长白朝鲜族自治县。

朝鲜语属于阿尔泰语系，有六个方言，方言之间差别不大。有元音和谐律，元音分阳性和阴性，是一种黏着语，用递加附加成分表示语法范畴。

(2) 学习汉语的文言文

中国汉朝末年和三国时期（公元 1－3 世纪），高句丽首先接受汉字文化，并传播到百济和新罗。他们的早期史书都是用汉文书写的。例如：高句丽的《留记百册》，百济的《书记》，新罗的《国史》。中国三国时期开始，汉文的佛教经典传到高句丽（378 年）、百济（384 年）、新罗（518）。公元 757 年（新罗景德王十六年），州、郡、县等地名改用汉文称谓。例如："买忽"改为"水城"；"主夫吐"改为"长提"；"齐次巴衣"改为"孔岩"；"今勿奴"改为"黑壤"；"沙热伊"改为"清风"等。公元 958 年（高丽光宗九年），仿照中国开设汉文科举制度。

从开始学习汉语文言文到开始借用汉字书写朝鲜语（吏读），经历了大约 700 年时间。

(3) 借用汉字书写朝鲜语

用汉字书写朝鲜语，称为"吏读"，相传是新罗神文王（681－692）时候的学者薛聪所开创。但是根据出土石碑等推断，实际开始于高句丽长寿王（413－491）时期，后来薛聪加以整理，使之系统化和定型化。

"吏读"，除大量"音意兼借"的汉字借词外，借用汉字的"音"或"意"书写朝鲜语：

借音（音读）：只借汉字的音，不借汉字的意。例如："查顿"，读 saton，意"亲家"。标记人名地名和专有名词，大都用这个方法。表示语法意义的附加成分也用这个方法。例如："期"（ki）表示谓词的体词形；"乃"（na）是谓词的接续形，表示转折关系；"亦"（i）表示主格；"乙"（wl）表示宾格等。

借意（训读）：只借汉字的意，不借汉字的音。例如："夜"读 pam，"望"读 para，"慕"读 kwri，"水"读 mwl，"世"读 nuri，"游行"读 noni。意义都跟汉文相同。

"吏读"分为：

A."乡札"（乡歌）。1－14 世纪，记录民歌和僧侣歌谣的文体。用汉字的字义记录词干，用汉字的字音记录语法形态，写成完整的朝鲜语言。例如《三国遗事》（一然著，高丽王朝时期野史）。[注1]

B."吏札"（吏读）。主要用于书写官厅的公文。起源于朝鲜三国时期（高句丽、新罗、百济，均在公元前后建国），一直使用到 19 世纪末。汉文词汇后面夹注朝鲜语的语法形态和辅助词汇，夹注部分用汉字的"音读"或"训读"，整个句子按照朝鲜语的词序排列。李朝用"吏札"翻译《大明律》。[注2]

"乡札"是纯粹的朝鲜语。"吏札"是汉文中夹注朝文词尾，并保存朝文词序。

C."口诀"，传统称"吐"（t'o），意为"语助"。在汉文句子中间加进朝鲜语的词尾或动词，保留汉文的词序。如果去掉加进部分，就是完整的汉语文言。例如："天地之间万物之中崖唯人伊最贵为尼所贵人者隐以其有五伦也罗"（下面有点的字都是词尾或连词）。"口诀"用字叫做"口诀字"，共计有 276 字。分为"整字"（原来字形）和"略字"（汉字偏旁）。例如：

整字：隐　涯　也　尼　是　面　卧　那　古　飛　为

略字：

读音：in　e　ja　ni　i　mjen　wa　na　ko　na　wi

用法举例：

子(主格)曰学而时习之(假定连谓形)不亦说乎牙(疑问形)。

有朋(主格)自远方来(假定连谓形)不亦乐乎牙(疑问形)。

后来“乡札”逐渐衰落，“吏札”逐渐发展。最后，“乡札”销声匿迹。“吏扎”也就称为“吏读”。

从开始借用汉字书写朝鲜语(吏读)到创造朝鲜字母(谚文)，经历了大约 1400 年时间。吏读时期，正式文字是汉语文言文。

(4)创造朝鲜新汉字

用汉字书写“吏读”的时期，朝鲜仿照汉语汉字，创造了自己的“朝鲜新汉字”(包括上面谈到的“口诀略字”)，称为“吏读字”。例如：

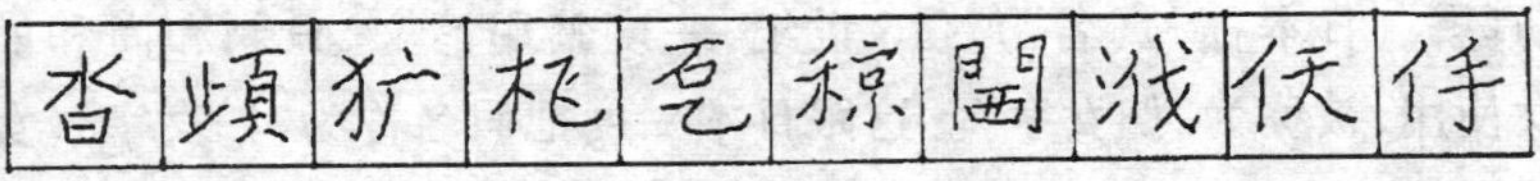

水田	毛病	猫	梯子	石头	仓库	丢掉	草滩	佛	击
tap	t'ar	kwan	pi	tol	su	se	pel		

吏读字有 1876 字，其中古朝文 1782 字，自造汉字 94 字(根据中国国标 GB－12052)。此外，字形相同而读音不同，称为“吏读音”。从“六书”来看，有的是“形声”性质，有的是“会意”性质。

(5)创造朝鲜新字母

1446年(朝鲜李朝世宗二十八年,中国明朝正统十年),朝鲜创制朝鲜语的字母,刊印于《训民正音》一书中,颁布施行。这是"集贤殿"设立的专门机构"谚文厅",集合许多汉语音韵学家和蒙古文专家,共同研究的结晶。字母按照书名称为"训民正音",又称"谚文"。"谚文"是通俗文字的意思。

《训民正音》一开头就说:"国之语音,异乎中国,与文字不相流通。故愚民有所欲言而终不得伸其情者多矣。新制二十八字,欲使人人易习,便于日用"。

28个谚文是音素字母,其中辅音17个,元音11个。字母近似汉字笔画,叠成汉字的方块形式,是一种内部音素化的拼音音节字。

日本创造"假名"音节字母之后500年,朝鲜才创造"谚文"音素字母。所以如此之晚,原因之一是朝鲜语的音节结构非常复杂,如果仿照日本创造音节字母,需要大量字母,那就没有实用价值。到了15世纪,音素字母知识在中国和朝鲜都成熟了,于是有条件创造音素字母来解决朝鲜的文字问题。

谚文的推行,最初几个世纪不断遇到阻力,未能成为通用的正式文字。人们看轻表音的谚文(俗字),尊重表意的汉字,称汉字为"真书"(日本称"真名")。16世纪,一度禁用谚文,只剩和尚和妇女使用,被称为"妇女字"。这跟日本一度把假名称为"妇女字"(女手),无独有偶。

可是,这套字母简单易学,在民间逐步传播开来。16－17世纪,民间文人用它写出像《沈清传》这样的不朽著作,翻译了《西游记》等许多中国名著。

后来,谚文终于被知识分子所接受,产生了汉字和谚文的混合体(朝汉文)。汉字主要写词根,谚文主要写词尾。汉字谚文混合体,比全用汉字方便,比全用谚文容易为知识分子所接受。19 世纪后期,很快通行开来了。

1910 年日本吞并朝鲜。在反侵略的斗争中,谚文成为朝鲜民族的象征。汉字谚文混合体成为正式文字。谚文从创制到进入正式文字,经历了大约 500 年时间。

1933 年制定正字法,规定 14 个辅音字母和 10 个元音字母,废除 4 个现代不用的字母,把 15 世纪的 28 个字母减少为 24 个(减少 3 个,另有两个字母并成一个)。谚文中除单体字母外,有合体字母,称为“并书”,类似拉丁字母文字中有“双字母”。1954 年,朝鲜(北方)把 24 个字母增加为 40 个(19 个辅音,21 个元音)。韩国(南方)维持 24 个字母的旧制,但是在辞书排列中实际也用 40 个字母。

谚文的拼音,把音节分为三部分:初声(C,辅音)、中声(V,元音)、终声(T,韵尾辅音)。这跟汉字的“反切法”有相似之处。叠成的方块“组合字”有如下的格式:

C+V	C	C+V	C+V	C	C	C	C	C
	+	+	+	+	+	+V	+V	+V
	V	T	T+T	V	V	V	V	V
				+	+		+	+
				T	T+T		T	T+T

在上述的字母“组合字”格式中:C 在 15 世纪最多可由三个辅音字母组成,现代只有五个双辅音的组合。V 在 15 世纪也很复杂,现代只有 11 个复合元音的组合。在 15 世纪,实际使用大约 5000－6000 个“组合字”。现代实际使用大约 3500 个“组合字”(不包括新外来语)。如果按照“可结合性”来推算,15 世纪可以有 50 亿个“组合字”,现代可以有 11,172 个“组合字”。[注3]

日本的“假名”是音节字母,采用线性排列。中国的“注音字母”(国音符号)是音素·音节字母(29 个音素字母,8 个音节字母),也采用线性排列。如果“注音字母”采用方块组合,就会形成 400 多个音节组合字(不标调)。谚文不采用线性排列,而采用方块组合,结果形成大量“组合字”,而且数目是“无定量”。

朝鲜(北方)在 1948 年起,废除汉字,全用谚文,但是学生也另外学习一些汉字。韩国(南方)继续使用汉字谚文混合体,可是减少了汉字数目,文学作品也全用谚文。韩国教育部 1972 年公布 1800 个教育汉字,要求中小学生掌握。

中国的朝鲜族也用谚文,基本上跟朝鲜(北方)一致。书写现代文有常用的“组合字”2400 个。用于电脑处理,1989 年中国制定“信息交换用朝鲜文字编码字符集”(GB 12052－89),规定 2068 个“组合字”。但是不够使用,因为书写现代朝鲜文实际需要 3424 个“组合字”。

用于电脑处理,韩国(南方)制定 KSC5657(1991),现代文用 4280 个“组合字”,古代文加 1675 个“组合字”,共计 5955 个“组合字”;此外用 2856 个汉字。

谚文字母虽少,而音节组合甚多。不论全用谚文还是用汉字谚文混合体,在电脑应用上都是“大字符集”。

[注 1]乡歌举例:“善化公主[1]主隐[2]他密[3]只[4]嫁[5]良置古[6]薯童房[7]乙[8]夜[9]矣卯乙[10]抱[11]遣[12]去[13]如[14]”。说明:[1]公主名字,[2]后缀、词尾,[3]偷偷地,[4]副词,[5]交往,[6]词尾,[7]男青年名字,[8]词尾,[9]夜里,[10]每当、词尾,[11]拥抱,[12]词尾,[13]去,[14]词尾。

[注 2]吏读举例:“凡官吏亦[1]擅自离职役为在乙良[2]笞四十为乎矣[3]难苦为去向入[4]回避为要[5]因而在逃为在乙良杖一百停职不用为妹[6]所避事重为在乙良各从重论罪齐[7]”(《大明律直解》)。说明:[1]主格,[2]如若,[3]而,[4]认为,[5]想要,[6]词尾,[7]将会。

[注 3] 古文普遍使用三合辅音、三合元音、三合韵尾,现代文只有 5 个双辅音、11 个组合元音。现代文组合字产生规律:19 声母×21 韵母＝399 开音节组合字;18 声母×21 韵母×27 韵尾＝10,733 闭音节组合字;共计 11,172 组合字;实际出现

4280组合字。古文有声母4931个，韵腹1332个，韵尾4931个，相乘得4，239，763，980个组合字；文献出现过的有4951组合字。

本节承金镇容教授指正并提供资料，特此申谢！

参看：金镇容（延边大学教授）通信资料，1996。宣德五《朝鲜语简志》，民族出版社，1985；《朝鲜文字的变迁》，“中国民族古文字研究”，中国社会科学出版社，1984。崔奉春主编《朝鲜语和汉语关系调查》，延边大学出版社，1994。周四川《朝鲜文字改革的历史发展》，语文建设杂志，1986，4，语文出版社。郑之东《朝鲜的文字改革》，文字改革出版社，1957。

3. 汉语注音字母

汉字使用达3300年以上，字数积累到超过6万的大数，但是没有一套表音字母，这不能不说是汉字文化的重大缺点。1918年公布“注音字母”，弥补了这一缺点，但是比日本晚1000年，比朝鲜晚500年。

汉字的声旁是音节性的表音符号。现代常用汉字中间，有三分之二是“词素字”，其中有许多失去了表意作用，实际成了表音的音节符号。这都是产生字母的基础。但是，汉字式字母首先产生在中国以外而不是中国以内。这符合文字突变首先发生在异地的一般规律。

(1) 注音字母的前奏

注音字母产生之前，历史上尝试过几种弥补汉字表音不灵的原始方法，主要如下：

A. 读若法。例如，《说文》“珣读若宣”。

B. 直音法。例如，“毕音必”，“畔音叛”。清人陈澧的《切韵考》中说，这种方法“无同音之字则其法穷，或有同音之字而隐僻难认则其法又穷”。应当再加一句：字音各地不同，直音不能统一汉字的读音。

C. 反切法。受了印度语音学的影响，汉末开始用两个汉字注一个汉字的音。例如，“练，郎甸切”。取“郎”lang 的声母 l，去掉它的韵母 ang。取“甸”dian 的韵母 ian，去掉它的声母 d。把前一字的声母（l）和后一字的韵母（ian）拼合起来，成为“练”的读音“lian”。这样分析和拼合都要在心中默默地进行，没有符号可以书写出来。《康熙字典》就是用这种方法注音的。

D. 三十六字母。唐末僧人守温制定三十字母，宋代增加六个，成为三十六字母。这是用现成的汉字作为表音字母的最早尝试（接近日本“万叶假名”）。下面是三十六字母跟汉语拼音字母的比较（根据《辞海》，[ ] 内为国际音标）：

帮 b	滂 p	并[b]	明 m	
非 f	敷[f']	奉 v	微[ɱ]	
端 d	透 t	定[d]	泥 n	
知[ȶ]	彻[ȶ']	澄[ȡ]	娘[ȵ]	
见 g	溪 k	群[g]	疑 ng	
精 z	清 c	从[dz]	心 s	邪[z]
照 j	穿 q	床[dʑ]	审 x	禅[ʑ]
影[〇]	晓 h	匣[v]	喻 y	
来 l	日[ȵʑ]			

三十六字母都是辅音(声母),缺少元音字母。韵书中的“韵目”包括声母在内,不是元音(韵母)字母。例如,“一东”的“东”dong,不是 ong 的韵母字母。三十六字母在设计汉语字母的道路上只走了半步。

(2)注音字母的制订和公布

鸦片战争(1840)以后,中国掀起一个语文现代化运动,要求改革文字,制订注音字母,推广国语,采用白话文。

卢戆章在1892年发表《一目了然初阶》(切音新字厦腔),开始了"切音字"运动。他主张制订一套"切音字"(字母),使"字话一律,读于口遂即达于心",成为"男女老少雅俗通晓之文"。

在他提倡之后,清末许多人拟订拼音方案。其中以1900年王照提出的"官话字母"影响最大,曾经在十几个省份试用,成效卓著。

辛亥革命以后,1913年召集学者研究制订方案。这时候,有几个问题要首先解决。

A. 国语以什么语音为标准。当时决定以多数省份的汉字共同读音为标准(十年后,改为以北京语音为标准)。

B. 字母采取什么形式。决定采取汉字形式。

C. 音节如何拼写。起初尝试"双拼",但是双拼有两种不同拼法。一种是"声介结合",例如"快"拼成"ku-ai"。另一种是"韵介结合",例如"快"拼成"k-uai"。在相持不下之中,决定改为"三拼",使"声·介·韵"分开。例如"快"拼成"k-u-ai"。"双拼"是反切传统,"三拼"是反切的解放。

"三拼"的好处之一是,字母数目可以从60来个减少到40来个。1918年公布的"注音字母"有40个字母,这是有史以来第一套法定的汉语字母。后来以北京语音为标准,只用37个字母。下面是注音字母和拼音字母的比较:

ㄅb　ㄆp　ㄇm　ㄈf　ㄉd　ㄊt　ㄋn　ㄌl
ㄍg　ㄎk　ㄏh　ㄐj　ㄑq　ㄒx
ㄓzh　ㄔch　ㄕsh　ㄖr　ㄗz　ㄘc　ㄙs
ㄧi(y)　ㄨu(w)　ㄩü(yu)　ㄚa　ㄛo　ㄜe　ㄝê　ㄦer
ㄞai　ㄟei　ㄠao　ㄡou　ㄢan　ㄣen　ㄤang　ㄥeng

注音字母保留了8个韵母字母(ㄞㄟㄠㄡㄢㄣㄤㄥ),实际都是音节字母。又规定7个字母(ㄓㄔㄕㄖㄗㄘㄙ)既可表示辅音,又可表示音节(例如:"ㄓ"既表zh,又表zhi)。这样在37个字母中间,有15个字母是音节字母。它是音素和音节几乎各半的方案,不是一个音素字母方案。

它采取汉字形式(民族形式),这在国内使用是可以的,但是无法流通到国外。出国印一张名片就成问题。出国护照上也不能用注音字母。因此,在1928年又公布一套"国语罗马字",跟注音字母并用。两个方案并存,国内一套,国外一套,很不方便。"国语罗马字"过于复杂,1958年改为"汉语拼音方案",规定国内和国外统一用一套方案,减少学习负担,方便国际文化交流,这在信息化时代更显得重要。

拼音字母不是文字,它是给汉字注音和拼写普通话的工具,它帮助汉字做原来汉字不便做的工作。在电脑上,拼音帮助汉字输入电脑,这是最近的新发展。汉语拼音方案已经成为拼写汉语的"国际标准"(ISO 7098)。

汉语的字母,从民族形式到国际形式,从半音素化到全音素化,这是一条漫长的发展道路。从清末"切音字"算起,也超过了一个世纪了。而汉字式的"注音字母"是汉语字母的先锋。

4. 四川规范彝文

四川省制订的"四川规范彝文",1976年试行,1980年经国务院批准正式推行。它从老彝文中选用819个字符(废除7000多个异体字),代表四川大凉山的彝语方言(北部方言)的分调音节,以圣乍话为基础方言,以喜德语音为标准音。这是民族形式的"凉山彝语方言音节文字"。云南小凉山一带(丽江地区)的彝语跟四川大体相同,也推行这种文字。

推行以来,已经进入四川彝族地区各级学校,包括小学、中学和西南民族学院。在四川全省推行“四川规范彝文”,实际就是叫四川彝族大家学习圣乍方言,把圣乍方言当作四川全省彝族的地区共同语。

“四川规范彝文”(德喜标准音)有43个声母,10个韵母,4个声调。利用“彝语拉丁化新文字”的字母(拼音符号)表示如下:

声母(43个):b,p,bb,nb,hm,m,f,v;d,t,dd,nd,hn,n,hl,l;g,k,gg,mg,hx,ng,h,w;z,c,zz,nz,s,ss;zh,ch,rr,nr,sh,r;j,q,jj,nj,ny,x,y。

韵母(10个):i,ie,a,uo,o,e,u,ur,y,yr。

声调(4个):55(t),44(x),33(不标),21(p)。

《四川规范彝文》字符表

（左半页）

		b	p	bb	nb	hm	m	f	v	d	t	dd	nd	hn	n	hl	l	g	k	gg	mg	hx
i	[illegible]	[illegible]	[illegible]	[illegible]	[illegible]	[illegible]	[illegible]	[illegible]	[illegible]	[illegible]	[illegible]	[illegible]	[illegible]	[illegible]	[illegible]	[illegible]	[illegible]	[illegible]	[illegible]	[illegible]		[illegible]
ie	[illegible]	[illegible]	[illegible]	[illegible]	[illegible]	[illegible]	[illegible]		[illegible]	[illegible]	[illegible]	[illegible]	[illegible]	[illegible]	[illegible]	[illegible]	[illegible]	[illegible]	[illegible]	[illegible]	[illegible]	[illegible]
a	[illegible]	[illegible]	[illegible]	[illegible]	[illegible]	[illegible]	[illegible]	[illegible]	[illegible]	[illegible]	[illegible]	[illegible]	[illegible]	[illegible]	[illegible]	[illegible]	[illegible]	[illegible]	[illegible]	[illegible]	[illegible]	[illegible]
uo	[illegible]	[illegible]	[illegible]	[illegible]		[illegible]	[illegible]			[illegible]	[illegible]	[illegible]		[illegible]	[illegible]	[illegible]	[illegible]	[illegible]	[illegible]	[illegible]	[illegible]	[illegible]
o	[illegible]	[illegible]	[illegible]	[illegible]	[illegible]	[illegible]	[illegible]	[illegible]	[illegible]	[illegible]	[illegible]	[illegible]	[illegible]	[illegible]	[illegible]	[illegible]	[illegible]	[illegible]	[illegible]	[illegible]	[illegible]	[illegible]
e	[illegible]	[illegible]		[illegible]			[illegible]		[illegible]	[illegible]	[illegible]	[illegible]	[illegible]	[illegible]	[illegible]	[illegible]	[illegible]	[illegible]	[illegible]	[illegible]	[illegible]	[illegible]
u		[illegible]	[illegible]	[illegible]	[illegible]	[illegible]	[illegible]	[illegible]	[illegible]	[illegible]	[illegible]	[illegible]	[illegible]	[illegible]	[illegible]	[illegible]	[illegible]	[illegible]	[illegible]	[illegible]	[illegible]	
ur		[illegible]	[illegible]	[illegible]	[illegible]	[illegible]	[illegible]	[illegible]	[illegible]	[illegible]	[illegible]	[illegible]	[illegible]		[illegible]	[illegible]	[illegible]	[illegible]	[illegible]	[illegible]	[illegible]	
y		[illegible]	[illegible]	[illegible]	[illegible]	[illegible]	[illegible]	[illegible]	[illegible]							[illegible]	[illegible]					
yr		[illegible]	[illegible]		[illegible]	[illegible]			[illegible]							[illegible]	[illegible]					

《四川规范彝文》字符表

（右半页）

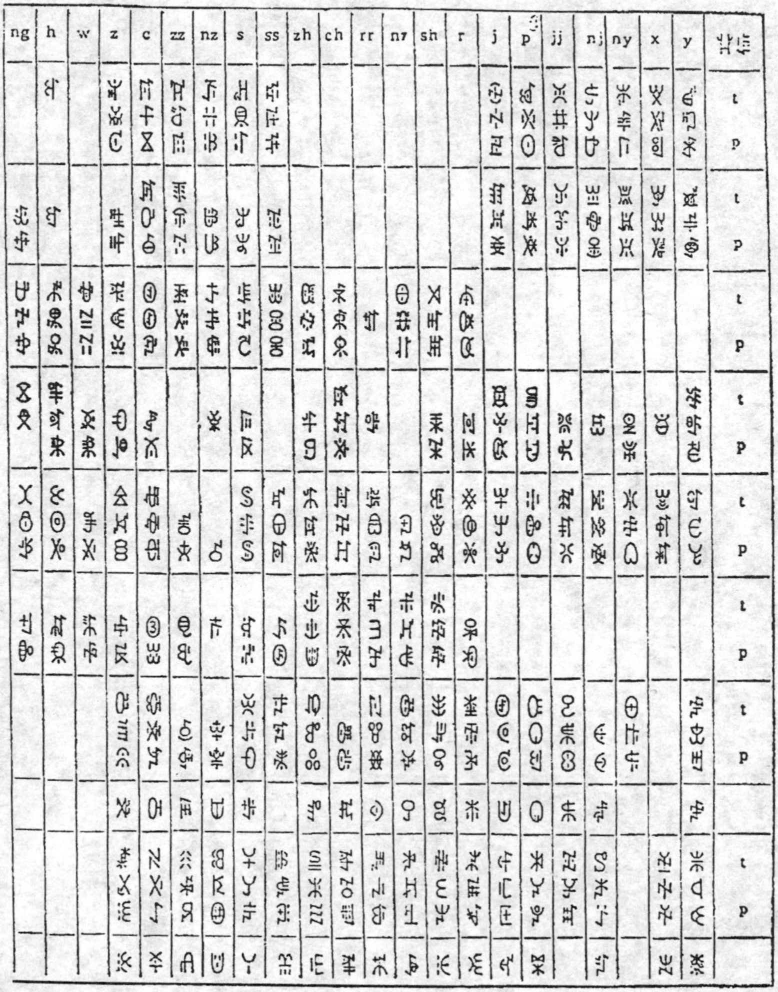

卷六

表音文字

（下）

一 辅音字母文字

(一) 辅音字母的产生和发展

1. 音节字母和辅音字母

表音符号有四个层次:(1) 音节字符,(2) 音节字母,(3) 辅音字母,(4) 音素字母。以“南沙群岛”的外文名称为例:

(音素字母)	s	p	r	a	t	l	y	(英文)
(音节字符)	斯	普	拉		特	利		(汉字)
	si	pu	la		te	li		(汉语拼音)
(音节字母)	ス	プ	ラ		ト	リ		(日本假名)
	si	pu	ra		to	li		(日语罗马字)
(辅音字母)	S	P	L		T	L		
	S_X	P_X	L_X		T_X	L_X		(加$_X$代号)

(1) 音节字符和音节字母的分别:上文中的汉字是“音节字符”,假名(日文)是“音节字母”。二者的区别在:假名是一个音节只许有一个字母,汉字是一个音节可以有许多字符。根据《汉语外来词词典》(1984),“斯普拉特利”这五个音节曾经用过许多同音汉字来音译:

斯(用过12字):司□丝私思锶斯死四泗伺俟

普(用过16字):扑□铺菩脯葡蒲仆镤朴樸浦普□镨镨

拉（用过8字）：拉啦喇剌□辣腊蜡

特（用过3字）：忒铽特

利（用过19字）：厘梨黎礼李里哩理锂力历□立史利例栎栗

如果每个音节在同音汉字中选用一个，其它一概废除，“音节字符”就变成“音节字母”了。“四川规范彝文”（819个音节符）把“音节字符”改变为“音节字母”，废除了7000多个同音字。日本的假名在历史上也是从音节字符逐渐变成音节字母的。

(2) 辅音字母和音素字母的分别：辅音字母把辅音相同而元音不同的音节，看作等价的音段，用相同的字母书写；辅音是写出的、固定的，元音是不写出的、不固定的。音素字母把音节分为辅音和元音；辅音不附带元音，元音不附带辅音，各自独立，有几个音素（辅音或元音）就写几个字母。音节分解为音素，好比把“水”分解为H_2O。请比较：

S	P	L		T	L		（辅音字母）
S_X	P_X	L_X		T_X	L_X		（加$_X$代号）
S	P	R	A	T	L	Y	（音素字母）

辅音字母的代号“x”是一个代数符号，可以代表“a，i，u，e，o”或任何元音。这是默认元音的存在而不把它明确书写出来，由读者自己根据上下文去摸索应有的读音。请看：

ktb（$K_XT_XB_X$），可以是$k_At_Ab_A$，可以是$k_it_ib_i$，可以是$K_UT_UB_U$，

又可以是$K_AT_IB_U$，或者$K_IT_UB_A$，或者$K_UT_AB_I$，……

这有点像苏州人说不清“河南”和“湖南”，把“河南”叫做“中州湖南”(H_XN_X)，把“湖南”叫做“长沙河南”(H_XN_X)。

(3) 音节字母和辅音字母的分别：音节字母不写出元音，但是有固定的元音；不能把元音分离开来，只能跟辅音结合读出音节。辅音字母不写出元音，也没有固定的元音；要想知道是那个元音，只有看上下文来肯定。音节字母和辅音字母在实质上都是“音节字母”，分别在其中包含的元音是否固定和是否写出。请比较：

(音节字母)	ス	プ	ラ	ト	リ	(假名)
	su	pu	la	to	li	(罗马字)
	S	p	ra	t	ly	(英文)
(辅音字母)	S	P	L	T	L	
	S?	P?	L?	T?	L?	(元音的读法自定)

辅音字母起初真正没有表示元音的符号，后来受了音素字母的影响，在辅音字母上下前后附加了小符号、小字母，成为可以明确表示元音的文字。但是，始终把元音的表示作为次要条件，不跟辅音等量齐观。有的把辅音叫做“字母”，把元音叫做“符号”，不列入字母表，例如藏文、傣文。有的不设置元音 a 的符号，因为元音 a 已经包含在每一个辅音字母之中了，例如藏文。有的在辅音字母上下前后附加小点点、小条条，表明元音只是附加的成分，例如阿拉伯文。

把元音符号写在辅音字母的四周，表明辅音是中心，元音是依附于辅音的。印度梵文有非常完备的字母表，但是元音字母在文字中间用简化符号，保持着元音只占次要地位的传统思想。

许多辅音字母文字已经能够依靠附加符号而完备地表示元音，现在不再称它们为辅音字母了。可是文字学者从来源和特征来分类，认为它们仍旧属于广义的辅音字母，因为元音的表示法始终放在次要地位，没有离开以辅音为主体的设计。

现代文字学把元音在音节中的地位提高到主要地位，认为音节是以元音为主干的音段，没有元音就不成为音节，辅音是附着于元音的，例外很少。

(4) 音节字母和辅音字母谁先谁后：

出土的早期字母大都还没有考证清楚，现在难于用出土实例说明音节字母和辅音字母谁先谁后。一般把音节字母放在辅音字母之前，那是逻辑的推理。

已经释读的最早字母，是在地中海东岸比拨罗古城（Byblos，今黎巴嫩 Jubayi）发现的阿希拉姆国王（Ahiram）墓碑文字，称为“比拨罗字母”，书写的是古代北方闪米特语，属于公元前 11 世纪。这是一种辅音字母。字母的历史一般从这里说起。后来又在地中海东部克里特岛（Crete）发现并释读了“乙种线条文字”（Linear B），证明它写的是公元前 1400 年到 1150 年间的古代希腊语，早于比拨罗字母 3 个世纪。这是一种音节字母。仅就上例来看，音节字母的产生先于辅音字母。

辅音字母有 3000 年的历史，包含两个最庞大的字母系统：阿拉马字母系统和印度字母系统。

2. 阿拉马字母

字母诞生在地中海东岸，古代称“叙利亚·巴勒斯坦”，就是现在的黎巴嫩一带。发现的最早字母是公元前 17 世纪的遗物，可是上面的文字还没有释读。字母的元祖是谁还没有考证清楚。字母的高祖是谁已经知道，就是“比拨罗字母”，公元前 11 世纪的阿希拉姆墓碑文字。

字母诞生之后，向四方传播。其中有两条路线最为重要。一条是向西的迦南路线，从巴勒斯坦的迦南·腓尼基（Canaan－Phoenicia）到希腊和罗马，然后再传到美洲、大洋洲、非洲和亚洲。另一条路线是向东的阿拉马（Aramaic）路线，从叙利亚横跨欧亚大陆，一直传到中国的东北。印度路线是阿拉马路线的延长，它从印度次大陆传播到南亚和东南亚。

阿拉马·印度路线的特点是始终保持辅音字母为主的基本原则，可以称为“辅音字母”路线。迦南·腓尼基路线的特点是从辅音字母发展为音素字母，可以称为“音素字母”路线。

阿拉马字母的根据地是两河流域，这里原来是丁头字的故乡。阿拉马字母以叙利亚基督教为支柱，经过1000年的斗争，战胜了繁难笨重的丁头字，占领了原来把泥板和丁头字作为国际文字的亚述帝国的广大疆土，然后往中亚传播，直到中国。在中国留下公元后781年的“大秦景教流行中国碑”(现存西安)。“景教”就是“聂思脱里教”，古代基督教的东方教派。碑下有70个直行书写的“叙利亚字”，这是一种阿拉马字母的早期分支，受汉字影响改为直行书写。

阿拉马字母横跨欧亚大陆，一路上留下许多种语言的许多种字母，种类之多，难以尽述。其中在西亚留下的重要字母是阿拉伯字母。又从阿拉伯字母衍生出其它文字，例如今天中国新疆的维吾尔字母。从维吾尔字母可以看到阿拉伯字母的特点。

阿拉马字母系统在中国留下并应用至今的文字还有从“粟特字母”(Sogdian）变成“回纥字母”（维吾尔族早期文字）又变成的“蒙古字母”。从蒙古字母传衍出来的满文字母已经不用，可是它的后裔“锡伯字母”还在新疆的锡伯人中间使用。

在中亚留下并应用至今的文字还有“亚美尼亚字母”和“乔治亚（格鲁吉亚）字母”。战后在以色列重新复活的“希伯来字母”也是它的分支。

阿拉伯字母是典型的辅音字母。它原来不表示元音，后来加上许多小符号表示元音，但是庄重的出版物上仍旧不表示元音。他的基本符号经过高度的同化，变成分辨细微的类似速记符号的笔画，依靠重叠的附加符号来彼此区别。它的书写顺序保持着从右而左的方向。

阿拉伯字母是今天许多阿拉伯语和伊斯兰教国家和民族的文字，又是联合国六种工作文字之一。在阿拉马字母的后裔大都消亡或式微之后，阿拉伯字母是在现代发挥重要作用的唯一代表。

3. 印度字母

多数学者认为，印度字母系统是阿拉马字母系统的延长。证据之一是，印度字母跟阿拉马字母一样，重辅音而轻元音，辅音表示法比较完备而元音表示法不一定完备。从印度字母传衍而成的藏文字母和傣文字母，都可以间接证明这一点。

印度字母系统，子孙繁衍，蔚为大观。不仅在历史上有过许多分支，今天还在印度本国和外国应用的衍生字母仍旧不少。

在印度本国，战后规定 14 种官方文字。其中 13 种都是印度字母系统，1 种是阿拉伯字母系统（乌尔都文，伊斯兰教徒使用）。印地文是全国性官方文字。梵文是传统文言。此外，有 11 种地区性的“邦用”官方文字。它们是：

雅利安语 7 种（Marathi，Gujarati，Panjabi，Kashmiri，Bengali，Assamese，Oriya）；

达罗毗荼语 4 种（Telugu，Kannada，Malayalam，塔米尔文）。（塔米尔文是新加坡四种官方文字之一。）

在印度之外，今天作为国家级文字的有：斯里兰卡的僧伽罗字母（Sinhala），尼泊尔字母，孟加拉字母，缅甸字母，老挝字母，柬埔寨字母，泰国字母。在中国少数民族中，有藏文字母，傣文字母（4 种）。

南亚和东南亚原来是印度字母文化圈的一部分，从“印度尼西亚”这个名称就可以知道历史上印度字母文化圈的边界在哪里。汉字文化传到越南的中部为止，再往南就是印度字母文化圈的地盘了。

印度字母系统的各种字母，在体制上基本相同，在外形上彼此不一。在印度北方，字母笔画趋向方化；在南方，趋向圆化。字母头上的一条“顶线”是印度字母的特征。蒙古字母和锡伯字母有“中轴线”，跟“顶线”的作用相同。“顶线”和“中轴线”都是“连接线”，作用是把语词连成一串。

辅音字母今天在中国应用的有：属于印度字母系统的藏文字母、傣文字母（四种）；属于阿拉马字母系统的维吾尔字母、哈萨克字母、柯尔克孜字母、蒙文字母、锡伯字母。

（二）辅音字母在中国

中国，多民族、多语言、多文字。现行文字中，除汉文外，分为拉丁字母少数民族文字和非拉丁字母少数民族文字。后者有五种：印度字母系统的藏文和傣文，阿拉伯字母系统的维吾尔文，回纥字母系统的蒙古文和锡伯文。这五种文字都是文字学上所谓的“辅音字母文字”。

它们现在都能完备地或接近完备地书写元音，但是有的把元音符号不算作字母，有的表达元音有复杂的规定，而在历史上都是传承于古代阿拉马和印度的辅音字母系统，所以在分类上归入广义的“辅音字母文字”。

今天世界上现行的全国性文字，除汉字系统文字外，有各种拉丁字母文字，各种斯拉夫字母文字，各种阿拉伯字母文字，各种印度字母系统的文字。此外有两种一国独用的文字：希腊文、埃塞俄比亚文。了解了中国少数民族的辅音字母文字的特性，就可以了解阿拉伯和印度两个系统的文字的特性。

1. 藏文

(1) 藏族和藏语

藏族有人口387万人(1982),大约一半住在西藏,占西藏人口的94%。此外,居住在青海、甘肃、四川、云南等地。藏语属汉藏语系、藏缅语族、藏语支。

"藏族"是汉语称谓。藏语各地有不同的自称,例如"兑克、藏巴、卫巴、康巴、安多娃"等,统称"蕃巴"。唐初,松赞干布统一西藏,定都逻娑(拉萨),称"赞普"(王),始创藏文、藏历,国名自称"蕃"(bod),汉称"吐蕃"。此时,佛教传入西藏。

西藏原信"本教",尚巫术,崇拜自然。佛教传来,跟本地信仰融合,形成"喇嘛教"。清朝册封格鲁教派两大活佛为达赖喇嘛(1653)、班禅额尔德尼(1713)。

(2) 藏文的来源

藏族史书记载,藏文创制于公元7世纪松赞干布时代。大臣图米三菩扎奉命赴印度留学,返藏后根据梵文创制藏文。近人考证,藏文的出现和使用早于7世纪,先在民间流传,到松赞干布时候整理了书写形式,实行书同文。藏文经过多次修订,现在的藏文基本上保持9世纪的修订形式。

藏文用竹笔书写。字体分为楷书(有头字)和草书(无头字)两类。楷书用于印刷,草书用于手写,二者相去甚远。此外还有行草和狂草等字体。早期遗下文献有木简木牍、纸卷皮卷、金石铭刻等。受印度影响,书籍装帧都为横条散叶本。

(3) 藏文的形制

藏文有30个字母,全是辅音。四字一组,共七组半(见附表)。字母名称以字母所代表的辅音加a音称读。

藏文表示元音的方法：A. 元音不用字母表示，而用符号表示。B. 元音符号不列入字母表。C. 藏语有 5 个元音，但是只有 4 个元音符号。D. 元音符号不能单独使用，必须附加在辅音字母的上下。E. 元音 a 没有符号表示。F. 没有附加元音符号的辅音字母一律附带 a 音。G.3 个元音符号（i，e，o）加在字母上面，1 个元音符号（u）加在字母下面。H. 元音符号按照符号形状命名为“曲状、钩状、立状、角状”。

藏文有 23 个字母基本上相同于梵文字母，3 个是梵文字母的变形。藏文字母跟印地语天城体字母近似，字母顺序也相同。藏文的许多特点，包括表示元音的方法，都来自梵文。标记元音的方法，在阿拉马字母系统和印度字母系统中，都是古代较晚的补充。藏文跟梵文一样，从历史来看，是一种“辅音字母文字”。

（4）藏文的音节拼写法

藏文拼写以音节为单位。辅音字母按其在音节中的位置和作用，分为“基字”、“上加字”、“下加字”、“前加字”、“后加字”和“再后加字”。前 4 种字母表示辅音声母，后两种字母表示辅音韵尾。藏文自左而右横写，但是部分复合声母的字母，上下重叠书写，成一个“合体字”，还可以再加元音符号。

在一个音节中，前加字和上加字只能各用一个，下加字和后加字可以用两个。

藏文在两个音节之间用一点隔开。短语和句子末尾加“单垂符”，章节和段落末尾加“双垂符”，篇终和书本末尾加“云头符”、“蛇形符”或“堆形符”。藏文没有“分词”设计，由读者在阅读时候自己去分词，跟汉字相同。

藏文的音节结构有 37 种基本形式（见附表）。此外还有 4 类减缩的结构形式（从略）。

（5）藏文的超方言特点

藏语分三个方言：卫藏方言和康方言有声调，安多方言没有声调。卫藏方言的拉萨话有 4 个声调（53、12、55、113）。

藏文写定于 1000 多年之前。虽然多次修正，但是历史上语音不断变化，使拼写形式脱离口语。各地不管拼写形式如何，按照自己的方言来读，成为所谓“超方言”的拼音文字，实际是一种“书面文言”。例如：拼写形式是“bsk”（sk 上下重叠），实际读音是“ka”；拼写形式是“tr－tmr”，实际读音是“tar－ma”；拼写形式是“brgyd”（rgy 上下三层重叠），实际读音是“gye”。这就是藏文的“超方言”特点。藏族“书同文”而“语异音”，跟汉族相同。

附表：A. 藏文字母表；B. 藏文音节拼写法。

参考：瞿蔼堂《藏文》，两个附表根据瞿文，载《中国少数民族文字》，中国藏学出版社，1991。胡坦《藏文》，《中国大百科全书·语文》，1988。常凤玄《藏族》，《中国大百科全书·民族》，1986。

文字样品：

吉祥如意 ༄།།བཀྲ་ཤིས་བདེ་ལེགས་ཕུན་གསུམ་ཚོགས།།

[ʈʂa^{55}ɕi^{53}tɛ^{22}lɛʔ^{53}pỹ^{55}sum^{55}ʦoʔ^{53}]

A. 藏文字母表

ཀ	ཁ	ག	ང	ཅ	ཆ	ཇ	ཉ	ཏ	ཐ	ད	ན
k	kh	g	η	tɕ	tɕh	ȡ	ȵ	t	th	d	n
པ	ཕ	བ	མ	ཙ	ཚ	ཛ	ཝ	ཞ	ཟ	འ	ཡ
p	ph	b	m	ts	tsh	dz	w	ʑ	z	ɦ	j
ར	ལ	ཤ	ས	ཧ	ཨ	◌ི	◌ེ	◌ོ	◌ུ		
r	l	ɕ	s	h	ʔ	i	c	o	u		

B. 藏文音节拼写法

(36 种基本形式，藏文举例从略)

说明：F（基字），F_P（前加字），F_U（上加字），F_D（下加字），F_S（后加字），F_S（再后加字），Y（元音符号）。底线表示上下叠合成一个合体字，例如“$\underline{F_U F F_D Y}$”上下 4 个符号叠合成一个合体字。“□”表示占一格，从左到右一格到四格（1 字至 4 字）拼成一个音节。音节末尾加一个音节点。

F(□)

$\underline{F_U F}$(□)

$\underline{FF_D}$(□)

$\underline{F_U FF_D}$(□)

$\underline{FF_D F_D}$(□)

$FF_S F_S$(□□□)

$\underline{FY}F_S F_S$(□□□)

$\underline{F_U FY}F_S F_S$(□□□)

$\underline{FF_D Y}F_S F_S$(□□□)

$\underline{F_U FF_D Y}F_S F_S$(□□□)

$F_P FF_S$(□□□)

$F_P \underline{FY}F_S$(□□□)

$F_P \underline{F_U FY}F_S$(□□□)

$F_P \underline{FF_D Y}F_S$(□□□)

$F_P \underline{F_U FF_D Y}F_S$(□□□)

$\underline{FY}$(□)

$\underline{F_U FY}$(□)

$\underline{FF_D}Y$(□)

$\underline{F_U FF_D}Y$(□)

$F_P \underline{F_U F}$(□□)

$F_P \underline{FF_D}$(□□)

$F_P \underline{F_U FF_D}$(□□)

$F_P FF_S F_S$(□□□□)

$F_P \underline{FY}F_S F_S$(□□□□)

$F_P \underline{F_U FY}F_S F_S$(□□□□)

$F_P \underline{FF_D Y}F_S F_S$(□□□□)

$F_P \underline{F_U FF_D Y}F_S F_S$(□□□□)

FF_S(□□)

$\underline{FY}F_S$(□□)

$\underline{F_U FY}F_S$(□□)

$\underline{FF_D}YF_S$(□□)

$\underline{F_U FF_D}YF_S$(□□)

$F_P \underline{FY}$(□□)

$F_P \underline{F_U FY}$(□□)

$F_P \underline{FF_D}Y$(□□)

$F_P \underline{F_U FF_D}Y$(□□)

再按音节的立体结构说明如下：

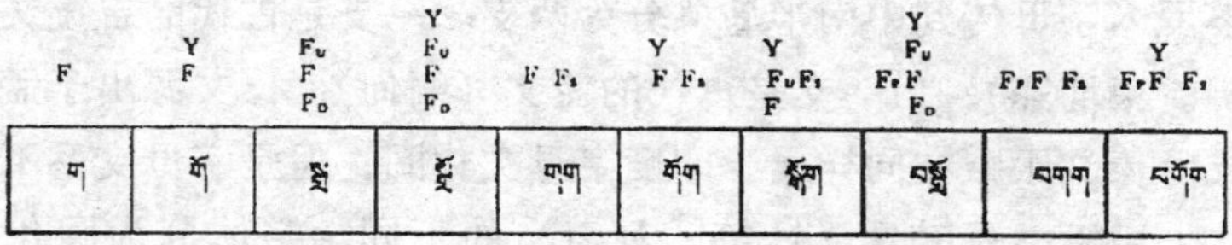

字母音	ga	go	sgra	sgro	gag	gog	sgog	bsgro	bgag	bgog
口读音	kha^{12}	kho^{12}	ʨa^{12}	ʨo^{12}	khaʔ^{12}	khoʔ^{12}	koʔ^{12}	ʨoʔ^{12}	kaʔ^{12}	koʔ^{12}

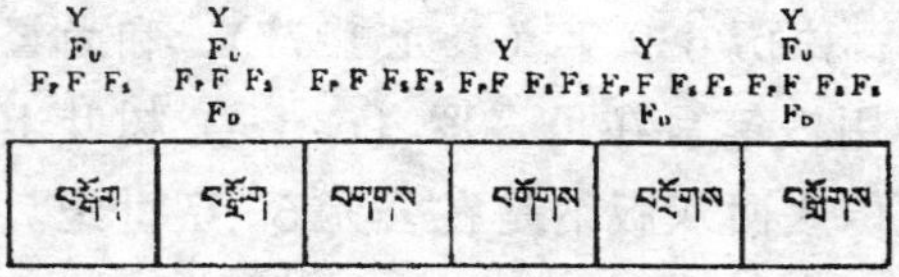

字母音	bsgog	bsgrog	bgags	bgogs	bgrogs	bsgrogs
口读音	koʔ^{12}	ʨoʔ^{12}	kaʔ^{12}	koʔ^{12}	ʨoʔ^{12}	ʨoʔ^{12}

2. 傣文（4 种）

（1）傣族、傣语和傣文

我国傣族有“傣仂、傣哪、傣雅、傣仲、傣拉”等自称。在汉文史籍中，晋代称“滇越、掸、僚”，唐宋称“金齿、黑齿、茫蛮、白衣”，元明称“白衣、白夷、伯夷”，清代称“摆夷”。50 年代正名为“傣族”。

傣族的故乡是云南西南部的平坝地区，主要聚居在西双版纳、德洪等傣族自治州。人口 102 万（1990）。傣语属汉藏语系、壮侗语族、壮傣语支。主要方言有两种：A. 西双版纳方言，B. 德宏方言。受小乘佛教影响，有许多巴利语借词。

古代传下的傣文有四种：A. 傣仂文，又称西双版纳傣文，通用于西双版纳、孟连等地。B. 傣哪文，又称德宏傣文，主要通用于德宏自治州。C. 傣绷文，使用于耿马、勐定区。D. 金平傣文，又称傣端文，使用于金平、勐拉区。四种傣文都来源于古印度，与泰国文、缅甸文、柬埔寨文和老挝文等类型相同。印度婆罗米字母传到中南半岛，分为两支。一支是古代的吉篾文（高棉、柬埔寨），另一支是古代的孟文（缅甸）。傣文源出于孟文一支。傣文跟藏文同样属于印度字母文化圈，但是字母支系不同。

由于书写工具（针笔、刻刀）的不同，字体分为圆化和方化。傣仂和傣绷为圆化字母，跟缅甸文、以及斯里兰卡的僧加罗文等相同。傣哪为方化字母。金平傣文方圆混合。

傣仂文的古书中说：傣历 639 年（公元 1277），和尚督英达开始把口语相传的佛经用铁笔写在贝多罗（pattra）树叶上，这就是贝叶经。小乘佛教传入西双版纳是在公元 6－7 世纪。傣历纪元是公元 638 年。傣文的创造大致就在这个时期。

有人认为傣文和中南半岛的文字脱胎于巴利文，因为小乘佛教在公元前 483 年编辑的"三藏经"（经藏、律藏、论藏）是用巴利文写的。"三藏经"只有拉丁字母转写的巴利文本子（始见于 19 世纪）。傣文和中南半岛的文字特征跟巴利文相同，例如：字母次序都按同样的发音部位排列；元音用符号表示，不列入字母表；辅音字母单用时候都带一个 a 元音；有许多共同的巴利语借词。

傣族传统，男孩到 7 岁进佛寺做小和尚，读经扫盲，回家就是知识分子了。女孩不进佛寺，无法扫盲。这跟缅甸风俗完全一样。

为了使傣文便于现代使用，50 年代对使用较多的傣仂文和傣哪文进行了改进。

（2）傣仂文

傣族称西双版纳这个地方为"仂"。"傣仂"是"仂地傣族"的意思，也指傣仂文。傣仂文在四种傣文中用途最广。

使用傣仂文的除云南傣族外，国内还有居住在西双版纳的信仰小乘佛教的布朗族，国外有缅甸掸邦的"傣痕"，泰国北部的

“傣允”，以及老挝一部分人民。他们称傣仂文为“经书文字”。

傣仂文最初只有41个字母，与巴利文的字母读音和顺序一致，后来增加到56个字母，其中48个辅音字母根据声调高低分为两组，各拼3个声调。

元音用符号表示，符号不是字母，不列入字母表。9个元音，各分长短。元音符号不能单独使用，只能附加在辅音字母的上下前后。辅音字母单用时候都带有a元音，跟其他元音符号相拼时候，要去掉附带的a元音。傣仂文不分词连写。

元音符号跟辅音字母的结合方式，以及辅音韵尾和标调符号跟辅音字母和元音符号的结合方式，见附表。傣仂文有10个数码字，跟中南半岛几种文字的类型相同，见附表。

傣仂文虽然是拼音文字，可是拼法跟现代口语不尽相同，不一定能顺利拼读。而且，一音多字，一字多音，结构错综，学用不便。

1954年在原有文字基础上进行改进，制订了傣仂文的改进方案，1955年开始试行。

改进要点有：A. 废除傣语不用的21个字母；B. 补充原来缺少的字母；C. 规定元音符号的书写位置，一律横写，不再上下附加；D. 废除合体字和不规则的写法，使文字规范化。

改进后的傣文字母从56个减少到42个，增加两个声调符号，取消了麻烦的合体字。声母和韵母一律线性排列，便于书写、打字和印刷。

但是，“文化大革命”之后，在一股复古风之中，1986年决定恢复使用原来的傣仂文，停止教学改进的傣仂文。

傣仂文的原有文献没有印刷本，只有手写本，留下古书很多。有宗教经典(“三藏经”声称有84000部)，政治历史，法律道德，农田水利，天文历法，科技医药，语文文学，迷信占卜，应有尽有。

(3) 傣哪文

傣哪文，现在一般称为德宏傣文，是一种方言文字，主要用于德宏傣族景颇族自治州。傣族叫它“(怒江) 上游傣文”。州外使用的地方有：临沧地区的耿马、双江、镇康，思茅地区的景谷、孟连、镇沅，保山地区的保山、昌宁、腾冲。它跟缅甸掸邦北部，以及耿马自治县的勐定区所使用的“傣绷文”，原是同一种文字。大约创制于14世纪。

德宏傣文跟其他傣文一样，声母有“字母”，韵母只有“符号”。原有声母19个，不分高低音组，这跟西双版纳的傣仂文不同。原有常用韵母45个，现代口语有韵母84个，缺少39个。口语有6个声调，原来一般不标调。原来在辅音韵尾上加一个点子，以区分音节。还有一些把几个音节结合书写的合体字。这些传统不便现代使用。

1952年制订《德宏傣文改进方案》，1954年试行，但在宗教中仍旧使用老傣文。1956年和1963年又作一些修订，成为现行的方案。有字母30个，声母19个，韵母84个（其中单元音9个），声调6个（其中5个用字母标调）。

德宏傣文原有写本上千种，例如：《娥并与桑洛》《线秀》《叶喊坐冒弄养》《一百零一朵花》《缅桂花》《幸福的种子》等。

(4) 傣绷文

傣绷文，主要使用于耿马自治县的勐定区和勐简区。孟连自治县的勐阿和德宏州的瑞丽也有部分人使用。使用人口共约2万人。勐定傣族叫它“（怒江）下方傣文”。汉族叫它“水傣文”。对比西双版纳的“经书文字”，傣绷文被称为“民间文字”。其实在勐定区，佛寺也用傣绷文。在耿马和勐定，机关牌子上写汉文和傣哪文，不写傣绷文。

傣绷文跟缅甸掸邦的掸文相同，在文字体系上接近傣哪文。

傣绷文大约创始于 13 世纪，来源于梵文字母。国内使用人数较少，没有进行改进。

声母原有 19 个，现代口语只有 17 个。韵母原有常用的 45 个，现代口语有 81 个，缺少 36 个。从左而右一路书写，词间不留空格。标点符号有两个（单竖线、双竖线）。“字”的结构格式有 30 多种。

傣绷文有古写本数百种，例如《克历勐》《郎京布》《郎娥弄》《阿崃巷坎》《窝信》等。

（5）金平傣文

金平傣文，使用于金平苗族瑶族傣族自治县的勐拉区，又名“白傣文”，是自称“傣端”的部分傣族的文字。“傣端”是“白傣”（穿白色衣服）的意思。“白傣”大部分居住在越南，约七八万人。我国的“白傣”约有 1 万多人。“白傣文”是从越南莱州传入的。据说，“白傣文”有 700 多年的历史。

金平傣文有 22 个辅音，分高低两组，共 44 个字母。元音符号除一个“o”之外，都不列入字母表。9 个单元音都有独体符号。元音符号写在辅音字母的前后上下。有 6 个声调。“字”的结构格式有 20 多种。

历史传下的手抄本在“文化大革命”中焚烧殆尽。现在国内傣族很少认识这种文字。

参考：罗美珍《西双版纳傣文》，《金平傣文》；周耀文《德宏傣文》，《傣绷文》，载《中国少数民族文字》，中国藏学出版社 1992。张公瑾《傣族的文字和文献》，载《中国民族古文字研究》，中国社会科学出版社，1984。宋蜀华《傣族》，双德《傣语》，张公瑾《傣文》，《中国大百科全书·

民族》，中国大百科全书出版社，1986。周耀文《傣语》，张公瑾《傣文》，《中国大百科全书·语言文字》，中国大百科全书出版社，1988。

四种傣文字母表

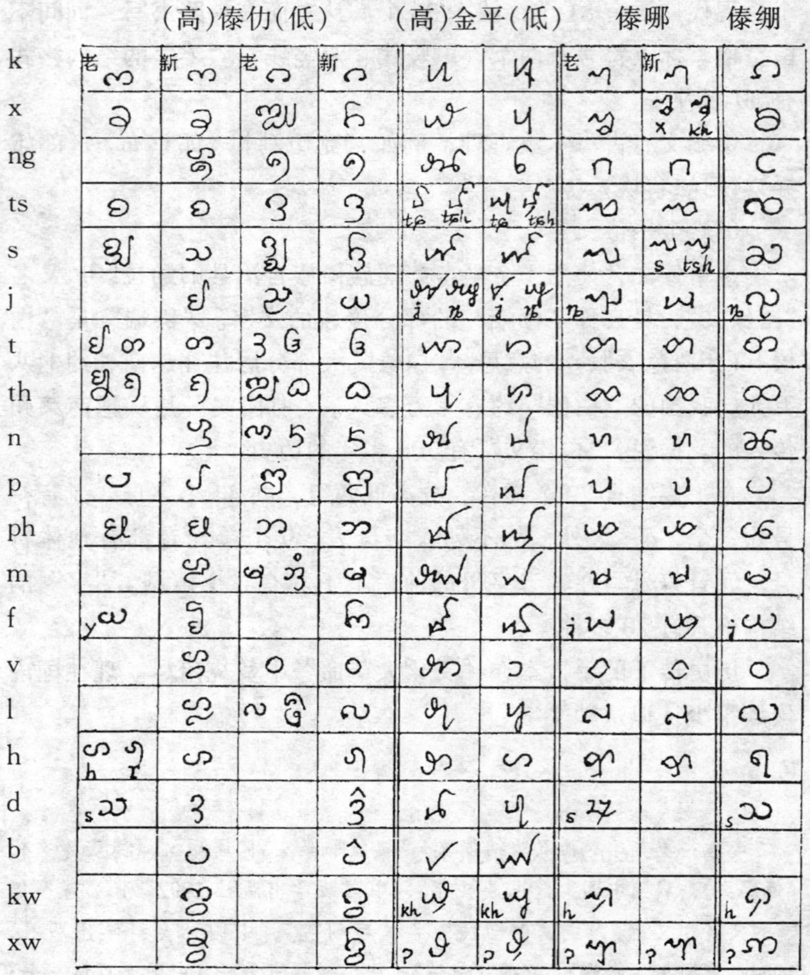

注：根据《中国少数民族文字》（中国藏学出版社，1992）中：罗美珍《西双版纳傣文》和《金平傣文》；周耀文《德宏傣文》和《傣绷文》，把四种文字的字母表合并排成这个表。

傣仂文的字符结构

（根据罗美珍《西双版纳傣文》）

（1）“辅音字母＋元音符号”的结构（13种）：

FY	YF	Y F	F Y	YFY	Y F Y	YF Y	Y FY	Y YFY	Y YF Y	Y YFY Y	FY Y	F YY
ka^{1}	ke^{1}	$kɯ^{1}$	ku^{1}	$peʔ^{7}$	ko^{1}	$koʔ^{7}$	$kɯʔ^{7}$	le^{1}	ke^{1}	$p'eʔ^{8}$	$kɤːi^{1}$	koi^{1}
乌鸦	硝	马龙头	我	湿	棵	岛	吻	多余	盐	感染	变	篾箱

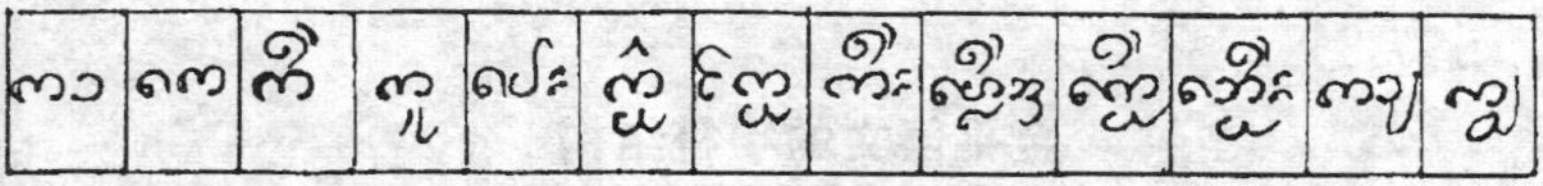

（2）“辅音字母＋元音符号＋辅音韵尾＋声调符号”的结构（7种，分高音和低音两组）：

（高音组）

F	FY	S FY	F W	S F W	FY W	S FY W
$saʔ^{7}$	ka^{1}	ka^{3}	kan^{1}	kan^{3}	$kaːn^{1}$	$kaːn^{3}$
洗头	乌鸦	秧	互相	憋住	事情	花狗

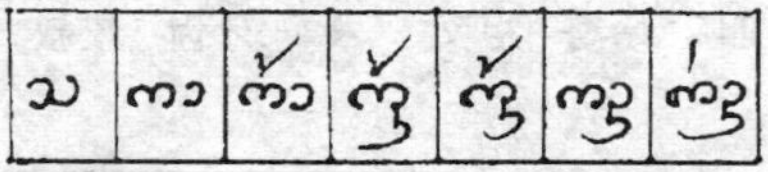

（低音组）

F	FY	S FY	F W	S F W	FY W	S FY W
$saʔ^{8}$	ka^{2}	ka^{4}	kan^{2}	kan^{4}	$kaːn^{2}$	$kaːn^{6}$
敲	挟	生意	竿	强行	爬	失败

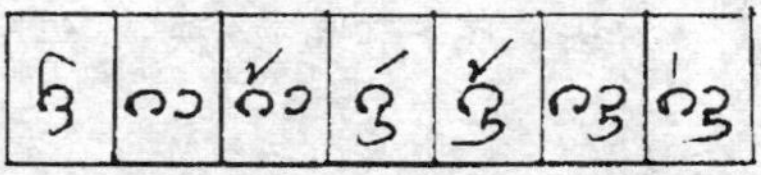

说明：F（辅音字母），Y（元音符号），W（辅音韵尾），S（声调符号）。辅音是字母，元音是符号。以辅音字母为核心，四

周附上元音符号、辅音韵尾和声调符号，组成一个阅读单位，称作“字符结构”。傣仂文有 13 种“辅元”结构，7 种“辅元尾调”结构。

傣文的数码字

1 2 3 4 5 6 7 8 9 10 11

金平傣文的字符结构

（根据罗美珍《金平傣文》）

YF	S YF	FY	S FY	Y F	S Y F	F Y	S F Y	YFY	S YFY	FYY

高音组

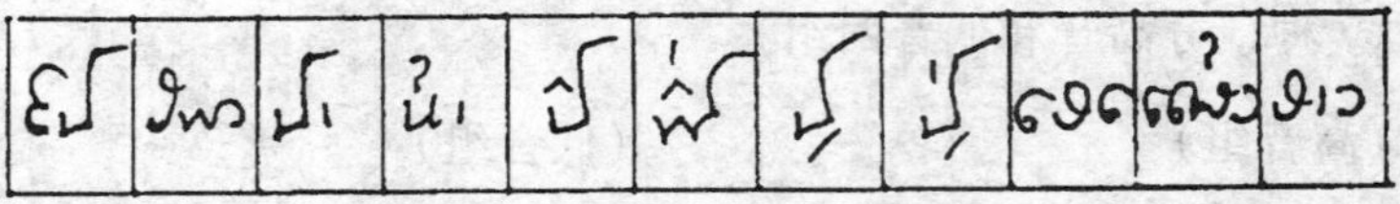

pai¹	taw³	pai¹	ka³	pi¹	si⁵	pu¹	pu⁵	?au¹	xeu³	?a:u¹
去	底下	鱼	秧	年	四	螃蟹	祖父	拿	牙齿	叔叔

低音组

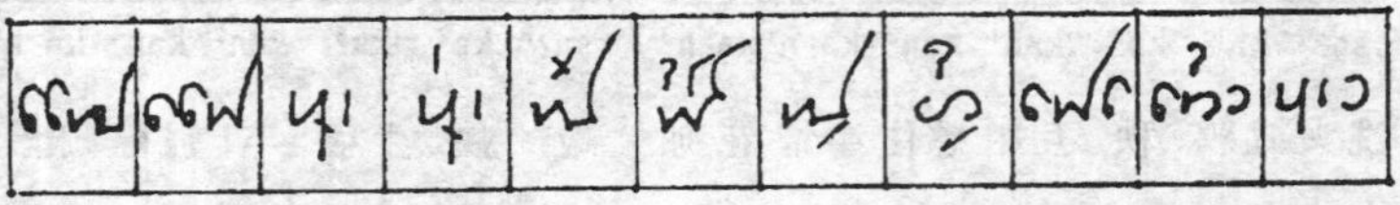

pe²	me⁶	ka²	ka⁶	pe²	sw⁴	pu²	hu⁴	mau²	tau⁴	xa:u²
发展	母亲	枷	价	蓝色	买	山	知道	昏	拐杖	臭

	S FYY	FYF	S FYF	YFF	S YFF	Y FF	SY FF	FF Y	S FF Y	FF′	S FF′

高音组

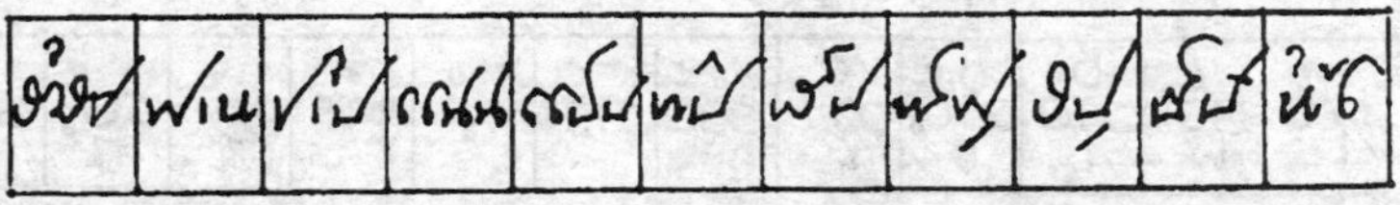

hoi^{3}	ma:k^{9}	ba:n^{3}	det^{9}	pen^{3}	kin^{1}	xwn^{3}	sum^{1}	?un^{5}	fan^{1}	kang^{3}
悬挂	果子	村子	太阳	板子	吃	上山	烧火	暖	梦	鱼刺

低音组

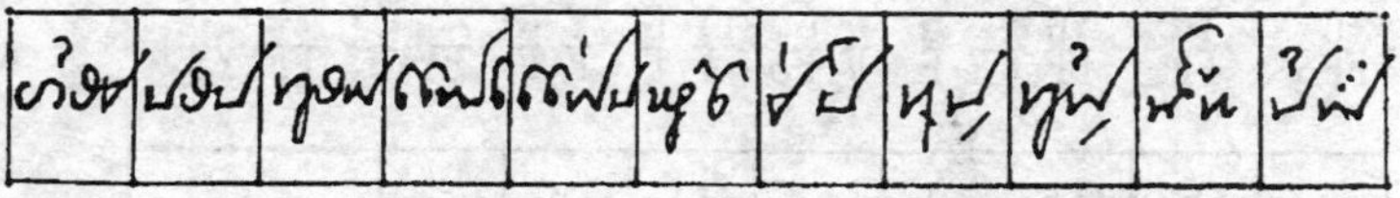

hoi^{4}	non^{2}	lom^{4}	peng^{2}	men^{6}	nying^{2}	jwn^{6}	kun^{2}	lum^{4}	sak^{8}	nam^{4}
百	睡	围	贵	催	女的	伸	人	倒	洗衣	水

说明：F（辅音字母），Y（元音符号），F′（带短 a 的辅音韵尾），S（声调符号）。

金平傣文有 22 种“辅元尾调”结构，分高音组和低音组。

傣绷文的字符结构

（根据周耀文《傣绷文》）

F	FY	FYS	Y F	Y F S	G YF	G YFS	G YFY	YFYS	F Y	F S Y	FY F

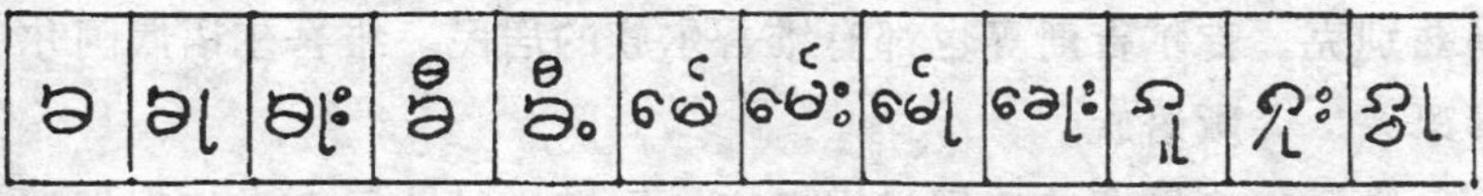

xa^{54}	xa^{11}	xa^{55}	xi^{35}	xi^{54}	me^{33}	me^{55}	mo^{35}	xo^{55}	ku^{11}	hu^{55}	kwa^{11}
诽谤	嫁	茅草	悲伤	旗子	母亲	修理	会	脖子	床	洞	去

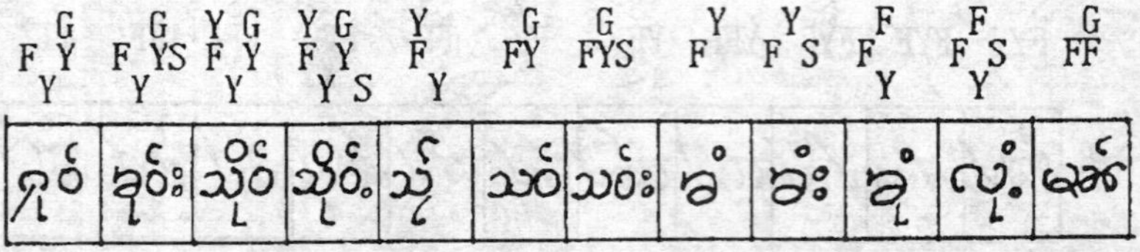

ho^{35}	xo^{55}	se^{35}	sw^{54}	saw^{35}	sa:u^{35}	sa:u^{55}	xam^{33}	xam^{55}	xom^{35}	lom^{54}	man^{35}
头	货物	老虎	买	清	姑娘	二十	晚上	金子	苦	倒下	结实

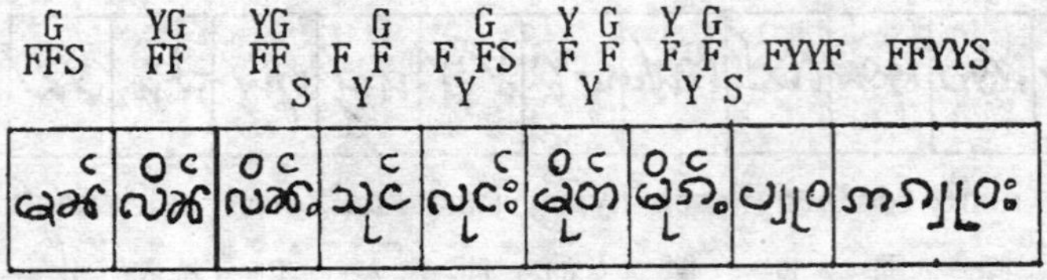

man^{55}	lin^{35}	lin^{54}	sung^{35}	lung^{55}	mwt^{33}	mwk^{54}	pjo^{11}	a^{54}kjo^{55}
他	土地	舌头	高	伯父	习惯	墨	快乐	公里

说明：F（辅音），Y（元音），S（声调），G（隔音符号）。

傣绷文有字符结构 30 多种。

3. 维吾尔文

（1）维吾尔文的历史背景

“维吾尔”是本族的自称，含义是“联合、互助”。维吾尔族在中国有 596 万人（1982），大部分居住在新疆，占新疆人口的 45%。少数居住在湖南省的桃园、常德等地。在邻国，哈萨克、乌兹别克、吉尔吉斯等也都有维吾尔族的居民。维吾尔语属阿尔泰语系、突厥语族。

维吾尔族早期曾使用过回鹘文。回鹘文是公元 8 世纪根据粟特字母创制的一种竖写的拼音文字。在使用回鹘文以前，维吾尔族的先民还使用过突厥文。用突厥文写成的碑铭可以追溯到公元

7 世纪。突厥文是一种横写的拼音文字。这种拼音文字的碑铭发现于蒙古高原的鄂尔浑河流域以及西伯利亚的叶尼塞河流域，因而又称鄂尔浑－叶尼塞文。

公元 10 世纪末、11 世纪初，阿拉伯字母随着伊斯兰教传播而进入西域地区，先从喀喇汗王朝的首都喀什噶尔（今喀什市）传入叶尔羌（今莎车县），继由叶尔羌传入和田，后来逐渐传播到整个新疆。

维吾尔人在使用阿拉伯字母记录自己的语言过程中，感到 28 个阿拉伯字母不能充分表达维吾尔语的语音，于是采用波斯人增补的四个字母。这种文字起初在察合台汗国使用，被称为察合台文。到了 15 世纪，察合台文基本上取代了回鹘文，成为维吾尔族以及中亚一带的其他突厥民族通用的文字。

维吾尔文的文献比较丰富。11 世纪前后的《金光明经》《福乐智慧》《突厥语大词典》被誉为维吾尔族古典文学中的“三大瑰宝”。

（2）维吾尔文的形制

在中国，维吾尔语分为“中心、和田、罗布”3 个方言。中心方言的人口占 80％。标准语以中心方言为基础，以伊犁－乌鲁木齐语音为标准音。有 8 个元音，24 个辅音。维吾尔语有元音和谐律。

1983 年新疆公布经过修订的阿拉伯字母式的现行维吾尔文。有 32 个字母，自右而左书写。字母按照出现的位置，有“单立式、后连式、双连式、前连式”（又称“单写、词首、词中、词末”）等不同形式。(见现行维吾尔文字母表，本书第 373 页)

正词法以语音原则为基础，以形态原则和传统原则为补充。词根的写法一般反映语音变化，所以同一个词根可以由于音变而写法不同。附加成分的写法反映与词根语音的和谐关系，一种附加成分常有成对的几种变体形式。附加成分中的元音按照元音和谐律，可以有“前元音、后元音、圆唇音和展唇音”几种变体。开头的辅音可以有清、浊音的变体。

维吾尔语的每一个元音都可以构成音节。元音（Y）和辅音（F）结合，可以构成 6 种形式的音节：（1）Y，（2）YF，（3）YFF，（4）FY，（5）FYF，（6）FYFF。

1992 年，新疆有 14 所高等院校，大都用维、汉两种文字教学。新疆有 15 家出版社，13 家出版维吾尔文书籍。北京的民族出版社也出维吾尔文书籍。

（3）维吾尔文的拉丁化经验

受土耳其和原苏联突厥民族拉丁化运动的影响，1959 年新疆制订拉丁化维吾尔文方案，1965 年试行。1976 年全面推行，同时停止使用阿拉伯字母的维吾尔文。新维吾尔文有 26 个拉丁字母，另加 7 个补充的新字母。1965－1982 年间，事实上新老维文并用，新文字主要用于中小学。1982 年，新疆认为改革的条件没有成熟，停止使用新文字，恢复使用阿拉伯字母的维吾尔文。

维吾尔语和土耳其语都是突厥语。土耳其文的拉丁化在 1928 年成功了。维吾尔文的拉丁化在 1982 年失败了。可见文字改革不仅是一种技术革新，更基本的是一种文化和政治革命。文化和政治的条件不成熟，文字改革是不可能成功的。

参考：阿木西·图尔迪《维吾尔文》，载《中国少数民族文字》，中国藏学出版社，1992。谷苞《维吾尔族》，哈米提、魏萃一《维吾尔语》，魏萃一、哈米提《维吾尔文》，《中国大百科全书·民族》，中国大百科全书出版社，1986。

现行维吾尔文字母表

单立式	后连式	双连式	前连式	音标
ا ئا			ـا (ئـا)	a
ە ئە			ـە (ئـە)	ɛ
ب	بـ	ـبـ	ـب	b
پ	پـ	ـپـ	ـپ	p
ت	تـ	ـتـ	ـت	t
ج	جـ	ـجـ	ـج	ʤ
چ	چـ	ـچـ	ـچ	ʧ
خ	خـ	ـخـ	ـخ	x
د			ـد	d
ر			ـر	r
ز			ـز	z
ژ			ـژ	ʒ
س	سـ	ـسـ	ـس	s
ش	شـ	ـشـ	ـش	ʃ
غ	غـ	ـغـ	ـغ	ʁ
ف	فـ	ـفـ	ـف	f

单立式	后连式	双连式	前连式	音标
ق	قـ	ـقـ	ـق	q
ك	كـ	ـكـ	ـك	k
گ	گـ	ـگـ	ـگ	g
ڭ	ڭـ	ـڭـ	ـڭ	ŋ
ل لا	لـ	ـلـ	ـل ـلا	l
م	مـ	ـمـ	ـم	m
ن	نـ	ـنـ	ـن	n
ھ	ھـ	ـھـ	ـھ	ɦ
و ئو			ـو (ئو)	o
ۇ ئۇ			ـۇ (ئۇ)	u
ۆ ئۆ			ـۆ (ئۆ)	ø
ۈ ئۈ			ـۈ (ئۈ)	y
ۋ			ـۋ	w
ې ئې	ېـ ئېـ	ـېـ	ـې ئې	e
ى ئى	ىـ ئىـ	ـىـ	ـى ئى	i
ي	يـ	ـيـ	ـي	j

4. 蒙古文

(1) 蒙古文的历史背景

我国蒙古族有人口 341 万(1982),三分之二住在内蒙古,三分之一住在其他省区。内蒙古有人口 1927 万,蒙古族占 13%。此外，蒙古共和国，旧称外蒙古，有人口186万(1984年调查)。

蒙古语属阿尔泰语系、蒙古语族。现代蒙古语的流行区域有：蒙古共和国、我国的内蒙古和新疆北部，以及阿尔泰山区域。蒙古语有3种主要方言：喀尔喀（Khalkha）、卫拉特（Oyrat）和布里亚特（Buriat）。

喀尔喀方言在13－14世纪成为蒙古语的文学语言。起初采用回鹘（回纥）字母书写。回鹘字母的早期碑铭有13世纪的"移相哥碑"，又称"成吉思汗石"。

1296年（至元六年），元世祖忽必烈邀请西藏高僧八思巴（P'ags－pa，尊称，意为"长者"，本名罗追坚赞，1234－1279）来到元朝，根据藏文字母，创制蒙古字母。有字母34个，5个元音，2个半元音，称为"八思巴蒙古文"。1272年推行。

这种字母使用不便。1310年改用原来的回鹘字母，加以修订，保留少数藏文字母，制成喀尔喀蒙古文。14世纪时候，喀尔喀蒙古文是蒙古帝国的法定文字。

蒙古语和回鹘语同属阿尔泰语系。在历史上，阿拉马字母变为粟特字母，又变为回鹘字母，然后变为蒙古字母。因此蒙古文被称为"回鹘式蒙古文"。

（2）现行蒙古文的形制

回鹘式蒙古文以"词"为拼写单位，字序由上而下，行序由左而右。字母有词首、词中、词末三种变化。原来有字母19个，其中5个元音字母表示当时7个元音，14个辅音字母表示当时18个辅音。词尾字母向下直写，被称为"竖尾蒙古文"。标点三种：单点、双点、四点，相当于逗号、句号、段落号。

14世纪初时候，对回鹘式蒙古文进行改革，采用7个元音字母和16个辅音字母，演绎成123个音节，并把元音分为阳性、阴性、中性，拼写法反映元音和谐律。

现行蒙古文字母表

（根据：斯钦朝克图《蒙古文》）

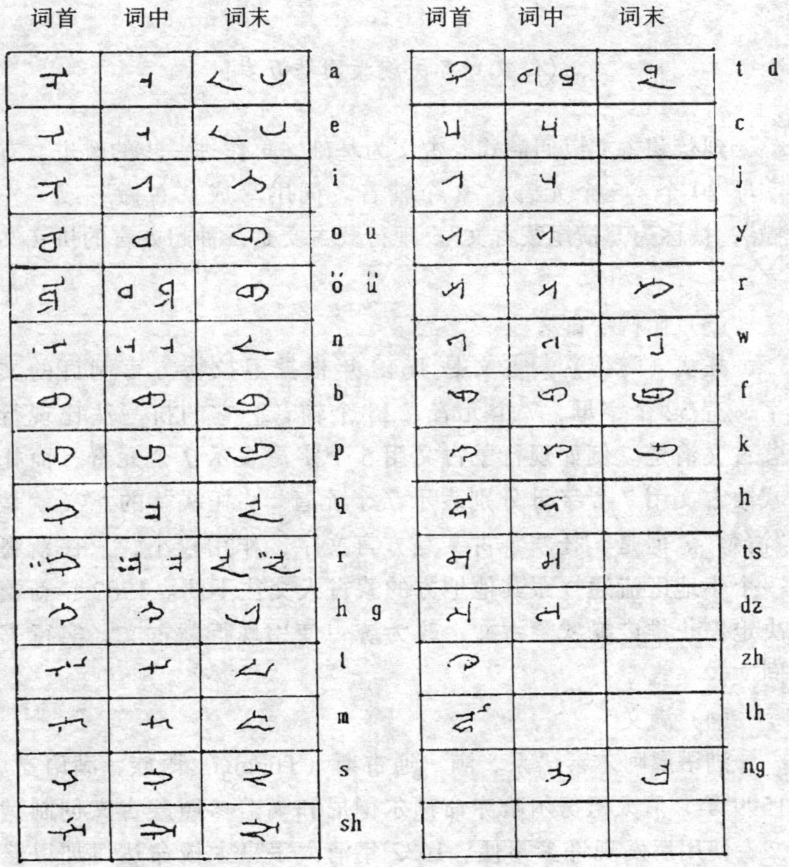

蒙古字母的排列顺序有3种，上表是现在通用的一种排列顺序。

现行蒙古文样品

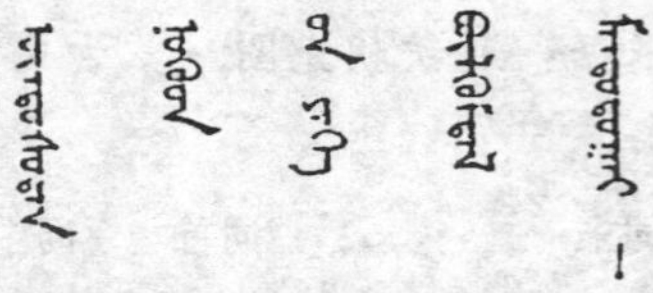

（译文）各民族大团结万岁！

现行蒙古文以回鹘式蒙古文为基础，再作进一步的改进，有字母 29 个，5 个元音，24 个辅音。词尾写成“右撇”或“左撇”，被称为“横尾蒙古文”。现行蒙古文是一种超方言的拼音文字。

（3）托忒蒙古文

托忒（陶德）蒙古文是 1648 年根据卫拉特方言制订的文字，有 32 个字母，7 个元音，25 个辅音。它的拼写法比现行蒙古文清楚。例如现行蒙古文用 5 个字母表示 7 个元音，而托忒蒙古文用 7 个字母分别表示 7 个元音。“托忒”的意义就是“清楚”。但是，托忒蒙古文是方言文字，作用较小，只在新疆一个小地区流通，跟其他地方的蒙古人交往不便。1982 年新疆决定停止推广托忒蒙古文，改为统一使用现行蒙古文，实行书同文。

（4）满文

满语属阿尔泰语系、满－通古斯（Tungus）语族，满语支。1599 年，清太祖努尔哈赤命额尔德尼和噶盖参照蒙古文创制满文，使用后发现许多不便。1632 年清太宗皇太极命达海加以修改，1748 年再次修改。有 34 个字母，元音 6 个，辅音 18 个，书写借词的字母 10 个。字母写法分独用、词头、词中、词尾四式，字序由上而下，行序由左而右。现在，满文已经成为古文字，遗留有大量清朝文献。

5. 锡伯文

锡伯族，人口约3万，大部分居住在新疆，是18世纪中叶从中国东北迁移到新疆去的。语言属阿尔泰语系、满－通古斯语族、满语支。他们有在1947年从满文演变而成的锡伯文。满文是从蒙古文演变而成的。满文现在已经不用，锡伯文是现在还在使用的满文遗裔。

两百多年来，留居东北的锡伯族大都改用汉语汉文，而西迁的锡伯族保留了满语的锡伯方言，并以满文为基础制订成锡伯文，作为今天我国少数民族语文之一种。

锡伯文的特点是：书写从上而下，行款从左到右。基本笔画有字头、字牙、字圈、字点、字尾等不同的撇，和连接字母的竖线。有40个字母，6个元音，24个辅音，另有10个书写外来音的字母。有异字同音，有不发音的字母。同一字母在不同位置分为独立、词首、词中、词末等写法，而词中有的又分音节首和音节末等写法。

1948年伊宁市成立锡伯中学，出版锡伯文报纸《察布查尔报》。

参考：李树兰《锡伯文》，《中国大百科全书·民族》，中国大百科全书出版社，1986。

锡伯文字母表

说明：(1) 开头6个元音字母有独立单写形式，上表放在词首栏的左边；其他字母没有独立单写形式。(2) 词中栏内有的字母又分音节首和音节末等形式。

二　音素字母文字

(一) 音素字母的产生和发展

字母的发明是人类对语言进行分析的结果。起初，人类分析语言，知道语言可以分成语词，这是对语言认识的第一次突破，于是创造出“语词文字”。后来，进一步知道，语词可以分成音节，这是对语言认识的第二次突破，于是创造出“音节文字”。更后来又知道，音节还可以分成音素，这是对语言认识的第三次突破，于是创造出“音素文字”。

开头两次突破比较容易，因为需要的只是深入的感性知识。第三次突破非常困难，因为需要“超感觉”的理性知识。

音素字母由希腊发明，这不是偶然的事情。希腊文化的主要特点是重视“分析”。“分析”是科学的动力。希腊是科学的源头。

从“音节文字”发展到“音素文字”，相当于从“分子物理学”发展到“原子物理学”。这是一次语言学和文字学的飞跃。

1. 希腊字母

(1) 引进腓尼基字母

希腊原来没有文字。传说，古代到腓尼基去留学的知识分子，从腓尼基引进腓尼基字母，经过选择、改造和补充，成为书写希腊语的文字。

雅典西北底比斯城（Thebes，现名 Thivai）的学者卡德摩斯（Cadmos），是希腊古代的一位神话人物。他在腓尼基侨居很久，回国以后，从腓尼基文字中采取 16 个字母，书写希腊语言，这就是最早的希腊字母。后来帕拉米德斯（Palamedes）增加 4 个字母（th，x，ph，ch），西摩尼德斯（Simonides）又增加 4 个字母（z，长 e，ps，长 o），形成 24 个字母的希腊字母表。希腊人把他们的字母表称为腓尼基字母表，或者卡德摩斯字母表。

近代学者考证，希腊从腓尼基引进字母的传说是正确的。早期希腊字母的形体和排列顺序，除极少例外，都跟腓尼基相同。更重要的证明是，希腊字母的名称跟腓尼基基本相同，而这些名称在希腊语里是没有意义的，只有在腓尼基语里才有意义。

希腊字母是什么时候开始形成的呢？晚近考证，是在公元前 11 世纪（中国西周早期）。这时候希腊从青铜器时代进入铁器时代，文化发生上升运动。最早的希腊碑铭是公元前 9 世纪的遗物，发现于雅典东南的锡拉岛（Thera，现称 Thira）。碑上字母大致就是早期希腊字母。

（2）创造元音字母

希腊字母不是腓尼基字母的传播延长，而是腓尼基字母的功能变革，从辅音字母演进成为音素字母。

希腊字母的形成

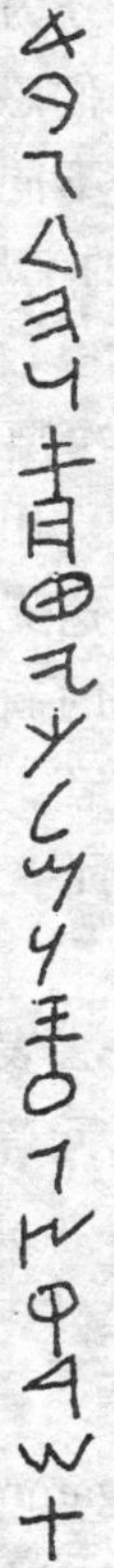

	（腓尼基字母）	（希腊字母）			（演变说明）
1	'aleph	A	a	alpha	借 'aleph 表元音 a。
2	beth	B	b	beta	
3	gimel	Γ	g	gamma	
4	daleth	Δ	d	delta	
5	he	E	ĕ	epsilon	借 he 表短 e。
6	waw				原 waw 有两式，一式不用，一式表 y，移位于后。
7	zayin	Z	z	zeta	增加的字母。
8	kheth	H	ē	eta	增加的字母；借 kheth(heth)表长 e.
9	teth	Θ	th	theta	增加的字母；t 改读 th。
10	yodh	I	i	iota	借 yodh 表元音 i。
11	kaph	K	k	kappa	
12	lamedh	Λ	l	lambda	
13	mem	M	m	mu	
14	nun	N	n	nu	
15	samekh	Ξ	x	xi	增加的字母；原samekh改作sigma，表s，移位于后。
16	'ayin	O	ŏ	omicron	借 'ayin 表短 o。
17	pe	Π	p	pi	
18	sadhe				废弃不用，表 s 已有 sigma。
19	qoph				废弃不用，但仍作表“90”的符号。
20	resh	P	r	rho	
21	sin	Σ	s	sigma	
22	taw	T	t	tau	
23		Υ	y	upsilon	原waw有两式，借其一式表元音y(ü)，移位于此。
24		Φ	ph	phi	增加的字母。
25		X	ch	chi	增加的字母。
26		Ψ	ps	psi	增加的字母。
27		Ω	ō	omega	增加的字母；从 'ayin 分化，表长 o.

附注：早期雅典字母（公元前 9—8 世纪）只有 16 个。后来 Palamedes 增加 4 个（th，x，ph，ch），Simonides 又增加 4 个（z，长 e，ps，长 o），成为希腊古典字母（公元前 4 世纪）24 个。希腊借用和分化腓尼基的几个辅音字母，表示 7 个元音。

希腊对文字的最重要的贡献是创造元音字母。原来的腓尼基字母，现在文字学者称为辅音字母，其实是一种音节字母。腓尼基人使用字母，感觉到音节的存在，不知道音节还可以分为音素。当时当然没有辅音和元音这些科学的概念和名称。他们感觉到有些音节似乎相同（辅音相同）、但又不很相同（元音不同），他们把这些大致相同的音节（同声母的音节），写成相同的字母，这就是所谓辅音字母。

腓尼基语辅音多而元音少，辅音重要而元音居于次要地位。希腊语元音有 7 个之多，元音至少跟辅音一样重要。用不表元音的腓尼基字母来书写元音丰富的希腊语，发生表达无法精确的困难。这给希腊人提出一个腓尼基人没有考虑过的新课题。希腊人不得不进行研究，如何把音节分为元音和辅音，做到用不同的字母表示不同的音素。分析结果，创造出元音字母。

创造元音字母的方法是，把原来表示辅音但是已经失去表音作用、或者在书写希腊语闲置无用的字母，假借作为表示元音的字母。它们是：

A. 'aleph 改作表示元音 a 的希腊字母 alpha。

B. yode 改作表示元音 i 的希腊字母 iota。

C. waw 原来有二式，其中一式起初成为希腊字母 digamma，后来不用了（仍作代表“6”的数字）；另一式改作表示元音 y（ü）的希腊字母 upsilon，在字母表中改排在 tau 的后面。

D. 希腊语有长短两个 e 音。把字母 He 改作表示短 ĕ 的希腊字母 epsilon；另外把字母 kheth（heth）改作表示长 ē 的希腊字母 eta。

E. 希腊语有长短两个 o 音。把字母 'ayin 改作表示短 ŏ 的希腊字母 omicron，又从这个字母分化出一个表示长 ō 的希腊字母

omega。希腊语的 o 音原来不分长短，分成长短是较晚的语音变化。因此这个最晚创造的字母排列在字母表的最后。

就这样，利用假借和分化的方法，希腊语的 7 个元音都有特定字母可以书写了。字母表从“音节”字母表，变成“音素”字母表。

不要小看这个字母表的小小变化。它是文字学上的一次划时代的突破，使人类的文字史进入全新的时代。

（3）调整辅音字母

希腊字母表不是一次形成的，而是逐步形成的。早期的希腊字母，例如雅典字母（公元前 9－8 世纪），只有 16 个字母。后来，帕拉米德斯（Palamedes）增加 4 个（th，x，ph，ch），西摩尼德斯（Simonides）又增加 4 个（z，长 e，ps，长 o）。这 8 个字母也不是一次增加的。其中 4 个（z，x，长 e，th）较早增加，已经排列进字母表。其余 4 个（ph，ch，ps，长 o）较晚增加，只好排列在字母表的后面。

直接从腓尼基引进而基本上没有改变的有 11 个字母（b，g，d，z，k，l，m，n，p，r，t）。其中字母 z 是后来增加的。有两个字母，略作改变：一个是原来的 teth，改作希腊字母 theta，读音从 t 改为 th。另一个是原来的 samekh，改作希腊字母 sigma，读音（s）没有改变，名称改变了，在字母表中移到原来 sin（shin）的位置上。

有两个原来的字母废弃不用。一个是 qoth，起初改作希腊字母 koppa（不同于 kappa），到公元前 5 世纪不用了（可是仍作数字“90”）。另一个废弃的是 sadhe（tsade），因为表示辅音 s 的希腊字母已经有 sigma。经过整理，辅音基本上实现“一音一母，一母一音”。

辅音字母实际上也都改变了性质，从音节字母变为音素字母，在拼写中丢掉了附带的元音，成为纯粹的辅音。

早期，希腊各地有不同的字母表，后来分歧逐渐缩小。前403年，爱琴海东岸米利都（Miletus，现属土耳其）的爱奥尼亚（Ionic）字母表正式被雅典采用，不久又被其他城邦采用。到公元前4世纪中叶（中国东周中期），希腊各地的字母表都统一于爱奥尼亚字母表，实现了“书同文”。这样就形成24个字母的古典希腊字母表。

（4）改变字母名称

希腊继承腓尼基的字母名称。这些名称，大部分是“事物名称”，在腓尼基语是有意义的，在希腊语没有意义。

腓尼基字母名称的结尾大都是辅音，实际还带上附带的元音。这不符合希腊的构词格式。希腊把它们改为写明元音结尾。例如：’aleph→alpha，beth→beta，gimel→gamma，daleth→delta等。

增加的字母，有4个改用“说明”方法来称呼，这叫做“说明名称”。例如：omicron（－micron＝小，“小o”就是“短音o”），omega（－mega＝大，“大o”就是“长音o”）。还有epsilon和upsilon（－psilon＝单纯，“单e”，“单u”）。只有一个表“u”的字母，称为“单u”。可是有两个表“e”的字母，为什么一个叫“单e”呢？因为，早期定名的时候，只有一个表“短e”的字母，后来才增加表“长e”的字母。名称用惯了，没有再改。

“phi，chi（khi），psi”是以声音作为名称的“声音名称”。

多数名称的第一个音素就是字母的音值。例如alpha就是“a”，beta就是“b”，gamma就是“g”，delta就是“d”等。这叫做“头音原则”（acrophony）。

字母名称来自远古，有些原来意义已经无从考证了。

(5) 规定书写顺序

最古的希腊文是从右而左书写的，跟阿拉伯文一样。

后来变成“一行向左、一行向右”，来回往复，有如老牛耕地，这叫做“牛耕式”。

公元前500年之后，希腊文一致把书写顺序改为从左而右。

用右手书写，从左而右的顺序最为方便。“笔不挡眼，腕不摩字”，这是合理的方式。今天全世界多数文字采用了这种方式。

(6) 字母的几何图形化

希腊人重视艺术结合实用。在字母的形体上细心加工，把一个个字母写成“简单、醒目、匀称、优美”的几何图形。这种加工反映了希腊从神学到科学的思惟发展，使字母形体完全脱离原始状态，从所谓“象形”中解放出来。这是字母形体“几何化”的开始。这个开始，后来由罗马人又进一步加以发展。

希腊字母的继承者原来很多，到现代都消亡了。只有两种字母继续发挥作用，那就是斯拉夫字母和拉丁字母。

2. 斯拉夫字母

(1) 直接传承于希腊字母

斯拉夫字母直接传承于希腊字母。它的形成时期在公元后第9世纪（中国五代时期）。这时候，东罗马帝国的教会（希腊正教，又名东正教）派了两位斯拉夫传教士，到南部斯拉夫民族中去传教。他们是兄弟两个希腊人，哥哥叫美多迪乌斯(Methodius，815－885)，弟弟叫康斯坦丁（Constantine，826－869)，弟弟后来改用教名西里尔（Cyril)。

西里尔采用希腊字母，加以增补，创造两种字母。起先以希腊草书体为范本，创造“格拉哥里字母”；后来又以希腊楷书体为范本，创造“西里尔字母”。两种字母，形体不同，表示的语音完全相同。“格拉哥里字母”后来不同，“西里尔字母”成为唯一的斯拉夫字母。由于为斯拉夫语而创造，所以叫“斯拉夫字母”。在苏联时期，俄语是主要的斯拉夫语，又称“俄文字母”。

西里尔字母一共有43个，其中发音相当于希腊的25个，表示特殊斯拉夫语音的18个。俄文只用33个字母。

斯拉夫语的元音有软硬分别。西里尔用原来的字母（АЭОУ）表示硬音，用两个字母连接起来造成的新字母表示软音，例如：i－a连接成Я，i－o连接成Ю，i－e连接成Е（后来省去i），又用上加两点成为Ё。

辅音字母也用类似的方法补充。例如：Ж是Т和С的结合，Щ是Ш和Т的结合（上下叠合，变形）。此外又用分化方法造成新字母，例如：希腊字母В分化成В和Б。有3个字母（Ц，Ч，Ш）可能是从希伯来字母（tsade和shin）借用和分化而成。

（2）东正教的字母

西里尔字母原来是为斯拉夫民族创造的。但是，斯拉夫民族有的信天主教，有的信东正教。凡是信天主教的斯拉夫民族都用拉丁字母而不用西里尔字母。例如：波兰，捷克，斯洛伐克，克罗地亚，斯洛文尼亚。用西里尔字母的斯拉夫民族有：俄罗斯，白俄罗斯，乌克兰，保加利亚，马其顿、塞尔维亚。他们或者信东正教，或者原来属于东正教文化圈。斯拉夫字母是东正教的字母。

“字母跟着宗教走”，这个规律在东欧特别明显。从俄罗斯西边，经过波兰和罗马尼亚东边，再经过塞尔维亚西边和阿尔巴尼亚东边，有一条字母分界线，线西是天主教和拉丁字母，线东是东正教和西里尔字母。

斯拉夫字母的形成

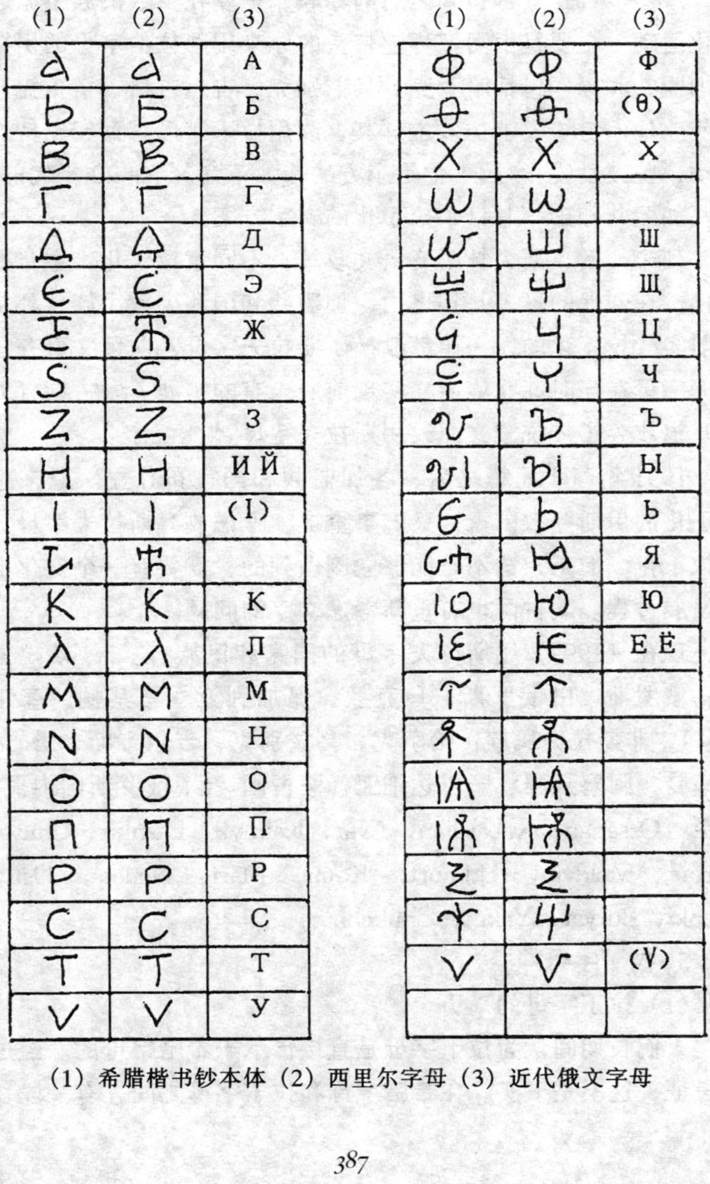

(1) 希腊楷书钞本体 (2) 西里尔字母 (3) 近代俄文字母

(3) 从拉丁化到斯拉夫化

"十月革命"(1917)之后的苏联，一度在少数民族中掀起拉丁化运动。主要是由阿塞拜疆带头的原来用阿拉伯字母的伊斯兰教加盟共和国，包括哈萨克、乌兹别克、吉尔吉斯、塔吉克、土库曼。他们纷纷要求仿效土耳其，改用拉丁字母。列宁支持这个运动，曾鼓励说："拉丁化是东方的伟大革命。"在 20 年代前后，这些加盟共和国都制订了拉丁化的文字方案。

列宁死后，斯大林改变语文政策，不同意拉丁化，主张斯拉夫化，在匆促的不多几年之内，加盟共和国和少数民族，凡是不久前实行拉丁化的，一律都改换了斯拉夫字母，向俄文看齐。斯拉夫字母在当时苏联境内，实现前所未有的扩展。蒙古国（外蒙古）也放弃了传统蒙文而改用斯拉夫字母。

1991 年苏联瓦解之后，各加盟共和国宣布独立。原来想要拉丁化的伊斯兰教国家，又旧事重提，考虑放弃斯拉夫字母，再度拉丁化。但是，这不是能够立刻做到的，需要有一个文化上升的发展过程。蒙古国也有重新考虑文字的问题。

现在（1997）用斯拉夫字母的国家和民族有：A. 斯拉夫民族：俄罗斯、白俄罗斯、乌克兰、保加利亚、马其顿、塞尔维亚。B. 非斯拉夫民族：哈萨克、乌兹别克、吉尔吉斯、塔吉克、土库曼、阿塞拜疆、摩尔达维亚、蒙古国。C. 俄罗斯国内民族：车臣、Ossetian，Kabardian，Avar，Kalmyk，Bashkir，Chuvash，Tartar，Moldvin，Udmurt，Komi，Mari，Nenets，Ostyak，Evenki，Buryat，Yakut，Chukchi。

3. 拉丁字母

(1) 拉丁字母的来历

人们长期间认为拉丁字母是直接传承于希腊字母的。经过学者考证，这不是事实。在希腊字母和拉丁字母之间，有一段长达

100 年的承前启后的中间历史。这就是埃特鲁斯克（Etrusk）字母。希腊字母是第一代，埃特鲁斯克字母是第二代，拉丁字母是第三代。斯拉夫字母的产生比拉丁字母晚 1600 年，但是他是直接传承于希腊的第二代，跟埃特鲁斯克字母同辈。他是拉丁字母的小叔子，拉丁字母是他的大侄儿。

埃特鲁斯克人在公元前 7-6 世纪曾在意大利半岛建立王朝，统治罗马和四周地区。在建立王朝之前，他们就采用希腊字母，在公元前 8 世纪形成埃特鲁斯克字母。

前 8 世纪的遗物中有一块象牙板，上面刻着 26 个早期的埃特鲁斯克字母。这是意大利半岛上最古的"识字课本"。26 个字母，包括 22 个古代闪米特字母，4 个希腊的增补字母。公元前 400 年时候，埃特鲁斯克字母减少为 20 个，这就是所谓"古典"埃特鲁斯克字母。

字母从希腊传到埃特鲁斯克，远在希腊字母从左而右书写之前，所以埃特鲁斯克文字起初都是从右而左书写的，中间经过"牛耕式"时期，最后改为从左而右。

埃特鲁斯克人失去政权以后，渐渐放弃自己的语言和文字。有文字记载的遗物，最晚到公元初年为止。他们的语言后来融化于意大利的托斯克（Toscana，Tuscany）方言。"托斯克"就是"埃特鲁斯克"的变音。

埃特鲁斯克字母有许多后裔，都已消亡，只有拉丁字母是显赫的继承者。

（2）拉丁字母表的形成

拉丁字母表形成于公元前 7 世纪。最初 600 年间，默默无闻。公元前 1 世纪，罗马帝国兴起，它才走上历史舞台。

最古的拉丁字母遗物是一枚金扣针，上面刻着一句话："马尼造赠奴美西"（manios：med：fhefhaked：numasioi）。语言是拉丁语，文字中保留着埃特鲁斯克的特点。这里用“两点”分词，从右而左书写（本文改为从左而右），这都是埃特鲁斯克的早期痕迹。

早期埃特鲁斯克有字母 26 个。罗马人只取其中的 21 个：A，B，C（k），D，E，F，I（zeta），H，I，K，L，M，N，O，P，Q，P（R），S，T，V，X。“X”被称为“最后字母”。

金扣针上用 F（digamma）和 H 结合的“双字母”（两合字母）表示 f 音。希腊语没有 f 音，字母 F 原来读 w 音。埃特鲁斯克用 F 和 H 结合，表示一个希腊没有的音。罗马沿用此法。后来省去 H，只用 F 表 f 音。

希腊字母 V（upsilon），本来表元音 u，改为兼表辅音 w 和元音 u。

金扣针上有 D 和 O，这是早期埃特鲁斯克有，而后期没有的字母。罗马利用这两个废弃的字母，表示自己的语音。

埃特鲁斯克没有 K 和 G 的清浊分别，罗马需要清浊分别。于是把原来的 C 表示清音，在 C 上加一横，变成 G，表示浊音。这个 G 放在字母表中原来空着（希腊 Z，罗马不用）的位置上。

希腊字母 Δ 改为 D，Σ 改为 S，P 改为 R，这都是为了方便书写。

罗马在军事上征服希腊，但是在文化上学习希腊。公元前 3 世纪以后，罗马从希腊借来大量术语。为了书写这些希腊术语，罗马借来两个希腊字母：Y 和 Z。原来只有 21 个的拉丁字母表，现在增加为 23 个。增加的希腊字母放在字母表的末尾。

到中世纪时候，从 I 分化出 J，从 V 分化出 U 和 W。严格地说，W 是重叠(双 V),不是分化。这样,拉丁字母就有了 26 个。

（3）字母形体的加工

拉丁字母的形成

	(希腊)	(埃特鲁斯克)(早期)	(埃特鲁斯克)(后期)	(拉丁字母)		(演变说明)
1	Α	𐌀	𐌀	A		
2	Β	𐌁		B		
3	Γ	𐌂	𐌂	C		用C表清音k。
4	Δ	𐌃		D		后期埃特鲁斯克没有d。
5	Ε	𐌄	𐌄	E		
6		𐌅	𐌅	F		原表w音,改表f音。
7	Ζ	𐌆	𐌆	(I)	G	C加一笔成G,表浊音k。
8	Η	𐌇	𐌇	H		
9	Θ	𐌈	𐌈			
10	Ι	𐌉	𐌉	I	J	I分出J。
11	Κ	𐌊	(𐌊)	K		
12	Λ	𐌋	𐌋	L		
13	Μ	𐌌	𐌌	M		
14	Ν	𐌍	𐌍	N		
15	Ξ	𐌎	(𐌎)			
16	Ο	𐌏		O		后期埃特鲁斯克没有O。
17	Π	𐌐	𐌐	P		
18		𐌑	𐌑			
19		𐌒	(𐌒)	Q		
20	Ρ	𐌓	𐌓	(P)	R	P加一笔成R。
21	Σ	𐌔	𐌔	S		
22	Τ	𐌕	𐌕	T		
23	Υ	𐌖	𐌖	V	U W	V分出u和w,再加J,字母成26个。
24	Φ	𐌗		X		原称"最后字母"(共21个)。
25	Χ	𐌘	𐌘		Y	后加Y和Z,写外来词。
26	Ψ	𐌙	𐌙		Z	增加Y和Z,字母从21个成23个。
27	Ω		𐌚			

附注:拉丁字母原有 21 个,后加 Y 和 Z,成 23 个,又加分化出来的 J,U,W,成 26 个。早期从右而左书写,后期改为从左而右。

罗马人在希腊古典字母形成之前就从埃特鲁斯克取得字母，这是在希腊字母还没有整齐化和几何化之前。后来，罗马受希腊的影响，对字母形体进行加工，使拉丁字母变成比希腊字母更加整齐、匀称、简单、醒目、好认、好用，“青出于蓝而胜于蓝”。甚至希腊后来也反过来学习罗马。

拉丁字母原来没有大小写的字体分别，全是现在所谓的大写体。后来抄写频繁，产生小写体。小写体主要是大写体的简化。例如：H～h，B～b，F～f，L～l，R～r。有的是大写体的连笔快写格式。例如：A～a，E～e，D～d，G～g，M～m，N～n。

一连串小写字母接着写下来，不容易看得清楚。为了增强文字的醒目性，延长某些字母的笔画，有的向上，有的向下，把小写字母分为三组：1. 短字（c，m，n，r，s，v，w，x，z），2. 上伸字（b，d，f，h，k，l，t），3. 下延字（g，j，p，q，y）。长短间隔，上下参差，对“扫读”产生极其良好的效果。这可能是拉丁字母无意中的贡献。

（4）字母名称的改变

字母名称的演变，是从“有意义名称”到“无意义名称”，从“说明性名称”到“读音法名称”。“读音法名称”以字母所代表的“声音”作为名称。这是名称的简化，由埃特鲁斯克发明，罗马人传了下来。

今天英文字母的名称，继承拉丁文字母名称的原理，可以分为四组：A. 元音字母以音值为名称（A，E，I，O，U）。B. 一部分辅音字母后加元音为名称（B，C，D，G，J，K，P，Q，T，V，Y，Z）。C. 一部分辅音字母前加元音为名称（F，H，L，M，N，R，S，X）。D. 少数用解释性名称（W）。这是今天流行于全世界的字母命名法。

（5）应用方法的变通

26个拉丁字母已经用来书写全世界的所有语言，有的作为正式文字，有的作为辅助符号。为了广泛适应不同的语言，创造了各种变通的使用方法。主要有：

A. 借形改音：例如借“j”表“基”（英文、拼音），原来表“衣”。又如：用“q”（原来多余）表“欺”（拼音），或者表喉头“鿆”音（阿拉伯）。

B. 条件变读：例如英文“gorge”，g在o前读“鿆”，g在e前读“其”。

C. 复合字母：例如“ch，sh，sch，tsch；aa，ae，oe”（双字母、三字母、四字母）。作为字母单位是两个、三个、四个；作为表音单位是一个。字母单位和表音单位分成两个层次。这对初学可能学习困难，但是学会之后非常方便。它使26个字母，不必增加新字母或附加符号，就能写出任何语言。拉丁字母的最早古物“金扣针”上就有“双字母”。

D. 附加符号：上加符号（戴帽）、下加符号（穿鞋）、中加符号（佩剑）。英文没有附加符号，仿效英文的拉丁化文字大都也没有附加符号。法文有附加符号，仿效法文的拉丁化文字大都有附加符号。

E. 增加新字母。中国少数民族的拉丁化文字，起初增加新字母，后来根据实践经验，放弃了新字母。

变通适应，使拉丁字母无往而不利。

拉丁字母现在是代表现代科技的字母。它跟现代科技携手并进，成为信息网络最通用的字母。

(6) 拉丁字母和斯拉夫字母的比较

形体的比较：斯拉夫字母接近希腊字母，小写跟大写差别不大，没有上伸和下延的小写变化，阅读的醒目性比不上拉丁字母。

流通的比较：斯拉夫字母是东正教的字母，拉丁字母是天主教和新教的字母。东正教范围小，天主教和新教范围大。拉丁字母经过大胆的形体变化，斯拉夫字母没有经过类似的形体变化。斯拉夫字母在苏联时期得到使用的扩大，仍旧是一种多民族共同体内部的字母。苏联分解成许多独立国之后，斯拉夫字母也没有改变内陆的、地区的字母性质。拉丁字母跟信息网络挂钩，这使它取得了信息化时代世界公用字母的资格。

（二）战后新独立国家的拉丁字母文字

二次战后，英、法、荷兰、葡萄牙、西班牙等殖民帝国瓦解了，兴起许多新独立国家。独立后的首要问题之一是：用什么语言作为行政和教育的官方语言。这有三种选择：第一，继续沿用宗主国的语言；第二，改用本国或本土的一种语言；第三，两者并用。新独立国家实行拉丁化的所在地有三大片：1. 东南亚，2. 非洲，3. 拉丁美洲和大洋洲。

1. 东南亚

东南亚是战后新独立国家的经济和文化快速上升地区。“东南亚联盟”（东盟）国家积极推进“拉丁化”和“英语化”。

（1）新加坡：1959 年成为英国的自治邦，1963 年脱离英国，加入马来西亚联邦。马来西亚规定只有一种官方语言，就是“马来语”，不许保留其他民族的语言（包括华语）也作为官方语言。语文矛盾是新加坡不得不离开联邦的原因之一。1965 年，新加坡宣布独立。

新加坡的民族构成：华人 78%，马来人 15%，印度人 5%。宪法规定“四种”官方语言：马来语、华语、淡米尔语、英语。马来语是马来人的民族语；为了尊重历史背景和地缘关系，新加坡规定马来语为国语。马来文已经从阿拉伯字母改为拉丁字母。华语是新加坡华人的民族语。淡米尔语是新加坡印度人的民族语。三种语言代表三个民族和三种不同的文化传统。英语是行政、教育和贸易用语，各民族间相互交际的全国共同语。

（2）马来西亚：1963 年，马来亚联合加里曼丹、北部沙捞越和沙巴，成立马来西亚联邦。官方语言是标准马来语，定名为“马来西亚语”（Bahasa Malaysia)。多数人民信奉伊斯兰教，一向用阿拉伯字母，经过一番拉丁化和阿拉伯化的思想斗争，终于采用了拉丁字母。

印尼的官方语言也采用标准马来语，可是印尼拼法接近荷兰文，马来西亚拼法接近英文（例如，马来 = 印尼：j = dj，ch = dj，sh = sj)。语言相同而拼法不同，不利于文化交流。经过若干年的历史曲折，最后在 1972 年统一了拼法。

标准马来语是 500 年来东南亚海上贸易的通用语言，以交通枢纽马六甲（Malacca）海峡的“廖内 - 柔佛方言”（Riau - Johor）为基础而形成。廖内在海峡之西、属于印度尼西亚，柔佛在海峡之东、属于马来西亚，二者之间是新加坡。

（3）印度尼西亚：1945 独立，1949 荷兰承认。公元 5 - 6 世纪接受印度文化，用梵文字母；13 世纪改信伊斯兰教，改用阿拉伯字母；17 世纪成为荷兰殖民地，以荷兰文为官方文字。独立以后，没有采用首都雅加达（Jakarta）的爪瓦语，而是采用了东南亚的通用语言标准马来语，定名为“印度尼西亚语”(Bahasa Indonesia)。

印度尼西亚还有几种民间文字（Javanese，Sundanese，Madurese 等)，原来用变体印度字母书写，现在也拉丁化了。

（4）文莱（Brunei)：伊斯兰苏丹国，1983 年独立，由沙捞越北方沿海两小块不连接的土地组成。马来人65%，华人20%。用标准马来语为国语，跟马来西亚、印度尼西亚和新加坡相同。

（5）菲律宾：1946年独立，官方语言是菲律宾语和英语。

过去600年间，菲律宾的官方语言屡次变更。1380年伊斯兰教传入，采用阿拉伯语。1521年，麦哲伦的西班牙远征舰队到达此地，西班牙国王菲力普二世用自己的名字给它命名为“菲律宾”，1565年成为西班牙的殖民地，改用西班牙语。1898年美国战胜西班牙，菲律宾归美国统治，改用英语。

1935年成立自治政府，采用拉丁化的“他加禄语”（Tagalog），称为“菲律宾语”，跟英语并用。他加禄语是吕宋岛（Luzon）南部包括首都马尼拉（Manila）在内的本土语言，使用人口1000万。但是，他加禄语只能代表他加禄民族（占人口1/4），不能代表其他民族。起初菲律宾语定名为“Pilipino”，后来改称“Filipino”（字母“P”改“F”），表示能代表菲律宾的所有民族。

1974年实行双语言制度，英语用于数学和自然科学，菲律宾语用于其他课程。菲律宾有民间文字（Bisaya），已经拉丁化。

（6）越南：1945年独立，采用拉丁化的越南文，称为“国语字”。1651年，法国神甫罗德（A. de Rhodes）设计越南“京语”的罗马字，在法国统治时期（1861－1945）积极推广，成为教会和殖民政府的辅助文字。独立后越南用它作为官方文字，废除汉字。

越南是前法属印度支那殖民地之一，原来使用法语。90年代为了加入“东盟”，改以英语为主要外国语，离开法语国际。

2. 非洲

非洲，北部是用阿拉伯字母的国家，南部是战前一早独立的南非共和国，中间的广袤大地是战后采用拉丁字母书写本土语言的许多新独立国家。下面，只谈独立后语文有新发展的国家。

(1) 东非和中非

A. 肯尼亚（Kenya）：15 世纪末葡萄牙人侵入，后由德国占领，1895 年成为英国保护地。1952 年，肯尼亚主要部族“吉库尤人”反英起义，称为“茅茅运动”。1963 年争得独立。“茅茅运动”领袖肯雅塔（Jomo Kenyatta）成为第一任总理。

1971 年，宣布以斯瓦希里语（Swahili）为国语。报纸、广播、电视，主要用斯瓦希里语。科技、外事和大学仍旧用英语。此外吉库尤语（Kikuyu）的拉丁化文字用作民间文字。

B. 坦桑尼亚（Tanzania）：1961 年大陆“坦葛尼喀”（Tanganyika）独立，1964 年联合“桑给把尔”（Zanzibar）岛国（包括“奔巴”岛）成为联合共和国。采用斯瓦希利语为国语，跟肯尼亚两国一语。

斯瓦希里语是流通较广的一种“班图语”（Bantu）。东非沿海的非洲人和阿拉伯人早期使用这种语言进行贸易。Swahili 这个词儿源出阿拉伯语，意思是“海岸”。文字记录开始于 18 世纪前期，用阿拉伯字母。德国东非殖民地采用斯瓦希里语作为低层的行政和教育用语。后来英国接管，继续利用斯瓦希里语。阿拉伯字母书写的斯瓦希里语，元音表示法不完备，使用不便。基督教会改用拉丁字母。桑给巴尔岛是斯瓦希里语的发源地。现在，使用者超过 1000 万。

C. 乌干达（Uganda）：1894 年成为英国保护地，1962 年独立。1960 年以前，乌干达的“马克乐乐（Makerere）大学”是东非唯一的大学。这里的学龄儿童有45%上学。官方语言是英语。斯瓦希里语不是官方语言，可是相当通用。主要部族“干达人”（占人口16%）的“卢干达语”（luGanda），已经拉丁化，在各个班图语地区都能流通。

D. 卢旺达（Rwanda），E. 布隆迪（Burundi），两国在一次战后成为比利时的托管地，1962年独立。卢旺达语（Kinyarwanda）和布隆迪语（kiRundi），有拉丁化文字，独立后分别定为两国的官方语言。同时流通斯瓦西里语。法语是行政和教育语言。

F. 扎伊尔（Zaïre）：前比利时殖民地，原名刚果（Congo），1960年独立，1971年改名；1997年又改名为刚果民主共和国。比利时是法语国家，因此法语成为前扎伊尔的官方语言。教育、行政、商业、外事都用法语。

此外有四种“国语”：a. 斯瓦希里语，b. 卢巴语（kiLuba），c. 林轧拉语（Lingala），d. 刚果语（kiKongo）。全部拉丁化。“国语”用于本地贸易和广播。所谓“国语”，是法律承认的流通较广的民间语言。

肯尼亚、坦桑尼亚、乌干达属于“英语非洲”；卢旺达、布隆迪、扎伊尔属于“法语非洲”。斯瓦希里语在两个国家是官方语言，在四个国家是广播语言，它沟通了“英语非洲”和“法语非洲”。

G. 索马里：战前，北半部英国统治，南半部意大利统治，1960年合并成一个独立国，被称为“非洲之角”。索马里有相当一致的全国语言，但是没有文字。人民都信伊斯兰教，独立后创立文字，是否采用阿拉伯字母呢？衡量利弊，最后决定采用拉丁字母。拉丁化的新文字名叫“索马里文”（Somali），1973年定为官方文字，使用者600万人。这是1924年土耳其突破宗教限制实行拉丁化之后，又一个伊斯兰教国家实行拉丁化。

(2) 西非

东非有斯瓦希里语，西非有豪萨语 (Hausa)，都是有发展希望的语言。斯瓦希里语已经成为两国的“共同国语”。豪萨语还没有得到同样的发展机会。

A. 尼日利亚 (Nigeria)：原英国殖民地，1960 年独立，沿用英语为官方语言。有几种通用语言 (Hausa，Fulani，Yoruba，Ibo)，已经拉丁化，使用范围很广。豪萨语使用者 2000 万，事实上跟英语平分秋色。它在 19 世纪用阿拉伯字母，20 世纪用拉丁字母。不过，字母附加符号太多，使用不便。

B. 塞内加尔 (Senegal) 有民间文字 Malinke 文和 Wolof 文。

C. 布基纳法索 (Burkina Faso) 有民间文字 Mossi 文。1960 年两国独立后，扩大了这些拉丁化文字的应用。官方语言沿用原宗主国的法语。

D. 加纳 (Ghana)，1957 年独立，有 Ewe 文和 twi 文。E. 塞拉利昂 (Sierra Leone)，1961 年独立，有 Mende 文。文字都已经拉丁化。他们沿用英语作为官方语言，同时扩大这些本土文字的使用。

F. 利比里亚 (Liberia)：早在 1874 年立国，是美国的黑人自由邦，以英语为官方语言，民间有 Kpelle 文，用拉丁字母。

G. 喀麦隆 (Cameroon)：原英法两国殖民地，1961 年独立，以英语和法语为官方语言，有拉丁化的文字 Fang 文，在民间流通。

(3) 南非

A. 赞比亚 (Zanbia)，B. 马拉维 (Malawwi)，1964 年独立，有拉丁化的 Nyanja 文和 Bemba 文。C. 津巴布韦 (Zimbabwe)，1964 年独立，有拉丁化的 Shona 文。D. 博茨瓦纳 (Botswana)，

1966 年独立，有拉丁化的 Tswana 文。都是原英国殖民地，沿用英语。

E. 马达加斯加（Madagascar）：原法国殖民地，1960 年独立，有拉丁化的 Malagasy 文，使用者 1000 万人，独立后作为官方文字，跟法文并用。

F. 莱索托（Lesotho），1966 年独立，有本地的 seSotho 文；G. 斯威士兰（Swaziland），1968 年独立，有本地的 siSwazi 文；同时用英语。两国都在南非共和国境内。

整个非洲，除北非阿拉伯国家和埃塞俄比亚之外，已经拉丁化。其中几种重要的非洲语言在战后得到快速发展，特别是斯瓦希里语，已经登上国际舞台。

3. 拉丁美洲和大洋洲

（1）拉丁美洲

战后拉丁美洲有许多新独立的小国家，但是语文生活变动很少。值得注意的只是，由于民族主义高涨，一些本土语文也跟着活跃起来。

A. 瓜拉尼文（Guarani）：这是南美内陆国家巴拉圭（Paraguay）跟西班牙文并用作为官方文字的本土文字。使用者有 175 万人，占全国人口的 70%，被尊为巴拉圭的“国文”。近年来受到国际新闻的注意。这是拉丁化的文字。

B. 凯楚亚文（Quechua）：这是秘鲁（Peru）从印卡帝国时代传下来的一种语言，写成拉丁字母。使用者 700 万人，500 万在秘鲁，150 在玻利维亚，50 万在厄瓜多尔。印卡帝国结绳而治，有美术工艺而没有文字。今天表现出生命力的凯楚亚文，是印卡文化的延长。

（2）大洋洲

大洋洲新独立的小国家中，有的有本土文字，已经拉丁化。

他们认为本土文字能列为官方文字而感到无上光荣。没有本土文字的国家从略。

多岛群岛国家（Polynesian）：

A. 西萨摩亚（West Samoa）：1962 年独立，有拉丁化的萨摩亚文（Samoan），跟英文同作官方文字，使用者在西萨摩亚有 15 万人。只用 14 个字母，有 5 个元音（a，e，i，o，u），9 个辅音（f，g，l，m，n，p，s，t，v）。

B. 汤加（Tonga）：1970 年独立，有拉丁化的汤加文（Tongan），跟英文同为官方文字。使用者 10 万人。英文 taboo（禁忌）来自汤加文。

C. 图瓦卢（Tuvalu）：1978 年独立，有拉丁化的土瓦卢文（Tuvaluan），跟英文同为官方文字。

D. 瑙鲁（Nauru），1968 年独立，有拉丁化的瑙鲁文（Nauruan），跟英文同为官方文字。

小岛群岛国家（Micronesian）：

E. 马绍尔群岛（Marshalle Is.）：1979 年独立，有拉丁化的马绍尔文（Marshallese），跟英文同为官方文字。使用者 2 万人。文字中把“&”作为一个元音字母，另有上加特殊记号的 7 个辅音字母。

美岛群岛国家（Melanesian）：

F. 斐济（Fiji）：1970 年独立，有拉丁化的斐济文（Fijian），跟英文同作官方文字。使用者 30 万人，为当地居民的 40%。

G. 瓦努阿图（Vanuatu）：1980 年独立，有拉丁化的本土“比斯拉马文”（Bislama），跟英文和法文同为官方文字。

H. 此外，巴布亚新几内亚（Papua New Guinea）：在新几内亚岛的东部，1975 年独立，英文为官方文字。有本土拉丁化的“洋泾浜”（Tok Pisin），是一种简化的英语，只有 1500 个基本语词，此外用复合词和词组表达意义，使用者 40 万人。独立后跟英文同作官方文字。词汇举例：haus sik（house sick）“医院”，haus pepa（house paper）“办公室”；glas bilong luk luk（glass belong look－look）“镜子”；lait bilong klaut（light belong cloud）“闪电”。

菲律宾文样品

Hagurin ng tanaw ang ating palibot:
taniman, gawaan, lansangan, bantayog,
lupa, dagat, langit ay pawang sinakop,
at kamay ng tao ang nagpapakilos.

越南文样品

Đầy vườn cỏ mọc lau thưa,
Song trăng quạnh-quẽ, vách mưa rã-rời.
Trước sau nào thấy bóng người,
Hoa đào năm ngoái còn cười gió đông.
Xập-xè én liệng lầu không,
Cỏ lan mặt đất, rêu phong dấu giầy.
Cuối tường gai góc mọc đầy,
Đi về này những lối này năm xưa.

斯瓦希里文样品

Mtego wanaotega, ninaswe nianguke,
Sifa yangu kuvuruga, jina liaibike,
Mungu mwema mfuga, nilinde lisitendeke,
Na wawekao kiaga, kudhuru watakasike.

Kwa wingi natangaziwa, maovu nisiyotenda,
Na habari nasikia, kila ninapokwenda,
Lakini Allah mwelewa, atalifanya kuwanda,
Jina wanalochukia, badala ya kukonda.

Badala ya kukonda, jina litanenepa,
Ugenini litakwenda, lisipopendeza hapa,
Kutafuta kibanda, ambako halitatupwa,
Huko wataolipenda, fadhili litawalipa.

索马里文样品

Sidii koorweyn halaad oo
Kor iyo Hawd sare ka timid
Kulayl badan baan qabaa

Shimbiro geed wada koraa
Midi ba cayn bay u cidaa
Carro ba waa camaladdeed
Illayn Lays ma cod yaqaan

豪萨文样品

Kụrēgē Dạ Būshiyā :—Wata rānā anā̧ ruwā : bûshiyā tanā̧ yāwọ, ta zō bā̧kin rāmịŋ kụregē : ta yi sallamạ, ta cē̱ 'Kai, ịnā jịn sanyị : kō dạ wurin dạ zạm fạkẹ? ' Kụrēgė ya amsạ ' A̱lhamdụ lịllāhị ! Tộ, gā̧ ɗaŋ wurī, shịgō ! ' Sukạ zaunạ tā̧re : jịm kạɗaŋ kụrēgė ya cẹ̄ ' Kė būshiyā̱ ! Zaman nạn nāmụ, dạ kẹ̄, bā̱ shị dạ dāɗī, jịkịŋkị yā cikạ tsịnī. Sāi kị sākẹ wurī !' Būshiyā ta cȩ̄ 'A̧shȩ̄? Nī kụwā, dāɗī nikẹ̄ jị : wạndạ wurin nạm bai gạmė shị ba, bā̧ sāi yạ sākẹ wani bạ? '

马达加斯加文样品

Tsaroako ny tsikin'ny androko omaly,
Izay manjary aloka foana, indrisy!
Tsaroako! . . . Antsoiko ta tsy mba mamaly,
Ary toa manadino, ary toa tsy mba nisy!

瓜拉尼文样品

Ayajhe'óta pende apytepe
narötivéigui che vy' a y
ajhypyimita co pyjarepe
che resaype Paraguahy.

凯楚亚文样品

Pitu Salla, millay cutin
Chayllatatacc, chayllatatacc
Cunahuanqui ñoccaracctacc
Rimarisacc chaymi sutin
Anchatan checnipacuni

萨摩亚文样品

E i ai le fale o le tagata Samoa i totonu o le nu'u, ae peita'i o ana fa'ato'aga e masani ona i ai i le maila po'o le sili atu i uta. Na te tōtō i ana fa'ato'aga ana mea'ai, taro, fa'i, ma 'ulu; na te tōtō fo'i niu mo popo, ma koko. O nei mea na te fa'atau atu i le fai'oloa i totonu o le nu'u po'o i Apia. Mai tupe ua maua na te fa'atau ai pisupo ma apa i'a, ma 'ie mo ona lavalava atoa ma lavalava o lona aiga.

马绍尔文样品

Ṁahjeł yej tijtiryik yew r&yhar-tahtah yilew Tiraj Teyr&yt&wr&y. Majr&w yej yijew j&yban kiyen yew han Ṁahjeł yim yeleg harm&j jan kajj&wj&w hay&l&g kew yilikin rej j&q&y yi'y&y. Yepjay, yilew hay&l&g yin Kiwajleyen yej jikin yew k&yin kariwew han kiyen yilew hay&l&g yin Ṁahjeł. Harm&j r&yin yewen Yepjay rej jerbal yilew Kiwajleyen, jikin kekkeylaq miyjeł han rittariṅahyey yin Hamedkah. Pikinniy yim Yan&ywey-tak rej yijekew Hamedkah yehar teyej bahaṁ yi'y&y.

（三）中国少数民族的拉丁字母文字

1. 壮文，2. 布依文，3. 侗文，4. 黎文，5. 苗文（4 种），6. 景颇文，7. 载瓦文，8. 白文，9. 哈尼文，10. 傈僳文，11. 纳西文，12. 拉祜文，13. 佤文，14. 土文。

20 世纪 50 年代开始，中国的少数民族创制和改进了 17 种拉丁字母文字。后来，在 80 年代又创制了几种。这在全世界拉丁化的文字发展史上是一件大事。

这时候，中国提出民族平等政策，正好是少数民族文化的自我觉醒时期。政策推动了原来已经在萌发的民族文化。创制和改进少数民族文字是文化启蒙运动的先行工作。

1958 年公布的“汉语拼音方案”，对少数民族的拉丁化有借鉴作用。汉语拼音，在汉族不是正式文字，可是对少数民族是极有价值的参考。

为了使不同的文字设计尽可能相互取得一致，便利彼此之间的文化交流，实行了少数民族设计文字的共同原则：1. 除保留传统文字之外，设计新文字共同采用拉丁字母。2. 字母的表音和用法，尽可能跟汉语拼音方案一致或者相近。3. 字母不足，可用双字母补充，万不得已，再用附加符号或新字母。4. 声调用字母标记在音节末尾，或者用符号标记在元音上面。5. 关系密切的语言，尽可能采用共同的正词法。

半个世纪以来中国少数民族文字的拉丁化，对“语言计划”提供了非常重要的经验：

1. 多种少数民族方案，不是一盘散沙，而是以汉语拼音为基础，组成一个“各别有个性、相互有共性”的有秩序的系统。

2. 起初强调“一音一母、一母一音”，不少民族创造了新字母。一个民族创造极少几个，一二十个民族就创造了好几十个，形成比拉丁字母表还大的新字母表。这对打字、打电报、电脑传输都产生不便。到了80年代都作了修订，全用26个拉丁字母，而且不加附加符号。在使用拉丁字母的技术上，有不少创造性的设计：例如，利用西方国家不用和少用的字母（q，x等），避免“不用现成而用生僻”的弊病。又如，用系统拼法表示“元音和谐率”，用字母“v”作为表示“紧元音”的符号等。少数民族不喜欢用附加符号标调。

3. 少数民族文字的拉丁化，有成功，有失败。彝文的拉丁化，维吾尔文和哈萨克文的拉丁化，都失败了。失败的原因，主要不是技术问题，而是习惯问题。传统意识比较强的文字，不可能更换，只可能改进，而且，改进也只可能用渐进的步骤。最好是把拉丁字母作为表音的辅助工具，做老文字不能做和不便做的工作，以新文字帮助旧文字，而不是以新文字代替旧文字。这就是汉语拼音的成功经验。

文化发展，有阶段性，有层次性。顺应阶段，顺应层次，可能事半而功倍。超越阶段，超越层次，可能事倍而功半，甚至治丝益棼，劳而无功。

中国少数民族拉丁字母文字
语言系属表

始年	名称	地区	人口	语系	语族	语支
1955	壮文	广西	1337万	汉藏	壮侗	壮傣
1957	布依文	贵州	215万	汉藏	壮侗	壮傣
1957	侗文	贵州	143万	汉藏	壮侗	侗水
1956	黎文	海南	63万	汉藏	壮侗	黎

1957	苗文(4种)	贵州	93万	汉藏	苗瑶	苗
1957	景颇文	云南	9万	汉藏	藏缅	景颇
1957	载瓦文	云南	6万	汉藏	藏缅	缅
1958	白文	云南	107万	汉藏	藏缅	彝
1957	哈尼文	云南	106万	汉藏	藏缅	彝
1956	傈僳文	云南	48万	汉藏	藏缅	彝
1957	纳西文	云南	25万	汉藏	藏缅	彝
1957	拉祜文	云南	30万	汉藏	藏缅	彝
1956	佤文	云南	30万	南亚	孟高棉	
1979	土文	青海	16万	阿尔泰	蒙古	

1. 壮文

壮族民间过去有汉字型的方块壮字，难于适合现代应用的要求。1955年制订拉丁字母的“壮文方案”，1957年国务院批准推行。这比1958年公布“汉语拼音方案”还早。

“壮文方案”以壮语北部方言为基础方言，以武鸣城厢和双桥一带的语音为标准音。为了兼顾大地区壮语的语音，又参照武鸣福良乡的壮语，增加一个声母（ny）和两个韵母（ei，ou）。方案尽可能不用双字母，为此设计了6个“新字母”和5个声调符号（变形的阿拉伯数码：2，3，4，5，6）。

新壮文是中国五种主要文字之一，不久印上了人民币。这给壮族同胞带来极大的喜悦！1957－1958年，参加学习新壮文的壮族同胞，达到200万人。

但是，1966年开始了“文化大革命”，壮文推行工作被迫停止，机构解散。

1980年，恢复新壮文的推行工作。对方案进行了部分修改：（1）废除拉丁字母以外的6个新字母；（2）废除声调符号，改用现成的拉丁字母标调。

现在的《壮文方案》有22个声母：

b　mb　m　f　v　by　my　d　nd　n　s　l　ny　c　y　g　ng　h　r　gy　gv　ngv

有108个韵母：

a　(ae)　e　i　o　(oe)　u　w　(－i)　ai　ae　ei　oi　ui　wi　(－u)　au　aeu　eu　iu　ou　(－w)　aw　(－m)　am　aem　em　iem　im　om　oem　uem　um　(－n)　an　aen　en　ien　in　on　oen　uen　un　wen　wn　(－ng)　ang　aeng　eng　ieng　ing　ong　oeng　ueng　ung　wng　(－p)　ap　aep　ep　iep　ip　op　oep　uep　up　(－t)　at　aet　et　iet　it　ot　oet　uet　ut　wet　wt　(－k)　ak　aek　ek　iek　ik　ok　oek　uek　uk　wk　(－b)　ab　aeb　eb　ieb　ib　ob　oeb　ueb　ub　(－d)　ad　aed　ed　ied　id　od　oed　ued　ud　wed　wd　(－g)　ag　aeg　eg　ieg　ig　og　oeg　ueg　ug　wg

有6个舒声调和2个促声调：

舒声第一调不标，第2，3，4，5，6调分别用z，j，x，q，h标调。促声高音组写－p，－t，－k;低音组写－b，－d，－g,不另标调。

壮文样品

Gvangsih Bouxcuengh Swcigih youq guek raeuz baihnamz. Nanzning Si dwg swcigih soujfuj.

译文：广西壮族自治区在我国西南。南宁市是自治区的首府。

参考：梁敏《壮文》，《中国少数民族文字》，中国藏学出版社，1992。范宏贵《壮族》，梁敏《壮语》，《中国大百科全书·民族》，1986。

2. 布依文

布依族，人口 215 万（1982），主要居住在黔南和黔西南两个布依族苗族自治州。布依语属汉藏语系、壮侗语族、壮傣语支，跟壮语有亲密的关系。

原来民间有孳乳仿造的汉字型布依字，这在今天只有文化史的价值，不便于现代科技使用。1956 年制订拉丁字母的《布依文方案》（草案），1957 年开始试验推行。由于所谓“左倾思潮”（其实是顽固势力）的干扰，1959 年被迫终止推行。

1985 年恢复推行工作，把方案修订成为《布依文方案》（修订案）。修订内容主要有：

（1）规定布依文以第一（黔南）土语为基础，以规范的望谟县复兴镇话为标准音。取消了惠水县羊场话（现属龙里县）为布依文读音参考点的规定。

（2）字母全部采用拉丁字母。取消了 1956 年草案中创造的 11 个“新字母”，增加了原来没有采用的 4 个拉丁字母（j，q，w，z)。这样，字母总数从 33 个改为 26 个。

1992 年，贵州省的黔南和黔西南两个布依族苗族自治州，重新开始试验推行《布依文方案》（修订案)。

修订后的拉丁字母布依文

声母（32 个）：

b d g by gv p t k mb nd j z q c m n ng ny my ngv f sl h x s w hr y r l qy qv

韵母（87 个）：

a o ee i u e aai ai oi ui ei uai aau an ou

eeu　iu　ao　iao　io　ae　ie　ue　ea　ia　ua　er　aam　am
oom　om　eem　iam　im　uam　um　eam　aan　an　oon　on
een　ian　in　uan　un　ean　en　aang　ang　oong　ong　eeng
iang　ing　uang　ung　eang　eng　aab　ab　oob　ob　eeb　iab
ib　uab　ub　eab　eb　aad　ad　ood　od　eed　iad　id　uad
ud　ead　ed　ag　og　eeg　ig　ug　eg

声调（6个舒声调，2个促声调）：

舒声调：用 l z c x s h 写在音节之后表示第1－6调。促声调：用－t表示第7调，第8调不标。另外，汉语借词中的4个声调用“y f j q”表示。新文字举例：

Lix haux miz luanh gwnl.　　有饭不乱吃，
Lix xeenz miz luanh yungh.　　有钱不乱用。

参考：喻翠容《布依文》，藏学出版社，1992。张英志、李和仁《布依族》，喻世长《布依族》，《布依文》，《中国大百科全书·民族》，中国大百科全书出版社，1986。

3. 侗文

1957年拟订《侗文方案》（草案），以南部方言为基础方言，以贵州榕江县车江乡章鲁寨侗话语音为标准音。1958年开始试验推行。编订了《侗汉辞典》和《汉侗辞典》等书。不幸在60年代被迫停止。1981年，重新开始推行。1982年，已经进入小学和中学。一般三个月就脱盲。

侗文方案要点如下：

声母（32）：

b　p　m　w　d　t　n　s　l　bi－　pi－　mi－　li－　gu－

ku－ ngu j q ny x y g k ng h f z c zh ch sh r

韵母（64）：

a ai ao am an ang ab ad ag ia ua aem aen aeng ie ue e ei em en eng eb ed eg iao uai ee eeu eem een eeng ian uan i iu im in ing ib id ig iang uang o oi ou om on ong ob od og iong uo u ui uu um un ung ub ud ug ü

声调（9）：

调号：－l －p －c －s －t －x －v －k －h

侗文样品

Lagx naih jongv jaos qimp enl xenp qimp soh,
Jangs lagx yiuhyenl lis nyil yingp yiuhlac.
Lagx naih xenp yangh duc memx emh duc bias.
Gaos guas yangh buc, maenl maoh up yangh jac.

译文：

这个孩子膝盖添筋添力，
虽是小鹰而有黄腊鹞的威风。
这个孩子身体如同老虎，头似雷公。
他的头硬得像白瓜，日后他将肥壮得像茄子。

参考：张均如《侗文》，《中国少数民族文字》，中国藏学出版社，1992。张民《侗族》，王均《侗语》，《侗文》，《中国大百科全书·民族》，中国大百科全书出版社，1996。

4. 黎文

黎族聚居在海南黎族苗族自治州，州内有黎族人口 63 万(1977)。自治州有 8 个县，其中乐东县黎族人口最多，其次为崖县、陵水、保亭、琼中、白沙、东方、昌江等县。整个自治州以乐东、白沙、保亭为中心，形成一个聚居区。

黎语属汉藏语系、壮侗语族、黎语支，分 5 个方言：(1) 侾 (ha^3) 方言，(2) 杞 (gei^4) 方言，(3) 本地方言，(4) 美孚方言，(5) 加茂方言。这些方言的名称，也就是当地黎族的自称。

1956 年，创制拉丁字母的《黎文方案》(草案)。以黎语侾方言为基础方言，以侾方言的罗话土语范围内的保定乡(原属乐东县三平区)的语音为标准音。方案制定后，曾在乐东县保定乡和白沙县牙叉乡进行试验，还没有正式推行。

方案的要点：

声母： b　p　bl　bh　m　u　f　v　d　t　dh　n　l　s　y　r　j　z　q　(c)　ny　i　hy　g　k　gh　ng　h　gv　kv　ghv　ngv　hv

韵母： a　ai　ao　am　an　ang　ap　at　ak　ae　eu　auu　em　en　eng　ep　et　ek　ee　eeu　eem　een　eeng　eep　eet　eek　ei　euu　im　in　ing　ip　it　ik　i　ia　ieu　iem　ian　iang　iep　iet　iek　iu　im　in　ing　ip　it　ik　o　oi　om　on　ong　op　ot　ok　ou　um　ung　up　uk　u　ua　uei　uen　ueng　uep　uet　uek　ui　un　ut　uu　uua　uui　uuem　uuen　uueng　uuep　uuet　uuek　uum　uun　uung　uup　uut　uuk

声调： 舒声调 3 个：53 不标，55 标 x，11 标 s；促声调 3 个：55 不标，11 标 s，53 不标。

参考：欧阳觉亚、郑贻青《黎语简志》，民族出版社，1980。刘耀荃《黎族》，欧阳觉亚《黎语》，《中国大百科全书·民族》，中国大百科全书出版社，1986。

5. 苗文

（1）苗族的语言和文字

苗族人口 503 万（1982），大都居住在贵州、云南、湖南、广西、四川等省。

苗语属汉藏语系、苗瑶语族、苗语支。分湘西、黔东、川黔滇 3 个方言。川黔滇方言又分川黔滇、滇东北、贵阳、惠水、麻山、罗泊河、重安江等 7 个次方言。在国外，越南、老挝、泰国等靠近云南的地区有苗族数十万，语言与川黔滇方言相同。

1956 年，根据苗语方言差别较大的实际情况，创制湘西、黔东、川黔滇 3 种拉丁字母文字，并改革滇东北的老苗文，使成为适合现代使用的文字。这 4 种文字都用 26 个拉丁字母，不加新字母。

（2）四种拉丁字母苗语方言文字

A. 湘西苗文：

1956 年，在深入调查湘西苗语之后，拟订了《苗文方案草案》（湘西方言），1957 年试行。1958 年以湘西花垣县、凤凰县为试点，建立培训师资的苗文学校，后来发展成为吉首大学。1961 年在“三年自然灾害”中，工作被迫中断，直到 1983 年才恢复。

湘西苗文以湘西方言为基础，以花垣县吉首卫的语音为标准音，有 48 个声母，35 个韵母，6 个声调。

湘西苗文适用于湖南、贵州、湖北、广西等省区的苗族。在湖南的花垣、凤凰、保靖、吉首，贵州的松涛等地试验推行。

B. 黔东苗文：

1956年拟订方案,1957年试行,1960年停止,1981年恢复。

方案原名"苗语中部方言文字方案（草案)",适用于贵州黔东南、黔南、黔西南、广西融水、三江,湖南靖州、会同等地的苗族。人口共计约有150万（1982)。

黔东苗文以黔东方言北部土语（原称北部次方言）的凯里市养蒿村的语音为标准音。1981年经过修订后,有声母32个,韵母26个,声调8个。在黔东南苗族侗族自治州内推行。出版读物除课本和小报外,有《张秀眉歌》、《雷公山》等若干种。

C. 川黔滇苗文:

川黔滇苗文以贵州毕节县先进乡大南山地区苗语为依据,有56个声母,23个韵母,8个声调。最初试点在先进乡大南山进行。1982年后的推广地区有:四川筠连、珙县,云南文山、红河。出版物有金平《苗文报》,文山《新生活》,屏边《幼苗》,个旧《春天》、《山花》等。

D. 滇东北苗文:

1905年,英国传教士柏格理（Samuil Pollard）以威宁县的石门坎为基地,设计一种川黔滇方言的滇东北次方言的文字。声母用变体大字母,韵母用特殊的小符号,写在声母的四周,以地位表示声调。这是一种声韵双拼的方块音节字,现在称为"老苗文"（老挝、泰国的传教士也曾为当地的苗族创制一种拉丁字母苗文)。

1952年中国科学院语言研究所苗语小组到石门坎调查研究,决定改革这种"老苗文",使它成为适合现代使用的拉丁化新文字。新订方案仍旧以威宁县石门坎为标准音点,有55个声母,20个韵母,8个声调。适用地区为:贵州威宁、云南楚雄、武定,贵州毕节等地。1957年开始试行,后来被迫停止,1981年后恢复试行。这就是现在的"滇东北苗文"。

四种苗文声韵母表

（这里对比的是拼写形式，字母相同不一定读音相同）

声母：①湘西 48，②黔东 32，③川黔滇 56，④滇东北 55：

①湘西	b	p	nb	np	bl	pl		npl	m	hm	ml			f		w
④黔东	b	p							m	hm		v	hv	f	hf	w
③川黔滇	b	p	nb	np	bl	pl	nbl	npl	m	hm		v		f		w
④滇东北	b	p	nb	np					m	hm		v		f		w

① z	c	nz	nc	s		d	t	nd	nt					n	hn	l	hl
② z	c			s	hs	d	t			dl				n	hn	l	hl
③ z	c	nz	nc	s		d	t	nd	nt	dl	tl			n	hn	l	hl
④ z	c	nz	nc	s		d	t	nd	nt	dl	tl	ndl	ntl	n	hn	l	hl

①				zh	ch	nzh	nch	nh		sh	r	j	q	nj	nq		
②											r	j	q				
③ dr	tr	ndr	ntr	zh	ch	nzh	nch			sh	r	j	q	nj	nq	ny	hny
④ dr	tr	ndr	ntr	zh	ch	nzh	nch		nr	sh	r	j	q	nj	nq		

①	x		y	g	k	ng	nk	ngg		h	gh	kh	ngh	nkh
②	x	hx	y	g	k	ng				h	gh	kh		
③	x		y	g	k	ng	nk	ngg		h	gh	kh	ngh	nkh
④	x	hx	y	g	k	ng	nk	ngg	hngg	h	gh	kh	ngh	nkh

韵母：①湘西 35，②黔东 26，③川黔滇 23，④滇东北 20：

①湘西			a	o	e		ao		ou	ea		ei	eu	an	en	ang	ong
②黔东			a	o	e		ao	ai			ee	ei			en	ang	ong
③川黔滇			a	o	e		ao	ai	ou			ei	eu		en	ang	ong
④滇东北			a	o	e	w	ao	ai					eu			ang	
①	i	ia	io	ie	iu		iao		iou	iea		ieu	ian		in	iang	iong
②	i	ia	io	ie	iu		iao				iee				in	iang	iong
③	i			ie			iao		iou					ien			
④	i	ia	io	ie	iu	iw	iao	iai								iang	
①	u	ua	ue	ui			uou	uea		ueu	uan		un	uang			
②	u	ua		ui		uai							un	uang			
③	u	ua	ue			uai			uei			uen		uang			
④	u	ua			yu												

标调：四种文字统一在音节末尾用字母标调：b，x，d，l，t，s，k，f。

参考：向日征《湘西苗文》；王春德《黔东苗文》；王德光《川黔滇苗文》，《滇东北苗文》，《滇东北老苗文》，载《中国少数民族文字》，中国藏学出版社，1992。

6. 景颇文

（1）景颇族和景颇语

景颇族，旧称“山头”，有景颇（大山）、载瓦（小山）、喇期（茶山）、浪莪（浪速）等支系。50 年代统称“景颇族”。主要分布于云南省傣族景颇族自治州的潞西、瑞丽、陇川、盈江和梁河等地区。在怒江傈僳族自治州的片马、古浪、岗房，临沧地区的耿马傣族自治县，以及思茅地区的澜沧县等地，也有少数景颇族散居。人口 93000 人（1982）。

景颇族的先民最早居住在康藏高原南部，唐代始沿横断山脉南迁，明末清初大批迁入云南永昌府和腾冲府，即今德宏地区。

景颇语属汉藏语系、藏缅语族、景颇语支。国外一般称克钦语，主要分布在缅甸的掸邦和克钦邦。

（2）教会景颇文

1899 年，美国传教士汉森（Hansen），为了传教的需要，在缅甸八莫的景颇族地区，用拉丁字母拼写景颇语。用 46 个单字母和复合字母，其中有 3 个“加符字母”（ă，ē，è），22 个“复合字母”（ai，hkr 等），21 个“拉丁字母”；不用 q，v，x，不单独用 c，r（但可在复合字母中用，例如 chy，br）。

1940 年，教会修订这个设计，把单字母和复合字母数目减少到 38 个。主要的修订是把 3 个“加符字母”改为复合字母“by，py，my”。修订的结果是表音更不完备。

后来群众又加以修改，增加了许多复合字母。但是，他们缺乏语言学者的指导，表音仍旧繁复而不便。

用这套字母，教会出版了《圣经》、《景英词典》等书。

(3) 改进的拉丁字母景颇文

1957年，中国决定改进景颇文。在调查研究的基础上，规定以德宏傣族景颇族自治州的景颇语为基础方言，以盈江县铜壁关区的恩昆话为标准音。改进方案共用声母40个，其中单字母17个，双字母18个，三字母5个。韵母39个，其中单元音韵母5个，复元音韵母4个，带辅音韵尾的韵母30个。声调4个，在文字上不表示。

1957年，开始在景颇族地区广泛试用。1966年，"文化大革命"开始后，被迫停止试用。1988年恢复试用。出版了《汉景词典》和《景汉词典》。90年代，改进方案已经为景颇族的干部和群众所接受。这是文字改革在中国大陆成功的一个小小的例子。

参考：徐悉艰《景颇文》，《中国少数民族文字》，中国藏学出版社，1992。

景颇文声韵母表

声母（40个）：b　p　hp　m　w　f　d　t　ht　n　l　z　ts　zh　s　j　chy　ch　sh　r　y　g　k　hk　ng　h　br　pr　hpr　gr　kr　hkr　by　py　hpy　my　gy　ky　hky　ny

韵母（39个）：a　e　i　o　u　ai　au　ui　oi　am　em　im　om　um　an　en　in　on　un　ang　eng　ing　ong　ung　ap　ep　ip　op　up　at　et　it　ot　ut　ak　ek　ik　ok　uk

景颇文样品

Hpa-ji n htum ai masha she arong nada sha-ok, n hpring ai ntsin nhtung go gaprok.

译文：水不满的水桶容易溅水在外，知识浅薄的人爱表露在外。

7. 载瓦文

载瓦人是我国景颇族的一个支系，他们自称“载瓦”。载瓦语是景颇族的语言之一，属于汉藏语系、藏缅语族、缅语支，跟同语支的缅甸语、阿昌语有许多共同特点。景颇语属于景颇语支，跟载瓦语同一语族而语支不同。

载瓦人主要居住在云南龙川县的邦瓦、盈江县的盏西、潞西县的西山等地。人口共约6万余。在缅甸北方的克钦邦有更多载瓦人。在缅甸，景颇族包括载瓦人都称克钦人。

（1）教会设计的拉丁字母载瓦文

1887年，西方传教士在缅甸设计一种载瓦文，由正写和倒写的大楷拉丁字母组成。出版过《马可福音》、《宗教问答》等传教读物。1934年，法国传教士威廉（William）在我国德宏州的潞西县东山区，传播过这种文字。现在还有少数人会使用。

1927年，缅甸知识分子另外创制了一种载瓦文，出版过《旧约全书》、《上帝的回答》等传教读物。

这些文字的设计技术，都不合现代语言学和文字学的要求，而且应用仅限于教会。

（2）新创的拉丁字母载瓦文

1957 年，根据调查研究，按照语言学和文字学的原理，创制正规的拉丁字母式《载瓦文方案》。以潞西县西山地区的载瓦语龙那话为标准音。试验推行一年之后，由于“极左路线”的干扰，工作被迫中断。直到 1983 年才又重新开展工作。1987 年，德宏傣族景颇族自治州批准了这个方案。

现行载瓦文方案的要点如下：

(1) 声母 44 个（单字母 20，双字母 19，三字母 5；“v”表示后面是“紧元音”)：

b bv p m mv w wv f d dv t n nv l lv z zv c s zh zhv ch sh r rv g gv k ng ngv h y yv by byv py my myv j jv q ny nyv x

(2) 韵母 44 个（单元音 5，复元音 4，带辅音的韵尾 35)：

a e i o u ai au ui oi am em im om um an en in on un ang eng ing ong ung ap ep ip op up at et it ot ut ak ek ik ok uk aq eq iq oq uq

载瓦文样品

Ngamoq paqzhi laigva shigut mvoq yu lui，yumsing choqpit mau zaizo bummau ri byvat qit maungon gvut sai ra.

译文：我们要努力学好文化知识，把自己的家乡景颇山建设成现代化的乐园。

参考：徐悉艰《载瓦文》，《中国少数民族文字》，中国藏学出版社，1992。徐悉艰、徐桂珍《景颇族语言简志（载瓦语)》，民族出版社，1984。

戴庆夏《载瓦语》,《中国大百科全书·语言文字》,中国大百科全书出版社,1988。戴庆夏《载瓦语》,《载瓦文》,《中国大百科全书·民族》,中国大百科全书出版社,1986。

8. 白文

白族,在云南省共有107万人,主要聚居在大理白族自治州。全州有白族82万人。其他在怒江傈僳族自治州、德宏傣族景颇族自治州、文山壮族自治州,以及昆明、昭通、曲靖、玉溪、思茅、保山、丽江、临沧等地,约2万人。白语属汉藏语系、藏缅语族、彝语支。分3个方言:剑川(中部)方言、大理(南部)方言、碧江(北部)方言。原有汉字型白文,不合现代需要。1958年,制订《白族文字方案》(草案)。

由于"文化大革命"的干扰,白文新方案没有能够试验推行。粉碎"四人帮"之后,才把白文问题重新提出来。1982年修订了《白族文字方案》(草案)。规定以中部方言(剑川)为基础方言,以剑川县金华镇的语音为标准音。

声母(27):b p m f v d t n l g k ng h hh j q ni x y z c s ss zh ch sh r

韵母(33):i ei ai a o u e v in ien ain an on en vn ui iai uai ia ua io uo ou ie ao uin iain uain ian uan ion ien ivn(v兼做声母和韵母)

声调(8):用x l t f表示1-4四个松调,用rx rl rt表示5-7三个紧调,第8调不标。

拉丁字母白文的教学试点,在白族人口最为集中的剑川县城金华镇。

白文样品：

Kail de heinl gorx cairx,	早晨天边红，
Beinx gainrt vux dort xuairx,	傍晚雨淋漓；
Beinx gainrt heinl gorx cairx,	傍晚天边红，
Meil yinrx jit bainl hairx.	明日地干裂。

参考：徐琳、赵衍荪《白语简志》，民族出版社，1984。马曜《白族》，徐琳《白文》，《中国大百科全书·民族》，中国大百科全书出版社，1986。

9. 哈尼文

哈尼族，人口106万（1982），主要分布在云南红河西侧哀牢山区。哈尼语属汉藏语系、藏缅语族、彝语支。哈尼族没有形成民族共同语。分为3个方言，彼此难于通话：

(1) 自称“哈尼”和“雅尼”的“哈雅方言”（约63万人，占65%），又分为：

a.“哈尼”次方言（红河、元江、绿春、金平，约50多万人，占50%），

b.“雅尼”次方言（西双版纳、澜沧，约12万人）；

(2) 自称“碧约”和“卡多”的“碧卡方言”（墨江、江城、普洱、镇远、景东，约27万人）；

(3) 自称“豪尼”和“白宏”的“豪白方言”（墨江、元江，约15万人）。

哈尼语在国外有不同的名称，越南也叫它哈尼语，但是缅甸、老挝、泰国叫它阿卡语。

哈尼族在历史上曾孳乳仿造汉字型的方块哈尼字，后来基督

教会又曾设计一种大写拉丁字母的哈尼文，这些文字都难于在信息化时代发挥作用。

二次战后，哈尼族跟其他少数民族一样，发生了文化的觉醒思潮，要求创制现代文字。由于方言分歧比较大，1957 年制订了两种拉丁字母的哈尼方言文字：

（1）《哈雅方言文字方案》（草案）：以哈雅方言为基础，以绿春县大寨哈尼话为标准音。

（2）《碧卡方言文字方案》（草案）：以碧卡方言为基础，以墨江县莱园碧约话的语音为标准音。

1958 年，《哈雅方言文字方案》（草案）进行试验推行。“碧卡方案”没有推行。

哈雅方案现在也称作“哈尼文”。它的要点如下：

声母（22）：b p m f w d t n l g k ng h hh j q x y z c s ss。

韵母（20）：i ei yu a ao o u e ee ii iv eiv yuv av auv ov uv ev eev iiv

介母（2）：介母“i”（接双唇音 b，p，m；舌尖中音 d，t，n，l 等）；介母“u”（用于汉语借词）。利用“介母”概念，可以简化方案，这在少数民族文字中很少见。

声调（4）：l（高平 55），q（低降 31），f（中升 24）。中平“33”不标。

1958 年方案试验推行后，遇到“文化大革命”，工作长期中断。1984 年修订方案，重新试验推行。现行方案比 1958 年方案有改进，例如去掉了 bb，dd，gg，zz，jj 等双字母。

今天，哈尼文正在进入小学。

哈尼文样品

Haqpaq aqzu nieivq zaq, Buqdeil milcaq byuq puq. Haqpaq ssolnei buqdeil kalyeiv e yolqoq yomeeq nga.

译文：青蛙捉害虫。蚯蚓松土。青蛙和蚯蚓是庄稼的好朋友。

传统诗歌《塔婆和木耶》的一节：(第一行拉丁字母哈尼文；第二行汉文按词对译，不是哈尼方块字，括弧中是汉文意译)

Taqpoq	shamao	eelgaol	eel	meil	duv,
塔婆	沙玛	水沟	水	(助)	出

(塔婆的沙玛水沟流着水)

Moqyeil	shamao	eelheiq	eel	loq	duv;
木耶	沙玛	水坝	水	(助)	出

(木耶的沙玛水坝清水流)

Taqpoq hhocuv haol saol yao,
塔婆　栽秧　活儿 舒服 得到 (塔婆栽秧多愉快)

Moqyeil hhocuv haol ziq yao.
木耶　栽秧　活儿 自主 得到 (木耶栽秧多自由)

1984年恢复使用拉丁化哈尼新文字之后，已经出版了课本、读物、词汇等。80年代以来，"哈尼文"在编译广播稿、译制电视片、收集整理民间文学等方面，发挥了作用。云南民族出版社用新的“哈尼文”在1986年整理出版了诗史《哈尼阿培聪坡坡》。

参考：李永燧《哈尼文》，《中国少数民族文字》，中国藏学出版社，1992。刘尧汉《哈尼族》，李永燧《哈尼语》，《哈尼文》，《中国大百科全书·民族》，中国大百科全书出版社，1986。

10. 傈僳文

傈僳族，人口48万（1982），主要聚居于云南怒江傈僳族自治州。傈僳语属汉藏语系、藏缅语族、彝语支。方言差别不大，相互能通话。有4种文字：（1）汉字型傈僳字，（2）教会框格式傈僳文，（3）教会大写字母傈僳文，（4）拉丁字母新傈僳文。这里谈拉丁字母新傈僳文。

1956年，制订《新傈僳文方案》。原则是：“保存旧文字继续使用于宗教生活，另创造新文字应用于社会主义经济和文化建设。”《新傈僳文方案》以云南怒江傈僳族自治州碧江县五区双美戛瓦基山以北、二区紫泠河以南、怒江东岸一带傈僳话为标准音。1962年，确定新方针：“新老傈僳文并存并用，主要推行和发展新傈僳文。”

新傈僳文方案要点：

辅音（33）：b p bb m f v w d t dd n l g k gg ng h e z c zz s ss j q jj x y zh ch rr sh r

元音（16）：i ei ai a o u e ia io ua uai ui ao iao ou uo

声调（6）：l（高平55），q（高升35），次高平（44）不标，

x（中平 33），r（中降 42），t（低降 31）。新傈僳文按语词连写。

由于强调信教自由，老傈僳文随着传教而更加扩大了。推行新傈僳文的地方是：傈僳族比较集中的怒江傈僳族自治州，和大理白族自治州的傈僳族。这些地方，工作深入，质量较高。新生事物只有以高质量才能跟旧习惯竞争并取得胜利。

参考：木玉璋《老傈僳文》，《新傈僳文》，《中国少数民族文字》，中国藏学出版社，1992。杨毓才《傈僳族》，徐琳《傈僳语》，《傈僳文》，《中国大百科全书·民族》，中国大百科全书出版社，1986。徐琳《傈僳语》，《中国大百科全书·语文》，中国大百科全书出版社，1988。

11. 纳西文

纳西族，人口 25 万（1982），主要聚居于云南省的丽江纳西族自治县、维西、中甸及宁蒗县的永宁区、德钦、永胜、鹤庆、剑川、兰坪等县，和四川省的盐源、盐边、木里等县，西藏的芒康县也有分布。纳西语，属汉藏语系、藏缅语族、彝语支。分东部和西部两个方言。

纳西族原来有形意文字“东巴文”、音节文字“哥巴文”和方言文字“玛丽玛萨文”。这些文字有重大的文字史意义，但是不能作为现代文字来使用。1957 年制订了拉丁字母的纳西文。

1957 年，制订“纳西文字方案”（草案）。以西部方言为基础，以大研镇土语为标准音。同时，开始试验推行。在“文化大革命”（1966－1976）之后长期停止。1981 年修订方案，逐步恢复工作，以丽江作为试点，试验推行。

修订后的《纳西文字方案》要点如下：

声母（30）：（单字母 18，双字母 6，重叠字母 6） b p bb m f d t dd n l g k gg ng h j q jj ni x z c zz s ss zh ch rh sh r

韵母（19）：i u iu ei ai a o e er ee v iai ia ie iei ui uai ua ue

声调（4）：高平（55）-l，中平(33)不标，低降（31）-q，低升（13）-f。

隔音符号：如果音节混淆，用（'）隔开。

纳西文样品

Naqxi tei'ee jju pil gguf，Naqxi Balzhee tv ceeq sie。Naqxi tei'ee Naqxi bal，sseiweq leq gge ddee bbaq kail，bbaq leq bbaq ssi ddee ddoq nee，Naqxi xiyuq huahuaq seiq。

译文：纳西族有了文字以后，纳西族报纸出版了。纳西文字的纳西报，多么美丽的一朵鲜花怒放了。看一看美丽的鲜花，纳西人的生活多快乐。

参考：姜竹仪《纳西文》，《中国少数民族文字》，中国藏学出版社，1992。王宏道《纳西族》，傅懋勣《纳西语》，傅懋勣、姜竹仪《纳西文》，《中国大百科全书·民族》，中国大百科全书出版社，1986。

12. 拉祜文

拉祜族，跟彝族和纳西族同源于古代氐羌族系。人口 30 万（1982），主要居住在云南澜沧县和孟连县，杂居于云南西南边境各县。在国外，分布于缅甸、泰国和老挝一些地区。

拉祜语属汉藏语系、藏缅语族、彝语支，分拉祜纳和拉祜熙

两个支系，

20 世纪初，缅甸克伦族传教士巴托，设计一种拉丁字母的拉祜文，后来随着传教传入云南澜沧糯福的拉祜族，称为“老文字”。出版物有《赞美诗》、《新约全书》等。这种文字有缺点，1957 年中国的拉祜族，在老文字的基础上，改进制订拉丁字母的拉祜文。

1957 年制订的新方案称为“新文字”。以拉祜纳方言为基础方言，以澜沧拉祜族自治县城勐朗坝和附近的车岗、班利、糯福的语音为标准音。1957 年试验推行不久，受“左倾思潮”的干扰，被迫停止。1980 年恢复推行，首先在澜沧拉祜族自治县使用。随后，双江、孟连、西盟、耿马等县，也在拉祜族中培训师资，进行扫盲。

新文字的内容主要如下（括弧中是老文字对比）：

声母（30）：p　ph（hp）　b　m　f　v　t　th（ht）　d　n（ny）　l　z（tc）　zh（ts）　dz（tz）　s　r（z）　c　ch（che）　j　sh　y　k　kh（hk）　g　ng　h　x（g）　q（k'）　qh（kh'）　w

韵母（21）：a　i　e　ie（eh）　u　o　aw　eu　－i（uh）　－eu（ui）　－u（uh）　ai　ao　ia（ya）　iao（yao）　iu（yu）　ei　ua　ui（wi）　uai（aweh）　ou

声调（6）：第一调不标，此后－l－d－q－r－t。

拉祜文样品

Lad hol ceul liel lad bawt ve chaw ceul yol.

译文：拉祜族是猎虎的民族。

参考：张蓉兰《拉祜文》，《中国少数民族文字》，中国藏学出版社，1992。陈炯光《拉祜族》，常弘思《拉祜语》，《拉祜文》，《中国大百科全书·民族》，中国大百科全书出版社，1986。

13. 佤文

佤族在不同地区有不同的自称：云南省的镇康、永德称“佤”；耿马、双江、沧源、澜沧称“巴饶克”；西盟、孟连称“阿佤”。都有“山居人”的意思。别的民族称他们为“本人”、“拉”、“卡佤”。“卡”有奴隶的意思，50 年代后期统一改称“佤族”。

佤族主要居住在云南的西盟、沧源、孟连三县，少数居住在耿马、澜沧、双江、镇康、永德、昌宁、勐海等县。佤族居住的澜沧江和萨尔温江之间的怒山山脉南段，山峦起伏，平地极少，称为阿佤山区。

人口 30 万（1982）。佤语属南亚语系、孟·高棉语族。分为“巴饶克、阿佤、佤”三种方言，每种方言又分若干土语。元音有松紧对立，有复辅音。辅音分送气和不送气，部分辅音分清浊。

1912 年，英国，传教士永伟里（William Young）和永文森（M. Vincent Young）父子，以澜沧、沧源两县比邻的安康、岩帅一带的佤语为基础，设计一种拉丁字母的拼音文字，群众称为“撒喇文”。佤语“撒喇”是“牧师”的意思。曾翻译《圣经》、《经文问答》和《赞美诗》。这种文字不能确切表达佤语。除教会外，民间很少使用。

1956 年，对佤语进行普查。1957 年，以巴饶克方言为基础方言，以沧源县岩帅佤话为标准音，制订《卡佤文字方案》（草案）。草案中有几个俄文字母和国际音标，1958 年改为全用 26 个拉丁字母。云南省批准试行后，在沧源县开办训练班。

佤文有声母 53 个：

b	p	nb	np	m	hm	f	v	hv	
d	t	nd	nt	n	hn	l	hl	r	hr
j	q	nj	nq	ny	hny	s	y	hy	
g	k	mg	nk	ng	hng	h			
z	c								
bl	pl	nbl	npl	gl	kl	mgl	nkl		
br	pr	nbr	npr	gr	kr	mgr	nkr		

佤文有韵母 148 个：

i　ei　ie　a　o　ou　u　e　ee　iie　ia　iao　iou　iu

ai　ao　ae　oi　oui　ui　ua　uai　eui　eei，再加韵尾　－x　－h　－m　－n　－ng　－b　－d　－g　构成 148 个韵母。

1960 年停止使用佤文，1980 年恢复推行。佤语和汉语的双语教学，在沧源佤族自治县开展得比较顺利。沧源佤族自治县机关的牌匾和印章，都用佤文和汉文对照。

14. 土文

土族，人口 16 万（1982），居住在青海东部湟水以北和黄河两岸，多数聚居在互助土族自治县、民和县、大通县、同仁县等地，此外一部分居住在甘肃天祝藏族自治县。青海互助一带的土族，自称“蒙古尔”（蒙古人）。

土族语属阿尔泰语系、蒙古语族，分互助和民和两个方言。

1979 年，土族学者创制拉丁字母《土文方案》。1981 年，作为试验方案在互助土族聚居地试验推行。

土族语跟汉语的语系不同，词汇完全两样。但是土族语的语音系统跟汉语十分相似。用汉语拼音方案的 26 个拉丁字母作为土族文字，天然合适。

土族文字的元音和辅音举例如下：

元音：b a e i o u er。长元音重叠书写。复元音有二合复元音和三合复元音，例如：ai ia iau uai 等。

辅音：b p m f v d t n l r z c s zh ch sh rh j q x g k h ng gh。有复辅音。

土族文字以“词”为书写单位。有单音节词和多音节词。“词”中辅音连后读，跟汉语拼音一样。“词”中如果有两个辅音，前一个归前一音节，后一个归后一音节。附加成分跟词干或中心词连写。

关于语音标准，方案规定“把互助方言的东沟音作为标准音参考点”。所谓“参考点”，就是可以照顾其他地方的语音，例如民和方言。在试验推行时期，不强求统一。“东沟”就是“东沟大庄”，离开互助土族自治县的县府所在地“威远镇”只有几公里，在地理位置和文化条件上，都适合作为土族文字的书写依据。土族文字的正词法，将在群众使用中逐渐形成公认的习惯。

参考：照那斯图《土文》，《中国少数民族文字》，中国藏学出版社，1992。千一之《土族》，照那斯图《土族语》，《中国大百科全书·民族》，中国大百科全书出版社，1986。

（四）拉丁字母的应用技术

26个拉丁字母，用来书写全世界的语言，当然不够用。补充的办法，除变通应用之外，主要有两种办法。一种是，用字母组合（双字母、三字母等），不加符号，不造特别字母。这种办法在今天国际通用的字母键盘上打字传输，非常方便。另一种是，用附加符号或补充特别字母。这种办法不便在公用键盘上打字传输，不便跟别国的文字相互交流。在手工业书写时代，这是一件微不足道的事情，可以不必介意。可是到了电脑互连网络时代，变成一个不能忽视或回避的实际问题。

英文不加符号，法文补充符号。受英文影响的各种文字也都不加符号。受法文影响的文字，很少不加符号。单纯的拉丁字母文字和“加符、加字”的拉丁字母文字，无形中在进行比较和竞争。

不加符号、也没有特别字母的拉丁字母文字，作为国家级的官方文字的，除英文外，主要有：荷兰文、马来－印尼文、菲律宾的他加禄文、巴布亚新几内亚的皮钦文（洋泾浜英文)、南非的阿非里坎斯文、东非的斯瓦希里文（肯尼亚和坦桑尼亚的官方文字)、索马里文、乌干达文、卢旺达文、布隆迪文、马达加斯加的马拉加赛文等。

“加符、加字”的拉丁字母文字，用作国家级官方文字的，举例如下：

1. 法文　［字母表］26字母。附加符号（´ ` ˆ ,)，加符字母(á é ó à è ò â ê î ô ç)。［正词法］W只用于外来词。拼法反映四五百年前的语音，跟现代语音大不相同。同写异读，同音异写。许多字母不读音，词尾不读音的更多。但是，如果后一词是以元音开始的，前一词的不读音词尾辅音，要读出声音，跟后一词的词头元音联合读成一个音节。例如：il est assis，读如 ē－lĕ－tă－sē。这叫做“连诵”（liaison)。历史上曾有大量法语词进入英语。今天有大量英语词进入法语，形成英法混血的“英法语”(franglais)。例如：le week－end，la cover－girl。还有大量英语电脑名词进入法语。

2. 西班牙文　［字母表］26字母。附加符号（’ ˜)，加符字母（á é í ó ú ñ)，字母组合（ch，ll，rr）原来作为独立字母，

1997 年改革字母表，双字母改作两个字母，这是适应信息化时代的标准化要求。［正词法］15 世纪，西班牙统一，以 Castile 方言为全国共同语。拼写法在西欧几种大语言中比较有规则。

3. 葡萄牙文 ［字母表］26 字母。附加符号（ˊ ˆ ˜ ¸），加符字母（ã õ â ô ú ç），字母组合（lh nh）。［正词法］接近西班牙文，拼法和读音比较有规则。葡萄牙和巴西都用葡萄牙文，差别不大。

4. 意大利文 ［字母表］21 字母；j k w x y 用于外来词。附加符号（ˋ），加符字母（à è ù），字母组合（ch，cch，gg，gh，gl，gn，zz 等）。［正词法］14 世纪在文艺复兴运动中形成文学语言，以 Tuscany 方言为基础方言。拼写法比较有规则。

5. 罗马尼亚文 ［字母表］23 字母（不用 Q W X）。附加符号（˘ ˆ ¸），加符字母（ă î ș ț）。［正词法］公元后 2 世纪，罗马征服这片土地，当地同化于罗马，语言变成一种罗曼斯语言。1860 年，放弃斯拉夫字母，改用拉丁字母。一部分人住在 Moldavia，在合并到前苏联作为一个加盟共和国之后，用斯拉夫字母。

6. 德文 ［字母表］26 字母。特别字母（β），可用 ss 代替。附加符号（¨），加符字母（ä ö ü）。字母组合（ch sh sch tsch schtsch 等）。［正词法］名词开头全部大写。方言分南部高地方言和北部低地方言，书面语以高地方言为标准。拼写法很有规则。原用 14 世纪哥德（Gothic）字体书写，称为 Fraktur，二次战后改为罗马字体。

7. 卢森堡文 ［字母表］26 字母。附加符号（ˊ ˆ），加符字母（é â ô û）。［正词法］名词开头全部大写。卢森堡语实际是一种德语方言，由于卢森堡是一个独立国，所以作为一种独立语言。

8. 丹麦文　[字母表] 26 字母。特别字母（æ），附加符号（/°），加符字母（ø å）。[正词法] 原来，名词开头全部大写，1948 年正词法改革，废除名词开头全部大写，并把字母组合 aa 改写为加符字母（å）。

9. 挪威文　[字母表] 26 字母。特别字母、加符字母，都跟丹麦相同。[正词法] 在 1814 年前的 400 年间，挪威和丹麦是一个国家，后来一直到 1905 年，挪威由丹麦统治。因此，丹麦文是挪威的官方文字。现在，书面语分为两种：（1）国语体（riksmål），又称书本体（bokmål），新闻和广播使用。（2）乡土体（landsmål），1850 年乡土运动所形成，又称新挪威文（nynorsk），目的是恢复 15 世纪以前的老挪威文。目前，书本体和新挪威文同时并用，想把二者合并成为共同体（samnorsk）的运动还没有成功。

10. 瑞典文　[字母表] 26 字母。附加符号（° ¨），加符字母（å ä ö）。第一个加符字母跟丹麦相同，后两个不同。北欧三国有两种补充字母。

11. 芬兰文　[字母表] 21 字母（不用 C F Q W X）。附加符号（¨），加符字母（ä ö）。[正词法] 真正做到一符一音，一音一符。正词法最规则化。但是构词法和语法复杂。芬兰语属于乌拉尔语族、芬兰乌加里语支。

12. 波兰文　[字母表] 23 字母（不用 Q V X）。特别字母（ą ę）。附加符号（´˙ 还有加在 l 上的腰间短横 -），加符字母（ó ć ś ń ź ż ł）。字母组合（ch cz sz szcz rz 等）。[正词法] 波兰语是一种斯拉夫语言。

13. 捷克文　[字母表] 23 字母（不用 Q W X）。附加符号（´ ˇ °），加符字母（á í ý ů ě ř ž č š ň）。字母组合（ch）。[正词法] 字母 r 用作元音字母。例如：krk（脖子），ctvrt（四分之一）。

捷克语是一种斯拉夫语。

14. 斯洛伐克文 ［字母表］23 字母（不用 Q W X）。附加符号（´¨ˇˆ），加符字母（ô ä á é í ú ý ž č š）。［正词法］l’ 表示 l 的软音，一撇（’）加在后面，不是加在头上。斯洛伐克语实际是捷克语的方言，但是已经另立国家，字母表也不同，就成为一种独立的文字了。斯洛伐克文自称 slovensky，斯洛文尼亚文自称 slovinsky，二者词形相近，千万不可相混。

15. 斯洛文尼亚文 ［字母表］22 字母（不用 Q W X Y）。附加符号（ˇ），加符字母（ž č š）。［正词法］语言是一种斯拉夫语，原为前南斯拉夫三种官方语言之一。现在是独立的斯洛文尼亚共和国的语文。

16. 克罗地亚文 ［字母表］23 字母（不用 Q W X）。附加符号（ˇ 还有一个短横 – 加在 d 的中间），加符字母（ž č š đ）。［正词法］字母 r 用作元音字母。例如：vrt（公园），trg（市场）。意大利的城市 Trieste，在克罗地亚文写作 Trst。克罗地亚语跟塞尔维亚语是同一种语言，但是，克罗地亚信天主教，用拉丁字母；塞尔维亚信东正教，用斯拉夫字母。

17. 阿尔巴尼亚文 ［字母表］23 字母（不用 W X Y）。附加符号（¨），加符字母（ë），字母组合（sh dh rr ng 等）。［正词法］1908 年采用拉丁字母。1854 年证明属于印欧语言。阿尔巴尼亚自称 Shqipëria。

18. 匈牙利文 ［字母表］23 字母（不用 Q W X）。附加符号（˝¨´），加符字母（ő ű ö ü á é í ó ú），字母组合（cs sz zs gy 等）。［正词法］拼写法根据语音，很有规则。匈牙利自称 Magyar，语言跟西伯利亚的 Ostyark 和 Vogul 相近，证明他们是在公元后 5–9 世纪从乌拉尔之东迁移到欧洲，在公元后 896 年定居于多瑙河流域。

19. 拉脱维亚文　［字母表］26 字母。附加符号（ˉ ˇ ,），加符字母（ā ē ī ž č š ļ ņ）。原为苏联加盟共和国之一。语言属于印欧语系、波罗的海语族，跟立陶宛语同族。

20. 立陶宛文　［字母表］32 字母（不用 Q W X；另外包括特别字母 4 个、加符元音字母 2 个、加符辅音字母 3 个）。特别字母（ą ę į ų）。附加符号（˙ ˉ ˇ），加符字母（ė ū ž č š）。原为苏联加盟共和国。跟拉脱维亚同属波罗的海语族。

21. 爱沙尼亚文　［字母表］20 字母（不用 C Q W X Y Z）。附加符号（˜ ¨），加符字母（õ ä ö ü）。语言跟芬兰相近，属于乌拉尔语系、芬兰·乌格里克语族。原为苏联加盟共和国。

22. 土耳其文　［字母表］24 字母（包括 1 个特别字母；不用 Q W X）。特别字母（无点的 I）。附加符号（˘ ¨ ,），加符字母（ğ ü ö ç ş）。［正词法］因为另有无点的 I，所以 i 上一点在大写字母也不去掉。语言属于阿尔太语系、突厥语族，跟新疆维吾尔语相近。1928 年土耳其革命领袖 Mustafa Kemal Atatürk 改革文字，废除阿拉伯字母，采用拉丁字母，这是“东方拉丁化运动”的首次成功。

23. 越南文　［字母表］22 字母（不用 F J W Z,）。特别字母（ơ ư đ）。附加符号（˘ ˆ，还有加在 d 中间的短横 -），加符字母（ă â ê ô）。声调符号（ˊ ˋ ? ˜ . 另一调不标）。字母组合（ch gh kh ng ngh nh ph th tr 等）。［正词法］既有分音符号，又有声调符号，二者常常重叠在同一个字母上（汉语拼音字母 ü 也有这种现象）。越南文是唯一的以拉丁字母代替汉字的文字。

24. 马绍尔文　［字母表］字母表中有一个 &（没有 Q X）。附加符号（ˊ ˝还有一个中间短横 - 加在 l 上）。加符字母（ḿ ń ţ ğ ň l̋ ř）。太平洋中的马绍尔群岛 1979 年独立，语言属于 Malayo－Polynesian（马来多岛群岛）语系、Micronesian（小岛群岛）语族。文字特点是把“&”（ampersend）作为一个字母。

25. 斐济文 ［字母表］23 字母（不用 H X Z）。附加符号（长音符号 ‒），加符字母（ā ō ū）。［正词法］b 读如 mb，d 读如 nd，g 读如 ng，q 读如 ng。太平洋中的斐济岛 1970 年独立，语言属于马来多岛群岛语系、美岛群岛（Melanesisn）语族。

26. 瓜拉尼文（Guarani） ［字母表］23 字母（不用 Q W X）。附加符号（´ ¨ ˜），加符字母（á ä ü ñ）。字母组合（ch jh）。瓜拉尼文是南美巴拉圭的官方文字，在 250 万人口中有 70% 的人口使用。另一种官方文字是西班牙文。

27. 克楚亚文（Quechua，Kechua） ［字母表］24 个字母（不用 W X）。附加符号（˜），加符字母（ñ）。字母组合（ch cc qq pp tt ll）。南美的秘鲁，在古代是印卡帝国，有高度文化而没有文字，以结绳或编贝记事。帝国在 15 世纪达到全盛时期。大约在 1470 年由无名氏创作了没有剧本的宫廷戏剧，名叫“奥兰台”（Ollantay），后来写成克楚亚文。讲克楚亚语的有 700 万人，500 万住在秘鲁。

在非洲，有好多种本地语言的文字，在拉丁字母上面附加了过多的符号，不再一一举例。把这些文字放在一起比较一下，不难看出改进设计的可能性。作为民间文字在小范围内使用，多几个符号也无妨。要想扩大发挥文字的作用，使不同文字相互交流，文字的设计技术就不能不考虑了。

《汉语拼音方案》在 1958 年前制订时候，参考了世界各国的拉丁化文字，采用了几种适合于汉语的补充措施：

（1）利用拉丁字母的“引申音域”。拉丁字母的“国际音域”分为三个层次：“基本音域”、“引申音域”和“特殊音域”。例如：b d g 的“基本音域”表示浊音。普通话没有这样的浊音。汉语拼音用来表示清音，这是利用“引申音域”，适合汉语的民族特点。

(2) 利用“闲置字母”。Q X 等字母，在国外往往闲置不用。我们利用来表示我们的语音。这实际是“特殊音域”的利用，不是任意使用。国外的例子有：Irak（伊拉克）为了表音正确，改写为 Iraq。墨西哥 Mexico 中的 xi，读音是“西”，不是“克西”，这跟汉语拼音中的 X 读音相近。英文读“克西”，是读错了。

(3) 把汉语的音韵原理跟拉丁字母相配合。例如，汉语里有三个相近的元音：第一个是“衣”（i），第二个是ㄓㄔㄕㄖ的韵母，第三个是ㄗㄘㄙ的韵母。配来配去不容易配得满意。一度想学土耳其，用一个“小大写”的无点“I”，一个有点的“i”，再用一个两点的“ï”。结果也不理想。最后，按照北方说唱用的“十三辙”，并根据音韵学追踪三个元音的来源，决定把三个元音都写成“i”，既方便、又合理。

(4) 关于“迂”（ü）。这个元音的写法，采用了德文的“ü”，是汉语拼音中唯一的“加符字母”。曾经考虑过用“iu（yu）”，也考虑过用“v”，还考虑过其他许多方法。当时衡量比较各种方法的利弊，得分最多的是“ü”。现在有人建议在必要时候用“yu”代替。

(5) 关于“基欺希”（J Q X）。这三个辅音如何书写，是当时争论的焦点。最后决定按照“注音字母”采用独立字母，不跟“格克赫”或“知蚩诗”同符变读。现在看来，这是英明的决定。外国人不喜欢“Q 和 X”，那是外国的习惯和偏见。

(6) 调号问题。当时反复研究，衡量利弊，最后决定，采用符号标调，利多于弊。今天虽然还有人不喜欢“满脸麻子”，主张改为字母标调，可是，只要重新试用一下，就会知道，字母标调仍然是弊多于利，至少对汉语拼音来说是如此。

20 世纪 50 年代，中国创制了多种少数民族的拉丁化新文字，大都有附加符号和特别字母。经过长期实践，证明很不方便，80 年代一概去掉了这些累赘的设计。这一技术经验值得重视。

参考：Kenneth Katzner：The Languages of the World，Routledge & Kegan Paul，伦敦，1986。周有光《文字改革概论》，1961；《拼音化问题》，1980，文字改革出版社。

后 记

20世纪30年代，中国掀起一个拉丁化新文字运动。好些人写文章，比较中文和英文的得失。我也写过这样的文章。渐渐，我明白，这种比较是浅层的，没有学术意义，也不能解决实际问题。于是我开始阅读国外的文字学著作，自学比较文字学，希望根据世界文字的历史资料，进行系统的深层比较。比较文字学在国外不断提高，但是还不能说已经成熟，而且研究的重点跟中国的要求不尽符合。

50年代，中国成立文字改革委员会，我被调来会中工作。这时候，听到许多人谈论，文字改革的根据是文字的发展规律。什么是文字的发展规律呢？只有简单的一句话，那就是从表形到表意到表音，没有深入的和详细的说明。反对的人说，根本没有这样的文字发展规律。你看，汉字经过三千年，变成拼音文字了吗？对这种反对意见，无人能作使人信服的解答。这是一个复杂的学术问题，不能用三言两语来肯定或者否定。要想进一步了解文字的发展规律，只有进行比较文字学的研究。

可是，这个课题的难度很大，研究进一步，困难大一步。许多关键性的问题，都无法从国外得到满意的现成答案，要我们自己去钻研、思考和探索。取得国外的参考资料，也非常困难，我感觉到我的能力和条件不足以担当这项研究。

但是我又不甘心放弃这项研究，因为它实在很重要。许多年来，我一时进行，一时停止，有一分气力，做一分工作。文化大革命期间停止研究长达十年。拨乱反正之后，又继续工作。日积月累，也把一部分原来模糊不清的认识，变为稍稍明白的了解。例如：

文字有成熟与不成熟的分别。成熟与不成熟的分界线在那里？我得到的分界线是：能够按照语词次序无遗漏地书写语言，就是成熟的文字。

比较必须分类。分类学是任何学术的早期重点。语言学有公认的分类法。生物学有公认的分类法。国外的文字学者重视文字的分类，但是各人有各人的分类法，没有一个公认的分类法。我开始找寻文字分类的客观标准。我了解到：客观标准就是文字本身的三个侧面：1. 符号的形式，2. 语段的长短，3. 表达法的层次。三个侧面叫做“三相”，由此可以形成文字的“三相”分类法。

依靠比较研究，得到了宏观的文字分期：1. 尚未成熟的形意文字；2. 已经成熟的意音文字；3. 分析语音的表音文字。

比较文字学使我们了解汉字在人类文字中的地位。西方学者发现，汉字跟丁头字和圣书字，外貌迥然不同，而结构如出一辙。它们是类型相同的三种意音文字。后来加上一种马亚字。最近我又加上一种云南规范彝文。我认为“六书有普遍适用性”，起先比较三种文字的六书，后来扩大到五种文字。纳西东巴文也可以用六书来说明，由于它不是成熟文字，所以列在五种文字之外。

我收集到汉字型文字 30 种，经过比较，分为孳乳仿造、变异仿造、异源同型三类。汉字的传播可以分为四个阶段：学习阶段、借用阶段、仿造阶段和创造阶段。把汉字型文字作为一个整体来比较观察，可以加深对汉字特点的了解。

意音文字本身也是从表意向表音发展的。有的走形声化道路，有的走音节化道路。有的把复合符号线性排列，有的把复合符号叠成方块。方式不同，方向相同。

字母分三类，它们的主要特点如下。1. 音节字母：日本假名是不可分析的整体符号；埃塞俄比亚的阿姆哈拉字母是辅音字母跟元音符号的连接；朝鲜谚文是音素字母的音节组合。2. 辅音字母：阿拉马系统和印度系统，都没有完备的元音表示法。辅音有字母，元音只有符号，附加于辅音字母的上下，不作线性排列。辅音字母本身带有元音“a”，但是时时脱落。3. 音素字母：元音有独立字母，全部作线性排列。元音字母的独立，可以跟物理学从分子中分解出原子相比。

略举这些例子，只是说明一分耕耘，也有一分收获。课题的范围太大，我只做了应当做的工作的一部分。现在，我已经超过92岁，时间和精力恐怕不可能再进一步作更加深入的探索了，只得告一段落，把已经做的工作整理成这个书稿，题名“比较文字学初探”。“初探”，是一个观望大海的人在海边留下的足迹。

1998年10月1日

周有光，时年93岁